D1752363

Traversen 11

HERMANN KAPPELHOFF | BERNHARD GROSS | DANIEL ILLGER [HG.]
DEMOKRATISIERUNG DER WAHRNEHMUNG?
Das westeuropäische Nachkriegskino

VORWERK 8

Bibliografische Information der Deutschen Nationalbibliothek
Die Deutsche Nationalbibliothek verzeichnet diese Publikation
in der Deutschen Nationalbibliografie; detaillierte bibliografische Daten sind im Internet unter http://dnd.d-nb.de abrufbar.

Diese Publikation ist im Sonderforschungsbereich 626 »Ästhetische Erfahrung im Zeichen der Entgrenzung der Künste« der DeutschenForschungsgemeinschaft (DFG) entstanden und wurde mit deren Mitteln gedruckt.

Die Reihe Traversen wird herausgegeben von Hermann Kappelhoff.

Covergestaltung: Veruschka Götz unter Verwendung zweier Stills aus Rudolf Krohnes Film EIN EXPERIMENT (D 1949).

© 2010 Vorwerk 8 | Berlin
www.vorwerk8.de

Gestaltung | Veruschka Götz | götz typographers[T616]
Satz | Katrin Kassel | Vorwerk 8 | Berlin
Druck, Weiterverarbeitung | Interpress | Budapest

ISBN 978-3-940384-29-4

Inhalt

009   Einleitung der Herausgeber

022   Daniel Illger
       Die Fremdheit im eigenen Leben
       UMBERTO D. und die Stadtinszenierungen des
       italienischen Nachkriegskinos

034   Giulia Fanara
       Eia mater, fons amoris…
       Landschaft und Gender in Roberto Rossellinis IL MIRACOLO

061   Hans Richard Brittnacher
       Dekadenz und Neorealismo
       Zu einer intimen Feindschaft

079   Sabine Schöbel
       Murmelspiel im Trümmerfeld
       TOGETHER von Lorenza Mazzetti

095   Thomas Elsaesser
       Diagonale Erinnerung
       Geschichte als Palimpsest in STERNE

115   Bernhard Groß
       Wahrnehmen – Observieren – ›Checken‹
       Geschichlichkeit als ästhetische Erfahrung in
       ZWISCHEN GESTERN UND MORGEN

135   Annette Brauerhoch
       Ästhetische Opposition/en in Peter Pewas'
       STRASSENBEKANNTSCHAFT

148 Hauke Lehmann
Die Figur als Kristall
Peter Lorres DER VERLORENE im ästhetischen Kontext

166 Elisabeth Büttner
Partisanes Kino
Österreichischer Avantgardefilm in den 1950er Jahren

177 Michael Wedel
Kino im Katastrophenschatten
DIE 1000 AUGEN DES DR. MABUSE und LE MÉPRIS

196 Anja Streiter
Frankreich 1945 bis 1962
Kolonialkriege, Identitätskrise und das Kino

212 Matthias Grotkopp
Den Teufel im Leib und von der Geschichte betrogen
LE DIABLE AU CORPS

228 Karin Gludovatz
Gesprochene, gesehene, gefühlte Erinnerung
Beziehungsgeflechte in Alain Resnais' HIROSHIMA MON AMOUR

246 Zu den Autoren
248 Danksagung

Einleitung

1944 fand in Rom eine Konferenz des Allied Film Board statt, auf der über die Zukunft des italienischen Kinos entschieden werden sollte. Der Vorsitzende dieser Kommission, Admiral Ellery Wheeler Stone, war nicht geneigt, viel Federlesens zu machen: als ein Agrarland, dessen Bevölkerung die längste Zeit den Faschismus unterstützt hatte – und noch immer hielt sich im Norden die sogenannte Republik von Salò –, benötigte Italien nach Meinung des Admirals alles Mögliche, aber keine Filmindustrie. Unter den übrigen Konferenzteilnehmern herrschte Uneinigkeit, wie zu verfahren wäre: Soweit es sich dabei um Landsleute von Admiral Stone handelte, um Amerikaner also, unterstützten sie dessen Auffassung. Die Briten hingegen hegten Zweifel an der Rechtschaffenheit der US-Position: Sie vermuteten, dass ihre Kollegen weniger die Sorge um die Demokratie umtrieb als jene um das Wohlergehen des Hollywood-Kinos, dem sie neue Einkommensquellen sichern wollten. »Und genau das hatten die Amerikaner im Sinn«, schreibt Geoffrey Nowell-Smith, »denn ein über fünf Jahre gewachsener ›Film-Stau‹ – darunter GONE WITH THE WIND (VOM WINDE VERWEHT, USA 1939, Victor Fleming) und CITIZEN KANE (USA 1941, Orson Welles) – wartete darauf, auf dem europäischen Markt ausgewertet zu werden.«[1]

Politik und Propaganda

Die kleine Episode, von der Nowell-Smith berichtet, wirft ein bezeichnendes Licht auf die Geschicke des westeuropäischen Nachkriegskinos. Zum einen kann man sich für einen Augenblick dem, zugegebenermaßen müßigen, Gedankenspiel hingeben, was wohl aus diesem Kino geworden wäre, wenn Admiral Stone seinen Willen durchgesetzt hätte. Denn sind die Nouvelle Vague, die New Wave und der Neue Deutsche Film – all die ›Wel-

---

1 Geoffrey Nowell-Smith: Nach dem Krieg, in: Geschichte des internationalen Films, hg. v. Geoffrey Nowell-Smith, Stuttgart, Weimar 1998, S. 396-403, hier S. 396.

len‹und ›Realismen‹ also, die nach gängiger Lesart während der fünfziger und sechziger Jahre die Renovation der Kinematografien Frankreichs, Großbritanniens und Westdeutschlands ins Werk setzten –, sind diese Neuerungen denkbar ohne den italienischen Neorealismus und die ästhetische Nobilitierung der vermeintlich banalen Alltagswirklichkeit, die sich mit Filmen wie Roberto Rossellinis ROMA CITTÀ APERTA (ROM, OFFENE STADT, I 1945) oder Vittorio De Sicas LADRI DI BICICLETTE (FAHRRADDIEBE, I 1948) verband?

Weitaus handfester ist freilich, was die römische Konferenz des *Allied Film Board* über die schwierige Gemengelage aussagt, in der sich (nicht nur) das westeuropäische Kino am Ende des Zweiten Weltkriegs wiederfand: Sie ist gekennzeichnet durch komplexe Verstrickungen von politischen, ästhetischen und ökonomischen Konflikten. Lässt man die rein pekuniären Interessen für den Moment beiseite, so wird deutlich, dass es um die Frage ging, wie ein moralisch und künstlerisch integerer Neuanfang für die siebte Kunst aussehen und bewerkstelligt werden könnte: Wer durfte in Zukunft Filme drehen? Wie sollten die Filme gestaltet sein? Und für wen würden sie gemacht? Unabhängig davon, ob Admiral Stone tatsächlich nur um die Profite des US-amerikanischen Kinos besorgt gewesen sein mag, hatten diese Fragen durchaus Brisanz – eine Brisanz, die zuvorderst darin begründet war, dass das Kino an den Entwicklungen, die zum Zweiten Weltkrieg führten, ebenso seinen Anteil hatte wie an den Propagandaschlachten, die während des Kriegs selbst geschlagen wurden.

Das gilt in Hinblick auf Italien, wo sich Mussolinis Regime, wie es Morando Morandini ausdrückt, ein »offizielle[s] Kino« gewünscht hätte, das »männlich, heroisch, revolutionär und verherrlichend« war,[2] wobei jedoch der Einfluss der Faschisten »vor allem negativ, vorbeugend und repressiv« blieb.[3] In weit höherem Maße gilt es deshalb für Deutschland, wo die nationalsozialistische Herrschaft in der Einheit einer neuen Form von Medienkultur, Unterhaltungsindustrie und Staatsterror sich realisierte, so dass Filme wie Leni Riefenstahls TAG DER FREIHEIT (D 1935) oder Veit Harlans JUD SÜSS (D 1940) nur die Spitze des Eisberges darstellten.[4] Umgekehrt nutzten auch die Alliierten die Macht der Bilder für ihre Zwecke; am bekanntesten in diesem Zusammenhang sind wohl die Mobilisierungsfilme der WHY WE FIGHT -Reihe (USA 1943-1945), die unter maßgeblicher Beteiligung eines der erfolgreichsten Hollywood-Regisseure überhaupt entstanden: Frank Capra. Und noch die Volkserziehungs- und Aufklärungsprogramme in den ersten Nachkriegsjahren stützten sich vor

---

2 Morando Morandini: Italien: Vom Faschismus zum Neorealismus, in: Geschichte des internationalen Films, a.a.O., S. 318-326, hier S. 320.
3 Ebd., S. 319.
4 Nichtsdestoweniger sollte man festhalten, dass auch die Nazis weit davon entfernt waren, die gesamte deutsche Filmproduktion ins ideologische Korsett zwängen zu können. Pierre

allem auf den dokumentarischen Wert von Filmbildern und Fotografien der Opfer des Holocaust, der Leichen und der Überlebenden, die als historische Zeugnisse von Völkermord und Kriegsverbrechen zirkulierten. Einerseits war eine bestimmte Idee vom Massenmedium Kino also durch die allseitige politische Instrumentalisierung zweifelhaft geworden, wenn nicht rundweg diskreditiert.[5] Namentlich geht es um die Vorstellung, dass die ästhetische Erfahrungsform des Films in der Tradition der avantgardistischen Poetiken mit dem Entwurf einer neuen Subjektivität der Massengesellschaft jenseits des bürgerlichen Individuums zu verbinden sei, wobei diese Subjektivität auf die Möglichkeit einer radikalen Umformung des physisch-sinnlichen Horizonts der Gesellschaft gerichtet war. Andererseits schien die Fähigkeit des Kinos, den Zuschauern die soziale Realität mit überwältigender Evidenz unmittelbar anschaulich und greifbar zu machen, Potentiale in sich zu bergen, die nicht in affektiver Überwältigung und ideologischer Formung aufgingen.

Bazin, Kracauer und die Neubegründung des Kinos
In dieser Perspektive wird verständlich, dass die grundlegenden filmästhetischen Entwürfe der Nachkriegszeit darauf zielen, die Geschichte des noch jungen Mediums radikal umzuwerten. Die beiden einflussreichsten filmtheoretischen Konzepte der Nachkriegsjahre stehen denn auch ganz im Zeichen dieser Umwertung: André Bazins Plädoyer für ein Kino der Transparenz, in dem der Zuschauer eine Anschauung von Realität begründet, die nicht durch ideologische Urteile vorgeprägt ist, und Siegfried Kracauers Ethos der »Errettung der äußeren Wirklichkeit«. Der eine Ansatz bezieht sich abwertend auf die Montagekonzepte der Avantgarde, die bis dato die Idee des künstlerisch hochstehenden Films repräsentierten, und macht demgegenüber eine Tradition des filmischen Realismus geltend; der andere verneint die Gültigkeit jedweder Kunstkonzepte, gleichviel, ob diese sich auf Ausdruck, Konstruktion oder Verfremdung stützen,

Sorlin schreibt hierzu: »Die Gleichschaltung der kinematografischen Aktivitäten war in Deutschland erst 1942 vollendet. Die Führung der Filmstudios war kompliziert, und, wie Goebbels notierte, die Ideologie allein reichte für ein lebendiges Kino nicht aus: Es war vielmehr notwendig, die Zuschauer zu faszinieren. Etwa 100 Filme, die während des Hitlerregimes gedreht wurden, können als Propagandafilme gelten; diesen stehen aber mehr als 1.200 ›Ablenkungsfilme‹ gegenüber.« (Übers. d. Hg.) Ital. Orig.: »In Germania la concentrazione delle attività cinematografiche si concluse soltanto nel 1942. La gestione degli studi era complicata e, come notava Goebbels, l'ideologia non bastava a mantenere un cinema attivo: bisognava attrarre gli spettatori. Un centinaio di film girati sotto il regime di Hitler possono essere considerati opere di propaganda, contro più di mille e duecento film ›d'evasione‹.« Pierre Sorlin: Prefazione, in: Mariapia Comand, Roy Menarini: Il cinema europeo, Rom, Bari 2006, S. V-VIII, hier S. VII.

5 Vgl. Georges Didi-Huberman: Das Öffnen der Lager und das Schließen der Augen, in: Auszug aus dem Lager. Zur Überwindung des modernen Raumparadigmas in der politischen Philosophie, hg. v. Ludger Schwarte, Berlin, Bielefeld 2006, S. 11-45.

um ihnen ein – so lautet das theoriegeschichtliche Etikett – medienontologisch verortetes Telos des Films entgegenzustellen: die Affinität des filmischen Bildes zur physischen Realität. Doch gilt es mit Blick auf diese Diskussion einen Umstand ins Licht der Aufmerksamkeit zu rücken, der gleichsam den blinden Fleck der Debatten um den neuen Realismus des westlichen Kinos bezeichnet. Die Erneuerung des westeuropäischen Kinos artikulierte sich nämlich nicht nur in der Kritik der Autonomiekonzepte der Kunst. Vielmehr wurde die ästhetische Erfahrungsform Kino mal mehr, mal weniger explizit mit dem Genrekino Hollywoods verbunden. Sowohl Bazin als auch Kracauer entwickeln ein Realismuskonzept, das auf eine Form subjektloser Rede zielt, die sich nicht auf die Intentionalität eines Autors, sondern auf eine dem kinematografischen Bild selbst eignende ästhetische Erfahrungsmodalität gründet. Beide sehen diese Erzählweise eher im amerikanischen Genrekino denn im europäischen Kunstkino verwirklicht. Bazins Auseinandersetzungen mit William Wyler und Orson Welles sind hinlänglich bekannt; aber auch Kracauer hat sich, wenngleich eher implizit, an einer dem Film entsprechenden »realistischen Erzählweise« orientiert, die er am ehesten im Genrekino Hollywoods verwirklicht sah.[6] Noch der Begriff »klassisches Hollywoodkino« entsteht in diesem Kontext und wird von Bazin in seinen Reflexionen des Westerngenres geprägt.[7]

Während die Kritik gleichermaßen dem traditionellen Kunstverständnis wie den avantgardistischen Modellen von Kino und Film galt, artikulierte sich im selben Moment ein Kulturverständnis, welches, in Reaktion auf die Erfahrung des Zweiten Weltkriegs, das Hollywoodkino als Teil einer Erneuerung westlicher Kultur begriff: Das populäre Genrekino konnte einstehen für die Idee einer neuen, auf egalitärer Demokratie gegründeten Gesellschaft.

Anders als in den avantgardistischen Montagekonzepten, die sich auf die Mobilisierung einer kollektiven Existenz beziehen, wird die ästhetische Erfahrungsform des Kinos in dieser Perspektive als Möglichkeit einer adäquaten Welterfahrung des Individuums innerhalb der modernen Lebenswelt begriffen. Das Kinopublikum fungiert nicht mehr als Repräsentant einer neuen kollektiven Existenzweise, sondern wird als das angesprochen, was es von Anfang an war: eine Ansammlung anonymer Individuen, die der komplexen Erscheinungsweise moderner Massengesellschaften verständnislos und unverstanden gegenüber steht.[8]

Entsprechend ist das Kino auch nicht mehr der Ort, an dem sich eine neue Subjektivität formiert, nicht mehr Utopie eines historischen Subjekts; es

---

6 Jürgen Ebert: Kracauers Abbildtheorie, in: Filmkritik, 21. Jg., H. 4/1977, S. 196-217.
7 André Bazin: Die Entwicklung des Westerns, in: ders.: Was ist Film?, Berlin 2004, S. 267-278.
8 Dieses Verständnis findet sich bei Bazin und Kracauer ebenso wie bei dem Theoretiker des italienischen Neorealismus: Cesare Zavattini.

ist vielmehr der Ort, an dem sich die realen Individuen in einer Welt zurechtzufinden suchen, deren Zusammenhang und Gesetz, deren Logik und Machtverhältnisse ungewiss sind. Das Kino ist der reale Ort, an dem sich unsere alltägliche Welt für jeden beliebigen Kinogänger potentiell lesbar, entzifferbar und doch ungelesen darstellt.

Film, Geschichte, Gesellschaft
Vor dem Hintergrund der Katastrophe des Zweiten Weltkriegs und in Anbetracht der ideologischen und materiellen Trümmer, die er hinterlassen hatte, stellten sich viele Praktiker und Theoretiker des Kinos jene Frage nach dem Verhältnis von Film, Geschichte und Gesellschaft, die auch Bazin und Kracauer bewegte und die sich (wie immer es um die Intentionen der beteiligten Künstler bestellt gewesen sein mag) ins Herz der neorealistischen Poetik einschrieb. Ebendiese Frage ist es, die den roten Faden bildet, der die Beiträge des vorliegenden Bandes durchzieht.

Zwar kann als ausgemacht gelten, dass das westeuropäische Nachkriegskino durch eine gewisse Präokkupation mit der, im weiteren Sinne, politischen Dimension des Films gekennzeichnet ist. Das Allzu-Offensichtliche des Sachverhalts scheint aber eher den Blick dafür zu verstellen, wie einzelne Filme, Regisseure oder Spielarten dieses Kinos *in concreto* versuchen, Geschichte und Gesellschaft zu gestalten, um sie ihrem Publikum als ästhetische Erfahrung zugänglich zu machen, und welches Ziel sie damit verfolgen. Hinzu kommt, dass sich gewisse Urteile in der Forschung derart verfestigt haben, dass die filmhistoriografischen Zuschreibungen ihre Gegenstände unter sich zu begraben drohen, anstatt ihnen zu größerer Sichtbarkeit zu verhelfen. Das betrifft einzelne Wertungen wie die Geringschätzung des deutschen Trümmerfilms, der an dem gescheitert sei, was der Neorealismus vollbracht habe. Es betrifft des Weiteren die grundsätzliche Ausrichtung der westeuropäischen Nachkriegskinematografie: Sind da nicht Risse zu entdecken, die etwa den Primat des Realismus oder die Gegenüberstellung von ästhetisch ›aufgeklärtem‹ Autorenkino und ›rückschrittlichen‹ Genreproduktionen zweifelhaft werden lassen? Schließlich betrifft es die Selbstverständlichkeit, mit der häufig, so auch in dieser Einleitung, von der Validität historischer Epochen ausgegangen wird. Aber gibt es das eigentlich, *die* Nachkriegszeit? Und kann man überhaupt von *dem* westeuropäischen Nachkriegskino als einem ästhetisch einigermaßen homogenen Gebilde sprechen? Wie relativiert sich die Perspektive, wenn man dieses Kino von einer äußeren Warte aus – etwa jener der osteuropäischen Länder – zu betrachten sucht? Schließlich: welche Grenzen waren der ›Demokratisierung der Wahrnehmung‹ nach 1945 gesetzt, wenn denn eine solche stattgefunden haben sollte?

Der vorliegende Band widmet sich diesen Problemen unter der übergeordneten Fragestellung nach dem Verhältnis von Kino und Geschichte. Die Perspektive, die er dabei einnimmt, ist eine dezidiert filmwissenschaftliche. Das heißt, dass die einzelnen Beiträge damit befasst sind, das ästhetische Potential bestimmter kinematografischer Entwürfe herauszupräparieren und die Räume des Denkens und Fühlens zu explorieren, die selbige dem Zuschauer eröffnen. Hingegen kommt dem Abgleich der filmischen Gestaltungen mit einem ihnen vorgängigen Wissen um historische und soziale Ereignisse oder Prozesse – der ›Akkuratheit der Repräsentation‹ mit anderen Worten – zumeist nur geringe Bedeutung zu. In dieser Perspektive rekurrieren die verschiedenen Beiträge auf einschlägige historiografische Positionen und konfrontieren sie mit dem ästhetischen Potential einzelner Filme. Die Erwartung ist, dass es in dem solcherart skizzierten Spannungsverhältnis möglich sein müsste, neue Zugangsweisen zum westeuropäischen Nachkriegskino aufzuzeigen. Das Gros der hier versammelten Texte bezieht sich exemplarisch auf die Nachkriegskinematografien Italiens, Deutschlands und Frankreichs zwischen 1945 und 1965, wobei der Band sozusagen unterströmt wird von Aufsätzen zum britisch-italienischen und zum ostdeutschen Kino sowie einer komparatistischen Studie zum westdeutschen und französischen Kino, die noch einmal einen neuen Aspekt in den Blick rückt: nämlich die europäischen Koproduktionen, die verschiedene nationale Kinematografien künstlerisch wie ökonomisch zusammenführten und seit den 1950er Jahren wesentlich zum spezifischen Gepräge des westeuropäischen Kinos beitrugen.

Aufgrund der paradigmatischen Stellung, die ihm in Hinblick auf das westeuropäische Nachkriegskino insgesamt zukommt, beginnen unsere Erkundungen beim italienischen Neorealismus: *Daniel Illger* widmet sich einem Film, der heutzutage unter die größten Meisterwerke des italienischen Kinos gezählt wird, wohingegen ihm seinerzeit vor allem Verständnislosigkeit entgegenschlug: UMBERTO D. (I 1952) von Vittorio De Sica. Anhand einer eingehenden Analyse dieses Films versucht Illger ein Paradoxon aufzulösen, das sich bereits in den Schriften Bazins finden lässt und das Denken über den Neorealismus nachhaltig geprägt hat: Auf der einen Seite wird diesem Kino die Fähigkeit zugesprochen, im Erspüren sozialer Verwerfungen das Bild einer Gesellschaft zu zeichnen; auf der anderen Seite behauptet man, dass der Neorealismus gerade nicht über vorgeprägte politische oder historische Urteile verfüge, sondern stets danach strebe, der konkreten Augenblicke im Leben des Einzelnen habhaft zu werden. Illger stellt die These auf, dass es Filmen wie UMBERTO D. gelinge, beide Seiten der neorealistischen Ästhetik in einer spezifischen Gestaltung des kinematografischen Stadtraums zusammenzubinden.

Ausgehend von einer in Deutschland kaum bekannten Arbeit Rossellinis – IL MIRACOLO (DAS WUNDER), der zweite Teil des Episodenfilms AMORE (LIEBE, I 1948) – versucht Giulia Fanara, die neorealistischen Inszenierungen von Landschaft und Weiblichkeit so zusammenzudenken, dass sich daraus eine spezifische Modalität der Geschichtserfahrung extrapolieren lässt. Die Pointe ihrer Argumentation besteht in dem Versuch, den Bildraum des Neorealismus anhand einschlägiger psychoanalytischer und feministischer Filmtheorien sowie filmphilosophischer Überlegungen von Deleuze bis Rancière als einen Bildraum im Schatten des Kriegs zu beschreiben. Dabei geht es Fanara jedoch nicht darum, auf der Ebene von Abbildlichkeitsverhältnissen zu überprüfen, welche Spuren der Zweite Weltkrieg in den Filmen des Neorealismus hinterlassen hat. Vielmehr zielt sie darauf, die drei genannten Parameter – die neorealistische Poetik sowie die kinematografischen Gestaltungen von Landschaft und Weiblichkeit – solcherart aufeinander zu beziehen, dass vor allem das Frühwerk Rossellinis als ein Echoraum der Kriegserfahrung greifbar wird, der sich im selben Maße entfaltet, wie in der inszenatorischen Parallelisierung von Frau und Landschaft destruktive Bewegungsgesetze wirksam werden.

Hans Richard Brittnacher hinterfragt in seinem Beitrag die verbreitete Zuschreibung, der Neorealismus speise sich aus einer politisch motivierten Abwehrhaltung gegen überkommene ästhetische Strategien, insbesondere diejenigen der Dekadenz des ausgehenden 19. Jahrhunderts, die im Faschismus korrumpiert worden waren. Brittnacher plädiert für eine differenziertere Betrachtungsweise, welche jenen Verstrickungen zwischen Realismus und Ästhetizismus nachgeht, die gerade an den politischen Ambitionen des Neorealismus manifest werden. Dieses immer neu auszutarierende Verhältnis der gegenseitigen Abhängigkeit dekliniert der Beitrag anhand der profiliertesten Vertreter des italienischen Nachkriegskinos durch, mit besonderem Augenmerk auf Arbeiten von Luchino Visconti, vor allem SENSO (SEHNSUCHT, I 1954) und IL GATTOPARDO (DER LEOPARD I/F 1963), sowie auf Federico Fellinis LA DOLCE VITA (DAS SÜSSE LEBEN, I/F 1960) und OTTO E MEZZO (ACHTEINHALB, I/F 1963).

Der darauf folgende Beitrag erweitert die Perspektive des Bandes, insofern er einen Film untersucht, der von einer italienischen Regisseurin in Großbritannien gedreht wurde und schon aus diesem Grund eine Sonderstellung einnimmt. Namentlich bezieht Sabine Schöbel ihre Überlegungen zum komplizierten Verhältnis von Nachkriegskino und Avantgarde auf TOGETHER (GB 1956) von Lorenza Mazzetti, ein Experimentalfilm, der, so die Autorin, »zwischen allen Stühlen der filmhistorischen Gattungen und Formate« steht. Demgemäß lotet Schöbel gleichermaßen Parallelen zum italienischen Neorealismus wie zu den ›Neuen Wellen‹ der sechziger Jahre aus, während sie die Eigenheiten von Dramaturgie, Erzählperspektive und Figurenzeichnung in Auseinandersetzung mit dem Genrekino Hollywoods beschreibt. Insbesondere zwei Gesichtspunkte sind dabei leitend für die Untersuchung: einerseits die Verbindung zur Biografie der Regisseurin, andererseits, und damit eng zu-sammenhängend, die komplexe Verhandlung des Themas der Subjektkonstitution. Das Zusammenspiel dieser beiden Ebenen eröffnet die Möglichkeit einer differenzierten filmhistorischen Verortung von TOGETHER.

Eine Sonderstellung nimmt desgleichen der Beitrag ein, der den Auftakt bildet für eine Reihe von Studien zum deutschsprachigen Nachkriegskino, öffnet er doch den Blick hin auf das Kino der DDR und fokussiert dabei einige der grundlegenden, an der Schnittstelle von Kunst, Politik und Geschichte situierten Probleme, die Ost- und Westeuropa, aller politischen Unterschiede zum Trotz, nach 1945 eben auch verbanden. *Thomas Elsaesser* fragt hier danach, wie denn eigentlich das ›Historische‹ an Konrad Wolfs STERNE (DDR 1959) zu konzeptualisieren sei – dem ersten Spielfilm eines deutschen Regisseurs, der sich explizit mit der Vernichtung der europäischen Juden auseinandersetzt. Elsaesser macht deutlich, dass sich dieses ›Historische‹ nur als Palimpsest begreifen lässt, da die eigene Lektüreform ihren Ausgangspunkt als einen nachträglichen – von anderem Wissen, anderen historischen Erfahrungsformen und medialen Diskursen geprägt – offen auszustellen und somit selbst in dieser Frage mitzudenken hat. Der neben dem Palimpsest zentrale Begriff ist jener der Parapraxis, ein dem Traumadiskurs entnommenes Konzept, verstanden als performative Geste des Scheiterns. Elsaessers wesentliches Anliegen ist es zu zeigen, dass sowohl das Scheitern eines handlungsohnmächtigen Protagonisten an der Geschichte und am Eigenleben der Bilder als auch die Verschachtelung von Vergangenheit, Gegenwart und Zukunft des Wissens und des Nicht-Wissens, das eine im anderen und vice versa, bereits in den konkreten Inszenierungsstrategien von STERNE angelegt sind. Inwiefern vermögen es die von der Kameraarbeit hervorgebrachten Blick- und Bewegungsachsen, in denen sich eine räumliche und zeitliche Verlängerung der Bilder in den Zuschauerraum ausdrückt, eine unausgesetzte Re-Perspektivierung von Erinnerungsprozessen zu produzieren, inwiefern also reichen diese Räume, Zeiten und Bilder hinein ins Hier und Jetzt?
Durchaus vergleichbare Probleme behandelt *Bernhard Groß* in seinem Aufsatz. Stellt er doch die Frage nach der Geschichtlichkeit des deutschen Nachkriegskinos – und zwar nicht in Bezug auf dessen narrative Aufarbeitung des Dritten Reichs, sondern hinsichtlich der spezifischen Art und Weise, wie in diesem Kino Raum und Zeit inszeniert werden. Am Beispiel

von ZWISCHEN GESTERN UND MORGEN (D 1947, Harald Braun) – der ersten deutschen Produktion, die in der US-amerikanischen Zone gedreht wurde – weist Groß nach, dass die Filme, gerade indem sie eine handlungsgeladene Gegenwart suspendieren, die Möglichkeit schaffen für eine Vielfalt an Auseinandersetzungsmöglichkeiten mit Vergangenheit und Zukunft. Diese Vielfalt zeigt sich in einem sozusagen demokratischen Nebeneinander von Inszenierungsstilen, Genreelementen und kinematografischen Ansätzen (UFA-Stil, Genreversatzstücke des Hollywoodkinos, neorealistische Elemente), die die Filme durchwirken und ihre Spezifik ausmachen. In ZWISCHEN GESTERN UND MORGEN sind diese heterogenen Ebenen durch das übergreifende Thema der Wahrnehmung verbunden. Dieses für die Erneuerung des westlichen Kinos nach 1945 zentrale Thema bildet das *tertium comparationis*, das all die heterogenen Elemente aufeinander beziehbar macht und es im selben Zug dem Zuschauer ermöglicht, die Historizität seiner eigenen Wahrnehmung im filmischen Geschehen zu erfahren.

Auch *Annette Brauerhoch* widmet sich dem unmittelbaren deutschen Nachkriegsfilm. Genauer gesagt analysiert sie die Geschlechterverhältnisse in der DEFA-Produktion STRASSENBEKANNTSCHAFT (D 1947/48), gedreht von Peter Pewas, dessen Werk bisher wenig Beachtung fand. Brauerhoch erläutert, wie der Regisseur dem Auftrag, einen Aufklärungsfilm zu produzieren, auf ganz eigensinnige Weise nachkommt: Zwar erfüllt STRASSENBEKANNTSCHAFT die Funktion, abschreckend auf Nachkriegspromiskuität und die Verbreitung von Geschlechtskrankheiten hinzuweisen; zugleich jedoch verteidigt Pewas die jüngst gewonnenen weiblichen Freiheiten. Anstatt die Re-Etablierung männlicher Herrschaft zu fordern, exponiert STRASSENBEKANNTSCHAFT in der Verwendung überkommener Inszenierungsstrategien die Kritik an patriarchaler Rollenaufteilung: Eine ›expressionistische‹, bei Pewas durchaus als reaktionär markierte Ästhetik verbindet sich mit eher männlich konnotierten Räumen, in denen traditionelle Geschlechterverhältnisse erstarrt sind, wohingegen betont ›realistische‹ Inszenierungen tendenziell solchen Szenen vorbehalten sind, in denen Frauen öffentliche und private Räume für sich reklamieren.

Etwas jüngeren Datums ist der Film, den *Hauke Lehmann* in seinem Aufsatz untersucht: Hier geht es um Peter Lorres DER VERLORENE (BRD 1951), den Lehmann als paradigmatische historische Figuration sowohl in Hinblick auf das deutsche Nachkriegskino als auch für das filmische Schaffen von Lorre selbst begreift. Beides ist einerseits eng verknüpft mit dem US-amerikanischen Genrekino, andererseits mit dem späten Weimarer Kino. Somit beleuchtet der Beitrag einen im vorliegenden Band wenig prominenten Aspekt des deutschen Nachkriegskinos, nämlich dessen Verbindung zum US-amerikanischen Kino der dreißiger bis fünfziger Jahre über die Tätigkeit der Exilanten, zu denen Lorre neben vielen anderen Filmschaffenden gehörte. In seiner filmanalytischen Untersuchung beschreibt Lehmann DER VERLORENE als ästhetische Modulation, das heißt als kristalline Spiegelung der deutschen und US-amerikanischen Filme Lorres; zentral ist dabei die Funktion der Figurengestaltung, die DER VERLORENE mit Fritz Langs M (D 1931) verbindet, in dem Lorre die Hauptrolle spielte. Lehmann kann nachweisen, dass sich die Bezüglichkeit nicht in einer innerfilmischen Verweisstruktur erschöpft. Vielmehr erschließt sich dem Zuschauer eine spezifische Form von geschichtlicher Erfahrung, wenn er den Spuren folgt, die diese Verweisstruktur im filmischen Geschehen von DER VERLORENE hinterlassen hat.

Elisabeth Büttner entfernt sich mit ihrem Beitrag sowohl vom Genrekino Hollywoods als auch vom deutschen Nachkriegskino. Ihr Gegenstand ist der österreichische Avantgardefilm der fünfziger und frühen sechziger Jahre, den sie, durchaus in Spannung zu den von uns vorgestellten Thesen, gerade als Unterpfand einer ästhetischen und politischen Erneuerung des österreichischen Kinos versteht. Zu klären, ob die – im Vergleich zu Deutschland, Frankreich oder Italien – veränderte Rolle der Avantgardepoetiken in Österreich möglicherweise von dem Umstand herrührt, dass es in diesem Land keine nationale avantgardistische Tradition gab, die in die Zeit zwischen den Weltkriegen zurückreicht, wäre eine eigene Untersuchung wert. Jedenfalls nimmt Büttner selbst diesen Umstand als Ausgangspunkt ihrer Überlegungen, um im Folgenden ihr Verständnis von der österreichischen Avantgarde als einem »partisanen Kino« stark zu machen: einem Kino also, das Unordnung stiftet, den etablierten Erzählfilm US-amerikanischer oder westdeutscher Provenienz torpediert und sich der allgegenwärtigen politischen und ästhetischen Restauration widersetzen kann, weil es weder auf kommerziellen Erfolg schielt noch die Weihung des offiziellen Österreich erstrebt. Als Beispiel für dieses »partisane Kino« dienen Büttner die Filme SONNE HALT! (A 1959-1962, Ferry Radax), 2/60 48 KÖPFE AUS DEM SZONDI-TEST (A 1960, Kurt Kren) und 5/62 FENSTERGUCKER, ABFALL ETC. (A 1962, Kurt Kren).
Der Beitrag von *Michael Wedel* leistet einen Übergang zwischen den Studien, die sich dem deutschsprachigen Nachkriegskino widmen, und jenen, die das französische Nachkriegskino fokussieren, indem er sich den ästhetischen Austauschprozessen zwischen Genrekino und Autorenfilm widmet. Namentlich sind es Fritz Langs DIE 1000 AUGEN DES DR. MABUSE (BRD 1960) und Jean-Luc Godards LE MÉPRIS (DIE VERACHTUNG, F 1962), die der Autor einer Parallellektüre unterzieht, wozu er Thomas Elsaessers Konzept des »historisch Imaginären« fruchtbar macht. Es ermöglicht die Frage nach dem medialen Gedächtnis des jeweiligen Films, das durchaus quer steht zur äußeren Chronologie filmischer Werke. In dieser Perspektive wird deutlich, wie sich die je spezifische ästhetische

Hervorbringung von Geschichtlichkeit bei Lang und Godard mit einer Kalkulation von Sichtbarkeit und solcherart auch mit einem Mythos des Kinos verbindet. Die Ummünzung von Geschichte in Sichtbarkeit, die sich dort einstellt, wo – wie nicht zuletzt in den Figurationen »Dr. Mabuse« oder »Fritz Lang« selbst – Zeitschichten aneinanderstoßen und in Widerstreit zueinander treten, ist begleitet von der Stiftung einer mythischen Zeit (des Kinos). DIE 1000 AUGEN DES DR. MABUSE und LE MÉPRIS verweisen dabei im gleichen Zug auf ihre eigene Situation und das Problem historischer Sinngebung nach der Katastrophe des Zweiten Weltkriegs.

Dass sich die Frage nach einem (west-)europäischen Nachkriegskino verkompliziert, wenn man entdeckt, dass sich in den jeweiligen nationalen Kontexten das »Nach« ebenso wie der »Krieg« und das »Kino« als divergente Entitäten herausschälen, geht aus dem Beitrag von *Anja Streiter* hervor. Zwischen den politischen Wechseln, den Formen der Gewalt und des bewaffneten Konflikts sowie der Performanz republikanischer und demokratischer Ideale im Frankreich der Jahre 1945-1962 weisen die epochalen und kategorialen Zuschreibungen, so die These, eine bis heute auch und gerade filmwissenschaftlich nur unzureichend ausgewertete Dysfunktionalität auf. Streiter extrapoliert eine Verknüpfung zwischen Kinozensur, Erinnerungspolitik und Kolonialkrieg, deren deutlichste Spuren einerseits die unhinterfragte Kontinuität von Personalien und Institutionen und andererseits die unheimliche, vertauschte Wiederkehr von Denk- und Deutungsmustern, Fremd- und Selbstzuschreibungen sind. Diese historisch-ideologische Konstellation resultierte in einem offen zutage liegenden Feld von Widersprüchen, das jedoch gleichzeitig durch offizielle Sprachregelungen, Informations- und Bildkontrollen über einen langen Zeitraum hinweg neutralisiert wurde. An der zeitgenössisch wie filmgeschichtlich marginalisierten Figur des Regisseurs René Vautier beschreibt Streiter das Funktionieren von kolonialer Politik und Filmzensur: In der Singularität seiner offenen, rastlosen Revolte steht Vautier exemplarisch für abwesende, unterdrückte filmische Formen des Dissens und das ›schlechte Gewissen‹ des französischen Kinos nach 1945.

Auch *Matthias Grotkopp* befasst sich in seinem Aufsatz mit der Präsumption einer mythischen Kollektivgemeinschaft und dem Widerstandspotential, das der Film – mitunter – gegen derartige Konstrukte entfalten kann. In seiner Analyse von Claude Autant-Laras LE DIABLE AU CORPS (STÜRMISCHE JUGEND, F 1946/47) legt Grotkopp den kinematografischen Versuch frei, das soziale Klima, das sich im Frankreich der Nachkriegszeit mit der vorgeblichen Identität der kämpferischen *Grande Nation* verbindet, in ästhetischer Erfahrung zugänglich zu machen. Durch Bewegungen, Gesten und Blickkonstellationen führt der Film seinen Zuschauer in jene Kluft, die zwischen dem Krieg als Gründungsmythos der Gesellschaft und dem individuellen Bedürfnis nach Liebe, zwischen dem Ordnungsdenken der Generäle und dem Selbstbestimmungsdrang der Jugend besteht. So lässt die Inszenierung das patriotische Geschichtsbild an jenen Erfahrungen scheitern, deren Überschüssigkeit und Unkontrollierbarkeit es mit erzeugt. Wird die Spielhandlung auch vorderhand in der Zeit nach dem Ersten Weltkrieg angesiedelt, ist es gerade das Überführen dieses Scheiterns in die sinnliche Erfahrung des Zuschauers, mit dem der Film eine Gegenrede zur eigenen Gegenwart formuliert.

Karin Gludovatz schließlich analysiert eines der bekanntesten Werke des französischen Nachkriegskinos: Alain Resnais' HIROSHIMA MON AMOUR (F 1959). In ihrem Beitrag diskutiert Gludovatz die Frage, welche Formen des Erinnerns und welche Arten von Gedächtnis angesichts der Katastrophe von Hiroshima möglich sind. In dieser Perspektive erweist sich Resnais' Film als vielschichtige Reflexion über das Potential und die Grenzen sowohl visueller als auch sprachlicher Narration. Die Unzulänglichkeit jedweder Erzählung von Geschichte wird dabei auf verschiedenen Ebenen verhandelt: nicht nur das, was die Figuren zu sehen, zu hören und zu wissen meinen, sondern auch die Wahrnehmung des Zuschauers zieht HIROSHIMA MON AMOUR in Zweifel: Indem Resnais die zeitliche, räumliche und perspektivische Kontinuität der von ihm erzählten Geschichte aufbricht, bringt er den Betrachter dazu, sich immer wieder von der eigenen filmischen Erfahrung zu distanzieren und zu hinterfragen, was ihm eben noch gesichert erschien. Während HIROSHIMA MON AMOUR somit Stück für Stück die Mängel einer medialen Konstruktion von Geschichte und Gedächtnis offenlegt und die Erkenntnis dieser Mängel selbst noch in eine Zuschauererfahrung transformiert, erweist es sich, dass aus der Sicht von Resnais' Film der Körper als einziger zuverlässiger Gedächtnisspeicher gelten kann.

An diesem letzten Punkt lässt sich noch einmal aufzeigen, warum das Kino nach 1945 zum Leitmedium der Bemühungen um eine kulturelle Erneuerung werden konnte. Die verschiedenen Versuche, gleichermaßen im Denken über die Potentiale des Kinos und in der filmischen Praxis demokratische Modi der Adressierung von Zuschauern zu konzipieren, legen nämlich Zeugnis davon ab, dass die Auseinandersetzungen um die siebte Kunst in der Nachkriegszeit immer auch Auseinandersetzungen um eine der fundamentalen Fragen des 20. Jahrhunderts waren: jene nach den Grenzen des gemeinschaftlichen Lebens. Aus der Perspektive der Beiträge dieses Bandes scheint es sich hierbei um die Frage nach der Kommunizierbarkeit von Erfahrung zu handeln: Wie können die Individuen sich verorten im Spannungsfeld von komplexen sozialen und historischen Zusammenhängen, die ihr Alltagsbewusstsein bei weitem übersteigen, und wie können sie in Austausch treten über die eigene Historizität,

die sich als die höchst konkrete leibliche Erfahrung eines Daseins in ›der Geschichte‹ realisiert und jedem einzelnen doch zugleich auch zumutet, sich selbst als abstraktes Partikelchen zu betrachten, das als Bestandteil einer wie immer gedachten Logik historischer Abläufe funktioniert oder inmitten des universellen Chaos dem Tod entgegengeschleudert wird.
Man hat dem Kino immer wieder die Fähigkeit zugeschrieben, vermittels der ästhetischen Gestaltung sinnlicher Weltentwürfe zum Gelingen derartiger Kommunikationsprozesse beizutragen – von Bazins Lob des Neorealismus, der die unscheinbarsten Tatsachen der Alltagswelt zu ihrem Recht kommen lasse, bis hin zu Rancière, für den der Film allgemein die Kunst darstellt, »die die Identität eines anschaulichen Modus des Denkens und eines denkenden Modus der anschaulichen Materie realisiert«[9] und somit die Voraussetzungen erfülle, um »eine Gemeinschaft in den Besitz der anschaulichen Form ihrer Idee« zu bringen.[10]
Es mag sein, dass der kinematografische Erfahrungsmodus mit solchen Zuschreibungen heillos überfrachtet wird. Die Beiträge des vorliegenden Bandes aber haben versucht, die Herausforderung anzunehmen, welche damit einhergeht, das Kino nicht als eine Maschinerie zu begreifen, die der mehr oder weniger gelungenen Repräsentation des Status Quo einer sozialen oder geschichtlichen Formation dient, sondern als einen Ort, an dem historisches Bewusstsein entstehen kann. In jedem Fall wäre etwas gewonnen, wenn sie auf diese Weise einen Beitrag geleistet hätten zum Verständnis der Neubegründung des westeuropäischen Kinos nach 1945 – auch unterhalb der bestehenden filmhistoriografischen Zuordnungen und Epochenbildungen.

Hermann Kappelhoff, Bernhard Groß, Daniel Illger
Berlin, im Februar 2010

---

9 Jacques Rancière: Die Geschichtlichkeit des Films, in: Die Gegenwart der Vergangenheit. Dokumentarfilm, Fernsehen und Geschichte, hg. v. Eva Hohenberger, Judith Keilbach, Berlin 2003, S. 230-246, hier S. 241.
10 Ebd., S. 240.

Daniel Illger **Die Fremdheit im eigenen Leben**
UMBERTO D. und die Stadtinszenierungen des italienischen Nachkriegskinos

I.
Zu den bekanntesten Thesen über den italienischen Neorealismus gehört jene von André Bazin, wonach dieses Kino zuallererst durch einen bestimmten »ontologischen Standpunkt« geprägt sei.[1] Bazin führt aus: »Der Neorealismus kennt nur die Immanenz. Einzig vom Anblick, von der reinen Erscheinung der Menschen und der Welt leitet er im *nachhinein* die Lehren ab, die sie in sich bergen. Er ist eine Phänomenologie.«[2] Die Originalität des Neorealismus bestehe darin, dass er, im Gegensatz vor allem zum sowjetischen Montagekino der zwanziger Jahre, »die Realität nicht a priori irgendeinem Gesichtspunkt unterordnet.«[3]
Die Position Bazins markiert Zuschreibungen an den italienischen Neorealismus, die bis heute gängig sind. In dieser Perspektive zeichnen sich die Filme, die etwa Luchino Visconti, Roberto Rossellini und Vittorio De Sica zwischen Mitte der vierziger und Anfang der fünfziger Jahre gedreht haben, dadurch aus, dass sie eben nicht immer schon wissen, was Geschichte ist, was Gesellschaft und was Wirklichkeit: Wenn sich der Arbeiter aus De Sicas LADRI DI BICICLETTE (FAHRRADDIEBE, I 1948) auf die Suche nach seinem Fahrrad begibt, wenn der kleine Junge aus Rossellinis GERMANIA ANNO ZERO (DEUTSCHLAND IM JAHRE NULL, I 1948) einsam und verlassen durch die Ruinen Berlins irrt, wenn die sizilianischen Fischer aus Viscontis LA TERRA TREMA: EPISODIO DEL MARE (DIE ERDE BEBT, I 1948) zum Fang ziehen, dann werden die Verzweiflung und Verlorenheit, die Mühen und kleinen Freuden dieser Figuren nicht aufgehoben in einem höheren, sinnstiftenden Ordnungsprinzip.

---

1 André Bazin: Vittorio De Sica, Regisseur [1953], in: ders.: Was ist Film?, hg. v. Robert Fischer, Berlin 2004, S. 353-373, hier S. 358.
2 Ebd., S. 357.
3 Ebd., S. 356.

Soweit die Zuschreibungen. Doch gibt es eine innere Spannung im Denken über den Neorealismus, die mir wesentlich zu sein scheint. Auch was es mit dieser Spannung auf sich hat, lässt sich Bazins Essays entnehmen. So schreibt er 1949 über LADRI DI BICICLETTE, es handle sich hierbei sicherlich um den

> [...] einzig gültige[n] kommunistische[n] Film der letzten zehn Jahre, gerade weil er auch dann nicht seinen Sinn verliert, wenn man von seiner gesellschaftlichen Bedeutung abstrahiert. Seine soziale Botschaft ist nicht losgelöst, sie bleibt dem Geschehen immanent; dennoch ist sie so deutlich, dass keiner sie übersehen, geschweige denn sich ihr verweigern kann, da sie niemals als Botschaft formuliert wird. Die implizierte These ist von ebenso wunderbarer wie erschreckender Einfachheit: In der Welt, in der dieser Arbeiter lebt, müssen die Armen, um zu überleben, *sich gegenseitig bestehlen*.[4]

Man sollte an dieser Stelle einen Moment innehalten, um sich die vertrackte Struktur von Bazins Argument zu verdeutlichen: Wir haben es mit einer Botschaft zu tun, die nicht als Botschaft formuliert wird, als implizierte These aber eine ungeheure Wirkmacht entfaltet, wobei diese These nicht nur von wunderbarer und erschreckender Einfachheit ist, sondern zudem eine atemberaubend umfassende Gültigkeit behauptet. Und was wie die Quadratur des Kreises klingt, kann LADRI DI BICICLETTE vollbringen, weil die Botschaft, die keine ist, stets dem Geschehen immanent bleibt. Oder um Gedanken zu paraphrasieren, die Bazin in Hinblick auf Rossellinis PAISÀ (I 1946) geäußert hat: ›Der Verstand kann sich dieser Botschaft gerade deshalb nicht entziehen, weil sie ihm von der Wirklichkeit selbst vermittelt wird.‹[5]

Ich will nun davon ausgehen, dass Bazins Ausführungen nicht einfach der Lust am Paradoxon entspringen, sondern tatsächlich etwas Wesentliches erfassen an der Wirkungs- und Funktionsweise von LADRI DI BICICLETTE und zahlreichen anderen Filmen des italienischen Nachkriegskinos. Ich spreche vom italienischen Nachkriegskino, weil die Filme, die hier in Rede stehen, nicht in eins fallen mit den üblicherweise dem Neorealismus zugeordneten Produktionen. Sie sind zunächst dadurch gekennzeichnet, dass sie zwei gegensätzliche Bewegungen in sich vereinen: eine, in der sie sich jeder übergeordneten Bedeutung verweigern, und eine, in der sie gerade auf einen Entwurf von Gesellschaft und Geschichtlichkeit abheben; eine, die auf das Private gerichtet ist, und eine, die auf das Öffentli-

---

4 André Bazin: LADRI DI BICICLETTE (FAHRRADDIEBE) [1949], in: ders.: Was ist Film?, a.a.O., S. 335-351, hier S. 339.
5 Vgl. André Bazin: Der filmische Realismus und die italienische Schule nach der Befreiung [1948], in: ders.: Was ist Film?, a.a.O., S. 295-326, hier S. 319.

che und Allgemeine zielt. Ich fasse sie unter dem Begriff der »Stadtinszenierungen«; damit soll eine kinematografische Form benannt werden, die meines Erachtens für das italienische Kino der vierziger bis sechziger Jahre insgesamt von größter Bedeutung ist, mithin quer steht zu den gängigen filmhistoriografischen Trennungen zwischen Neorealismus, *neorealismo rosa*[6] und dem selbstreflexiven Autorenkino, für das die Filme Antonionis, Fellinis und Pasolinis emblematisch geworden sind.[7]

Im Folgenden werde ich also versuchen, das, was bei Bazin wie ein reines Paradoxon erscheint, als ästhetisches Konstruktionsprinzip aufzuschlüsseln, das sich seinerseits in der Erfahrung des Zuschauers realisiert. Zu diesem Zweck will ich einen anderen Film Vittorio De Sicas untersuchen, der gegenüber LADRI DI BICICLETTE den Vorteil hat, dass die Enden der interpretatorischen Zuschreibungen in seinem Fall noch weiter gespannt sind. Die Rede ist von UMBERTO D. (I 1952).

II.

Heutzutage gilt UMBERTO D. gemeinhin als ein Höhepunkt des italienischen Nachkriegskinos. 1952 jedoch, als der Film erstmals in die Kinos kam, stieß er bei Publikum und Kritik vor allem auf Unverständnis. Bazin, der in UMBERTO D. schon damals ein »makelloses Meisterwerk«[8] erblickte, bildete mit seiner Einschätzung zunächst die Ausnahme. Warum dies so ist, kann man leichter nachvollziehen, wenn man sich klarmacht, dass

---

6 Unter dieser Bezeichnung firmiert eine bestimmte Form von (Liebes-)Komödie, die es in den späten vierziger und vor allem den fünfziger Jahren zu enormer Popularität beim italienischen Kinopublikum brachte, jedoch bis heute von den meisten Filmkritikern und -historikern mit einiger Herablassung betrachtet wird. Schon Zeitgenossen galten Filme wie Renato Castellanis SOTTO IL SOLE DI ROMA (UNTER DER SONNE ROMS, I 1948), Luigi Comencinis PANE, AMORE E FANTASIA (BROT, LIEBE UND FANTASIE, I 1953) oder Dino Risis POVERI MA BELLI (ICH LASS MICHT NICHT VERFÜHREN, I 1956) als kommerzielle, auf seichte Unterhaltung ausgerichtete Abirrungen und Verfallserscheinungen, die neorealistische Themen oder Verfahren aufgreifen und gleichsam aushöhlen, bis nur noch die leere, hübsch bepinselte Hülle übrig bleibt. Wo der Neorealismus die Wunden, die Faschismus, Krieg, Okkupation, Armut und Perspektivlosigkeit in Italien geschlagen haben, nicht nur nicht zudeckte, sondern weit aufriss, hätte der *neorealismo rosa*, so das Verdikt, die Wunden mit Zuckerguss bedeckt. Die sozialen Missstände und Ungerechtigkeiten dienten nurmehr als Vorwand, um möglichst viele Lacher zu erzielen oder von turbulenten Liebesverwicklungen zu erzählen, die sich am Ende freilich in Wohlgefallen beziehungsweise Küsse, Umarmungen und Hochzeiten auflösten. Vgl. dazu etwa Gian Piero Brunetta: Guida alla storia del cinema italiano. 1905-2003, Turin 2003, S. 138; Morando Morandini: Italien: Vom Faschismus zum Neorealismus, in: Geschichte des internationalen Films, hg. v. Geoffrey Nowell-Smith, Stuttgart/Weimar 1998, S. 318-326, hier: S. 323f. Vgl. auch Millicent Marcus: Italian Film in the Light of Neorealism, Princeton/Chichester 1986.

7 Vgl. Daniel Illger: Heim-Suchungen. Stadt und Geschichtlichkeit im italienischen Nachkriegskino, Berlin 2009.

8 André Bazin: Ein großes Werk: UMBERTO D. [1953], in: ders.: Was ist Film?, a.a.O., S. 375-379, hier S. 375.

der französische Kritiker an De Sicas Film gerade die Absage an jegliche konventionelle Dramaturgie hervorhebt.
Folgt man Bazin, inauguriert UMBERTO D. stattdessen die »ontologische Gleichwertigkeit« der aufeinander folgenden »konkreten Augenblicke des Lebens, von denen keiner den Anspruch erheben kann, wichtiger zu sein als der andere«[9], und ist deshalb der Film, der dem kinematografischen Ideal Cesare Zavattinis – zusammen mit Guido Aristarco, Gründer der Zeitschrift Cinema Nuovo, der einflussreichste Theoretiker des Neorealismus und Drehbuchautor der meisten Filme De Sicas – am nächsten kommt: ohne einen Schnitt neunzig Minuten aus dem Leben eines Mannes zu zeigen, in denen nichts geschieht.
Damit ist die eine Linie in der Interpretation von UMBERTO D. markiert; sie führt bis zu Deleuze, für den De Sicas Film aus ähnlichen Gründen wie den von Bazin genannten eine prominente Rolle einnehmen kann bei der Bestimmung des »Kinos des Sehenden«, das aus reinen optischen und akustischen Situationen besteht und dem das handlungsmächtige Subjekt ebenso abhanden gekommen ist wie eine ausdeutbare Welt.[10] In der neueren und neusten Literatur zum Neorealismus im Allgemeinen und De Sica im Speziellen wird freilich ein anderer Schwerpunkt gesetzt: UMBERTO D. – so heißt es mit großer Einmütigkeit in den verschiedenen Studien – offenbare die Zerstörung von Menschlichkeit, die überdauert habe, noch lange, nachdem die Trümmer der zerbombten Häuser weggeräumt wurden; er prangere eine Gesellschaft an, die erbarmungslos ausstößt, was alt ist und arm und schwach, was nicht Schritt halten kann im allseitigen Fortschrittstaumel; er mache in der Figur des pensionierten Staatsdieners Umberto Domenico Ferrari die unerträgliche Einsamkeit spürbar, die damit einhergeht, solcherart entsorgt, für nichts und von niemandem mehr gebraucht zu werden.[11]
Es gibt keinen Grund, diese Deutungen in Zweifel zu ziehen. Tatsächlich scheint kaum ein Zuschauer denkbar, der De Sicas Film nicht mit der Empfindung verlässt, eine verheerte Menschlichkeit, eine verfallende Sozietät bezeugt zu haben. Abgesehen davon aber, dass noch unklar ist, an welchem Punkt die beiden Linien der Interpretation von UMBERTO D. zusammentreffen, richtet sich an die zuletzt genannten Deutungen dieselbe Frage, mit deren Beantwortung schon Bazin in seinem Essay zu LADRI DI BICICLETTE gerungen hatte. In Hinblick auf UMBERTO D. lautet sie: Wie kommt man von der Geschichte eines alten Mannes, der nicht mehr weiß,

9 Ebd., S. 377.
10 Vgl. Gilles Deleuze: Das Zeit-Bild. Kino 2, Frankfurt a. M. 1991 [1985], S. 11-26.
11 Vgl. Mark Shiel: Italian Neorealism. Rebuilding the Cinematic City, London/New York 2006, S. 68; Gian Piero Brunetta: Guida alla storia del cinema italiano, a.a.O., S. 167; Bert Cardullo: Vittorio De Sica: Director, Actor, Screenwriter, Jefferson 2002, S. 54; Marcia Landy: Italian Film, Cambridge 2000, S. 133; Pierre Sorlin: European cinemas, European societies. 1939-1990, London/New York 1991, S. 124.

wie es für ihn und seinen Hund Flaik weitergehen soll, zum Bild einer ganzen Gesellschaft?
Eine nahe liegende Annahme wäre, dass Wohl und Wehe des Italiens der Nachkriegsjahre in UMBERTO D. explizit verhandelt würden, beispielsweise in den Dialogen. Der Zuschauer des Films indessen weiß, dass dem nicht so ist. Die Gespräche, welche die Figuren führen, drehen sich fast ausschließlich um Alltagsprobleme – vor allem um jene Fragen, die Umberto existenziell bewegen, Fragen des Geldes: »Was kann ich für welche Summe verkaufen? Wie kann ich meine Schulden bezahlen, um nicht im Armenhaus zu enden?« Zwar klagt De Sicas Protagonist hin und wieder über seine niedrige Pension oder über die Gleichgültigkeit seiner Mitmenschen, aber es gibt in dem Film keinen einzigen Dialog, der die Züge eines Pamphlets annähme. Auch ist die Inszenierung bemüht, jenen Szenen, die offenkundig von sozialen Spannungen und Verwerfungen erzählen, gerade keinen allegorischen Charakter zu verleihen, etwa in dem Sinn, dass Umberto auf eine Personifikation der unterdrückerischen Staatsmacht oder des ausbeuterischen Reichtums träfe: Die Polizisten, die gegen die Demonstration der Rentner vorgehen, mit welcher der Film beginnt, tun dies in eher unaufgeregter Weise, und Umbertos ehemaliger Vorgesetzter im Ministerium begegnet dem alten Mann weder mit besonderer Anteilnahme noch schroff-zurückweisend. Wenn die Verbindung zwischen dem alltäglichen Einzelschicksal und der Verhandlung über den Zustand der Gesellschaft aber nicht auf der Ebene der von De Sica erzählten Geschichte vorgenommen wird – wo dann?
Ein Gedanke, den Siegfried Kracauer über die Filme Rossellinis, Fellinis und De Sicas geäußert hat, gibt einen ersten Anhaltspunkt dafür, wo sich jene Verbindung auffinden lässt. Nachdem Kracauer festgestellt hat, die genannten Regisseure würden es verabsäumen, »die Elemente oder Einheiten ihrer Handlungen auf rationale Weise zu verbinden«, da ihnen »eine gerade Linie« unmöglich zu sein scheine, fährt er fort: »Gleichzeitig ist es jedoch, als besäßen sie eine Wünschelrute, die sie befähigt, auf ihren Streifzügen durchs Labyrinth physischer Existenz Phänomene und Geschehnisse von ungeheurer Bedeutung zu entdecken.«[12] Für unseren Zusammenhang ist entscheidend, was De Sicas Wünschelrute Kracauer zufolge im Falle von UMBERTO D. aufspürt. Er benennt »die Straße, die ins möblierte Zimmer eindringt, und die Reihen römischer Hausfassaden, wie man sie von einem fahrenden Autobus aus sieht.«[13]
Fast beiläufig rückt Kracauer hier – wie übrigens auch in seinen Beispielen zu Rossellini und Fellini – das Motiv der Stadtreise in den Blick, das den Kern des Paradigmas der Stadtinszenierung bildet: In ihm, so meine

12 Siegfried Kracauer: Theorie des Films. Die Errettung der äußeren Wirklichkeit [1960], Frankfurt a. M. 1985, S. 337.
13 Ebd.

These, verbindet sich das Private mit dem Öffentlichen, das Individuelle mit dem Sozialen, setzt sich der Augenblick in Beziehung zu einer Geschichtlichkeit.[14] Um diese These verständlicher zu machen, will ich nun zunächst die Konstruktion von De Sicas Film erläutern.

III.
UMBERTO D. beginnt mit einer Demonstration von Pensionären. Die alten Männer rufen nach einer Erhöhung ihrer Rente, doch als die Polizei den ungenehmigten Marsch auflöst, haben sie dem nichts entgegenzusetzen. Nachdem sich die Demonstranten zerstreut haben, beginnt die erste Stadtreise Umbertos (Carlo Battisti), in deren Verlauf es ihm gelingt, seine Taschenuhr für 3.000 Lire zu verkaufen. Dieser ersten Stadtreise werden bis zum Schluss des Filmes drei weitere folgen. Es sind Sequenzen, die Bewegung und Suche kennzeichnet: Zweimal durchstreift Umberto die Stadt im Bemühen, Geld aufzutreiben; einmal sucht er nach dem entlaufenen Flaik und einmal nach einer Möglichkeit, seinen Hund unterzubringen, ehe er selbst in den Tod geht. Den vier Stadtreisen stehen vier Sequenzen in Umbertos Wohnung gegenüber, die sich zusammensetzen aus Unterhaltungen mit dem Hausmädchen Maria (Maria-Pia Casilio), Streitigkeiten mit der Padrona Antonia (Lina Gennari) und Szenen, die alltägliche Abläufe im Leben von Umberto und Maria zeigen: der alte Mann, wie er sich für die Nacht zurechtmacht und schlaflos im Bett liegt; das Hausmädchen, wie es sein Tagwerk beginnt, Ameisen ertränkt und Kaffee mahlt. Tatsächlich sind es vor allem diese Momente, auf welche sich Bazin und Deleuze beziehen, wenn sie an De Sicas Film hervorheben, dass er die Inszenierung reiner Dauer anstrebe, die Zeit selbst zum Gegenstand kinematografischer Gestaltung mache.
Im Unterschied dazu beschreiben die Stadtreisen Umbertos, vor allem aufs Ganze ihres Verlaufs hin gesehen, das Ringen des Protagonisten um seine Handlungsmächtigkeit: In immer neuen Anläufen versucht der alte Mann sein Leben dem blinden Strömen der Ereignisse zu entreißen, Entscheidungen zu treffen, Einfluss zu nehmen. Die Verschiedenheit in der Inszenierung der Stadtreisen auf der einen Seite und des Lebens in der Wohnung auf der anderen Seite wird durch die episodische Gliederung

---

14 Meine Darstellung ist hier vereinfachend, insofern zum Paradigma der Stadtinszenierung, wie es das italienische Nachkriegskino kennzeichnet, auch ein spezifisches Verfahren der Geschichtsdarstellung gehört, das ich in Anschluss an W.G. Sebalds Buch *Austerlitz* (2001) als »Poetik der Schmerzensspuren« bezeichne. Diese Poetik ist dadurch gekennzeichnet, dass sie das Individuelle und Allgemeine, das Harmlose und Katastrophische, das Randständige und das Epochale in eine nicht-lineare Zeitlichkeit ineinander faltet und dabei eine Zuschauerposition entwirft, die eine Dechiffrierung opaker Bildstrukturen verlangt. In Filmen wie UMBERTO D. verbindet sie sich mit der Stadtreise des Protagonisten, um im selben Zug eine Idee von Gesellschaft und von Geschichtlichkeit zu entwerfen. Vgl. Daniel Illger: Heim-Suchungen, a.a.O., S. 64-82 u. S. 151-159.

der erstgenannten Sequenzen unterstrichen, die vermittels je einmaliger Begegnungen Umbertos realisiert ist, zumeist mit Fremden, manchmal mit alten Bekannten, die sich abheben von den wiederholten Gesprächen mit Maria und den Auseinandersetzungen mit der Vermieterin.

Der ersten Stadtreise Umbertos, die etwa zehn Minuten dauert, folgen drei lange Sequenzen in der Wohnung, die – unterbrochen von einem Zwischenspiel, in dem Umberto alte Bücher verkauft, um sich Geld zu verschaffen – eine halbe Stunde beanspruchen. Dieser Teil des Films endet mit Umbertos Einlieferung ins Armenkrankenhaus, die er selbst erwirkt hat, um so die Kosten für Essen und Trinken einzusparen. Die Szene im Hospital durchbricht die Folge von Stadtreisen und Wohnungssequenzen und markiert zugleich – nicht zufällig, wie sich zeigen wird – den Mittelpunkt von UMBERTO D. Nach der Atempause, die ihm der Aufenthalt im Krankenhaus verschafft hat, kehrt der alte Mann in seine Wohnung zurück, wo er sich erneut und in zugespitzter Weise mit den Schwierigkeiten konfrontiert sieht, denen er zuvor entflohen war. Die Padrona hat in Abwesenheit ihres Untermieters umfängliche Renovierungsarbeiten ins Werk gesetzt, die auch dessen Zimmer betreffen: Umberto findet Arbeiter vor, die die Tapeten von den Wänden kratzen, während kein einziges Möbelstück mehr an seinem Platz zu stehen scheint. Schlimmer noch: Flaik ist entlaufen, während sein Herrchen im Hospital Erholung suchte. Dieses erneute Zwischenspiel, in dem die Verlorenheit und Überforderung des alten Mannes endgültig zum Greifen werden, bildet den Auftakt für die zweite und dritte Stadtreise: Umberto begibt sich auf die Suche nach Flaik, rettet den Hund vor der Einschläferung im Tierheim und versucht erneut Geld aufzutreiben. Im Schatten des Pantheons trifft er auf einen ehemaligen Kollegen und seinen früheren Vorgesetzten, doch er vermag nicht, seine Bekannten offen um Hilfe zu bitten – ebenso wenig, wie er es über sich bringt, Fremde anzubetteln. Die vierte Wohnungssequenz zeigt einen Umberto, der – überzeugt davon, dass es auf der Welt keinen Platz mehr für ihn gibt – zu sterben beschließt. Auf seiner vierten Stadtreise beobachten wir den alten Mann dabei, wie er einen Ort sucht, wo er Flaik zurücklassen kann, ehe er sich umbringt. Der Versuch geht fehl – und trifft Umberto die Entscheidung, gemeinsam mit seinem Hund in den Tod zu gehen. Allein Flaiks Angst und Wut sind es, die sein Herrchen im letzten Moment davon abhalten, sich vor einen Zug zu werfen.

Wenn man sich die Konstruktion von De Sicas Film vor Augen führt, wird deutlich, dass UMBERTO D. sehr wohl über die von Kracauer vermisste »gerade Linie« verfügt. Nur lässt sich diese eben nicht auf der Ebene der Handlung, des repräsentierten Geschehens nachzeichnen. Auf dieser Grundlage kann ich meine These präziser formulieren: Die Bedeutung der Stadtreise erschließt sich nur, wenn man sie nicht als Aneinanderreihung von Einzelszenen auffasst, sondern als grundlegendes Strukturprinzip. Für sich genommen, folgt jede Episode dem, was Bazin ›das Prinzip der ontologischen Gleichwertigkeit der konkreten Augenblicke des Lebens‹ nennt; aufs Ganze des Films gesehen aber entwerfen sie das Bild einer Gesellschaft, beschreiben das Verhältnis des Einzelnen zu seiner Geschichtlichkeit.

Ich meine, dass ein Blick auf den Anfang und das Ende von Umbertos Stadtreise, welche zugleich die erste und die letzte Einstellung von De Sicas Film bilden, verdeutlichen kann, was damit gemeint ist.

IV.

Die erste Einstellung von UMBERTO D.: die hoch positionierte Kamera sieht die Flucht einer belebten römischen Straße hinab; die Häuserreihen, welche die Bildkomposition an den Seiten abschließen, nehmen zugleich auch die Sicht auf den Himmel; Passanten füllen die Bürgersteige, Autos und Motorroller fahren. Während der Vorspann abläuft und sich die Kamera zur Straße senkt, rückt langsam eine Demonstration in den Vordergrund: eine Ansammlung von Männern mit Anzug, Hut und Pappschild, die zunächst kaum zu erkennen war, verschmolz sie doch beinahe mit dem Verkehr und dem dunklen, wuchtigen Gebäude im Bildhintergrund. Dieser Eindruck einer Verschmelzung verkehrt sich im selben Maße, wie die Demonstranten deutlicher zu sehen sind; nun wirken sie im Gegenteil merkwürdig getrennt von allem, was sie umgibt: den Wagen, die ihnen ausweichen, den Fußgängern und Fahrradfahrern, die sie nicht einmal zur Kenntnis zu nehmen scheinen. Dann schiebt sich rechts im Vordergrund ein Bus ins Bild; während er die Demonstration teilt, sich einen Weg entlang der Straße bahnt, wird der letzte Schriftzug des Vorspanns eingeblendet. Übersetzt lautet er: »Dieser Film ist meinem Vater gewidmet«[15]; darunter steht der Name des Regisseurs.

Die letzte Einstellung: nachdem Umberto von seinem Hund Flaik vor dem Selbstmord bewahrt worden ist und sich das Vertrauen des verängstigten Tieres zurück gewonnen hat, sehen wir die beiden beim Spielen. Eine zentralperspektivisch komponierte Totale zeigt eine Promenade: Auf der rech-ten Seite zieht sich eine Reihe mächtiger Pinien, deren Äste über die ganze Breite des Weges ragen, in die Bildtiefe; links erheben sich einige Laternen, kleinere Bäume und Büsche in den ansonsten freien Himmel. Schon zu Beginn der Einstellung wirken Umberto und Flaik sehr klein unter den Bäumen, vor der Weite des Horizonts; während der alte Mann nun seinen Hund lockt, ihn immer wieder nach einem Pinienzapfen springen lässt, gehen die beiden die Promenade hinab und entfernen sich dabei immer weiter vom Zuschauer. Als das Wort »Fine« eingeblendet wird, taucht links zwischen den Bäumen und Büschen eine Schar Kinder auf: In einer

---

15 »Questo film è dedicato a mio padre.«

Gegenbewegung zu Umberto und Flaik laufen die Kinder nun in den Bildvordergrund, bis sie fast die Position der Kamera erreicht haben, laut rufend und lachend, so dass die Stimme Umbertos nicht mehr zu hören ist.

Die erste und die letzte Einstellung von UMBERTO D. spiegeln einander und sind zugleich als Antipoden konstruiert; an ihnen lässt sich aufzeigen, wie De Sicas Film verbindet, was er im selben Moment trennt: die Demonstranten, wütende und verzweifelte alte Männer, teilen sich den Bildraum mit geschäftigen Passanten, aber sie haben ebenso wenig etwas miteinander zu schaffen wie Umberto und Flaik mit den vergnügt-rennenden Kindern. Zu Beginn des Films drängen sich die Alten mit ihrer unangemeldeten Demonstration buchstäblich illegitim in den Mittelpunkt, nur um aus den unrechtmäßig angeeigneten Räumen von der Polizei vertrieben zu werden; am Ende des Films sieht man Umberto und Flaik, wie sie spielend verschwinden in einer Komposition, aus der zugleich die Verheißung eines neuen Anfangs und die Drohung einer letztgültigen Auflösung spricht.

Was hier zerfällt, gehört jedoch stets auch zusammen – die Vergangenheit, die Gegenwart und die Zukunft: jene, die die Gesellschaft einmal geprägt und getragen haben, jene, die es jetzt tun, und jene, die es einmal tun werden. Und De Sicas Film kann seine Trennungen weder aufheben noch ein- und für allemal vollziehen, nicht in seinen ersten, nicht in seinen letzten Sekunden. Vielmehr unterstreicht der Regisseur die paradoxe Spannung, die diesen Bildern zueigen ist, indem er der Anonymität des Anfangstableaus die persönliche Widmung an seinen Vater einschreibt, während er in der beinahe idyllischen Offenheit der Schlusskomposition das Wort »Fine« erscheinen lässt, das sich ebenso wie die Kinder dem Zuschauer annähert, so dass in den letzten Augenblicken von UMBERTO D. gegenläufige Zeitlichkeiten in einer Bewegung vereint sind und ein Bild des Lebens und zugleich des Todes gestalten: Wohin, so fragt man sich, werden Umberto und Flaik gehen, wenn wir sie nicht mehr sehen können?

Die somit umschriebene, komplexe gedankliche Figur realisiert sich für den Zuschauer als die Erfahrung des Films. Dies geschieht vermittels der Stadtreise Umbertos, wie sie sich zwischen dem Anfangs- und Endpunkt, der Demonstration der Alten und der von Kindern beherrschten Promenade vollzieht. Im Verlauf der Stadtreise sind die Prozesse von Vereinigung und Trennung in einem Kompositionsgefüge gestaltet, dessen Bedeutung sich dem Zuschauer erschließt, indem er es Schritt für Schritt, Etappe für Etappe mit dem Protagonisten durchläuft, ebenso wie er mit ihm an den Stationen des Stillstands ausharrt, die durch die Szenen in der Wohnung, aus der Umberto vertrieben werden soll, markiert sind.

Welches Bild der italienischen Nachkriegsgesellschaft ist es nun, das im Verlauf von Umbertos Stadtreise entsteht? Wie beschrieben, ist schon mit der ersten Einstellung von De Sicas Film eine grundlegende Zerrissenheit innerhalb dieser Gesellschaft inszeniert – eine Zerrissenheit, die mit der Trennung von Vergangenheit und Gegenwart in eins fällt: die demonstrierenden Pensionäre haben nichts zu schaffen mit den geschäftigen Passanten, die einem Beruf nachgehen oder zuwenigst einem Zeitvertreib. Ob die Alten hungern müssen, kümmert nur sie selbst.

Die drei Episoden von Umbertos erster Stadtreise zeigen nun, dass die Demonstranten untereinander kaum mehr gemein haben. Das Gespräch zwischen Umberto und den beiden anderen Pensionären, mit denen er sich in den Eingang einer Passage zurückgezogen hat, ist geprägt von Missverständnissen: Als einer der Männer zu schimpfen beginnt, meint der zweite, er rede über die Polizisten, die den Umzug auseinanderscheuchten; tatsächlich aber hat er die Organisatoren des Marsches im Blick, die versäumt hätten, diesen anzumelden. Auch Umberto sieht sich getäuscht: Im Glauben, von Leidensgenossen umgeben zu sein, beginnt er über seine Schulden zu sprechen, nur um zu erfahren, dass die anderen Pensionäre deutlich besser gestellt sind als er – oder dies zumindest vorgeben, um sich keine Blöße geben zu müssen. Kaum ist die Aufmerksamkeit der Polizisten abgelenkt, als Umberto und die übrigen Männer, die sich in dem Durchgang versteckt hielten, auch schon eilig ihrer Wege gehen, nun erkennbar als die Fremden, die sie von Anfang an waren.

Ganz ähnlich zeigt sich der Alte, den Umberto in der zweiten Episode der ersten Stadtreise begleitet, sofort peinlich berührt, als dieser ihm seine Uhr zum Kauf anbietet und damit die Tiefe seiner Not offenbart. Derjenige, der die Uhr schließlich kauft – wiederum ein alter Mann –, hantiert, nachdem er Umbertos Preis gehörig gedrückt hat, mit einer Tasche voller Geldscheine, nur um sich im nächsten Augenblick in einen Bettler zu verwandeln, der fürs tägliche Brot auf Almosen angewiesen ist. Zuvor wurde Umberto von der Leiterin der Mensa, wo er seine Mahlzeiten einnimmt, zur *persona non grata* erklärt, da er seinen Hund verbotenerweise an seiner Pasta teilhaben ließ.

De Sicas Film beginnt hier ein Mosaik auszulegen, das er in den Episoden der übrigen Stadtreisen Stück um Stück ergänzt: Buchstäblich sichtbar wird das Ende von Anstand und Mitgefühl. In der Welt von UMBERTO D. sind alle Beziehungen zwischen Menschen, so scheint es, einer ökonomischen Logik unterworfen. Was keinen Gewinn bringt, gilt nicht nur als überflüssig, sondern gar als verwerflich: Die Verbindlichkeit im alltäglichen Miteinander ist abgelöst worden durch ein Maskenspiel, in dem die größtmögliche Verfügbarkeit von abschreckenden, undurchschaubaren und ungerührten Gesichtern den größtmöglichen Gewinn garantiert.

Die Episoden der zweiten Stadtreise vervollständigen dieses Mosaik um einige wesentliche Steinchen, indem sie zeigen, dass auch Umberto selbst Teil des im Entstehen begriffenen Bildes ist. Zu erschöpft oder zu gleichgültig, als dass er sich um etwas anderes kümmern könnte als die eigenen Nöte, begreift er nicht, dass Maria von den beiden möglichen Vätern ihres Kindes – dem Soldaten aus Florenz und dem aus Neapel – verlassen worden ist, ebenso wie Umbertos Sorge ob Flaiks Schicksal umgekehrt Maria kalt zu lassen scheint. Auch ist Umberto unfähig, den einzigen wirklichen Leidensgenossen zu erkennen, der ihm im ganzen Film begegnet: den armen Mann im Tierheim, der ebenfalls seinen Hund wiederhaben will, und sich wie betäubt die Frage vorlegt, ob er 450 Lire für das Tier bezahlen oder es sterben lassen soll. Umberto steht also nicht außerhalb seiner Zeit oder der Gesellschaft; er ist kein Leuchtturm der Menschlichkeit. In Konsequenz heißt dies, dass De Sicas Film dem Zuschauer einen Standpunkt verweigert, von welchem aus sich das selbstsüchtig-herzlose Treiben leichthin überblicken und aburteilen ließe. Weder für die Figuren noch für die Zuschauer gibt es ein Außerhalb des inszenierten Verfalls. Wer UMBERTO D. sieht, soll sich gemeint fühlen.

Vor diesem Hintergrund versteht man besser, weshalb die Szene im Hospital einen so zentralen Platz in der Konstruktion des Films einnimmt. Denn was Zuhause war, ist hier fremd geworden, das Fremde hingegen kann die einzige Zuflucht bieten: Dem Zimmer Umbertos, in dem die Tapeten von den Wänden gerissen und Löcher in die Mauern geschlagen werden, stellt De Sica ein Armenkrankenhaus entgegen, in dem eine Ordenschwester regiert, die alles begreift, alles durchschaut – zuvorderst die kleinen Betrügereien ihrer Patienten – und doch darauf verzichtet, zu verurteilen und zu strafen. Als würde ihr Blick den gesamten Bildraum des Filmes verwandeln, können die menschlichen Unzulänglichkeiten während dieser einen Szene in heiter-humoristischem Licht erscheinen. So, wenn Umbertos Bettnachbar, ein Musterbeispiel des proletarischen Ur-Römers mit rauer Stimme, breitem Dialekt und Adlernase, inbrünstig den Rosenkranz nuschelt und dabei hungrig aufs Essen schielt.

In diesem Sinne bietet das Hospital nicht nur De Sicas Protagonisten, sondern auch den Zuschauern eine Atempause in dem Prozess des anscheinend unaufhaltsamen Verlustes, den der Film über die Dauer seiner Laufzeit als den Verlust von Menschlichkeit erfahrbar macht. Was sich an Umberto in einer Reihe immer existenzieller Niederlagen vollzieht – er muss seine Uhr verkaufen und seine Bücher, er verliert seine Wohnung, seinen Lebenswillen und zuletzt beinahe die Liebe Flaiks –, stellt sich dem Zuschauer dar als ein Schwinden von Möglichkeiten, eine unausgesetzte Verengung der filmischen Welt, ähnlich wie es für die Maus in Kafkas Fabel zuletzt nur noch die Falle und den Schlund der Katze gibt.[16] Auch

16 »›Ach‹, sagte die Maus, ›die Welt wird enger mit jedem Tag. Zuerst war sie so breit, dass ich Angst hatte, ich lief weiter und war glücklich, dass ich endlich rechts und links in der Ferne Mauern sah, aber diese langen Mauern eilen so schnell aufeinander zu, dass ich schon im letzten Zimmer bin, und dort im Winkel steht die Falle, in die ich laufe.‹ – ›Du musst nur

Deleuzes rein optische und akustische Situationen – der alte Mann, der im Bett liegt und nicht einschlafen kann; das Dienstmädchen, das in der morgendlich-stillen Küche sitzt und Kaffee mahlt – haben Anteil an der Gestaltung dieses Prozesses, eröffnen sie im Modus des Stillstandes, des Nichts-Geschieht, doch die zeitlichen Räume, in denen sich für den Zuschauer realisiert, was Umberto erfährt, wenn er im verzweifelten Bemühen, seine verlorene Würde zurückzuerlangen, die Etappen der Stadtreise abschreitet: Dass das eigene Leben bis in die alltäglichsten Regungen hinein fremd geworden ist.

die Laufrichtung ändern‹, sagte die Katze und fraß sie.« Franz Kafka: Kleine Fabel, in: ders.: Sämtliche Erzählungen, hg. v. Paul Raabe, Frankfurt a. M. 1969, S. 320.

Giulia Fanara **Eia mater, fons amoris...**
Landschaft und Gender in Roberto Rossellinis IL MIRACOLO

> Die Ruinen leben durch den Blick, welcher auf ihnen ruht.
> Marc Augé: Le Temps en ruines, Paris 2003

Vorwort

»La terre du miracle«. »Das Land der Wunder«. So betitelte Maurice Schérer alias Eric Rohmer 1955 seinen Aufsatz in den *Cahiers du Cinéma* über Rossellinis VIAGGIO IN ITALIA (REISE IN ITALIEN, I 1954).[1] Bekanntlich endet Rossellinis Film mit der problematischen Wiedervereinigung des ausländischen Paares, das sich, gefangen inmitten einer von einem Wunder[2] begleiteten Prozession durch die Straßen Neapels, in die Arme fällt, obwohl Mann und Frau zuvor beschlossen hatten, sich scheiden zu lassen. In meiner Analyse beginne ich gewissermaßen in umgekehrter Reihenfolge, indem ich von einem früheren Film Rossellinis ausgehe: IL MIRACOLO (DAS WUNDER), der nach LA VOCE UMANA (DIE MENSCHLICHE STIMME) als zweiter Teil des Episodenfilms AMORE (LIEBE, I 1948) gedreht wurde.[3]

---

1 Vgl. Maurice Schérer (d.i. Eric Rohmer): La terre du miracle, in: Cahiers du Cinéma, H. 47 (1955), S. 38-41.
2 Rossellini definiert dies als eine »wirre, hysterische« Wunderheilung, mit der er die Bedeutung eines letzten Aspekts seines Films unterstreichen wollte, des Wunsches nämlich, »eine gleichermaßen ethnografische Begegnung« zu dokumentieren: einerseits die beiden Engländer, andererseits die Italiener, oder besser, die Neapoletaner. Roberto Rossellini [1955], zit. nach: L'avventurosa storia del cinema italiano raccontata dai suoi protagonisti. 1935-1959, hg. v. Franca Faldini, Goffredo Fofi, Bologna 2009, S. 337f.
3 In beiden Teilen von AMORE spielt Anna Magnani die Hauptrolle. Der erste Teil heißt LA VOCE UMANA und ist eine Adaption von Jean Cocteaus gleichnamigem Monodrama, der zweite Teil IL MIRACOLO wurde nach einem Drehbuch von Federico Fellini verfilmt (Anm. d. Übers.).

Folgt man Tag Gallagher, ist LA VOCE UMANA »[...] the first instance in which the style and techniques of ›neorealism‹ [...] were applied to subject matter not connected with the war and its aftermath.«[4] Einer der wesentlichen Beweggründe Rossellinis, AMORE zu drehen, war Anna Magnani, deren Eintritt in das Privatleben des Regisseurs die Möglichkeit bot, »[...] die Kamera wie ein Mikroskop zu verwenden«[5] (obgleich in jener ersten Episode vielmehr die Stimme als das Gesicht der Diva und Geliebten Gegenstand der Untersuchung ist), wodurch im Sinne des Neorealismus »[...] eine moralische Annäherung zu einer ästhetischen Tatsache wird«.[6] Dann bleibt noch der Umstand, dass Rossellini schließlich selbst meinte, »eine gewisse Identität«[7] ausmachen zu können, die GERMANIA ANNO ZERO (DEUTSCHLAND IM JAHRE NULL, I 1948), den in Berlins Ruinen gedrehten Film, mit dem so ganz anderen, an der geliebten amalfitanischen Küste verwirklichten IL MIRACOLO verbindet. Mit beiden Filmen, so sagt er, habe er auf den Aberglauben, auf eine Epik im Sinne einer Theorie des »Lebensraums« und auf eine »schreckliche Moral«[8] als die Auslöser der beiden großen Konflikte des 20. Jahrhunderts reagieren wollen.

Diese Erklärung Rossellinis deckt sich mit seiner Konzeption des Neorealismus sowohl während dessen konkreter Phase als auch danach (der Neorealismus als »künstlerische Form der Wahrheit«[9] etc.). Sie eröffnete alsbald eine vielstimmige Debatte,[10] die mir hinsichtlich der Perspektive, die ich in diesem Aufsatz einzunehmen gedenke, äußerst erhellend scheint. Der gleiche, dem Trauma des Kriegs verwandte Todestrieb, der Rossellinis Filme zu beherrschen scheint – und zwar auf der Reise von den Ansichten der Ruinen Berlins über die nur bedingt arkadischen Landschaften von Maiori und Furore (in AMORE) bis hin zu jenen schauerlichen in STROMBOLI, TERRA DI DIO (STROMBOLI, I 1950) und zurück zu den römischen Vorstädten (in ROMA CITTÀ APERTA / ROM, OFFENE STADT, I 1945) –, findet sich auch in VIAGGIO IN ITALIA, wenn die beiden Protagonisten wiederholt ihre grande tour unterbrechen, um auf der

---

4 Tag Gallagher: The Adventures of Roberto Rossellini. His Life and Films, New York 1998, S. 232.
5 Ital. Orig.: »[...] l'occasione di usare la macchina da presa come un microscopio.« Roberto Rossellini [1955], in: L'avventurosa storia del cinema italiano, a.a.O., S. 199.
6 Ital. Orig.: »Un avvicinamento morale che diventa un fatto estetico«, ebd.
7 Ital. Orig.: »una certa identità«, ebd.
8 Ebd., S. 112.
9 Ital. Orig.: »[...] forma artistica della verità.« Roberto Rossellini: Colloquio sul neorealismo, in: Bianco e Nero, H. 2 (Febr. 1952), S. 7-16.
10 Ich beziehe mich v.a. auf die Polemik zwischen Aristarco und Bazin und dessen berühmten Brief »Difesa di Rossellini«, in: Cinema Nuovo, H. IV/65 (25 Aug. 1955). Dt. Übers.: André Bazin: Plädoyer für Rossellini [1955]. Brief an Guido Aristarco, Chefredakteur von Cinema Nuovo, in: ders.: Was ist Film?, Berlin 2004, S. 391-402. Die Wiederaufnahme dieser Fragestellung diskutiere ich in meiner Publikation: Pensare il neorealismo, Rom 2000, S. 303-323.

Suche nach Panoramen und Ruinen einen Zwischenstopp in Neapel einzulegen. So schreibt Mark Shiel über die bekannte pompejische Sequenz in diesem Film:

> JOURNEY TO ITALY thus continues the figuration of the obliteration of the city which was directly depicted in the bombed Berlin of GERMANY YEAR ZERO and obliquely in the primeval volcanic landscapes of STROMBOLI, Rossellini's motifs of the pre-modern and of nature replay the destruction of human settlement by the overwhelming force of the modern war and the victims of Vesuvius recall those of Dresden and Hiroshima.[11]

Es ist sicherlich kein neuer Gedanke,[12] die Bedeutung der Landschaft im Neorealismus und deren Genese, vor allem im Werk Rossellinis (und in dessen konkreter Fortführung bei Antonioni), zu unterstreichen. Jedoch wurde oft übersehen, dass sich Landschaft, sofern sie sich von der Natur durch das Verlangen nach einer Formgebung abzuheben begann, durch einen Blick generierte, dem genau dieses Verlangen eingeschrieben war. Ähnlich wie Gender ist die Landschaft eine kulturelle Konstruktion, »[...] landscapes are culture before they are nature; constructs of imagination projected onto wood and water and rock«.[13] Wie der Genderdiskurs schließt jener über die Landschaft eine komplexe Serie von Verhandlungen ein, die in den unterschiedlichen historischen Epochen und in verschiedenen Disziplinen, einzeln oder geschlossen, ihre moralischen, ästhetischen, ideologischen oder – direkter – ihre politischen Aspekte akzentuieren (im Falle Italiens bekanntermaßen die Gegenüberstellung von Stadt/Land, Industrialisierung/Landwirtschaft und, auf einer übergeordneten Ebene, das Gefälle von Nord und Süd).

---

11 Mark Shiel: Italian Neorealism. Rebuilding the Cinematic City, London, New York 2006, S. 110.
12 Obwohl die Wiederentdeckung der italienischen Landschaft eines der häufigsten Motive der präneorealistischen bzw. neorealistischen Kritik ist, besteht die einzige Untersuchung zu diesem Thema, die sich auf der Höhe ihres Gegenstands bewegt, in Sandro Bernardis *Il paesaggio nel cinema italiano* (Venedig 2002). Vgl. auch Giuliana Brunos Seiten zu VIAGGIO IN ITALIA in ihrem Buch *Atlas of Emotion. Journeys in Art, Architecture, and Film*, London 2002. Die Gruppe »Cinema« macht diesen Aspekt zu einer ihrer zentralen Forderungen, auf die der Neorealismus reagiert, indem er eine Landschaft konfiguriert, die mit der Geschichte, der nationalen Identität sowie der begrenzten Sichtweise des Menschen zusammenfällt, der diese Landschaft bevölkert und in ihr agiert. Ich beschränke mich darauf, unter all den einschlägigen Aufsätzen an jenen von Giuseppe de Santis zu erinnern: »Per un paesaggio italiano« (in: Cinema, H. VI/116 [25. April 1941]) und auf das dritte Kapitel meines Buchs *Pensare il neorealismo* (a.a.O.) zu verweisen. Antonio Costa fragt, wie diese auf die Landschaft bezogenen Ambitionen mit dem Versuch einer Stilfindung verbunden sind: Tra autarchia ed eclettismo. Invenzione del paesaggio italiano, Working Papers DADI, Università Iuav di Venezia, Nr. 21, 2007.
13 Simon Schama: Landscape and Memory, New York 1995, S. 61.

Ein bedeutendes Bindeglied jener ersten Nachkriegsjahre, während derer das europäische Kino mit seinem Wiederaufbau beschäftigt war, findet sich in der unentwirrbaren Verknüpfung des Bestrebens, die Vergangenheit zu rekonstruieren, mit der Suche nach etwas Neuem – eine Verknüpfung, die von Nation zu Nation, entsprechend ihrer Position als siegreicher oder unterlegener, verschiedene Ausprägungen erfährt.[14] Dass die Probleme, welche die nationale und die sozialgeschlechtliche Identität aufgeben, im Falle des Neorealismus weitgehend korrelieren, lässt sich an den Rollen aufzeigen, die dem Star Anna Magnani in nichtitalienischen Produktionen zugewiesen wurden. Ulrike Sieglohr bemerkt:

> [...] while narrativization generally tends to displace politics in favour of gender in all of [European] cinemas [...], in the cinemas of defeated or politically compromised nations politics are effectively repressed through more substantial displacements onto gender [...]. Italian cinema, while offering a range of images of women, is less obviously concerned with sexual politics and more with social politics in general and the conflicting notions of a Communist versus Christian identity.[15]

Wenn wir also zu den Filmen Rossellinis zurückkehren, ist es unausweichlich, eine dezidierte Antwort auf die Frage zu finden, wer hier wen oder was betrachtet, wobei diese Antwort zugleich auf den Blick der Protagonisten, auf jenen des Films, auf die Landschaft, erneut auf die Geschichte und somit auf den Zweiten Weltkrieg als eines der erschütterndsten Ereignisse des 20. Jahrhunderts verweisen muss.

Das Lärmen des Kriegs, die Stimme der Natur
Auf sich und den Neorealismus zurückblickend, bestätigt Rossellini:

> Wir betrachteten die Ruinen, aus denen wir voller Staub hervorkrochen. Aus unseren Herzen stieg ein tiefes und ernstes Bedürfnis auf, uns wiederzuerkennen und zu entdecken. Der Neorealismus entstand aus unserer moralischen Position, welche uns drängte, diese absurde Tragödie, die wir überlebt hatten, zu verstehen.[16]

14 Deleuze, der den Neorealismus als Bruch zwischen dem klassischen und dem modernen Kino beschreibt, benennt als mögliche Antwort auf die Frage »Warum gerade in Italien?« den Umstand, dass es sich hierbei zwar um ein besiegtes Land handelte, dafür aber um eines mit einer »[...] Filminstitution, die vom Faschismus relativ unberührt geblieben war«, und mit »[...] eine[m] unterirdischen Widerstand und eine[r] Volkstradition gegen die faschistische Unterdrückung« aufwarten konnte. Gilles Deleuze: Das Bewegungs-Bild. Kino 1, Frankfurt a. M. 1997, S. 283.
15 Ulrike Sieglohr: Introduction, in: Heroines without Heroes. Reconstructing Female and National Identities in European Cinema 1945-1951, hg. v. Ulrike Sieglohr, London, New York 2000, S. 10.
16 Brunello Rondi: Il neorealismo italiano, Parma 1956, S. 10.

Wenn er den chorischen Film[17] mit dem Krieg verbindet, weil »der Krieg an sich ›chorisch‹ ist«, während sich sein Interesse, wie er präzisiert, später auf das Studium der Charaktere verlagert habe, beispielsweise auf Edmund in GERMANIA ANNO ZERO oder Karin in STROMBOLI, so hallt der Lärm des Kriegs wie ein Echo in seinen Filmen weiter nach.[18] Als Rossellini im März 1947 auf der Suche nach Stoff für den dritten Teil seiner Trilogie nach Berlin kommt, sind die Wunden der Stadt noch gut sichtbar. Er bemerkt die Trümmerhaufen am Rande der Straßen, den blauen Himmel, das aus dem aufgerissenen Asphalt wachsende Unkraut, die Stille und die Rückkehr der ersten Juden.

Sandro Bernardi und später Noa Steimatsky haben gezeigt, wie sich die Ruinen Berlins – und hierauf griffen bereits einige Bilder in PAISÀ (PAISA, I 1946) vor – auf die unstrittig älteren von Pompeji projizieren.[19] Berlin ist eine Stadt, die zur Landschaft wird, weil der Krieg und das Desaster der Ideologien die Welt in ihre Ausgangsposition zurückversetzen und den Raum, der vorher eine Stadt war, in den Zustand des Natürlichen versinken lassen. Die der Ruinenlandschaft eingeschriebene Zeitlichkeit und Liminalität verwandeln sie laut Steimatsky in ein »[...] late-modern trope inflecting not only the space but the consciousness and the agency of the postwar cinemas.«[20]

Andererseits könnte nichts weiter vom Krieg entfernt sein als die Landschaft in IL MIRACOLO, die mit den vielen Hirtenmädchen und Zicklein in der Eröffnungsszene des Films wie eine nahezu naturgetreue Reproduktion Arkadiens erscheint.

Bekanntlich hatte Rossellini eine besondere Beziehung zu diesen Orten, die im Übrigen unweit Roms liegen – mit schnellen Autos leicht erreichbar – und die von ihm ohne Zögern als Klischees genutzt wurden. Wir haben derartige Orte in PAISÀ gesehen, wo sie über Sizilien und die Romagna verstreut waren, und wir sehen sie von Neuem in IL MIRACOLO und in

---

17 Der italienische Ausdruck »film corale«, der hier mit »chorischer Film« übersetzt ist, ist ein feststehender Begriff für das neorealistische Kino und beschreibt sowohl die ästhetische Struktur der Filme, statt Einzelfiguren Gemeinschaften in Szene zu setzen, wie auch den Versuch eines kollektiven politischen und produktionstechnischen Neuanfangs des italienischen Kinos nach dem Faschismus. Fanara spielt hier mit dem Begriff »corale«, der sowohl das »Chorische« wie auch das »Kollektive« oder »Gemeinschaftliche« bedeutet (Anm. d. Übers.).
18 Vgl. Roberto Rossellini: Colloquio sul neorealismo, a.a.O.
19 Vgl. Sandro Bernardi: I paesaggi nella »trilogia della guerra«: realtà e metafora, in: Storia del cinema italiano, Bd. VII, 1945/1948, hg. v. Callisto Cosulich, Venedig, Rom 2003, S. 97-114, hier S. 112f. Vgl. auch Noa Steimatsky: Reinhabiting the Past in Postwar Italian Cinema, Minneapolis, London 2008, S. 41-78, hier S. 72: »It is hard not to associate the ruinous views of GERMANY YEAR ZERO, historically specific as they are, with Rossellini's turn some five years later to what one might call Berlin's phantasmic sister-city: Pompei as it emerges into view in JOURNEY TO ITALY.«
20 Ebd., S. 44.

LA MACCHINA AMMAZZACATTIVI (DIE MASCHINE BÖSETÖTER, I 1948). Es handelt sich hierbei um ein filmisches Muster, das – in seiner extremen kinematografischen Reflektiertheit und als Herzensangelegenheit des Regisseurs – noch einer Untersuchung harrt, die sich dem Verhältnis zwischen Realität und Illusion[21] ebenso widmen müsste wie jenem zwischen Vergangenheit und Gegenwart; findet sich dieses Muster doch zu einem Zeitpunkt in Rossellinis Filmen, als der Wirtschaftsboom sich bereits durch amerikanisches Kapital ankündigt, das nunmehr in großen Limousinen zur amalfitanischen Küste zurückkehrt und bereit ist, selbst die Parzellen der Friedhöfe und die daran geknüpften Erinnerungen in Geld umzumünzen. Es genügt, an die Amateurfilme der ehemaligen Kämpfer beider Kriege zu denken. Und dennoch ist es möglich, außergewöhnliche Begegnungen zu haben:

> In LA MACCHINA AMMAZZACATTIVI sieht man meine Pilgerreisen entlang der Amalfiküste, die Orte, an denen es einem gut ging und die man liebt, wo die armen Teufel mit der Überzeugung leben, den Dämon gesehen zu haben, wo mir einst einer sagte: »Ja, ich habe ihn gesehen, den Werwolf. Gestern Abend. Ich habe ihn mit dem Fahrrad überfahren.« Das sind Verrückte, betrunken von der Sonne. Aber sie verstehen zu leben und bedienen sich einer Kraft, die nur wenige von uns besitzen: die Kraft der Fantasie. In diesem Film, der von der Suche, von der Krise spricht, wie übrigens auch AMORE, hatte ich ein weiteres Ziel, nämlich jenes, mich der Commedia dell'-Arte anzunähern.[22]

21 In Bezug auf LA MACCHINA AMMAZZACATTIVI und MIRACOLO A MILANO (I 1951, Vittorio De Sica) bemerkt Bondanella, dass beide Filme, indem sie die Flexibilität dieses Verhältnisses ausreizen, die Grenzen der neorealistischen Bewegung bezeichnen. Peter Bondanella: Italian Cinema. From Neorealism to the Present [1982], 2. Aufl., New York 1990, S. 95.
22 Ital. Orig.: »Nella MACCHINA AMMAZZACATTIVI ci sono i miei pellegrinaggi sulla costa amalfitana: i posti dove si è stati bene e che si amano, dove sono dei poveri diavoli convinti di aver visto il demonio; dove uno mi diceva, un giorno: ›Sì, io l'ho incontrato, il lupo mannaro. Ieri sera. L'ho messo sotto la bicicletta.‹ Sono dei pazzi, degli ubriachi di sole. Ma sanno vivere valendosi di una forza che solo pochi di noi posseggono: la forza della fantasia. In questo film, che è di ricerca, e anche di crisi, come AMORE del resto, io avevo anche un altro scopo: avvicinarmi alla commedia dell'arte.« Roberto Rossellini: Colloquio sul neorealismo, a.a.O. Der Film kommt 1952 in die Kinos, die Aufnahmen beginnen jedoch bereits 1948. In einem am 9. Dezember 1948 in Il Progresso veröffentlichten Interview bestätigt der Regisseur, dass sich seine Vorstellung von Realismus seit der Kriegs-Trilogie verändert habe: »Heute bedrängen mich andere Dinge. Heute glaube ich, man müsse eine neue, feste Basis zwischen Poesie und Wirklichkeit, zwischen Wunsch und Handeln, zwischen Traum und Leben finden. Deswegen habe ich AMORE und LA MACCHINA AMMAZZACATTIVI gedreht.« Ital. Orig.: »Oggi altre cose mi premono. Oggi credo che si debba trovare una nuova e solida base tra poesia e realtà, tra desiderio e azione, tra sogno e vita. Per questo ho fatto AMORE e LA MACCHINA AMMAZZACATTIVI.«

Autobiografie und individuelles Gedächtnis verschmelzen mit der historischen Erinnerung (der Erinnerung an Orte, an Mythen und die Commedia dell'Arte) und den nötigen Überlegungen zum Kino, d.h. zum Neorealismus generell, zu seinem Neorealismus, zum Realismus und zum Oxymoron der neorealistischen Diva: ein arkadischeres Arkadien als Arkadien, würde Žižek[23] sagen, ein Überschuss des Realen, der, wie immer bei Rossellini, das Klischee in etwas anderes verwandelt, in einen Strudel, der uns in den Abgrund reißt. Hier sind Natur und Frau dasselbe (eine zu vergewaltigende Jungfrau) und Annas Stimme (Anna Magnani in LA VOCE UMANA) ist die Stimme der Natur. Nannina (Anna Magnani in IL MIRACOLO) hingegen, derer sich Fellini für seine Gelsomina[24] erinnert, ist nicht nur die Schwachsinnige des Dorfs, sondern angeblich auch jungfräulich (tatsächlich lehnte sie eine Hochzeit ab) und deswegen Sinnbild der Unschuld. Wir sehen, wie sie am Ende der Erzählung der Blasphemie[25] beschuldigt, ähnlich der Jungfrau Maria, von der Jungfrau zur Mutter wird. Emanuele Senici hat in seiner faszinierenden Untersuchung der »alpinen Jungfrau« in der italienischen Operntradition der zweiten Hälfte des 19. Jahrhunderts gezeigt, inwieweit die Jungfrau und die Berge gerade durch die Landschaftsbildung verbunden sind.[26] Zwischen Ende des 18. und Anfang des 19. Jahrhunderts ersetzen die Berge, allen voran die Alpen, in der europäischen Vorstellungswelt die ländlich-bäuerlichen Regionen als reinen, heiteren Ort. Währenddessen entsteht ein Diskurs, der die Landschaft als Modus betrachtet, durch den die Natur zum Ausdrucksmittel des (menschlichen) Selbst und seiner Welt gemacht werden werden kann: »The nostalgia for a pre-lapsarian innocence that is a characteristic of the arcadian trope connotates these mountains as the modern, ›sentimental‹ version of classical Arcadia«.[27] Senici unterstreicht, dass die Konstruktion

23 Ich beziehe mich auf die Definition des Realen, die Žižek von Lacan herleitet und die Rossellinis Konzept von Authentizität infiltriert, z.B. in dessen Repräsentation des Südens und der Bewohner von Stromboli. Vgl. diesbezüglich Fabio Vighi: Traumatic Encounters in Italian Film. Locating the Cinematic Inconscious, Bristol 2006.
24 Wie bekannt ist, verdankt sich die Handlung von IL MIRACOLO Fellini, der von der Erzählung Flor de santidad von Ramón María Del Valle Inclán inspiriert wurde und das Drehbuch zusammen mit Tullio Pinelli verfasste (Gelsomina ist die Protagonistin von Fellins Welterfolg LA STRADA, I 1954; Anm. d. Übers.).
25 In einer Verteidigung von Nanninas Glauben erklärt Rossellini: »Das, woran sie glaubt, kann auch gotteslästerlich sein, das gebe ich zu, aber dieser Glaube ist so stark, dass er belohnt wird: Ihre Geste, dem Kind die Brust zu geben, ist absolut menschlich und normal.« Ital. Orig.: »Ciò che crede può anche essere blasfemo, lo ammetto; ma tale fede è così immensa, da venirne ricompensata: il suo gesto è assolutamente umano e normale: dare il seno al suo bambino.« Roberto Rossellini [1955], in: L'avventurosa storia del cinema italiano, a.a.O., S. 199. Die Widrigkeiten, denen sich der Film in den Vereinigten Staaten ausgesetzt sah, und das »vorbehaltliche« Urteil des Centro Cattolico Cinematografico sind im Übrigen bekannt.
26 Vgl. Emanuele Senici: Landscape and Gender in Italian Opera. The Alpine Virgin from Bellini to Puccini, Cambridge 2005, insb. S. 16f.
27 Ebd.

der Landschaft die Bildung eines Blickobjekts und der Natur selbst beinhaltet. Wie Londa Schiebinger gezeigt hat, steht die ganze moderne Wissenschaft im Zeichen jener Schöpfung. »The role of each sex was thought to be inscribed in nature«: von der Klassifizierung der Pflanzen hin zu den Formen tierischen Lebens, unter denen die Säugetiere, deren Symbol für Carl von Linné die Brüste darstellen, die oberste Position besetzen.[28] Auf diese Weise kann die Landschaft zum weiblichen Körper werden, der sich dem Blick eines männlichen Subjekts – gedacht als universelles Subjekt – anbietet, welches seinerseits bereit ist, die feminisierte Landschaft zu bändigen oder zu besitzen, indem es jegliche Ausschweifung oder Bedrohung abwendet, die potentiell von ihr ausgeht. Das ist die Herausforderung des Erhabenen mit seinen ›misogynen‹ Neigungen: »The interaction between the reason and the imagination in the sublime is itself an allegory of gender relations within patriarchy«.[29] Es ist eine Herausforderung, die, wie Barbara Freeman in der kantischen Tradition erklärt, die Generierung eines Opfers und eines Sündenbocks aus der Weiblichkeit heraus supponiert (aus der Einbildungskraft, sofern sie weiblich ist, aus der Frau, sofern sie Opfer ist).

Im Hauptteil von IL MIRACOLO fungiert Nannina sicherlich als Sündenbock. Sie ist das unschuldige Opfertier aller Auseinandersetzungen oder, wie es Žižek vielleicht interpretieren würde, jene, die sich anschickt, Protagonistin eines symbolischen Selbstmordes zu werden.[30] Darum also kann uns der Gedanke Senicis zur alpinen Jungfrau auf unserer Reise durch die ›italo-zentrische‹, eher mediterrane als europäische Geografie Rossellinis[31] begleiten. Denn deren Stimme belebt *Die Schlafwandlerin*, *Linda di Chamounix* oder *Luisa Miller*,[32] und sie ist die Stimme des Echos, also

---

28 Londa Schiebinger: Nature's Body. Gender in the Making of Modern Science, Boston 1993, S. 38. »In the Aristotelian tradition, the female had been seen as a misbegotten male, a monster or error of nature. By honouring the mammae as sign and symbol of the highest class of animals, Linnaeus assigned a new value to the female, especially women's unique role in reproduction.« Ebd., S. 53.
29 Vgl. Barbara Claire Freeman: The Feminine Sublime. Gender and Excess in Women's Fiction, Berkeley, Los Angeles 1995, S. 68-104, hier S. 72.
30 Vgl. Slavoj Žižek: Enjoy Your Symptom. Jacques Lacan in Hollywood and Out, 2. Aufl., New York 2001, S. 36. Dt. Übers.: Slavoj Žižek: Grimassen des Realen. Jacques Lacan oder die Monstrosität des Aktes, Köln 1993.
31 So definiert von Nowell-Smith, der in den geografischen Vorlieben Rossellinis gewissermaßen ein Erbe des Faschismus sieht, jedoch gleichwohl präzisiert, das »Mediterrane« des Regisseurs sei »[...] emphatically not arian. It is proudly multi-racial«, und Rossellini habe bei GERMANIA ANNO ZERO in erster Linie den Drang verspürt, von Europa zu sprechen. Geoffrey Nowell-Smith: North and South, East and West. Rossellini and Politics, in: Roberto Rossellini. Magician of the Real, hg. v. David Forgacs, Sarah Lutton, Geoffrey Nowell-Smith, London 2000, S. 7-19, hier S. 17.
32 Die Autorin bezieht sich hier auf die Protagonistinnen der gleichnamigen Opern, die bei Senici (Landscape and Gender in Italian Opera, a.a.O.) analysiert werden. Diese sind: Vin-

desjenigen, das bleibt, wenn in den Höhen das Sehvermögen nachlässt (»the purest voice of nature«[33]). Auf der Schwelle zu den fünfziger Jahren und dem beginnenden Massentourismus verlor diese Reise die Anziehungskraft und Aura der *grande tour*. Damit hatte die ihr zugeschriebene Unschuld keinen bleibenden Wert mehr außer dem des Mythos, der sich jedoch, von Rossellini bis Pasolini, als untrennbar von der Realität erwies.[34]

> If in the nineteenth century mountains are peaceful, innocent and pure, and at the same time they are female, what better place to imagine innocent and pure women? Since both mountains and virginal women are imagined as ultimate embodiments of nature, mountain virgins are the ultimate embodiment of nature [...]. What is celebrated as the source of purity is the immense height of the mountain [...], which makes the summit inaccessible to human passions [...]. There is only one higher place, Heaven, and only one purer woman, the Virgin Mary.[35]

Nanninas ›Leidensweg‹ besteht im zweiten Teil des Films aus einem tatsächlichen Aufstieg zum Gipfel des Bergs, wo, wie es ihr die wundersame Erscheinung des Heiligen Josef ›prophezeite‹, die Jungfrau ein vermeintlich göttliches Wesen im Sanktuarium San Michele zur Welt bringt.
Wie Rossellinis erste Kriegs-Trilogie bereits zeigte, führen gerade die konfliktreichen Jahre zu einer Konfrontation mit dem Anderen, welches das Fremde ist. Schon in UN PILOTA RITORNA (EIN PILOT KEHRT ZURÜCK, I 1942) stoßen wir auf die sprachlichen Spuren dieser Begegnung. Um bei Rossellini zu bleiben: PAISÀ erzählt von den letzten Verbrechen der Deutschen zum Ende des Kriegs und von einer Reihe verunglückter Begegnungen mit den alliierten Kräften, auch wenn Carmela sagt, alle, die »ein Gewehr in Händen halten«, seien gleich. Mit GERMANIA ANNO ZERO verlagert der Regisseur den Schauplatz direkt nach Berlin, um die verborgenen Gründe eines Kriegs mit eigenen Augen zu sehen. Die Filme mit Ingrid Bergman haben eine Fremde zur Protagonistin und erzählen von den Vorstellungen dieser Fremden, von den Reisen, die sie unternimmt, jenen mit und jenen ohne Rückkehr, ins Herz Europas, in das Deutschland aus LA PAURA (ANGST, I 1954). Mit diesem Film schließt

cenzo Bellinis *La sonnambula* (1831), Gaetano Donizettis *Linda di Chamounix* (1842) und Giuseppe Verdis *Luisa Miller* von 1849 (Anm. d. Übers.).
33 Emanuele Senici: Landscape and Gender in Italian Opera, a.a.O., S. 19.
34 Wie Bernardi sagt (Il paesaggio nel cinema italiano, a.a.O., S. 77), ist die Perspektive des modernen Kinos nicht allein auf die Ausforschung der Welt gerichtet, »[...] sondern eine Perspektive, die schließlich nach zwei Seiten weist, nach innen und nach außen, zur Geschichte und zum Mythos.«
35 Emanuele Senici: Landscape and Gender in Italian Opera, a.a.O., S. 17.

sich die Kriegswunde: »[...] und es ist, als sei kein Kind in die Leere gefallen, als habe sich keine Mutter verloren«, schreibt Rancière.[36]
Indem Kaja Silverman zwei Nachkriegsfilme aus Hollywood miteinander vergleicht – THE BEST YEARS OF OUR LIVES (DIE BESTEN JAHRE UNSERES LEBENS, USA 1946, William Wyler) und IT'S A WONDERFUL LIFE (IST DAS LEBEN NICHT SCHÖN?, USA 1946, Frank Capra) –, zeigt sie, wie der Versuch, das Trauma des Kriegs zu bewältigen, welches vor allem das männliche Subjekt befällt, zwei unterschiedliche Resultate zeitigt. Der erste Film erzählt die Geschichte von vier Kriegsheimkehrern und ihrer, entgegen allem Anschein, verfehlten Reintegration ins zivile Leben. Das umfassende Scheitern, von dem dieser Film erzählt – dessen Stil Bazin so sehr schätzte –, stellt in Frage, ob die Konventionen des klassischen Kinos eine hinreichende Kraft besitzen, um nach dem Krieg und den Vernichtungslagern eine neue Definition von Realismus hervorzubringen. Im zweiten Film erscheint der Krieg nur als Hintergrund einer epischen Reise des Protagonisten. Dank dessen, was Silverman als »the celestial suture« definiert, hat er einen teilweise positiven Ausgang: Ohne übernatürliche Hilfe »[...] there would be no possibility of cultural reintegration for George.«[37]
Wie Rossellini selbst bestätigt, »[...] ist ROMA CITTÀ APERTA der Film der Angst, der Angst aller, aber vor allem meiner. Auch ich musste mich verstecken, auch ich bin geflohen, auch ich hatte Freunde, die gefangen und umgebracht worden sind.«[38]
IL MIRACOLO erzählt uns dem Anschein nach nur die Geschichte einer »von der Sonne betrunkenen« Frau, die, wie viele andere Frauen der Nachkriegszeit, nach einer Beziehung zu einem Unbekannten (einem Fremden?) ein Kind ohne Vater auf die Welt bringt.

Erzählungen von Furore: Vom Schäferidyll zum Melodrama
Die Eröffnungsszene aus IL MIRACOLO präsentiert sogleich die drei Protagonisten des Idylls: In der Reihenfolge ihres Erscheinens sind das die Landschaft, die in einer Panoramafahrt über die Spitze eines Hügels und die überhängende Felswand von *Capo d'Orso* gezeigt wird, der Wanderer (Federico Fellini) und die Schäferin (Anna Magnani). Die Geschlechterkonventionen verkehrend, ist es hier Nannina, die auf den Mann aufmerksam wird, den sie für den Heiligen Josef hält, womit sie sich, wenn

---

36 »[...] et c'est comme si nul enfant n'était tombé dans le vide, nulle mère ne s'était perdue.« Jacques Rancière, La fable cinématographique, Paris 2001, S. 185.
37 Kaja Silverman: Male Subjectivity at the Margins, New York, London 1992, S. 52-121, hier S. 93.
38 Ital. Orig.: »ROMA CITTÀ APERTA è il film della paura: della paura di tutti, ma soprattutto della mia. Anch'io ho dovuto nascondermi, anch'io sono fuggito, anch'io ho avuto amici che sono stati catturati o uccisi.« Roberto Rossellini: Colloquio sul neorealismo, a.a.O.

gleich nur für einen Moment, zum Subjekt des Blicks[39] und zur treibenden Kraft der Handlung macht. So gesehen könnten wir sogar von einem *woman's film* sprechen. In ihrer Untersuchung einer besonderen Ausdrucksweise des *medical film* bemerkt Mary Ann Doane, wie die Überlegungen Freuds und Breuers zur Hysterie »very curiously« zeigen, »[...] that the woman's imagination, her storytelling capability, is not only therapeutic but disease-producing as well«. Diese zwei Arten von Erzählung zu unterscheiden – jene die heilt, und jene, die ›krank macht‹ –, bedeutet für Doane nicht, sie auf eine theoretische Notwendigkeit zurückzuführen, welche nur durchscheint, um eine ersonnene Geschichte (jenes Träumen mit geöffneten Augen als Ursprung des Übels) von einer historischen Geschichte zu trennen, die Fantasie von der Mimesis zu separieren; vielmehr bedeutet es, auf die Abwesenheit oder Präsenz des Therapeuten zu verweisen, der nur im zweiten Fall in der Lage ist, »[...] the woman's access to language and the agency of narration«[40] zu kontrollieren.

Nur bei den Bergen und dem Meer sowie dem schweigenden Mann, der sie vielleicht nicht einmal versteht, scheinen Nanninas Worte Gehör zu finden. Mit Silverman könnten wir sagen, er sei »[...] pure ear, his own hearing supplemented by the apparatus, and closely identified with it.«[41] In diesem Sinne ist der Film äußerst selbstreflexiv. In den folgenden Szenen machen das Dorf, die Gemeinschaft, die Kirche nichts anderes, als Nannina zu be- und verurteilen, indem sie der ungehemmten Stimme der Frau die Stimme des Patriarchen und des Gesetzes gegenüberstellen. Das geschieht solange, bis der Schäferin keine Stimme mehr so fern und unverständlich erscheint wie jenes »Viva Maria!«, das ihr am Anfang groteskerweise zugerufen wird, aber erst später zu ihr durchdringt, aus der Ferne, wenn sie während des Bergaufstiegs einen letzten Blick nach unten richtet (eingedenk Petrarcas ist dies eine Einstellung, die in STROMBOLI wiederkehren wird). So wie Edmund, der »Heiliggesprochene«, in GERMANIA ANNO ZERO durch »[...] no voice, no superego imperative, but precisely the accepted distance from all voices«[42] dazu bewogen wurde, seine Tat zu vollenden, wählt auch Nannina schließlich die Stille und das Meckern einer Ziege.

39 Obwohl sich die Kamera nicht darauf beschränkt, den Wanderer aufzuhalten, sondern auch den Blick durchkreuzt, den dieser auf die Frau wirft, scheint er entschlossen, seinen Weg fortzusetzen. (Er ist ein Streuner, der nichts gemein hat mit dem *tramp* aus OSSESSIONE [BESESSENHEIT, I 1943, Luchino Visconti], ein ›armer Kerl‹ mit einem Stock, einer Korbflasche und einem Brotlaib, aber ohne Lilie, wie Nannina bemerkt.)
40 Mary Ann Doane: The Desire to Desire. The Woman's Film of the 1940s, Bloomington 1987, S. 53f.
41 Kaja Silverman: The Acoustic Mirror. The Female Voice in Psychoanalysis and Cinema, Bloomington, Indianapolis 1988, S. 55. Der Bezug bei Silverman gilt Vargas in der Szene von TOUCH OF EVIL (IM ZEICHEN DES BÖSEN, USA 1958, Orson Welles), als Quinlan »kastriert« wird.
42 Slavoj Žižek: Enjoy Your Symptom, a.a.O., S. 36f. Dt. Übers.: »Was ihn zu seiner Tat bewegt, ist keine Stimme, kein Imperativ des Überichs, sondern gerade die von ihm akzeptierte Distanz des Überichs.« Žižek: Grimassen des Realen, a.a.O., S. 29. Žižek meint hier die

Ihre enunziative Macht bleibt also auf den Prolog beschränkt. Aber um welche Macht handelt es sich? Buchstäblich in die gleiche Position wie der Wanderer versetzt, stehen auch wir dem »[...] Traum mit geschlossenen Augen« gegenüber, der *Fantasie* als *Inszenierung* des Begehrens. (Nanninas Begehren ist einer ödipalen Bahn unterworfen und evidenterweise unvollständig; aber es ist auch das Begehren eines anderen und in diesem Sinne fantasmatischen Ursprungs.[43]) Die Landschaft spielt in dieser Inszenierung keineswegs eine sekundäre Rolle. Sie ist eine Erzählung über Einsamkeit, Ergebenheit, empfangene Gnaden und Versuchungen – Versuchungen wie jene, sich in das Grauen zu stürzen, über das der Teufel gebietet (uralter Herrscher des *locus terribilis* und Protagonist der Legenden von Furore), oder wie das Verlangen zu sterben, um sich des Körpers zu entledigen und mit den Heiligen vom Glockenturm von *San Michele* zu fliegen. Wie Weiskel sagt, ist das Bild des Erhabenen der Abgrund[44] und das des »Fallens« ein Rossellinisches Muster.[45] Wenn im klassischen Kino eine Frau, die spricht, auf repräsentativer Ebene impliziert, dass ihr Körper »[...] the site not only of anatomical but of discursive lack«[46] sei, können wir dieses Segment auch als eine Inszenierung der Differenz lesen. Sicher kann der Zuschauer in den Worten Nanninas auch das Echo der Sprache der Mystikerinnen erkennen, die die Schwelle zwischen dem geschlechtlichen Leib der Frau und dem göttlichen Leib des Geliebten auslöscht. Oder auch ein Echo des körperhaften Wortes der Hysterikerinnen, das, wie Muraro sagt, »[...] die weibliche Beziehung als Matrix des Lebens interpretiert« und dem ein »[...] Verlangen nach der Übersetzbarkeit in die symbolische Ordnung« entspricht, welches der körperlichen Verwurzelung des Subjekts als »unüberschreitbarem Sinneshorizont«[47] entspringt. Oder aber wir lauschen dieser Stimme als *phone*, semiotischem Wohlklang, der dem Semantischen vorausgeht und dessen »unkontrollierbare Exzessivität«[48] ausmacht.

Distanz Edmunds zu Hitlers Stimme, zu der des Lehrers und schließlich zu der der Schwester in GERMANIA ANNO ZERO.
43 Für Cowie ist »[...] fantasy [...] not the object of desire, but its setting.« Elizabeth Cowie: Fantasia [1984], in: M/F. The Woman in Question, hg. v. Parveen Adams, Elizabeth Cowie, Cambridge 1990, S. 159.
44 Vgl. Thomas Weiskel: The Romantic Sublime. Studies in the Structure and Psychology of Transcendence, Baltimore 1976, S. 25.
45 Jacques Rancière: La chute des corps, in: Roberto Rossellini, hg. v. Alain Bergala, Jean Narboni, Paris 1990, S. 70-81.
46 Kaja Silverman: The Acoustic Mirror, a.a.O., S. 50.
47 Luisa Muraro: L'ordine simbolico della madre, Rom 1991, S. 60. Vgl. auch Adriana Cavarero: Corpo in figure. Filosofia e politica della corporeità, Mailand 1995; vgl. auch dies.: La passione della differenza, in: Storia delle passioni, hg. v. Silvia Vegetti Finzi, Bari 2000, S. 279-313, insb. S. 303-312; Silvia Vegetti Finzi: Le isteriche o la parola corporea, in: Psicoanalisi al femminile, hg. v. dies., Rom, Bari 1992, S. 1-50.
48 Adriana Cavarero: A più voci. Filosofia dell'espressione vocale, Mailand 2003, S. 153. Die Autorin widmet die Seiten 146-153 dem Konzept der *chora* von Kristeva.

Aus der Sicht des Mannes jedoch ist Nannina das ›Spektakel‹ der Frau sowie das Fantasma ihres Fehlens. Tatsächlich vergrößert der Wanderer diesen Zwiespalt, indem er beginnt sie so zu betrachten, wie man eine Frau betrachtet. Halten wir uns an die Lektüre Rivettes und Rohmers,[49] so finden wir hier Anklänge an den Dionysosbecher in der Mythologie oder den heiligen Kelch in der Eucharistie. Bernardi hingegen vergleicht Nannina mit dem antiken Schäfer der griechischen Mythologie, der »[...] if he got lost in the open during the noonday hours, sometimes had the privilege of seeing naked nymphs with the god Pan in their midst, but he returned with his mind altered, gone mad.«[50]

Um es mit Mulvey zu sagen: Nannina ist Objekt der Betrachtung und der Begierde.[51] Das zeigt ein Wechsel von Schuss/Gegenschuss, der unter verschiedenen Schauwerten eindeutig die Einstellungen auf die Frau bevorzugt. Dazu gehört das ›Meisterstück‹ der Schauspielerin, welches sich im Obstgarten und in der Kirche wiederholt, eine ›Hommage an die Kunst der Anna Magnani‹, die überraschend wie in einer Komödie auf die Felsen und den Rand des Abgrunds hüpft und den Flug und den Fall heraufbeschwört (die Schwere und die Anmut[52]). Das ist das reinste Spektakel, primitives Theater in einer immer dionysischer werdenden Rahmung, mit Wein, Ziegen, Dionysos und den Mänaden: ein »panisches Ungestüm«. Was unverbunden[53] bleibt – und nicht in der *suture* inbegriffen ist –, sind das Bedürfnis Nanninas, ihre Verzückung, ihre *Ausschweifung*, welche von einer Kamera auf der Suche nach Gefühlen[54] in eine Darbietung, ein Schauspiel und bald ein Melodrama verwandelt werden. Wir könnten festhalten, dass hier beide von Mulvey analysierten Strategien eine Rolle

49 »Doch Rossellini ist nicht nur Christ, sondern *Katholik*, das heißt fleischlich bis zum Skandal«, Jacques Rivette: Brief über Rossellini, in: ders.: Schriften fürs Kino, München 1989, S.72-90, hier S. 88 (Herv. dort); vgl. auch Maurice Schérer: La terre du miracle, a.a.O.
50 Sandro Bernardi: Rossellini's Landscapes. Nature, Myth, History, in: Roberto Rossellini. Magician of the Real, a.a.O., S. 60.
51 Vgl. Laura Mulvey: Visual Pleasure and Narrative Cinema, in: Screen, H. 16/3 (1975), S. 6-18; dt.: Visuelle Lust und narratives Kino, in: Weiblichkeit als Maskerade, hg. v. Liliane Weissberg, Frankfurt a. M. 1994, S. 48-65.
52 Im Übrigen haben die Schwere und die Anmut der Körper, die Rancière auf Simone Weil zurückführt, Rossellini eindeutig als Inspirationsquelle für EUROPA '51 (I 1952) gedient. Vgl. Jacques Rancière: La chute des corps, a.a.O.
53 Bergala definiert es als eine »ontologische Nicht-Vernähbarkeit« (»non-suturabilité ontologique«), wenn die Anschlüsse in STROMBOLI, TERRA DI DIO die Heterogenität zweier verschiedener Wirklichkeitsebenen gestalten, die zugleich nebeneinander gestellt werden, um die Kluft zwischen beiden zu verdeutlichen. Eben in diesem Bruch, der die Andersartigkeit als Chiffre des Rosselinischen Kinos kennzeichnet, offenbaren sich die Wahrheit, das Leiden, die Anmut. Vgl. Alain Bergala: Faux raccords, in: Roberto Rossellini, hg. v. Alain Bergala, Jean Narboni, a.a.O., S. 57-60, hier S. 58. Jedoch sollte diese Untersuchung noch einmal in einem gendertheoretischen Blickwinkel gelesen werden.
54 Deleuze Definition folgend, welche Gefühle von den Affekten unterscheidet, deren Ursprung sie sind und die er als »Kraftfelder« beschreibt.

spielen, um die durch einen weiblichen Körper verursachte Kastration abzuwenden: Das sind zum einen der Voyeurismus, welcher der Krankheit (oder der Schuld) nachspürt und mit dem Fortgang der Erzählung in eins fällt, und zum anderen ein beruhigender Fetischismus, hier durch die Anwesenheit des Stars garantiert, der die Erzählung auf unbestimmte Weise unterbricht. Silverman erkennt in letzterem die Möglichkeit, die Bedrohung des männlichen Subjekts zu erneuern: »[...] the fetish can become indistinguishable from the phallus«.[55] Ungeachtet des anderen Kontextes, in dem sie ihre Untersuchung verortet (nämlich bezogen auf GILDA, USA 1946, Charles Vidor), zeigt Silverman, wie die suture funktioniert, um das zu fassen, was eine Form weiblichen Widerstands sein könnte: in dem Wechsel von Schuss/Gegenschuss »[...] the two shots foster irreconcilable points of view«. Jacqueline Rose erklärt, diese Ambivalenz sei im Gegensatz zu der symbolischen, die den Film strukturiert und als solche die Stabilität der Positionen des Subjekts[56] in Frage stellt, auf die Sprachebene der Vorstellungswelt zurückzuführen, indem sie neue Möglichkeiten für den Zuschauer eröffnet. Diese Ausschweifung wird hier und auch später, fast wie bei Eisenstein, als das Verschmelzen mit der Natur dargestellt, da beide dem Weiblichen entstammen. In dieser Perspektive stimmen Heiligkeit und Wahnsinn in der »Leidenschaft der Andersartigkeit«[57] überein, so geschehen bei Irene in EUROPA '51 (I 1952), wo die bürgerliche Frau die vorüberziehenden städtischen Landschaften zu sehen lernt.[58] Diese zur Frau gehörende Leidenschaft, ihre Animalität und Unvollendetheit, ist eine auferlegte und abgezehrte Identität, an welcher ein Körper teilhat, der – will er sich in Gestalt, in Bild oder Wort übertragen – nicht anders kann, als, wie Cavarero sagt, »[...] seine Merkmale direkt zu zeigen, sich sozusagen fleischlich und ohne die Mediation eines vom körperlichen Ich trennbaren Selbstbilds mitzuteilen.«[59] In dem abschließenden Aufstieg wird Nannina von einer Ziege be-

---

55 Kaja Silverman: The Subject of Semiotics, New York, Oxford 1983, S. 230.
56 Vgl. ebd., S. 233f. Silverman bezieht sich auf Jacqueline Roses Aufsatz »Paranoia and the Film System«, in: Screen, H. XVII/4 (1976/1977).
57 So lautet der Titel des Buchs von Cavarero: La passione della differenza, a.a.O., S. 307. Cavarero zeigt, wie diese Leidenschaft der Andersartigkeit sich ebenso im Positiven wie im Negativen zeigt: »Die Materialität, in der sich das weibliche Subjekt verkörpert, ist einerseits das, was in abgezehrter Form von den falschen Bildern des Patriarchats geblieben ist, andererseits aber ist es auch der Ort der eigenen Wunschvorstellungen, der umso mehr an Stärke gewinnt, je deutlicher er wird.« Ital. Orig.: »La materialità, in cui si incarna l'esistere del soggetto femminile, è così, da un lato, ciò che ha storicamente patito le false immagini venute dal patriarcato ma, d'altro lato, è il luogo stesso del desiderio di immagini proprie venuto alla potenza del suo manifestarsi.«
58 Vgl. Gilles Deleuze: Das Zeit-Bild. Kino 2, Frankfurt a. M. 1991, S. 12.
59 Ital. Orig.: »[...] esprimere direttamente i suoi segni: autosignificandosi, per così dire, nella carne e senza la mediazione di un'immagine del sé separabile dall'Io corporeo.« Cavarero: La passione della differenza, a.a.O., S. 307.

gleitet, die sie als einzige versteht und auf ihren Schmerzensschrei antwortet. Dieser Schrei ist der einer Gebärenden, der Schrei der Einsamkeit, aber auch ein Meckern, eine weiblich-animalische Umkehrung der Worte Sabas: »Dies immergleiche Meckern war der Bruder / meines Schmerzes«.[60] Mit einem Male ist die Ziege nurmehr ein von der unversöhnlichen Sonne gezeichneter Schatten, und ihr Blick bindet jenen der Frau in eine Bewegung animalischer Schwesterlichkeit ein, welche allein in der Nähe zu einem geweihten Ort – jener vermittels der Blicksubjektiven Nanninas als schmerzlich ersehnt markierten Kirche – zum Stillstand kommt.

»Tales of sound and fury«,[61] geradeso wandelt sich das Idyll in ein Melodrama und die Leidenschaft der Frau in eine *Passion*.

Eine Geografie der Gefühle
Die Stationen dieses *Kreuzwegs* zeichnen, wie Bruno es definieren würde, eine Karte der Gefühle,[62] die sich als reine Emotionen in den Textkorpus und in den Körper der Zuschauer einschreiben, deren Erfahrung nach Bellour »[...] als Verdopplung der endlos wiederholten Genese erlebt wird, die die Konstituierung der Welt für das ganz kleine Kind bedeutet hat.«[63] In diesem Sinne bedeutet das *Verfolgen*[64] der Handlung eines Films diese Gefühle wiederzufinden.

Rossellinis Interesse an ›charakteristischen Figuren‹ offenbart sich in GERMANIA ANNO ZERO, wo er für die Verkörperung des Opfers den unschuldigen Körper eines Kindes wählt. In IL MIRACOLO jedoch führt er die Praxis ein, die Geschichte aus der Perspektive einer Frau zu erzählen,

---

60 Der Bezug gilt dem berühmten Gedicht von Umberto Saba Die Ziege: »Ich habe zu einer Ziege gesprochen. / Sie war allein auf einer Wiese, angebunden. / Satt vom Gras, nass / von Regen meckerte sie. / Dies immergleiche Meckern war der Bruder / meines Schmerzes. Und ich antwortete, erst / zum Spaß, dann weil der Schmerz ewig ist, / eine Stimme hat und sich nicht ändert. / Diese Stimme hörte ich / stöhnen in einer einsamen Ziege. / In einer Ziege mit semitischen Zügen / hörte er alles Böse klagen, / jedes andere Leben.« Ital. Orig.: La capra: »Ho parlato a una capra. / Era sola sul prato, era legata. / Sazia d'erba, bagnata / dalla pioggia, belava. / Quell'uguale belato era fraterno / al mio dolore. Ed io risposi, prima / per celia, poi perché il dolore è eterno, / ha una voce e non varia. / Questa voce sentiva / gemere in una capra solitaria. / In una capra dal viso semita / sentiva querelarsi ogni altro male, / ogni altra vita.« Vgl. Umberto Saba: Der Dichter, der Hund und das Huhn, München, Wien 1999.
61 Es ist dies der Titel eines berühmten Aufsatzes von Thomas Elsaesser: Tales of Sound and Fury. Observations on the Family Melodrama [1972], in: Home is Where the Heart is. Studies in Melodrama and the Woman's Film, hg. v. Christine Gledhill, London 1987, S. 43-69. Dt. in: Und immer wieder geht die Sonne auf. Texte zum Melodramatischen im Film, hg. v. Christian Cargnelli, Michael Palm, Wien 1994, S. 93-128.
62 Vgl. Giuliana Bruno: Atlas of Emotion, a.a.O.
63 Raymond Bellour: Das Entfalten der Emotionen [2002], in: Kinogefühle. Emotionalität und Film, hg. v. Matthias Brütsch et al., Marburg 2005, S. 51-101, hier S. 76. Das Original erschien unter dem Titel: Le dépli des émotions, in: Trafic, H. 42 (Herbst 2002), S. 93-128.
64 Ital. Übers.: »accompagnare«. Vgl. Raymond Bellour: Le film qu'on accompagne, in: Trafic, H. 4 (Herbst 1992).

die Teil einer Landschaft ist. Diese Praxis, die meiner Ansicht nach zu vereinfachend als Folge der ›Grausamkeit‹ seines Kinos erklärt werden kann, führt er in den kommenden Filmen mit Bergman fort. Magnani wird als »authentische« und »leidenschaftliche« Frau aus dem Volke in ROMA CITTÀ APERTA zu einem vom Faschismus unberührten Landschaftskörper und im Namen einer neuen nationalen Identität geopfert.[65] Das gibt dem italienischen Starkult der fünfziger Jahre nicht nur eine besondere Note, sondern zeigt, dass die Figur des Stars, ebenso wie die Laiendarsteller, von entscheidender Bedeutung für Rossellinis Werk waren, eh dieser seine Wende vollzog. Bergman verkörpert die Fremde, die einer Welt gegenübersteht, die sie oft ausschließt und die zu verstehen ihr schwerfällt. Es ist eine Welt jenseits von Hollywood, aber voller Erinnerungen an das Europa, das sie verlassen hat. Ora Gelley beschäftigt sich vor allem mit der enormen Bedeutung der Nahaufnahmen Irenes in EUROPA '51, insofern sie als Nahaufnahmen des Stars Bergman Momente des Stillstands sind und die Erzählung aufhalten. In Entwicklung der Deleuzeschen Position, greift Gelley die *freie indirekte subjektive Perspektive* Pasolinis[66] wieder auf, um Rossellinis Realismus und den stetigen Wechsel von ›subjektiven‹ und ›objektivierenden‹ Einstellungen, der Sicht der Protagonistin und dem Blick auf sie, zu erklären.[67] Žižek interpretiert die Frau in Rossellinis Filmen als »a symptom of a man«. Demzufolge ist die Weiblichkeit eine Maske, die eine reine Leere offenbart, die es als einzige Aussicht auf Freiheit erlaubt, in einem »real act«, dem Abgrund entgegenzutreten.[68] Wie ist nun also Nanninas Opfer zu deuten? Žižek und, ihm folgend, Vighi beziehen sich auf die weiblichen mythologischen Figuren Antigone (via Lacan) und Medea (bis Simone Weil für EUROPA '51). Wenngleich diese Lesart vor allem von feministischer Seite angefochten wird, weil sie einen alle weiteren subtilen Dynamiken des Opfertods negierenden Nullpunkt voraussetzt, stellt das »Nein!« der beiden Heldinnen den Aufschrei einer Negativität dar, die dem Ausschluss, der Isolierung, der Nichtverhandel-

---

65 Vgl. Giovanna Grignaffini: Female Identity and the Italian Cinema of the 1950s, in: Off Screen. Women and Film in Italy, hg. v. Giuliana Bruno, Maria Nadotti, London 1988, S. 111-124.
66 Vgl. dazu Pier Paolo Pasolini: »Das ›Kino der Poesie‹«, in: Pier Paolo Pasolini, hg. v. Peter W. Jansen, Wolfram Schütte, München, Wien 1985, S. 49-77, hier S. 72; ital Orig.: Pier Paolo Pasolini: Il »cinema di poesia«, in: ders.: Empirismo eretico. Saggi, Mailand 1981, S. 167-187, hier S. 183 (Anm. d. Übers.).
67 Vgl. Ora Gelley: EUROPA '51. The Face of the Star in Neorealism's Urban Landscape, in: Film Studies, H. 5 (Winter 2004), S. 39-57, hier S. 51; vgl. auch dies.: Ingrid Bergman's Star Persona and the Alien Space of STROMBOLI, in: Cinema Journal, H. 47/2 (Winter 2008), S. 26-51; bereits Angela Dalle Vacche sprach in Bezug auf IL DESERTO ROSSO (DIE ROTE WÜSTE, I 1964, Michelangelo Antonioni) von Bauchredekunst. Angela Dalle Vacche: Cinema and Painting. How Art is Used in Film, Austin 1996, S. 43-80.
68 Vgl. Slavoj Žižek: Rossellini. Woman as Symptom of Man. Ingrid Bergman's Relationship with the Director, in: October, H. 54 (Herbst 1990), S. 18-44.

barkeit der eigenen Opferrolle gegenüber der sozialen und symbolischen Ordnung[69] entspricht. Laut Žižek gleicht dieses »Nein!« dem der Bergman in den Konflikten mit Hollywood, welches seinerseits Rossellinis Schuld innerhalb der gemeinsamen Filmografie gestiftet hätte, und dem »Nein! Genug!« Nanninas gegenüber ihren Verfolgern. Aber ist es nicht genau das, was der Frau angehört: der leere Raum des Schweigens, des Stotterns, der Tränen oder mehr noch, der eines Schreis? Genau das ist es, was Nannina in diesem ›Tal der Tränen‹ ausmacht.

Hysterisch und mystisch zugleich vereint Nannina all das, was uns das Melodrama als das Verlangen der Frau zu erkennen lehrte. Weder Ehefrau noch Mutter, noch geistig komplett zurechnungsfähig, missachtet sie die Grenzen einer ordnungsgemäßen Weiblichkeit oder riskiert zumindest sie zu missachten. Aber während der klinische Blick im amerikanischen *woman's film* einem Arzt, Psychiater oder anderen Repräsentanten des paternalistischen Gesetzes[70] zugehört, der damit betraut wird, die Krankheit der Frau zu ergründen – die Zeichen, die sie auf ihrem Körper oder, versteckter, in ihrer Psyche hinterlassen hat –, scheint diese Aufgabe hier der Filmkamera in der Funktion eines *Mikroskops* übertragen worden zu sein. Ein Mikroskop, das die maßlose Sexualität erforscht, bis die Sequenz vorerst in einer schwarzen Abblende endet, während sich auf dem Gesicht der Frau ein scharfer Schatten abzeichnet, der eine Vergewaltigung ankündigt. Nannina liegt, ähnlich den Figuren Berninis, auf dem Gras ausgestreckt und schwelgt in der Schönheit des Heiligen und dem sinnlichen Zustand mystischer Ekstase. »Im Gras zu liegen und den direkten Kontakt zur Erde und der Natur zu spüren, aber im gleichen Moment in den Himmel zu schauen, vereint das Unten und Oben, das Schöne und das Erhabene der Natur [...] in eine intime mystische Feier der Kommunion mit Gott oder dem Kosmos.«[71] Nun ist sie es, die, während sie einen Grashalm pflückt und eine Liebesmelodie darauf bläst, den Mann um etwas zu trinken bittet. Dieser ist währenddessen unscharf im Hintergrund zu sehen – vielleicht, weil er im Begriff ist, sich in Dionysos zu verwandeln, und wir uns am »Ursprung der Tragödie« befinden – und füttert ein Tier mit seinem Brot. Nannina könnte eine Mänade sein, die Ziege Amaltea oder ein »verirrtes Schäfchen«. Bernardi, der die Idee eines »Kinos der Grausamkeit« (Bazin) bei Rossellini verfolgt, betont, dass die Frau »[...] mehr ein Opfer der Landschaft als des Wanderers zu sein scheint. Es ist die Natur, die sie in den Wahnsinn

---

69 Vgl. Slavoj Žižek: Enjoy Your Symptom, a.a.O.; dt. Übers.: Slavoj Žižek: Grimassen des Realen, a.a.O. Vgl. auch Fabio Vighi: Traumatic Encounters in Italian Film, a.a.O., S. 64.
70 Vgl. Mary Ann Doane: The Desire to Desire, a.a.O., S. 38-69.
71 Ital. Orig.: »Lo stare sdraiati sull'erba, a diretto contatto con la terra e con la natura, ma nello stesso tempo il guardare verso il cielo, uniscono il basso e l'alto, il bello al sublime della natura [...] in una mistica celebrazione privata della comunione con il cosmo o con Dio.« Remo Bodei: Paesaggi sublimi. Gli uomini davanti alla natura selvaggia, Mailand 2008, S. 106.

oder die Heiligkeit treibt, die beide, ein weiteres Mal, dasselbe sind.«[72]
»We might say that Nannina has been impregnated by the landscape.«[73]
Allerdings verbirgt sich meines Erachtens mehr in dieser Szene. Die Frau plappert immerzu die Worte der Eucharistie und der Verkündigung nach und sieht auf mystische Weise nichts anderes als das Feuer und das Licht, in dem der Heilige erscheinen wird. Während sie wünscht, dass er sie sterben ließe und mit sich nähme, spricht sie auch von dem Übel, das alle quält, von einer gottverlassenen Welt, die von Dämonen beherrscht sei und auf der zu verweilen nicht lohne. Als die Trance sie bereits in Besitz genommen hat, scheint sie noch andere Dinge zu sehen oder zu erinnern. Wie die Hauptfigur in EUROPA '51, die »bestimmte Merkmale der Fabrik [erblickt] und glaubt Verurteilte zu sehen.«[74]
Wenn das, was in der Fantasie am meisten zählt, nicht der Inhalt ist, sondern das *setting*, die Inszenierung, dann ist die Landschaft, wie Schama gezeigt hat, tief im Vorstellungs- und Erinnerungsprozess verankert: »[...] before it can ever be a repose for the senses, landscape is the work of the mind. Its scenery is built upon much strata of memory as from layers of rock.«[75] Kaplan beobachtet: »Revisiting melodrama from the perspective of trauma theory suggests looking for what the text cannot know because that knowledge has been *displaced*.«[76] Auch Elsaesser unterstreicht die Analogien zwischen Erzählung und therapeutischer Praxis: »[...] with acts of retelling, remembering, and repeating all pointing in the direction of obsession, fantasy, trauma.«[77] Und dieses Mal wählt das Melodrama eine Frau, um von der männlichen Angst am Rand des Abgrunds zu sprechen. Dazu wird der Krieg als Fantasma inszeniert, das in verschiedenen Kreisläufen und Schichten wiederkehrt, in denen die »rein optischen und akustischen Bilder« sowie die »aus der Zeit und dem Denken herkommenden Bilder« eingeschrieben sind.[78] Dieses Fantasma lässt sich nur durch eine Erzählung (eine Fantasie) von der Wiedergeburt vertreiben, deren extremste Form die Inkarnation als Möglichkeit einer Verbindung von Todestrieb und himmlischen Mysterien ist.

---

72 Ital. Orig.: »Vittima del paesaggio più che del viandante: è la natura che la conduce alla follia o alla santità, che sono, ancora una volta, la stessa cosa.« Sandro Bernardi: Prefigurazioni della modernità. Rossellini e Antonioni, in: Storia del cinema italiano, Bd. VIII, 1949/1953, hg. v. Luciano De Giusti, Venedig, Rom 2003, S. 383-395, hier S. 387.73 Sandro Bernardi: Rossellini's Landscapes, a.a.O., S. 60.
74 Vgl. Gilles Deleuze: Das Zeit-Bild, a.a.O., S. 67.
75 Simon Schama: Landscape and Memory, a.a.O., S. 5f.
76 E. Ann Kaplan: Trauma Culture. The Politics of Terror and Loss in Media and Literature, New Brunswick, NJ 2005, S. 74.
77 Thomas Elsaesser: Subject Positions, Speaking Positions, in: The Persistence of History. Cinema, Television, and the Modern Event, hg. v. Vivian Sobchack, New York, London 1996, S. 145-183, hier S. 146.
78 Vgl. Gilles Deleuze: Das Zeit-Bild, a.a.O., S. 64-68.

Da es sich hier aber nicht um einen *medical film*, sondern um einen Vertreter des Neorealismus handelt, ist der Weg Nanninas nicht jener kanonische einer Genesung, die schließlich zur Heilung führt, also der Transformation eines sexualisierten Subjekts in ein Subjekt, das sich den sozial kodierten Formen des Begehrens angepasst hat – wie sie sich in dem Moment vollzieht, als die Schäferin, wenngleich außerhalb einer ehelichen Verbindung und der Sakramente, Mutter wird. Es handelt sich stattdessen um einen viel komplexeren Weg, der darauf abzielt, einer fantastischen Erzählung den Wert einer historischen Geschichte zuzuerkennen. Dazu wird die Fantasie durch Mimesis, das Schäfermärchen durch Überlegungen zu den Wurzeln des Bösen, der Verfolgungen, der Kriege sozusagen durch eine traumatische Begegnung mit dem Realen ersetzt.

In diesem Rahmen erlangt die »[...] in die Verzahnung von Künstlichkeit und erlebter Wahrnehmung gedrängte«[79] Landschaft eine entscheidende Bedeutung, sofern sie »gleichermaßen als Ausdrucksmittel wie auch als Spielfeld der Subjektivität funktioniert«.[80] Dadurch gestalten sich die Panoramen der amalfitanischen Küste[81] als Trope einer sowohl räumlichen als auch zeitlichen Erfahrung. Um eine Definition Lefebvres aufzugreifen, könnten wir hier eine »*intentional* landscape«[82] erkennen. Er bezeichnet damit eine Landschaft, die dem Zuschauer bei dem Versuch, ihren symbolischen Wert zu verstehen, einen hermeneutischen Kraftakt abverlangt. Mit einigen Abweichungen trifft das die Erklärungen Bernardis. Dieser meint jedoch, dass die Konfrontation mit einer Landschaft ein Bewusstsein davon nach sich zieht, dass »[...] die Ästhetik die Grenzen zur Anthropologie überschreitet [...] und dies zu einem Problem des Gewissens und dessen Grenzen, und damit schließlich auch einem ethischen Problem wird.«[83] Ergänzend könnten wir sagen, dass es sich dabei um ein typisches Problem Rossellinis handelt. Von diesem Standpunkt aus brächte uns eine Interpretation des Films nach Lacan und Žižek dazu, in der Frau die einzige ethische Möglichkeit zu erkennen, um auf den Boden des Abgrunds schauen zu können. Aber was liegt jenseits dieses Abgrundes? Welches wird Nanninas, Karins oder Katherines Schicksal sein? Das ame-

---

79 Ital. Orig.: »[...] stretto nella morsa tra artificio e percezione vissuta.« Michael Jakob: Il paesaggio, Bologna 2009, S. 35f.
80 Ital. Orig.: »[...] funziona sia come espressione sia come terreno della soggettività.« Ebd.
81 Diese Panoramen zählen zusammen mit Neapel und dem Vesuv zu den bevorzugten Zwischenstopps bei Italienreisen (das sieht man in VIAGGIO IN ITALIA), gehören aber auch zu der sichtbaren neapoletanischen Kultur, wie Giuliana Bruno in *Atlas of Emotion* (a.a.O.) sowie in ihrer vorhergehenden Arbeit zeigte: Dies.: Streetwalking on a Ruined Map. Cultural Theory and the City Films of Elvira Notari, Princeton NJ 1993.
82 Martin Lefebvre: Between Setting and Landscape in the Cinema, in: Landscape and Film, hg. v. Martin Lefebvre, New York, London 2006, S. 19-59, hier S. 38.
83 Ital. Orig.: »[...] l'estetica sconfina direttamente nell'antropologia [...] diventa un problema di conoscenza e di limiti della conoscenza, e diventa quindi anche un problema etico.« Sandro Bernardi: Il paesaggio nel cinema italiano, a.a.O., S. 31-35.

rikanische Ende von STROMBOLI führt die Frau der durch das Melodrama vorgeschriebenen Lösung zu, welche in der Heilung, dem Tod, oder, wie in diesem Fall, in der Heimkehr besteht.[84] Rossellini zieht es also vor, uns am Abgrund stehen zu lassen, da, wo das »Nein« ausgesprochen wurde, wo etwas oder sogar etwas »Wundersames« geschah und wo vielleicht etwas anderes seinen Anfang finden wird.

Wenn die Eröffnungsszene von IL MIRACOLO die Landschaft als Klischee anlegt, als etwas, das noch vor den Charakteren existiert, so scheint sich der Film dann, wie in einem Tanz, zunehmend mit den Bewegungen und Gefühlen Nanninas[85] einzufärben (der Gesang und der Tanz im Obstgarten unmittelbar vor dem Sturz wirken dabei wie in einem urtümlichen dionysischen Szenario). Auf den schönen, in Briefform gehaltenen Seiten, die Jean Luc Besse dem »élan du paysage« widmet, untersucht er die Potentialitäten des Verhältnisses von Landschaft und Tanz, indem er in den Einstellungen, die das Subjekt in seiner Welt zeigen, den Ursprung des Raums und einen möglichen Begegnungspunkt ausmacht. Der Tanz fungiert als Geografie und die Geografie als Einschreibung einer Art Tanz der Wesenheiten, als eine Spur, eine Kartografie (spricht Deleuze nicht von der Form der ba(l)lade?[86]) oder das, was Derrida als »Verräumlichung«, als »l'espacement«[87] beschreibt.

Die Orte, die wir als Furore und Maiori, aber auch als ländliche Topografie und zeitlose heilige Ikonografie erkennen,[88] werden auf diese Weise und im Unterschied zum klassischen Kino zu Orten der Verwandlung: so zum Beispiel der Garten, in dem sich Nannina um die Kinder kümmert, während die Frauen das Obst einsammeln, der Kirchplatz, die Dorfstraßen, der Wasserfall, der Pfad, der zu der Wallfahrtskirche hinaufführt, und schließlich die Grotte. Bereits die zwei Mönche bestätigen das mit ihren gegensätzlichen Antworten auf die Frage der erwachenden Nannina, ob die Heiligen tatsächlich den Toten erscheinen könnten. Offensichtlich

84 Zu den verschiedenen Versionen des Zyklus der Bergman-Filme siehe Elena Dagrada: Le varianti trasparenti. I film con Ingrid Bergman di Roberto Rossellini, Mailand 2005.

85 »Eine biegsame, fortlaufende, sich unablässig verändernde Linie« (»une ligne flexueuse, continue, en variation incessante«), welche, wie die Kurve bei Matisse, die »schwankenden und ungewissen Verbindungen« (»des liaisons flottantes et incertaines«) bestimmt, »das Kleid der Realität ohne Nähte [...], das sich in einer einzigen umfassenden Geste entfaltet« (»la robe sans couture de la réalité [...], deployée d'un seul geste ample«). Jean Narboni: La robe sans couture, in: Roberto Rossellini, hg. v. Alain Bergala, Jean Narboni, a.a.O., S. 61-69, hier: S. 67f.

86 Die Autorin bezieht sich hier auf das französische Wortspiel »ballade« (Ballade) und »balade« (Streifzug) bei Deleuze (Anm. d. Übers.). Vgl. z.B. Gilles Deleuze: Das Bewegungs-Bild, a.a.O., S. 283-288.

87 Vgl. Jean-Marc Besse: L'élan du paysage. Premières notes sur la danse et l'écriture, in: Les Carnets du paysage, H. 13-14, numéro special Comme une danse, S. 11-19.

88 Bernardi fasst dieses Empfinden, welches er als »symbolischen Realismus« (»realismo simbolico«) Rossellinis definiert, im Konzept der »Pathosformel« von Aby Warburg zusammen. Sandro Bernardi: I paesaggi della »trilogia della guerra«, a.a.O., S. 101.

hat Nannina sich entschlossen, den Glauben an das eine dem anderen vorzuziehen. Somit ist sie, wenn sie in dem Obstgarten in Ohnmacht fällt – in eine Trance als Verbindung zwischen Individuellem und Kollektivem, zwischen Gegenwart und Erinnerung – bereits ›voller Gnaden‹, obgleich sie in den Augen der Nonne in Sünde lebt. Diese Szene können wir als eine zweite Zäsur definieren, insofern sie eine erneute Transformation ankündigt. Die Vervielfältigung dessen, was Deleuze reine optische und akustische Situationen nennt, ist nichts anderes als der Ausdruck einer Entwicklung von Kräften, welche diese körperliche Geografie in ihrer grundlegenden Ununterscheidbarkeit von Subjekt und Objekt, von Wirklichkeit und Vorstellung, Gegenwart und Vergangenheit, Leichtigkeit und Schwere, Fortschritt und Stillstand sowie Menschlichem und Animalischen überschreiten. Vielleicht ist es gerade hierin begründet, dass Nannina, Frau und Diva, es trotz allem schafft, uns ein Versprechen zu geben.

Asche und Fantasmen
Wie Bernardi schreibt, ist die Erfahrung des Kriegs in den Filmen Rossellinis eine Verlusterfahrung, was auch aus seiner Inszenierung der Landschaft hervorgeht, die nach Bernardi »[...] zu einem finsteren, fremden, furchtbaren Raum, einer oft beängstigenden Schwelle zu einer anderen Welt oder dem Fenster zu dem urtümlichen *kaos* hinter den Ruinen wird.«[89]

Die heiteren Straßen von Maiori mit den am Fenster oder auf den Türschwellen stehenden Frauen werden dadurch zu Orten von Trennung und Vertreibung und die Fenster zu dunklen Löchern, in denen sich die Blindheit der Welt spiegelt (und welche die häuslich-familiäre Topografie des Melodrams zerstören). In dieser fahlen, armen italienischen Nachkriegswelt beginnt nun jemand sich herauszuputzen – wie die Spießbürger, die Nannina angreifen und der falschen Prozession voranschreiten, oder die Großfamilie, die sie an der Treppe trifft – und gestaltet, um es mit Deleuze zu sagen, eine gekerbte Welt, die im Gegensatz zu dem glatten Raum des Prologs steht.[90] In diesem Sinne wird Nannina vom Kirchplatz, ihrem gelobten Land, in den Krieg der Armen getrieben, der sich durch das Klappern der Blechbüchsen ankündigt, die sich zwischen deren wenigen Habgütern finden. Laut Rossellini ensteht der Film aus diesem Bild, welches erneut ein Geräusch ist und dem der grauenhafte Rummel der falschen Prozession folgen wird. Aber es gibt noch eine weitere Einstellung, in der wir eine Zäsur erkennen können. Dabei handelt es sich um eine

---

89 Ital. Orig.: »[...] diventa uno spazio oscuro, estraneo, terribile, una soglia spesso paurosa di un altro mondo, la finestra del *kaos* primordiale che si affaccia dietro le rovine.« Ebd., S. 97.
90 Vgl. Gilles Deleuze, Félix Guattari: Tausend Plateaus. Kapitalismus und Schizophrenie, Berlin ³1997, S. 657-693.

große Nahaufnahme Nanninas, die, so wie Christus mit dem Dornenkranz, während der grotesken Prozession – die Ferreri mutmaßlich in LA DONNA SCIMMIA (I 1964, Marco Ferreri) aufgreift – mit einer alten Waschschüssel ›gekrönt‹ wird. Diese Einstellung steht deutlich in der Tradition Dreyers, dessen Jeanne d'Arc (LA PASSION DE JEANNE D'ARC, F 1928) ein Gespenst ist, das in Rossellinis Werk umgeht, das seinerseits aber Vorläufer in D. W. Griffiths ORPHANS OF THE STORM (ZWEI WAISEN IM STURM, USA 1921) findet. Ein weiteres Mal sehen wir ein ländliches Antlitz im Zeichen der Erstheit, das weder einfach epiphanisch ist, noch auch schlichtweg den Gefühlsregungen Nanninas oder den nationalen und kulturellen Werten, die der Starpersona Magnanis implizit sind, zum Ausdruck verhilft. Die Nahaufnahme Nanninas hat vielmehr eine sinnbildliche Kraft, die uns aus diesem Werk heraus und hin zu anderen des Regisseurs führt.[91] Wir können sie als Ereignis oder als Symptom, oder, Deleuze folgend, als Ergebnis einer Begegnung mit dem Fremden, dem Anderen lesen, das uns den Impuls zu einer neuen Entwicklung gibt. Sie schickt uns zurück zu den Nahaufnahmen, in denen die Schäferin das Bewusstsein verliert, und verweist zugleich auf die Schlussszene des Films, die von der gleichen bewegungs- und grenzüberschreitenden Dynamik wunschgesteuerter Träume belebt zu sein scheint. Wenn nun Lyotard von einer »figure-matrice« spricht, führt er uns in diesen fantasmatischen Imaginationsraum zurück und belegt, »[...] dass das, was auf dem Spiel steht, tatsächlich das Andere des Diskurses und der Verständlichkeit ist«.[92] Diese Figur in einem textuellen System zu verankern, führt uns aber nicht, wie man glauben könnte, an ein »origine dicible«, einen »benennbaren Ursprung« zurück. Es beweist uns allenfalls »[...] den Mangel an Ursprünglichkeit in unserem Ursprung und dass alles, was sich als originäres Diskursobjekt präsentiert, eine figürliche Einbildung ist, die präzise in dem ursprünglichen Nicht-Ort plaziert wurde«.[93]
Von der Waschschüssel, die seltsamerweise an einen Helm erinnert, zum Rossellinischen Leitmotiv ›sie wissen nicht, was sie tun‹, wie es durch Nannina verkörpert wird, von den Worten des Don Pietro vor dem Opfer Manfredis (in ROMA CITTÀ APERTA) zu den auf dem Fluss treibenden Leichnamen der Partisanen (in PAISÀ), zu Hitlers Stimme in der Reichskanzlei (in GERMANIA ANNO ZERO), zu den Visionen der durch das erhabene Firmament am Rande eines Vulkans erschütterten Karin (in

---

91 Georges Didi-Huberman zeigt, inwiefern eine sinnbildliche Denkweise grundlegend für das christliche Denken ist. Vgl. Georges Didi-Huberman: Fra Angelico. Unähnlichkeit und Figuration, München 1995.
92 Frz. Orig.: »[...] que ce qui est en jeu est bien l'autre du discours et de l'intellegibilité.« Jean-François Lyotard: Discours, figure, Paris 1971, S. 271.
93 Frz. Orig.: »[...] que notre origine est une absence d'origine, et que tout ce qui se présente comme l'object d'un discours originaire est une *figure-image* hallucinatoire, précisément placée dans ce non-lieu dit initial«, ebd.

STROMBOLI) besitzen diese Bilder die Koaleszenz eines Kristalls: Es sind Zeitkristalle.[94] Wir sehen in ein Gesicht und sehen eine Ruinenlandschaft, die allen Schmerz der Welt birgt. Diese Bilder erlauben uns, zu einem Ursprungstrauma zurückzukehren, dessen Exzessivität jede Darstellung unmöglich macht, das aber eine wieder und wieder hervortretende Spur hinterlassen hat. Um es erneut mit Lyotard zu sagen, handelt es sich dabei um »Geschichtszeichen«, und wir sind die Zeugen eines unmöglichen Zeugnisses.[95] An dieser Stelle scheinen sich Lyotard und Deleuze sehr ähnlich.

Nachdem eine mitleids- und vernunftlose Menschenmenge, Verkörperung des Realen und des absolut Bösen, nicht zögerte, Nannina zu ›steinigen‹ und als Sündenbock jeglicher Erotik zu berauben, beginnt die Schäferin ihren Leidensweg: eine »masochistic fantasy instead of sexuality«. Anders als im Hollywoodkino dienen diese Entwicklungsstufen nicht dazu, vermittels eines Tricks einen spezifischen Darstellungsmodus der Frau zu verherrlichen; vielmehr markieren sie, wie im paranoid film, einen Weg der Entspiegelung und der Entdeckung von etwas – das hier nicht ein Haus, sondern eine Landschaft sein wird –, das an der Viktimisierung arbeitet[96] (die in der Figur der Karin als ›Gefangener‹ im Labyrinth des Dorfes Stromboli ihren Ausdruck findet): Denn Nanninas Verbannung ist mit einem Pogrom vergleichbar.

Nicole Brenez führt diese Angst vor dem Verschwinden, diese Sorge darum, einen wie auch immer gearteten Körper oder einen Glauben an die Welt wiederzufinden, die Deleuzes Bewegungs-Bild und Zeit-Bild und Godards Histoire(s) du cinéma durchziehen, auf Blanchot (jenen des Todesurteils) und auf das Trauma der Lager zurück.[97] Wenn Rossellini »das vollkommene Fehlen des Glaubens«[98] in der modernen Welt beklagt, können wir

---

94 Vgl. Gilles Deleuze: Das Zeit-Bild, a.a.O., S. 126.
95 »Das Geschichtszeichen«, »Le signe d'Histoire«, ist der Titel des letzten Kapitels von Jean-François Lyotard: Le différend, Paris 1983. Dt. Übers.: Lyotard: Der Widerstreit, München ²1989.
96 Vgl. Mary Ann Doane: The Desire to Desire, a.a.O., S. 19; sowie dies.: The »Woman's Film«. Possession and Address [1984], in: Home is Where the Heart is, hg. v. Christine Gledhill, a.a.O., S. 283-298, hier S. 288.
97 Vgl. Nicole Brenez: Le voyage absolu, in: Art press. Un second siècle pour le cinéma, hors-série 14, 1993, S. 65-72. Engl. Übersetzung im Online-Magazin Screening the Past, No.2 (1997): Nicole Brenez: The ultimate journey. Remarks on contemporary theory, http://www.latrobe.edu.au/screeningthepast/reruns/brenez.html (letzter Zugriff 6.3.2010; Anm. d. Übers.).
98 Ital. Orig.: »la mancanza assoluta di fede«, Roberto Rossellini [1955], zit. nach: L'avventurosa storia del cinema italiano, a.a.O., S. 199: »Ein Thema, das mich gequält hat und das sich unter anderem in STROMBOLI wiederfindet, ist das eines absoluten Mangels an Glauben, die Abwesenheit des Bedürfnisses, für etwas zu kämpfen, was beides typische Phänomene der Nachkriegszeit sind. Das, was mich beunruhigte, war diese Art der Feigheit, die Menschen dazu führt, sich zusammenzupferchen wie Schafe unter dem Hirtenstab irgendeines Schäfers.« Ital. Orig.: »Un tema che mi ha ossessionato e che si ritrova, fra l'altro, in STROM-

mit Deleuze von der Notwendigkeit der Wiederherstellung eines »Glaubens« sprechen, dem Glauben an ein Kino, welches »[...] nicht die Welt filmt, sondern den Glauben an die Welt [...]. Das bedeutet eine regelrechte Konversion.«[99]
Genau an diese Gesinnung knüpft der »loss of faith in the dominant fiction« an – laut Silverman ein Glauben, den Hollywood, seiner Filme aus der zweiten Hälfte der vierziger Jahre zum Trotz, zu bewahren sucht. Wenn genau diese Einschränkung des Traumas auf psychischer Ebene mittels »the translation from one mnemic system to another« geschieht, wo »[...] memories characterized by a high degree of affective and sensory intensity are brought within linguistic control«, wo »[...] something else is put in place of the original, hallucinatory mnemic traces«, bringt sie auf kultureller und textpraktischer Ebene »[...] the gradual reaffirmation and reconstitution of the dominant fiction« mit sich. Im Laufe dieses Prozesses schreibt das historische Trauma seine Spuren in den Filmkörper ein, indem es jene zerstörerischen Kräfte enthüllt, die eine auf dem Mangel begründete und durch Wiederholung bekräftigte Männlichkeit bedrohen. Für Silverman hat der für das Kriegstrauma charakteristische Wiederholungszwang seine Wurzeln in anderen Wiederholungen, bzw. älteren Traumata, die sie mit dem Todestrieb in Verbindung bringt.[100] Aber im Gegensatz zu THE BEST YEARS OF OUR LIVES und IT'S A WONDERFUL LIFE, wo die Frauen die Aufgabe haben, sich um die Unzulänglichkeiten der Männer zu kümmern, werden Trauma und Verlust bei Rossellini – wie es sich zum Teil auch im dritten von Silverman analysierten Film, THE GUILT OF JANET AMES (USA 1947, Henry Levin), nachweisen lässt – durch das Opfer der Frau eingedämmt. Dieser Todestrieb prägt Rossellinis Trilogien ebenso wie IL MIRACOLO und setzt sich in den folgenden Bergman-Filmen fort, bis hin zu dem Feld von Pompeji in VIAGGIO IN ITALIA, wo, wie Mulvey schreibt, »[...] the physical trace of the human figure meets the mystery of the death.«[101]
Kehren wir nun zu unserer alpinen Jungfrau und der »celestial suture« in Capras Film zurück. Im 19. Jahrhundert erlangte die Jungfräulichkeit in Gegenüberstellung zur neuen, risikofreudigen weltstädtischen Lebensweise (es genügt, in diesem Zusammenhang an die neuen Frauenfiguren zu denken, die das amerikanische Kino der zwanziger Jahre beleben und sich von Griffiths viktorianischem Ideal grundsätzlich unterscheiden) dadurch eine wachsende Bedeutung, dass sich aus ihrer Sexualgeschichte

BOLI, è la mancanza assoluta di fede, l'assenza del desiderio di combattere per qualcosa, fenomeni tipici del dopoguerra; ciò che mi inquietava era quella specie di viltà che porta la gente a raggrupparsi come pecore sotto il bastone di un qualsiasi pastore.«
99 Gilles Deleuze: Das Zeit-Bild, a.a.O., S. 224.
100 Vgl. Kaja Silverman: Male Subjectivity at the Margins, a.a.O., S. 52-121, insbes. S. 64.
101 Laura Mulvey: Vesuvian Topographies. The Eruption of the Past in JOURNEY TO ITALY, in: Roberto Rossellini. Magician of the Real, a.a.O., S. 95-111, hier S. 98.

eine Art Definition des Weiblichen ableiten ließ. Man erinnere sich nur daran, welch essentielle Bedeutung der Jungfrau Maria für die Definition der Weiblichkeit in einem katholischen Land wie Italien zukommt. Die Mutter, als Pfeiler der mediterranen Kultur und auch der faschistischen Nation, ist im italienischen Melodram eine Mater Dolorosa (oder in jedem Fall eine Mutter, die sich letztendlich für die Familie oder, im mütterlichen Melodrama, für das Wohl der Kinder aufopfern muss). Und es ist die Mutter, die im neorealistischen Diskurs vor der Wiedergeburt steht (ein Mythos, den Pasolini in MAMMA ROMA (I 1962) als solchen enthüllen wird). Obgleich die Frauen in Rossellinis Filmen von ROMA CITTÀ APERTA bis PAISÀ eine aktive Rolle für die Befreiung zu spielen scheinen, ist ihnen dennoch nur Schande oder ein noch tragischeres Schicksal bestimmt.[102]

Der Aufstieg zum Berg führt zur geistigen Reinheit. Im Nass des Wasserfalls wird die Jungfrau symbolisch noch reiner, im reinsten aller Orte, der der Kirche benachbarten Grotte, in der Nannina, wie Maria, ihrem Kind das Leben schenkt. Diese Grotte erinnert bei näherer Betrachtung an den Turm in PAISÀ (es gibt sogar die gleiche Treppe), wo der Soldat Joe den Tod gefunden hat. Ein Wimmern kündigt uns die Geburt des Kindes an, welche durch die Ränder des Kaders dem Blick entzogen wird, als ob uns Rossellini erneut einer *Fantasie* gegenüberstellen wollte, indem er uns auf ein Off verweist, in dem alles möglich ist. »Mein Gott, mein Gott, mein Kind, mein Geschöpf, mein Blut, meins«, spricht die Mutter, als sie dem Baby die Brust gibt. Für Rossellini ist das die »natürlichste« Geste, vom Busen der Jungfrau bis zu den Zitzen der Säugetiere.[103] Es handelt sich um eine zweifache Deklination der Leidenschaft der Andersartigkeit; dem Unterschied zwischen einer an ein phallogozentrisches (eine Frau aus körperlicher Perspektive: der Passion der Geliebten oder jener der Mutter und ihrer ›häuslichen‹ Ethik) Negativ gebundenen Vorstellung und einem in der körperlichen Dimension verzwurzelten Positiv, das den ›ursprünglichen‹ Ort der Darstellung ausmacht, wo jede Frau angehalten ist, »[...] eine Subjektivität zu errichten, die ein Schnittpunkt ist zwischen physischer und symbolischer Sphäre, zwischen Erinnerung und Projektion, zwischen den sozialen Umständen und der Wette der Freiheit.«[104] Anna Magnani scheint, zumindest für den Zuschauer, nicht nur in diesem Film

---

102 Wie in meinen Schlussfolgerungen zu lesen sein wird, stimme ich dieser Position zu, obwohl es hierzu gegenteilige Meinungen gibt, beispielsweise jene von Lesley Caldwell: What about Women? Italian Films and Their Concerns, in: Heroines without Heroes, a.a.O., S. 131-146.
103 Aprà berichtet von einem längeren Filmschluss, der bis heute unauffindbar geblieben ist. Rossellini kürzte hier, um zum Wesentlichen vorzudringen – ein Verfahren, das, wie wir wissen, Teil seiner Methodik war. Adriano Aprà: Promemoria per Rossellini, in: Rossellini. Dal neorealismo alla diffusione della conoscenza, hg. v. Pasquale Iaccio, Neapel 2006, S. 18.
104 Vgl. Cavarero: La passione della differenza, a.a.O., v.a. S. 303-312.

ein solches Unterfangen zu verkörpern. Wir könnten vieles zu dieser Mutterfigur schreiben, die uns stets begleitet und ihren Schatten auf uns wirft. Wenn wir uns, wie Caldwell sagt, in Rossellinis Filmen häufig mit einer stereotypen Weiblichkeit konfrontiert sehen, »[...] this acts less to reduce the women to figures of inauthenticity than to capture an incomprehension and a lack on the part of the male characters«. Die der Frau zugeschriebene Gefühlsbetontheit, die Emotionen des Melodrams sowie die Überschwänglichkeit seiner Protagonistinnen sind nicht »[...] easily dismissable, precisely because [...] confirmed, acknowledged and validated through the *mise-en-scène*.«[105]

Silverman kommentiert IT'S A WONDERFUL LIFE:

> Christianity mediations serve to distance the creation from the creator, the actual father from the symbolic father, and the spoken subject from the speaking subject [...] by identifying the phallus with God [...]. [The film] represents it as immune to those forces which so insistently threaten earthly masculinity – the Law of Language; racial, sexual, and economic oppression; and historical trauma.[106]

Nanninas Weg geht zu Ende. Wie uns das Hollywoodkino gezeigt hat und der Neorealismus zu widerlegen versuchte, birgt das lächelnde Gesicht des Stars[107] die Faszination eines aus Sehnsucht und dem männlichen Gesetz zusammengefügten Spiegelbilds. Angesichts dieser Mutter sollen auch wir denken, dass »das Leben wunderbar ist«. Und dennoch hört der Film nicht auf, uns das Gegenteil zu erzählen. In STROMBOLI, der ein Jahr später entstand, beginnt die Handlung in dem Internierungslager Castelnuovo di Farfa. Hauptperson ist erneut eine »verheiratete« Frau, die Magnani hätte verkörpern sollen, eine *displaced person* und ein *displaced star*.[108] Karin beginnt uns in den Bildern des Lagers als die promiske Frau aus NOTORIOUS (BERÜCHTIGT, USA 1948, Alfred Hitchcock) oder als die Protagonistin eines *film noir* entgegenzutreten. Sie ist eine verlorene, zynische Frau,[109] ähnlich der vielen Mädchen im Lager, die uns an die »an-

---

105 Lesley Caldwell: What about Women?, a.a.O., S. 141.
106 Kaja Silverman: Male Subjectivity at the Margins, a.a.O., S. 105.
107 Um einige Beispiele für die der Starpersona Magnani zugeschriebenen Werte zu nennen: der mediterrane Charakter, die Authentizität, die »ability to feel«, die politische Relevanz ihrer »Zugehörigkeit« zum Neorealismus; vgl. dazu bspw. L. Bailey McDaniel: Real Italian. Melodramma, Magnani, and Alternative Subjects in The Rose Tattoo, in: Literature Film Quarterly, 1. Oktober 2006.
108 Die italienische Übersetzung von »displaced«, »spostata«, hat als dialektale Form auch die Bedeutung »matta«, also »wahnsinnig« (ähnlich der deutschen Form »verrückt«, Anm. d. Übers.).
109 Rossellini dazu: »Was mich interessierte war, das Thema des Zynismus zu behandeln, ein Gefühl, das die größte Gefahr der Nachkriegszeit darstellte« (»ciò che mi interessava era

deren« Frauen, die Verräterinnen, die Lesbierinnen, die Kollaborateurinnen und die Freudenmädchen aus ROMA CITTÀ APERTA erinnern. Dabei handelt es sich erneut um eine Liebesgeschichte, weniger um die zwischen einer Fremden und einem sizilianischen Fischer, sondern vielmehr um die zwischen dem Hollywoodstar und dem Meister des Neoralismus, zwischen der männlichen Gewalt des Vulkans und der gefährlichen Weiblichkeit, welche vor keinem Priester zurückweicht und die nur durch das Erhabene zu bezwingen ist. Kristeva definiert diese Wiederaufnahme des mütterlichen Prinzips als »[...] Identitätskrise, die den Eigennamen in dieses Unsagbare umkippen läßt, das man als Weiblichkeit, Nichtsprache oder Körper imaginiert«.[110] »Bergman as Karin is no terra madre«,[111] wenngleich auch sie schlussendlich das Muttersein akzeptieren und *ihren Schmerz gebären wird*.[112]

Später wird ein leidenschaftlicher Bewunderer des Meisters Rossellini das Fantasma dieses Films, dieser Filmkunst wieder auferstehen lassen, indem er zur Natur, zur Wesenhaftigkeit und zur Jungfrau Maria als enigmatischem Paradoxon der Weiblichkeit zurückkehrt: »the hole and the zero«, JE VOUS SALUE, MARIE.[113]

Übersetzung aus dem Italienischen: Romy Kühnert, Daniel Illger, Bernhard Groß

---

trattare il tema del cinismo, sentimento che costituì il più grande pericolo del dopoguerra«), [1954]; zit. nach: L'avventurosa storia del cinema italiano, a.a.O., S. 337f.
110 Julia Kristeva: Stabat Mater, in: dies., Geschichten von der Liebe, Frankfurt a. M. 1989, S. 226f.; vgl. dies.: Héréthique de l'amour, in: Tel Quel, H.74 (Herbst 1977), S.30-49. Die deutsche Übersetzung ist leicht verändert, im Original ist nicht vom »Körper« die Rede sondern von »Psychose«: »[...] qu'on imagine comme de la féminité, du non-langage ou de la psychose«, ebd., S. 31. (Anm. d. Übers.).
111 Marcia Landy: Stardom Italian Style. Screen Performance and Personality in Italian Cinema, Bloomington, Indianapolis 2008, S. 202.
112 »Man gebiert nicht im Schmerz, man gebiert den Schmerz.« Julia Kristeva: Stabat Mater, a.a.O., S. 233.
113 Es handelt sich um eine Anspielung auf Godards gleichnamigen Film JE VOUS SALUE, MARIE / MARIA UND JOSEF (F/CH 1984, Jean-Luc Godard) (Anm. d. Übers.). Vgl. Laura Mulvey: The Hole and the Zero: Godard's Visions of Femininity, in: Jean-Luc Godard. Son + Image 1974-1991, hg. v. Raymond Bellour, Mary Lea Bandy, New York, The Museum of Modern Art 1992, S. 75-88.

Dekadenz und Neorealismo Hans Richard
Zu einer intimen Feindschaft Brittnacher

Mit den Filmen des sog. Neorealismo haben Regisseure wie Roberto Rossellini, Luchino Visconti und Vittorio De Sica in den fünfziger und sechziger Jahren des letzten Jahrhunderts, zaghaft schon während der Agonie des Faschismus und entschlossen schließlich nach seinem Zusammenbruch, cineastische Standards gesetzt und dem modernen Autorenkino eine verbindliche Orientierung geliefert.[1] Dennoch stehen diese genuin modernen, dem militärischen Zusammenbruch und der Desorientierung abgerungenen Filme der Ästhetik der Dekadenz näher, als seine Programmatiker wahrhaben wollen. Diese eigentümliche Verschränkung zweier grundverschiedener Stile und Bildinventare wird im ersten Teil der folgenden Ausführungen näher beleuchtet (I). Anschließend werden die Filme Luchino Viscontis vor dem Hintergrund ihrer Nähe zur Bilderwelt der Dekadenz (II), diejenigen Fellinis im Hinblick auf ihre besondere Traumästhetik untersucht (III).

I. *Les extrêmes se touchent*
Die wichtigsten Filme des Neorealismo, etwa Viscontis OSSESSIONE (I 1943), Rossellinis ROMA CITTÀ APERTA (I 1945) oder Vittorio De Sicas LADRI DI BICICLETTE (I 1948), dokumentieren in ihrer spröden Bildersprache unmissverständlich die politische und ökonomische Krise, der sie ihre Entstehung verdanken. Ihre Bilder konzentrieren sich auf die elementaren Dinge des Lebens, auf wesentliche Gefühle, auf einfache Geschichten und auf authentische Gesichter. Nicht wenige der Regisseure arbei-

---

1 Zum Neorealismo allgemein vgl. Martin Schlappner: Von Rossellini zu Fellini – Das Menschenbild im neorealistischen Film, Zürich 1958; André Bazin: Der filmische Realismus und die italienische Schule nach der Befreiung, in: ders.: Was ist Film?, Berlin 2004, S. 295-326. Vgl. auch die Beiträge in dem Sammelband: Das goldene Zeitalter des italienischen Films, hg. von Thomas Koebner und Irmbert Schenk, München 2008.

teten sogar mit Laienschauspielern (wie Visconti mit den Fischern von Aci Trezza in LA TERRA TREMA: EPISODIO DEL MARE (I 1948) oder De Sica mit echten Straßenmädchen in SCIUSCIÀ (I 1946)), um die raue Ästhetik des neuen Films von jeder konfektionierten Unterhaltungskultur und ihren professionellen, routinierten Akteuren abzusetzen. Die Dürftigkeit der Verhältnisse und die mimische Unbeholfenheit der Darsteller sollten dem Purismus dieser Filme zugute kommen, die nach der Korrumpierung der Filmsprache durch die Propaganda des Faschismus und durch den Monumentalismus seiner Ästhetik nach einer neuen Unschuld des Ausdrucks suchten.

Freilich ist diese Idee einer Ästhetik des Films, der sich ohne versengte Federn komplett erneuert wie ein Phönix aus der Asche erhebt, nicht minder problematisch als der zeitgleiche deutsche Mythos von der Literatur der ›Stunde Null‹, in der sich eine neue literarische Avantgarde formiert haben soll, die entschlossen die Vergangenheit hinter sich gelassen und ein literarisch unverbrauchtes Idiom ausgebildet habe. Der politische Effekt solcher Gedankenfiguren ist offensichtlich: Sie eröffnen der kollektiven Selbstreflexion die Möglichkeit einer kulturellen Neudefinition, die Chance, die Vergangenheit hinter sich zu lassen, die Schuld zu verdrängen oder sich gar von ihr freizusprechen. Tatsächlich aber zeigt die Literatur jener Jahre überwiegend ein eher bedenkliches Faible für Archaismen, für Idyllen, für existenzialistischen Tiefsinn und für hochtönendes Pathos: statt ›Kahlschlag‹ und Neubeginn lebt die verseuchte Vergangenheit in der Sprache des neuen Zeitalters weiter.[2] Auch für den Film des Neorealismo gilt, dass die Überwindung einer vergangenen, politisch diskreditierten Bildersprache weniger kompromisslos gelingt, als ihre Programmatik verlangt. Wenn Martin Scorsese in seiner filmischen Dokumentation der Neugeburt des italienischen Kinos in den Filmen Rossellinis und De Sicas den Aufschrei der Seele in Not erkennt, die sich aus ihrer Verfehlung befreit hat, und die Welt zum Zeugen ihrer tiefen Menschlichkeit anruft, reproduziert er das Selbstverständnis der Autoren des Neorealismo.[3] Aber gerade eine von ihm intensiv diskutierte und als Beleg für diese Position angeführte Szene aus Roberto Rossellinis PAISÀ (I 1946), vielleicht die emblematischste Szene des neorealistischen Films überhaupt, arbeitet mit einem dem Neorealismo fremden, geradezu extravaganten ästhetischen Impuls: Auf dem trüben, träge dahinfließenden Wasser des fast unabsehbar weiten Podelta treibt ein undeutliches Gebilde heran, das zunächst durch sein langsames Kreiseln gegen die Strömungsrichtung der Flut Aufmerksamkeit erregt. Beim Näherkommen erkennt der Zuschauer den Oberkörper einer im Rettungsring hän-

---

2 Urs Widmer: So kahl war der Kahlschlag nicht, in: Die Gruppe 47. Ein Handbuch, hg. von Reinhard Lettau, Neuwied, Berlin 1967, S. 328-336.
3 IL MIO VIAGGIO IN ITALIA (USA / I 1999, Martin Scorsese).

genden Leiche. Ein dem Toten um den Hals gelegtes Schild weist ihn als *partigiano* aus, einen von den Deutschen liquidierten und zur allgemeinen Abschreckung in den Fluss geworfenen Widerständler. Gewiss ist dies eines jener dem Neorealismo so lieben Bilder, das mehr sagt als viele Worte, eine Metapher für den Krieg, dessen Gewalt auch dort, wo er abwesend zu sein scheint, die unbeteiligte Natur erreicht. Aber darüber hinaus ist es auch ein Bild, das seine Suggestivität der Nähe zu Pathos und Absurdität verdankt: ein Akt bizarrer Gewalt, dessen Inszenierung auch den Erlebniswert eines *acte gratuit* reproduziert.

Der Neorealismo wäre falsch verstanden, sähe man in ihm nichts als die Aufkündigung der wählerischen und oft auch aufdringlichen Ästhetik, wie sie zumal im Kontext der Dekadenzkultur ausgearbeitet und vom Faschismus monumentalisiert worden war. Bazin hat daran erinnert, »[...] dass es in der Kunst nie einen ›Realismus‹ gab, der nicht zuallererst und zutiefst ›ästhetisch‹ war.«[4] Daher ist auch kaum einer der neorealistischen Filme gegen den »Pakt mit dem Dämon des L'art pour l'art«[5] gefeit. Schon 1942, also noch während des Faschismus, entstand jener Film, der »[...] die grundlegenden Prinzipien des Neorealismo in Bilder übersetzt hatte«,[6] Viscontis OSSESSIONE. In diesem Film nach dem Südstaatenkrimi *The Postman always rings twice* von James M. Cain war indes ein anderer Umgang mit der Schuld sichtbar geworden als im ästhetischen Credo Rossellinis, der in seinen Filmen ganz auf die Transparenz einer Situation der Krise vertraute, die unmissverständlich und eindeutig zur Entscheidung zwingt. Zwar erzählt auch Viscontis Film, darin wegbereitend für die rohe Ästhetik des Neorealismo, eine brutale Geschichte aus der *cronaca nera*, eine Fabel von sexueller Hörigkeit und Totschlag im Tankstellen- und Rummelplatzmilieu Norditaliens; dass er sie jedoch in einer sanften, gleichmütigen Landschaft ansiedelt, verleiht dem Film eine eigentümliche moralische Indifferenz und relativiert den selbstgerechten Rigorismus der neorealistischen Doktrin.

Während Roberto Rossellini, Giuseppe De Santis und Vittorio De Sica in ihren schroffen Bildern der Geburtsstunde des modernen Italiens das Bildarchiv liefern, sind auf den italienischen Leinwänden auch andere Filme präsent: Immer noch gilt der 1914 gedrehte Stummfilm CABIRIA (I 1914) von Giovanni Pastrone – an seinem Drehbuch hat eine der markantesten Figuren der italienischen Rechten, Gabriele D'Annunzio, mitgeschrieben – mit seinen expressiven Bildern über den historischen Kampf zwischen Rom und Karthago über die politischen Lager hinweg als eine wichtige filmästhetische Orientierung. Dem spätästhetizistischen Monu-

---

4 André Bazin, Der filmische Realismus, a.a.O., S. 306.
5 Ebd.
6 Carlo Lizzani: Im zerbombten Berlin. Mit Rossellini während GERMANIA ANNO ZERO, in: Roberto Rossellini. Reihe Film 36, München 1987, S. 7-12, hier S. 7.

mentalismus dieses Films zeigen sich auch noch die erfolgreichen Kolossalfilme Alessandro Blasettis verpflichtet, die mit einem damals ungeheuren Aufwand an Statisten, Kostümen, Kulissen und Gladiatorenkämpfen Geschichten aus der Zeit der Christenverfolgung erzählen (FABIOLA, I 1949) oder aus einer mittelalterlichen Fabelwelt, in der Prinzessinnen von Zauberfeen in ewigen Schlaf versetzt werden (LA CORONA DI FERRO, I 1941), während gazeleichte Vorhänge, die sich im Nachtwind über schlafenden Schönheiten blähen, dem Film eine eigentümlich onirische Symbolik verleihen. Der gleiche Blasetti lieferte mit QUATTRO PASSI FRA LE NUVOLE (I 1942) aber auch schon im Faschismus die tragikomische Geschichte eines Handlungsreisenden im Stil des Neorealismo.

Dem auf der Leinwand und im kollektiven ästhetischen Bewusstsein fest etablierten Angebot von Gesten, Bildern und Mythen konnte sich auch der Neorealismo nicht vollends entziehen: gerade der unbedingte Wunsch nach Wirkung liefert ihn einer Ästhetik der radikalen Bilder aus. Mochten sie im ursprünglichen Kontext schon schal, vielleicht durch eine ästhetizistische Überinstrumentierung sogar schon um ihre Wirkung gebracht worden sein, wächst ihnen durch die Rekontextualisierung im rohen Wochenschaustil des Neorealismo und durch den Kontrast zu seinen betont schlichten Bildern eine neue Eindrucksmacht zu. So hat Rossellini zwar die gerade im politisch engagierten Film übliche Ästhetik der Überwältigung explizit abgelehnt und sogar noch im MESSIA (I 1975) auf die Inszenierung von Einzelheiten der Passion verzichtet, um die zwingend an »[...] bestimmte dramatische, ikonographische Traditionen geknüpfte Erregung apriorisch auszuschließen«.[7] Zuletzt aber traut er der bloßen Energie der Bewegungen und Empfindungen doch nicht genug, um sie für sich selbst sprechen zu lassen, sondern horcht die Sprache des Alltags und seine Geschichten auf Spuren der großen mythischen Erzählungen ab. Immer wieder gerinnen ihm daher die Einstellungen seiner Filme zu Pathosformeln, in denen Eric Rohmer die Bilderwelt der christlichen Symbolik erkennen konnte.[8] Nichts hat in der christlichen Ikonographie dem Mitleid zu so prägnantem ästhetischen Ausdruck verholfen wie die Bildformel der Pietà, die auch Rossellini immer wieder als wirkungsästhetisch nicht weiter zu steigernde Markierung eingesetzt hat. In IL MESSIA ergibt sie sich aus der Vorlage der Passionsgeschichte gleichsam von selbst, aber auch in der Florenzepisode von PAISÀ,[9] wo Harriet den sterbenden Partisanen in den Armen hält, oder in GERMANIA ANNO ZERO (I

---

7 Rossellini im Interview mit E. Bruno, A. Cappabianca, E. Magelli u. M. Mancini, in: Roberto Rossellini, a.a.O., S. 93-102, hier S. 96.

8 Vgl. Rainer Gansera: »Die Dinge haben Sinn, weil jemand sie anblickt.« Stichworte zu Rossellini, in: Roberto Rossellini, a.a.O., S. 13-58, hier S. 28f.

9 Beim Titel des Films handelt es sich um die Italienisierung der amerikanischen Verbalhornung des mexikanischen »paysan«, das die amerikanischen Soldaten auch bei der Anrede der italienischen Landbewohner benutzt haben.

1948), wo eine unbeteiligte Frau vor der Leiche des Jungen, der sich aus dem Haus gestürzt hat, in die Knie geht, ist die Signalwirkung der Pathosformel unübersehbar. Wenn in der sechsten Episode von PAISÀ der Körper des toten Partisanen geborgen wird, ist auch die Anlehnung an ein anderes Motiv deutlich, das die christliche Ikonographie vom Mittelalter bis zur Renaissance dominiert hat: das der Grablegung.[10]
In erster Linie und nicht nur vordergründig erzählt der Neorealismo Geschichten von Versprengten, von Kriegswaisen und Verlorenen, aber weil es ihm dabei nicht nur um das Schicksal einzelner Entwurzelter geht, sondern um den exemplarischen Charakter des Leidens in einer Zeit fundamentaler Desorientierung, erscheinen die Lebensläufe der Helden als Passionsgeschichten: Der Bergaufstieg Ingrid Bergmans in Rossellinis STROMBOLI – TERRA DI DIO (I 1949), der labyrinthische Weg des Waisenjungen durch das zertrümmerte Berlin in GERMANIA ANNO ZERO sind mehr als Irrwege, es sind Initiationsabläufe, die zuletzt in einem Opfer enden. Noch Gelsominas Entscheidung in Fellinis LA STRADA (I 1954), ihr Leben an der Seite des unbeherrschten Zampanò zu verbringen, ist ein solches Opfer, wie auch sein Entschluss, sie zu verlassen, zaghaft eine seelische Läuterung andeutet. Vorgeblich setzen neorealistische Filme das ziellose Umherlaufen desorientierter Helden ins Bild, aber tatsächlich bedienen auch sie sich in ihrer hochcodierten Bildsprache der Formeln eines überlieferten artistischen Pathos. So sehr auch die Fischerfrauen in Viscontis LA TERRA TREMA, die im rauen Wind auf den Felsen nach den Männern in ihren Booten draußen Ausschau halten, eine Geschichte von Armut und Überlebenskampf erzählen, so sehr wirken sie doch auch als ins Mythische entrückte Sirenengestalten, wie archaische Greifvögel, die auf jenen Klippen schon seit dem Anfang der Zeiten, unbekümmert um die Wechselfälle der Geschichte, Wache halten.
Diese auch in den wichtigsten Werken des Neorealismo fast immer präsente Dimension des Mythos verweist auf die Aporie einer neorealistischen Ästhetik, die vom Anfang erzählen will, aber dabei nicht auf Geschichten und Bilder von gestern verzichten kann. Die politische Unschuld und die radikale ästhetische Innovation, die der Rückblick dem italienischen Filmwunder zwischen 1943 und 1960 verleiht, war schon zu Beginn gebrochen, wie Viscontis OSSESSIONE, einer Parabel über sexuelle Hörigkeit inmitten einer gleichmütigen Natur, gezeigt hat. Die moralische und epistemologische Transparenz, die der Neorealismo der ersten Stunde besaß, verliert sich mit der Einsicht in die Komplexität der Verhältnisse und in die Wirkung von Kräften unterhalb der Oberfläche des Sichtbaren im Lauf der Jahre nach dem Krieg immer mehr. Das Vertrauen in die Vernunft oder in die Zuverlässigkeit einer marxistischen Analyse der

---

10 Vgl. dazu Gian Piero Brunetta: Der Film als führende Kunstform, in: Die italienische Metamorphose 1943-1968. Ausstellungskatalog, Wolfsburg 1995, S. 442-477, hier S. 447.

Herrschaftsverhältnisse weicht schließlich in den sechziger und siebziger Jahren nachhaltigen Zweifeln: »Alles bricht auseinander, es gibt keine Gewissheiten mehr, die Wirklichkeit ändert sich mit den Befindlichkeiten der Personen.«[11]

Neben den archetypischen mythischen Bildern und denen der christlichen Ikonographie ist es vor allem die Ästhetik der Dekadenz, der der Neorealismo entscheidende Impulse verdankt. Dem ästhetisch schwelgerischen Selbstverständnis der Dekadenz haben Dichter und Intellektuelle wie Gabriele D'Annunzio, Hugo von Hofmannsthal und noch der junge Thomas Mann das Profil geliefert. »Man hat manchmal die Empfindung«, eröffnet Hofmannsthal einen Essay über seinen italienischen Dichterkollegen D'Annunzio, der bald zu einem der wirkungsmächtigsten Texte der Jahrhundertwende werden sollte, »[...] als hätten uns unsere Väter nur zwei Dinge hinterlassen: hübsche Möbel und überfeine Nerven.«[12] In seltener Präzision hat Hofmannsthal hier die Befindlichkeit seiner lebens- und geschichtsmüden Zeitgenossen charakterisiert, die sich als die Spätlinge einer dem Untergang geweihten Kultur empfinden. Als den letzten ihres Geschlechts ist ihnen Vitalität und Potenz abhanden gekommen, müde und paralysiert sehen sie dem eigenen Leben zu. Dem Verlust an Vitalität entsprechen die »überfeinen Nerven«, eine *dégeneration supérieure*, der sie eine besonders sensible Wahrnehmung verdanken, die sie aber auch morbiden, sogar perversen Empfindungen ausliefert. Allein in der Suspendierung von Wirklichkeit und Rationalität, wie sie der Traum verfügt, oder im Kult des Schönen, im ästhetischen Arrangement des im Lauf des langen 19. Jahrhunderts angehäuften Reichtums, der vielen »hübschen Möbel«, vermögen die kraftlosen Helden vorübergehend Frieden und Kontemplation zu finden. Die solcherart überdeterminierte Ästhetik entwickelt freilich auch eine Eigendynamik, begünstigt zuletzt die Fluchten ins exotische Raffinement oder in die grotesken Deformationen einer manierierten Kunst. Der Preis für die hochmütige Entfernung vom Leben ist hoch: Leiden an der unerträglichen Banalität des Daseins, Verlust der Unmittelbarkeit, Verwechslung von Leben und Kunst. Die Protagonisten der Dekadenz leben in einer Welt, die besondere Genüsse für sie bereithält, und doch sind sie physisch krank und emotional verarmt. Aus den Erfahrungsbereichen ihrer Lebenswelt hat die dekadente Kunst der Zeit ihre wesentlichen Themen bezogen: Abschied, Spiegel, Krankheit, Verfall und Tod. Nach der noch zögerlichen Korrosion der radikalen Ästhetik des Neorealismo werden sie schließlich den italienischen Film der sechziger und siebziger Jahre dominieren.

11 Ebd., S. 449.
12 Hugo von Hofmannsthal: Gabriele D'Annunzio, in: ders.: Gesammelte Werke Bd. 8: Reden und Aufsätze 1, hg. von Bernd Schoeller in Beratung mit Rudolf Hirsch, Frankfurt a. M. 1979, S. 174-184, hier S. 174.

II. Dekadenz und Gesellschaftskritik. Die Filme Viscontis
Die schwelgerische, an Wagner und Thomas Mann geschulte Ästhetik der *Belle Epoque* hat niemand mit besessenerer Detailliebe ins Bild gesetzt als ein veritabler Graf aus einer der reichsten Adelsfamilien Italiens, Don Luchino Visconti di Modrone. Dass der Regisseur vor SENSO (I 1954) auch Dramen und Opern inszeniert hat, ist dem Film deutlich anzumerken. Dass an der englischen Version des Drehbuchs Paul Bowles und Tennessee Williams mitarbeiteten, zeigt das Bemühen des Regisseurs, zwischen Tradition und ästhetischer Moderne einen eigenwilligen Platz zu besetzen. Auch dass Visconti bei seinem Film auf eine Erzählung von Camillo Boito zurückgriff, ist nicht zufällig: Anders als Rossellini, der nach Auskunft Truffauts das Leben und den Menschen bevorzugt – »Er schaut nie in einen Roman, er verbringt das Leben damit, Material zu sammeln [...].«[13] –, findet Viscontis Ästhetik, die sich der großen europäischen Kultur des 19. Jahrhunderts noch nahe fühlt, gerade in der Literatur des ausgehenden 19. Jahrhunderts ihre bevorzugten Sujets. Visconti geht es gerade nicht um Gefühle aus erster Hand, sondern um die Demonstration eines Lebens, das sich in ritualisierten, immer und immer wieder eingeübten Abläufen verschwendet. Fast zur Mimikry an die Plüschwelt des 19. Jahrhunderts gerät Viscontis erster Farbfilm, SENSO, der entschlossen das Bildinventar der Dekadenz entfaltet und – programmatisch für die gravitätische Ästhetik dieses Films – mit der Inszenierung einer Oper Verdis beginnt, die zugleich das historische Thema des *Risorgimento* anschlägt. Wie berauscht vom allzu langen Anblick ihres Gegenstandes fährt die Kamera die schwelgerische Innenausstattung des *Fenice* ab. Zwischen die in helle Uniformen gekleideten Offiziere der Habsburger Armee schieben sich einige in schwarz gekleidete Geheimbündler, geben im Takt der Musik des *Trovatore* heimlich Pakete mit Flugblättern weiter, während Frauen aus ihren Unterkleidern Blumensträuße freinesteln. Mit dem Schlussapplaus werden Stimmen laut, die das Ende der österreichischen Herrschaft fordern und die Nachricht von der Mobilmachung verbreiten. Es geht dem Film also durchaus darum, einen Moment der historischen Empörung zu zeigen und dem Freiheitsverlangen der Italiener mit der effektvollen Musik Verdis Nachdruck zu verleihen. Aber im Bilder- und Farbenrausch der Flugblätter und Blumen in den Nationalfarben, die von den Logen herab in den Zuschauerraum flattern, geht die Empörung unter, und die Schönheit erhebt sich als Schauwert um ihrer selbst willen.
Der Film erzählt ein im lyrischen Einakter der Jahrhundertwende hochsymbolisch und stimmungsreich immer wieder ausgearbeitetes Thema: die *amour fou* einer vereinsamten schönen Frau,[14] aber er erzählt diese Ge-

13 Truffaut, nach Gansera: Die Dinge haben Sinn, a.a.O., S. 54.
14 Einige Beispiele: Gabriele D'Annunzio: *Il sogno di un mattino di primavera* (1897); Rainer Maria Rilke: *Die weiße Fürstin* (1898); Hugo von Hofmannsthal: *Die Frau im Fenster* (1898).

schichte mit allen fatalen Begleitumständen vor dem Hintergrund der italienischen Befreiung. Die dem Charme des österreichischen Offiziers Franz Mahler (Farley Granger) erlegene und in einer unglücklichen Ehe frustrierte Gräfin Serpieri (Alida Valli) veruntreut, ein Opfer ihrer sexuellen Hörigkeit, die ihr anvertrauten Gelder der Rebellen und wird so verantwortlich für deren Niederlage. Während die Musik Verdis von der Aufbruchsstimmung des *Risorgimento* zeugte, untermalen elegische Passagen aus Bruckners 7. Symphonie die unglückliche Beziehung der Gräfin mit Mahler. Wenn die Gräfin am Ende des Films mit ihrem schleppenden Kleid durch eine hässliche Realität mit glimmenden Lagerfeuern und herumlungernden, betrunkenen Soldaten geistert, reproduziert der Film eine Standardmotiv des ästhetizistischen Szenarios, das sich in Oscar Wildes *Dorian Gray* so gut wie in Hugo von Hofmannsthals *Märchen der 672. Nacht* findet: den Gegensatz von einsamer Schönheit und hässlicher Banalität. Dem Pathos dieser Bildformel ist Visconti noch in seinem letzten Film, GRUPPO DI FAMIGLIA IN UN INTERNO (I 1974), treu geblieben, in dem der namenlose Professor (Burt Lancaster), eine gealterte Version des Kaufmannssohns aus Hofmannsthals epochaler Ästhetizismusparabel, in einer im Geschmack des 19. Jahrhunderts prachtvoll eingerichteten Wohnung mit ledergebundenen Büchern und üppig mit Bildern dekorierten Wänden sein Leben der Schönheit geweiht hat und dabei taub geworden ist gegen die elementaren Ansprüche des Lebens. Im vaterlosen, gestrauchelten Konrad (Helmut Berger) begegnet ihm der Sohn, mit dessen Adoption er sich selbst retten könnte, aber in der Stunde der größten Not versagt der dem Leben unweigerlich entfremdete Ästhet.

Die erst von der Zensur und dann nochmals vom Verleih beschnittene Version von SENSO hat sich vor allem auf die melodramatische Liebesgeschichte konzentriert und die politischen Implikationen des Films eher in den Hintergrund gedrängt, die darauf abzielen, Parallelen im Verhalten der Oberklasse gegenüber den Widerständlern des *Risorgimento* und den Partisanen der *Resistenza* herauszuarbeiten.[15] Deutlicher wird Viscontis Kritik an der Selbstsüchtigkeit und Indifferenz der besseren Kreise in IL GATTOPARDO (I 1963) nach Tomasi di Lampedusas gleichnamigem Roman. Auch hier verhandelt Visconti Probleme der zeitgenössischen Politik vor dem historischen Hintergrund der italienischen Einigung. Mit der venezianischen Gräfin Livia teilt auch Fabrizio Fürst von Salina (Burt Lancaster) im Sizilien des 19. Jahrhunderts das Schicksal, der aussterbenden Welt der Aristokratie anzugehören, in der sich seit Jahrhunderten alles

---

15 Für diese Interpretation spricht immerhin, dass der Film ursprünglich den Titel »Custozza« hätte tragen sollen, also den Namen jener für die Italiener verhängnisvollen Schlacht, die u.a. wegen der von Livia veruntreuten Gelder verloren wurde. Vgl. Wolfram Schütte: Kommentierte Filmographie, in: Luchino Visconti. Reihe Film 4, München 1975, S. 55-140, hier S. 74.

nach dem gleichen Zeremoniell abspielt, auch die Verlagerung von Familie und Hausstand in die Sommerfrische, wo die bäuerliche Bevölkerung und der Pfarrer Spalier stehen und mit den Ankommenden die heilige Messe feiern – ein stoisch befolgtes Ritual, so überlebt wie die Aristokraten dieses Films. Der von rechts nach links – also gegen die Sehrichtung – das Chorgestühl abtastende Kameraschwenk lässt die Gesichter der noch vom Reisestaub bedeckten Familie Salina wie die lebender Toten erscheinen.[16]
Nicht einmal die Landung Garibaldis auf Sizilien oder das Auffinden der Leiche eines Freischärlers im Orangengarten des Fürsten können die Ruhe der morgendlichen Andacht stören oder den Fürsten von Salina von seinem sonntäglichen Besuch bei einer palermitanischen Hure abhalten. Der politisch weitblickende Fürst sieht im Interesse der Beibehaltung des Status quo ante auch die Notwendigkeit von Veränderungen ein: »Die Dinge müssen sich ändern, damit alles bleibt, wie es ist«, heißt sein mehrfach variierter Merksatz. Deshalb unterstützt er auch seinen Neffen Tancredi (Alain Delon), der sich den Freischärlern Garibaldis anschließt. Mit dieser Figur spielt Visconti auf den Sozialtyp des Dandy an, der nach einer Beobachtung Baudelaires dann erscheint, wenn es mit der Aristokratie zu Ende geht.[17] Durch partielle Assimilierung an den effizienten Verhaltenskodex des Bürgertums bei Beibehaltung der kriegerischen Suprematie des Adels vermag der Dandy die unvermeidliche Erosion der Aristokratie vorübergehend aufzuhalten. Dieser zwischen den Klassen lavierende Tancredi ist ein geschmeidiger und betörend schöner Opportunist, der sich im Felde tapfer schlägt, Frauenherzen dutzendweise bricht und bedenkenlos die politischen Lager wechselt. Am triumphalen Kriegsheimkehrer, der sich seiner Familie mit dekorativer Augenklappe präsentiert und nach Bedarf mal dem Rollenmuster des romantischen Piraten, mal dem des Verführers oder des charmanten Salonlöwen entspricht, zeigt sich, wie durchlässig die Grenzen zwischen Pose und authentischer Selbstdarstellung geworden sind.
Auch dass Tancredi nicht, wie verabredet, die früh verblühte Concetta (Lucilla Morlacchi), die Tochter Fabrizios heiratet, sondern die schöne Angelica (Claudia Cardinale), die Tochter des gewissenlosen Bürgermeisters Don Calogero (Paolo Stoppa), der durch Grundstücksspekulationen

---

16 Eine der vielen schönen Beobachtungen in der Analyse des Films von Bernd Kiefer: Il Gattopardo (Giuseppe Tomasi di Lampedusa – Luchino Visconti). Bilder einer Epochenschwelle, in: Interpretationen. Literaturverfilmungen, hg. von Anne Bohnenkamp in Verbindung mit Tilman Lang, Stuttgart 2005, S. 239-254, hier S. 248.
17 Charles Baudelaire: Der Maler des modernen Lebens, in: ders.: Sämtliche Werke und Briefe in 8 Bänden, Bd. 5: Aufsätze zur Literatur und Kunst 1857-1860, hg. von Friedhelm Kemp und Claude Pichois in Zusammenarbeit mit Wolfgang Drost, München 1989, S. 213-258; ders.: Mein entblößtes Herz, in: ders.: Sämtliche Werke, Bd. 6: Die künstlichen Paradiese, S. 222-258.

ein Vermögen anhäufen konnte, zeigt die Bereitschaft der in Bedrängnis geratenen Aristokratie, den anbrechenden Zeiten ihren Tribut zu entrichten. »Wir waren Adler, Leoparden; an unsere Stelle treten Lämmer und Geier« – mit dieser deprimierten Diagnose entlässt Don Fabrizio einen piemontesischen Parlamentarier, der ihm den Posten eines Senators in der neuen Regierung antragen wollte. In der grandiosen Ballszene des Films, die abweichend vom Roman fast ein Viertel des Films ausmacht, spielt sich eine ans Ende gekommene Gesellschaft ein letztes Mal das choreographische Ritual einer komplexen sozialen Harmonie mit fest definierten Rollen vor, in die mit den Militärs und dem Bürgermeister Calogero längst schon die Angehörigen anderer Schichten als fermentierende Kräfte eingedrungen sind. Der Fürst Salina rückt in den Hintergrund, während Angelica als die aus dem Lager des Bürgertums in den Adel Erhobene und Tancredi als der aus der Elite der Aristokratie an das Bürgertum assimilierte Dandy zum allseits beachteten Zentrum des Balls werden.[18]

Auch hier ist eine politische Lesart des Films eher intendiert als naheliegend: Im harten Kontrast zur Welt der Bauern mit ihren unter einer gnadenlosen Sonne gekrümmten Rücken wird der fast obszöne Reichtum einer historisch überlebten Klasse gezeigt. Auch wenn sie untergeht, ändert sich nichts: die Lage der Unterdrückten bleibt sich gleich, am Ende werden die letzten Getreuen Garibaldis füsiliert, die Don Calogeros übernehmen die Macht. Anderseits zeigt die enorme Opulenz des Films und die charismatische Interpretation der Rolle des alternden Fürsten durch Burt Lancaster, dass die ästhetischen Sympathien des Films seinem politischen Urteil keineswegs entsprechen müssen. Mit den herablassenden Aristokraten seiner Filme teilt Visconti den Abscheu gegenüber einem moralisch so skrupellosen wie kulturell bedeutungslosen Bürgertum – der Widerwillen gegen dessen Banausie motiviert den politischen Zorn des Regisseurs womöglich stärker als die Empörung über das *depleurable* Schicksal sizilianischer Landarbeiter.

Unübersehbar ist der aristokratische Index der antibourgeoisen Kritik Viscontis an seinem vorletzten Film, der einer Ikone der ästhetizistischen Kultur ein Denkmal setzt, dem Bayernkönig Ludwig II. (LUDWIG, I 1972). Ihm, dem »verhöhnten Dulderkönig«, hatte schon das Oberhaupt der deutschen Dekadenzdichtung, Stefan George, seinen Zyklus über den römischen Sonnenkaiser *Algabal* von 1899 gewidmet.[19] Georges Überzeugung, im tragischen Leben dieses Königs, in seiner bizarren Persönlich-

---

18 Zur prekären Situation des Dandy zwischen den Klassen vgl. Hans Richard Brittnacher: Erschöpfung und Gewalt. Opferphantasien in der Literatur des Fin de siècle, Köln, Weimar 2001, insbes. S. 297-318.

19 Stefan George: Algabal, in: ders.: Sämtliche Werke in 18 Bänden, Bd. 2: Hymnen. Pilgerfahrten, Stuttgart 1987, S. 44.

keit und in seinem Hang zur Extravaganz den idealen Stoff für eine Legende des Dekadenzzeitalters gefunden zu haben, teilten die tonangebenden Autoren der Zeit, Robert de Montesquiou, Paul Verlaine, Jean Lorrain, Maurice Barrès und Sar Péladan. Vor allem Catulle Mendès hat mit seinem Schlüsselroman *Le roi vierge* (1881) zur Entwicklung der Märtyrerlegende um den König beigetragen, in dem er einen nur dürftig anonymisierten deutschen König, den an Frauen peinlich desinteressierten Friedrich aus dem Geschlecht der Mittelsbacher (sic), in eine mit dem Inventar des Groschenromans angereicherte Handlung verwickelt. Am Ende des abenteuerlichen Geschehens entmannt sich »le roi vierge«, der jungfräulich gebliebene König, zündet sein Schloss an und lässt sich bei einem Passionsspiel in Oberammergau ans Kreuz schlagen.[20]

Viscontis Film zeigt, weniger kolportagehaft, aber in der Sache nicht anders, dass ein anachronistischer Monarch mit invertierten erotischen Neigungen und exquisiten ästhetischen Ansprüchen unter den Bedingungen der industriellen Massengesellschaft nur als Märtyrer enden kann. Ludwig II. war der wohl populärste Monarch der *décadents*, weil er es ein letztes Mal unternommen hatte, der Schönheit von Amts wegen ihre verlorene Lebensmacht zurückzuerstatten. Nachdem die Kunst in der Hand der Bürger profaniert worden war, musste ein Aristokrat, der die Kunst wieder mit dem Auftrag versah, dem Volk Wunder und Märchen zu liefern,[21] wie der agonale Triumph eines untergehenden Zeitalters wirken. Visconti inszeniert aber nicht nur den insgeheim bewunderten maßlosen Schönheitstraum eines Ästheten, er sucht auch dessen Lebensunfähigkeit am erschütternden physischen und psychischen Verfall des Amtsinhabers zu veranschaulichen. Keinen Zweifel lässt er an der grotesken politischen Unbelehrbarkeit des Königs, der glaubt, sich über die Realität des Kriegselends, das den eigenen Bruder psychisch traumatisiert hat, kurzerhand hinwegsetzen zu können: »Sagt unseren Generälen, mir ist nichts von einem Krieg bekannt.« Vom Krieg, in dem sein Reich mit einer anderen Macht liegt, distanziert sich der Regent, weil er sein Schönheitsinteresse unziemlich belästigt. Den unbedingten Willen seines Helden zur Schönheit konterkariert der Film durch zunehmend düstere Farben. Dass Schönheit unfruchtbar sei, ein seit Mallarmés »Hérodiade« zum Gemein-

---

20 Zwar heißt der König Friedrich und nicht Ludwig und regiert in Thüringen, nicht in Bayern, aber in vielen Details des Romans, etwa in der ruinösen Sinekure, die der König seinem Haus- und Hofkomponisten Richard Wagner, der hier Hans Hammer heißt, bewilligt hat, in den pathologischen Zügen des Herrschers und in seinen bizarren landschaftsästhetischen Interessen wird deutlich, auf wen der Roman gemünzt war. Zumindest die Behörden hatten keinen Zweifel: Die deutsche Übersetzung des Romans war im Bereich des Königreiches Bayern verboten. Vgl. Erwin Koppen: Dekadenter Wagnerismus. Studien zur europäischen Literatur des Fin de siècle, Berlin 1973, S. 302.
21 Vgl. Philippe Jullian: Mythen und Phantasmen in der Kunst des Fin de siècle, Berlin 1971, S. 191.

platz der Dekadenzästhetik beförderter Topos, findet in Viscontis LUDWIG seine Entsprechung im Bild des Schnees, der auf die Ausreitenden niederfällt, der die Erde bedeckt, das Leben verlangsamt, den Lärm verschluckt, über allem liegt und zuletzt alles tötet.
Mit Helmut Berger hatte Visconti einen Schauspieler gefunden, der sowohl den exaltierten Ästhetizismus des Vorbilds wie auch dessen gesundheitliche Fragilität überzeugend verkörperte. Der physische Zerfall Ludwigs, aber auch der psychische seines jüngeren Bruders (John Moulder-Brown), verweist auf die durch Inzest verursachte biologische Degeneration europäischer Dynastien, ein unverzichtbares Merkmal auch nichtaristokratischer, dem Untergang geweihter Familien – man denke etwa an die Figur des Hanno in Thomas Manns *Die Buddenbrooks*. Dass Leiden jedoch auch auszeichnet, Schönheit und höhere Bedeutung verleiht, wird als dekadentes Kerntheorem immer neu variiert.[22] So stilisiert sich auch Viscontis Ludwig zu keinem geringeren als dem leidenden Christus, während der eingeschlafene Schauspieler Kainz (Folker Bohnet), ein Favorit des Königs, von diesem bis zur Erschöpfung zur Rezitation stimmungskompatibler dramatischer Literatur missbraucht, die Figur des schlummernden Petrus zu geben hat, der den Hilferuf seines Herrn in der Stunde der Not verschläft. In einer anderen, wohl der bizarresten Szene des Films, wandelt Ludwig wie der gute Hirte zwischen seinen knabenhaften, halbnackten, wie reife Früchte in Bäumen hängenden und somnambul musizierenden Dienern umher. Zur Selbstapotheose dieses Regenten gehört es schließlich auch, dass er mit seinem Ende unweigerlich auch das der ganzen Welt gekommen glaubt: »Nun regnet es wieder. Es hört nicht mehr auf. Niemals!«
Die Rolle der Elisabeth von Österreich, in die der Monarch unglücklich verliebt ist, hat Visconti einer Schauspielerin anvertraut, die in der kollektiven ästhetischen Wahrnehmung mit eben dieser Rolle seit den Filmen Franz Marischkas von 1955 bis 1957[23] identisch war. Bekanntlich hat Romy Schneider ihr Leben lang damit gekämpft, sich vom Sissi-Image zu lösen. Nirgends ist ihr dies überzeugender gelungen als in der Übernahme der gleichen Rolle im Film eines anderen Regisseurs. Vergleicht man Viscontis Epilog zu LUDWIG mit Marischkas Filmtrilogie, werden mit dem unterschiedlichen Blick auf die Geschichte und ihre Aktualität auch die unterschiedlichen ästhetischen Konturen von Requiem und Operette sichtbar und zugleich damit auch die Differenz von Pomp und Kitsch deutlich: Die Ausstattungsorgien in LUDWIG sind exklusiv auf den Zweck bezogen, einen in den Wahn entgrenzten Traum prachtvoller Größe zu inszenieren, vor dem die banale Wirklichkeit sich blamieren muss, wäh-

---

22 Vgl. Susan Sontag: Krankheit als Metapher, Frankfurt a. M. 1981.
23 SISSI (A 1955, Ernst Marischka); SISSI – DIE JUNGE KAISERIN (A 1956, Ernst Marischka); SISSI – SCHICKSALSJAHRE EINER KAISERIN (A 1957, Ernst Marischka).

rend die Schmonzetten Marischkas die im Traum noch präsente Utopie an den Kitsch verraten. Dass in Viscontis nostalgischer Perspektive ein Aristokrat zum Märtyrer der Kunst wird, während Richard Wagner (Trevor Howard), trotz der wunderbaren Musik, die er komponiert, als schäbiger und berechnender Opportunist erscheint, weist auch diesen Film Viscontis als resigniertes Epitaph auf eine Kultur aus, die unwiederbringlich verloren ist. Ein Plädoyer für eine andere Welt formulieren Viscontis Filme nicht mehr, nur ein Plädoyer für die Unersetzlichkeit der Kunst. Freilich aktivieren sie ein Kunstideal, das schon um 1900 in den letzten Zügen lag, verhelfen ihm aber im Kontrast zur dokumentarischen Transparenz des Neorealismo wieder zu eindringlicher Geltung. Gerade die hier preisgegebenen Bereiche der Schönheit und des Traums erweisen sich, je mehr sich die ursprüngliche politische Klarheit der Jahre der Befreiung verdunkelt, als unverzichtbares utopisches Reservoir.

III. Das ästhetische Kapital des Traums: Die Filme Fellinis
Das ästhetische Surplus, das den Filmen eines radikalen Neorealismo so offensichtlich fehlt, kann freilich auch anders eingeworben werden als durch die Übernahme des dekadenten Bilder- und Figureninventars, zumal Viscontis Versuch, sich mit der extremen Überdehnung dieses Bildvorrats von seiner Leidenschaft zugleich auch zu distanzieren, nicht immer überzeugen kann. Kein Film ist in seinem illusionslosen Bewusstsein von Spätzeit und Sinnleere so nahe an der Selbstauskunft des dekadenten Roms oder des europäischen Ästhetizismus wie Federico Fellinis LA DOLCE VITA (I 1960): Die gelangweilten Bürger des kaiserlichen Roms oder die ›Spätgeborenen‹ des *Fin de siècle* haben in den Angehörigen der mondänen *upper class*, die sich im Rom der sechziger Jahre buchstäblich zu Tode langweilen, ihre modernen Brüder und Schwestern gefunden. Fellinis ursprünglicher Arbeitstitel hob die geschichtspessimistische Anlage seines Films deutlich hervor: »Babylon, im Jahre 2000 nach Christi Geburt«. Unter dem endgültigen Titel LA DOLCE VITA ist aus dem Lamento über den allgemeinen Sittenverfall eine desillusionierte Darstellung der *jeunesse dorée* der eigenen Zeit geworden. Die Erinnerung an Faschismus und *Resistenza* ist als moralische Orientierung verloren, in der Abfolge von Rausch und Ernüchterung zeigt der Hedonismus seinen fahlen Janusschädel. Dekadenz lautet nicht nur die Diagnose, die Fellinis Film der eigenen Zeit stellt, sie ist auch präsent in einem ästhetischen Verfahren, das der Haltlosigkeit des Lebens nicht anders mehr entsprechen kann als durch eine ästhetische Entgrenzung, die eine kontinuierliche filmische Narration preisgibt. Schon Hofmannsthal hatte als charakteristische Tendenz des Ästhetizismus seiner Zeit die Auflösung von Handlung in eine Kette von Zuständen beobachtet: Die so gewonnene erhöhte Reflexivität lähmt zuverlässig jede Aktion, was weitere Reflexionen provoziert, die

ihrerseits weitere Handlungen paralysieren. Auch LA DOLCE VITA erzählt keine Geschichte mehr, sondern führt nur eine Folge von beliebig gereihten Ereignissen vor, die den Helden des Films, der immer weniger weiß, woran er sich zu halten hat, konsequent an den Rand des Abgrunds treiben. Pier Paolo Pasolini fühlte sich von der episodischen Erzählweise des Films an die großen europäischen Dekadenzdichtungen erinnert, Alberto Moravia verglich LA DOLCE VITA mit dem *Bolero* Maurice Ravels, in dem das gleiche Motiv immerzu neu intoniert wird und dabei eine fast trancehafte Wirkung erzielt.[24]

Den Protagonisten des Neorealismo hatte gerade ihre Armut exemplarischen Charakter und eine besondere Würde zugleich verliehen – den Vertretern der römischen *happy few*, nicht minder exemplarisch, ist mit dem ökonomischen Überfluss jede moralische Integrität abhanden gekommen. Sie imponieren nicht einmal mehr als amoralische *décadents*, die sich herrisch über die Konventionen ihrer Zeit hinwegsetzen, sondern erscheinen nur noch als gequälte Seelen, die sich mit Surrogaten betäuben und mit Drogen und Orgien einer leer gewordenen Welt letzte Sinnreserven abzupressen suchen. Umschwärmt werden sie von noch armseligeren, parasitären Existenzen wie dem Skandalreporter Marcello (Marcello Mastroianni) und seinem Fotograf, dem später schimpfwörtlich gewordenen Paparazzo (Walter Santesso). Diese Welt kennt keine Veränderungen, nur Erschöpfung – und den gelegentlich, aber vergeblich aufflackernden Wunsch nach Reinheit, etwa in der Erscheinung der engelsgleichen Paola. Charakteristisch für die pervertierten Wertmaßstäbe einer dekadenten Gesellschaftsordnung ist die gelassene Rhetorik, mit der Maddalena (Anouk Aimée) dem Journalisten Marcello das jeweilige soziale Prestige der Teilnehmer ihrer Party nicht nur an deren Vermögen, sondern auch an der Anzahl ihrer gescheiterten Selbstmordversuche erläutert.

Die unverkennbar manieristische und groteske Bildsprache des Regisseurs, die im Terminus ›fellinesk‹ schließlich sogar lexikalische Anerkennung finden sollte, scheint den immer wieder gegen Fellini erhobenen Vorwurf einer dekadenten Auflösung der realistischen Narration zu bestätigen.[25] Das augenscheinliche Faible des Regisseurs für die Bilderwelt des Traums, der Trotz, mit dem Fellinis Filme die kindliche Perspektive auf eine grotesk verzerrte Welt beibehalten, und schließlich die Begeisterung für alles Künstliche als Intensivierungsfaktor des Emotionalen scheinen die von der Dekadenz vor dem Hintergrund der Krisenerfahrung der Jahrhundertwende ausgegebenen Anweisungen direkt auf die ästhetisch erschöpfte Situation Nachkriegsitaliens zu übertragen. Nichts tat dem trostlosen Leben einer Normalität, die endlich wieder Fuß gefasst hatte, dringender Not als die Besinnung auf den Traum. Da die Wirklichkeit in

---

24 Vgl. Michael Töteberg: Fellini, Reinbek b. Hamburg 1989, S. 67f.
25 Vgl. dazu Tullio Kezich: Federico Fellini. Eine Biographie, Zürich 1989, S. 313.

der Doktrin des Neorealismo exklusiv zuständig war für das Abbild des Leidens, konnte Trost allein das Künstliche bieten. Keiner hat dem Traum in seinen Filmen zu so wuchtiger Anschaulichkeit, geradezu überwirklichen Realität verholfen wie Fellini. Die künstliche Welt des Studios wird zum Fundus der Utopie, zu einer Traumlandschaft, in der jene seelische Energie noch sichtbar ist, die sich an der Wirklichkeit wundreibt: etwa in IL CASANOVA DI FEDERICO FELLINI (I 1976), wo eine gespenstisch flatternde Plane die bewegte Oberfläche der Lagune ersetzt, in E LA NAVE VA (F / I 1983), wo das liebeskranke Nashorn im Ruderboot der Katastrophe entkommt, oder in AMARCORD (I 1973), wo sich ein magisch illuminierter Ozeandampfer durch die Kulissen schiebt, während die elegischschräge Musik Nino Rotas, bis zu seinem Tod 1979 Fellinis bevorzugter Komponist, den Traumkunstbildern des Regisseurs ihren besonderen, nach Folklore, Walzer und Cabaret klingenden Sound verleiht. In SATYRICON (I 1969), der ›fellinesken‹ Verfilmung des seinerseits schon dekadenten Romans *Das Gastmahl des Trimalchio* von Petronius Arbiter, ist dem Regisseur gewissermaßen die Quadratur des Kreises gelungen: ein von exotischen Gestalten und bizarren Figuren bevölkerter Kosmos aus Lust und Verkommenheit mit Friedhofs-, Katakomben- und Bordellszenen, der dem vergnügungssüchtigen Rom aus LA DOLCE VITA das antike Rom als Nekropole perverser Phantasien an die Seite stellt.

Fellini führte ein Leben lang ein akribisches Traumtagebuch, das eine Vorliebe für Metaphern des Vergeblichen erkennen lässt. Die Farbe Weiß, die sich dank ihrer metaphorischen Doppelcodierung als Inbegriff des Todes und des Nichts, aber auch der Reinheit und Unschuld schon in der Ästhetik der Dekadenz besonderer Popularität erfreute, gewinnt auch in der Filmästhetik Fellinis eine besondere Bedeutung: etwa in der Thermalbad-Szene von OTTO E MEZZO (I 1963), wo die in weiße Laken gehüllten Gestalten wie Zwitter aus Leichen und Models die Stufen herunterschreiten; in einer alternativen Schlussszene von OTTO E MEZZO[26] sitzt das Ehepaar Anselmi im Speiserestaurant eines Zuges, der auf beiden Seiten verspiegelt ist, so dass die zahllosen, durchweg in Weiß gekleideten Gestalten – Sandra Milo mit einem weißen Pelzhut, Anouk Aimée in einer weißen Satinbluse – sich unendlich zu reproduzieren scheinen: ein im verspiegelten Weiß in alle Ewigkeit poetisiertes Bild von Leere und Tod. Auch Visconti hat sich in GRUPPO DI FAMIGLIA IN UN INTERNO die *morbidezza* der Farbe Weiß nicht entgehen lassen: Im Gegensatz zum museal überladenen Interieur der Wohnung des Professors erscheint die Wohnung Konrads wie ein makelloses, lackiert wirkendes Environment, dessen blendend weiße Kulisse den eiskalten Hintergrund für die seelischen Hysterien seines Protagonisten abgibt.

26 Von dieser Szene, die gedreht wurde aber keine Verwendung fand, unterrichtet die Dokumentation »Die letzte Sequenz« auf dem Bonusmaterial der bei Arthaus erschienenen DVD.

Ausdrücklich verlangte Fellini seinen Schauspielern sogar ab, »schlecht« zu spielen, um so den Eindruck einer besonderen Entrücktheit zu erreichen und den Leinwandbildern eine von der Realität klar unterscheidbare Traumwirklichkeit zu verleihen: »Starre oder im Fieber umherschweifende Blicke, anhaltendes Schweigen, etwas Brüchiges, Zögerndes, Stockendes beim Sprechen [...]«[27] geben den Figuren seiner Filme etwas von den ratlos umherirrenden, sinnlos vor sich hinmurmelnden Protagonisten im symbolistischen Stimmungstheater Maurice Maeterlincks. Angewidert von der Wirklichkeitsnähe des Naturalismus hatte die Ästhetik des Fin de siècle sich berechtigt gesehen, dem Wirklichen einen nur noch diffusen Status zu verleihen und die Präzision der Beschreibung allein noch der Bilderwelt des Traums zugute kommen zu lassen – eben dieses Nebeneinander von abnehmender Prägnanz des Wirklichen und zunehmender Deutlichkeit des Traums prägt auch Fellinis Widerstand gegen den Neorealismo und setzt seine Filme ab von dessen auf die Repräsentation von Tatsachen und wirklichen Menschen verpflichteten Ästhetik.[28] »Meine Menschen«, so Fellini in expliziter Abgrenzung vom anthropomorphen Kino Viscontis und anderer, »[...] sollen nur Symbole sein. Sie sollen ausgegrabenen Tieren gleichen, deren Gesichter linear und brutal auf das Wesentliche stilisiert sind.«[29]

So gesehen zeigen sich Neorealismo und Dekadenz von Herzen verfeindet und doch innig verschwistert. Sie teilen miteinander das Trauma der Vergangenheit; aber während der pessimistische Gegenwartsbezug des Neorealismo von einer zuletzt doch positiven, dem politischen Lagerdenken überlegenen Anthropologie grundiert wird, belastet den dekadenten Blick auf die Gegenwart das Wissen um die unauslöschliche Schuld der Vergangenheit. Dem Neorealismo ist die Zukunft Verpflichtung, eine ihm von leidvoller Vergangenheit anvertraute Aufgabe. Der Wahrnehmung einer dekadenten Ästhetik wandelt sie sich hingegen zum Ort der Apokalypse, wo die Desaster der Vergangenheit in einer letzten Katastrophe verglühen.

Auch die Helden des Neorealismo und der Dekadenz unterscheiden sich, vor allem im soziologischen Profil: Den Habenichtsen und Verlierern steht der Aristokrat gegenüber, der über unermessliche Vermögen verfügt – oder so handelt, als ob er es vermöchte. Wie über seinen Reichtum glaubt er auch über das Schicksal zu gebieten. Während die Armut auch die Handlungen des neorealistischen Akteurs beschränkt, steht dem dekadenten Held das gesamte Repertoire der Verstellung zu Gebote. Der Neorealismo vertraut der Evidenz des Wirklichen und seinen authentischen

---

27 Liliana Betti: Fellini. Ein Porträt, Zürich 1976, S. 117.
28 Vgl. Tullio Kezich: Fellini, a.a.O., S. 342.
29 Zit. nach Töteberg: Fellini, a.a.O., S. 196.

Protagonisten, während die Dekadenz gerade der Wirklichkeit misstraut und als Kulisse künstlerische Dekors arrangiert, in denen sich Mimen bewegen, die sich in Jahrzehnten theatralischer Praxis jene histrionische Penetranz erworben haben, die dem Ästhetizisten für das Ausstellen großer Gefühle unverzichtbar zu sein scheint.
Der puristischen, asketischen Grammatik des Neorealismo und seinem »rohen Wochenschaustil«[30] steht die schwelgerische, opulente Bilderflut der Dekadenzästhetik gegenüber. Der Neorealismo schmiegt sich den Dingen an, er lauscht auf ihre Geschichten, zur Ästhetik der Dekadenz hingegen gehört die Geste des *desinvoltura*, die hochmütige Bemächtigung der Dinge und Emotionen. Während der Neorealismo sich ganz der Kraft der Unmittelbarkeit, der Evidenz der Vorfälle überlässt, traut der dekadente Ästhet den Dingen nicht über den Weg, er bezweifelt ihre Bedeutsamkeit und versucht ihnen durch eine neue Konstellation und durch Anreicherung mit Pathos Sinn zu verleihen.
Aber bei allen Differenzen finden Neorealisten und *décadents* doch im Glauben an die Unbedingtheit des Ästhetischen zusammen. Extremisten sind beide: In seinem ersten Farbfilm, GIULIETTA DEGLI SPIRITI (I 1965), ließ Fellini sich zu einem typischen Akt von ästhetizistischem Cäsarismus hinreißen, indem er seine Villa aus Fregene im Studio en miniature nachbauen und wie auf der Theaterbühne von einem schwarzen Rundhorizont umgreifen ließ. Der Rasen des Studiogartens musste täglich gewässert werden, damit er jenes Grün aufwies, auf das Fellini keinesfalls verzichten wollte.[31]
Dass Luchino Visconti bei den Dreharbeiten zu LA CADUTA DEGLI DEI (I 1969) vor Wut schäumte, als die Requisiteure seinen Schauspielern, die möglichst authentisch Rituale und Tischmanieren der unermesslich reichen deutschen Schwerindustrie zu interpretieren hatten, bei einer Tafelszene billigen Frascati statt echten Moselwein vorsetzten, wird in nahezu jeder Dokumentation über den Regisseur augenzwinkernd als Beispiel für den pedantischen und tyrannischen Charakter des Regisseurs mitgeteilt. Dass Visconti auch anordnete, die Schränke, die während des ganzen Film geschlossen blieben, mit edler Tischwäsche aus Damast und Satin zu füllen, ist weniger bekannt, aber nicht minder aufschlussreich: Dekadenz ist weniger eine Angelegenheit der Oberfläche als der Atmosphäre.
Wenn Antonioni in IL DESERTO ROSSO (I 1964), angeregt von Industrielandschaften bei Ravenna, ganze Felder und Straßenfluchten in einem schlammigen Schwarz einfärben ließ, durch die dann Monica Vitti in einem moosgrünen Mantel mit ihrem ockergelb gekleideten Sohn läuft, offenbar so desorientiert wie die verirrten Gestalten eines Dramas von

---

30 Bazin, zit. nach Gansera: Die Dinge haben Sinn, a.a.O., S. 51.
31 Vgl. dazu Andreas Kilb: Asa nisi masa oder Die Kunst, den Zug zu verpassen, in: FAZ v. 17.4.2007, S. 37.

Maeterlinck, steht die Farbgebung des Films erkennbar im Dienst eines sozialkritischen Realismus und erzählt überdeutlich von Industrialisierung, Entfremdung und Sprachlosigkeit des modernen Lebens. Aber dieser Realismus ist gleichzeitig ästhetizistisch korrumpiert; einerseits im Extremismus der aufgewandten ästhetischen Mittel, andererseits in der Preisgabe des grundsätzlich mimetischen Anspruchs des Realismus: Die Auflösung der Welt in Farben reproduziert in Antonionis Film ein Verfahren, wie es in der Malerei den Übergang von der gegenständlichen zur abstrakten Kunst charakterisiert.

Zuletzt ist der Unterschied zwischen einem bedingungslosen Realismus und einem bedingungslosen Ästhetizismus geringer als der zwischen beiden und der Realität.

Murmelspiel im Trümmerfeld
TOGETHER *von Lorenza Mazzetti*

Sabine Schöbel

Nachkriegszeit, Neorealismus und »Free Cinema«

»Free Cinema« war ursprünglich nur der Titel eines Experimentalfilmprogramms, das der Filmemacher Karel Reisz im Februar 1956 für das National Film Theatre in London kuratiert hatte.[1] Es bestand aus drei mit öffentlichen Fördermitteln[2] gerade fertiggestellten Filmen: MOMMA DON'T ALLOW, ein Essay über jazz- und tanzbesessene Jugendliche in den Vorstädten, den der Kurator selbst zusammen mit Tony Richardson gemacht hatte, dann die Jahrmarktstudie O DREAMLAND von Lindsay Anderson und schließlich TOGETHER[3], ein durch und durch melancholischer Film über die symbiotische Beziehung zweier taubstummer Männer. Lorenza Mazzetti hatte diesen Film in London gedreht, eine junge italienische Filmemacherin, die – wohl auch weil sie England bald wieder verlassen hatte – lange Zeit fast vollständig in Vergessenheit geraten war.[4] Das änderte sich mit dem 45. Jahrestag jenes kinogeschichtlichen Ereignisses, dem die britische ›Neue Welle‹ ihren Namen verdankt. Im Jahr

---

1 Brian McFarlane: Lindsay Anderson, in: ders.: An autobiography of British Cinema. As told by the actors and filmmakers who made it, London 1997 (Interviewsammlung), S. 8-15, hier S. 10.
2 Ohne Autor: In the Picture, in: Sight & Sound, H. 25/3 (Winter 1955/56), S. 115-118, hier S. 116.
3 TOGETHER Regie: Lorenza Mazzetti; Land/Jahr: Großbritannien 1956; Andere Titel: »The Glass Marbles« (Arbeitstitel); Material/Länge: s/w, 35 mm, 52 min.; DarstellerInnen: Michael Andrews, Eduardo Paolozzi, Valy, Denis Richardson, Cecelia May und die Bewohner des Londoner East End; Buch: Denis Horne; Kamera: Hamed Hadari und Geoffrey Simpson, Walter Lassally, John Fletcher; Schnitt: Lindsay Anderson, John Fletcher; Musik: Danièle Paris; Produktion: Harlequin Productions, British Film Institute Experimental Production Found; Uraufführung: National Film Theatre, Februar 1956; Auszeichnung: Festival de Cannes 1956, Mention au film de recherche – court métrage.
4 Die junge Regisseurin geht schon 1959 zurück nach Rom, wo sie anfangs für die öffentliche TV-Anstalt RAI arbeitete (www.bfi.org.uk/features/freecinema/biographies.html).

2001 nämlich wurde das Filmpaket in seiner ursprünglichen Form in London wiederaufgeführt. Und anlässlich einer Diskussionsrunde mit den noch lebenden Protagonisten der Bewegung, zu dem ebenfalls das BFI (British Film Institute) geladen hatte, kommt die Filmemacherin nach Jahrzehnten zum ersten Mal wieder nach London.[5] Bryony Dixon and Christophe Dupin machen in diesem Zusammenhang auch ein Interview allein mit Lorenza Mazzetti. Wie die Mitschrift der Gesprächsrunde ist es auf der Website des BFI nachzulesen.

Lorenza Mazzetti ist 1928 in Italien geboren. Anfang der fünfziger Jahre lebte sie in London, wo es ihr nach einigen Anlaufschwierigkeiten gelang, als ausländische Studierende an der *Slade School of Arts* aufgenommen zu werden. Mit einem auf der Erzählung *Die Verwandlung* von Franz Kafka basierenden Kurzfilm machte sie an ihrer Hochschule so viel Wirbel, dass sie der Direktor des BFI, Denis Forman, einlud, ein nächstes Projekt mit Mitteln des neu gegründeten *Experimental Film Fund* zu realisieren. Dieses neue Projekt trug anfangs noch den Titel »The Glass Marbles«. Es basierte auf einem zusammen mit Denis Horne verfassten Drehbuch, das dann während der Schnittarbeit mit Lindsay Anderson in weiten Teilen wieder verworfen wurde. Es war eher narrativ angelegt und hatte – wie die Autorin in der Rückschau feststellt – »zu viele Dialoge«. Auf Anraten von Lindsay Anderson wurde ein Nachdreh organisiert.[6] Und die mit dem neuen Material sodann abgeschlossene – einer eher poetischen, ›sprachlosen‹ und weniger narrativen Konzeption folgende – Schlussfassung bekam dann den Titel TOGETHER. Wie alle frühen Filme des Free Cinema ist TOGETHER mit Laienschauspielern[7] und *on location* gedreht worden, er ist aber der einzige unter ihnen, der auf 35mm-Material gedreht werden konnte. 1956 ist er auf dem Internationalen Filmfestival in Cannes gezeigt worden und erhielt dort auch einen Kurzfilmpreis.[8]

Dass die Aufführung eines Experimentalfilmprogramms in der Öffentlichkeit einer Metropole große Wellen schlägt und dass diese Aufführung den Startschuss für eine neue Epoche in der Filmgeschichte eines Landes markiert, ist aus heutiger Sicht kaum noch vorstellbar. Die Abkehr der

---

5 Informationen zur Produktionsgeschichte finden sich auf der Website des BFI sowohl in dem genannten Interview aus dem Jahr 2001 (http://www.bfi.org.uk/sightandsound/feature/93) als auch im Protokoll der großen Diskussionsrunde zum Free Cinema von 2006 (http://www.bfi.org.uk/features/interviews/freecinema.html).
6 Der Katalog des BFI nennt den Drehbuchautor Denis Horne auch als Co-Regisseur, nicht jedoch die zeitgenössische Presse. Lindsay Anderson berichtet, er selbst habe den Film zu Ende geschnitten und auch noch einen Nachdreh mit Walter Lassally organisiert. Siehe auch Brian McFarlane: Lindsay Anderson, a.a.O., S. 10. – Kameramann beim ersten Dreh war der Ägypter Hamid Hadari. Siehe Interview aus dem Jahr 2001, a.a.O.
7 Eduardo Paolozzi und Michael Andrews spielen die Hauptrollen.
8 »Mention au film de recherche – court métrage«.

jungen Londoner Filmemacher von den Inhalten und der Erzählweise des zeitgenössischen Mainstream-Kinos scheint in jenen Tagen jedoch nicht nur eine kulturpolitische Sensation gewesen zu sein, es muss darin auch so etwas wie ein ernstzunehmendes gesellschaftpolitisches Versprechen aufgeschienen sein. Auf der Website des BFI ist zu lesen, dass 400 Zuschauer bei der Premiere des Programms wegen Überfüllung nicht mehr eingelassen werden konnten, und eine Reihe historischer Fotos dort zeigt eine unübersehbare Menge sorgsam gekleideter Menschen beim Schlangestehen vor dem National Film Theatre sowie einen offenbar bis auf den letzten Platz besetzten Kinosaal, in dem die Zuschauer, die keinen Sitzplatz gefunden haben, dicht gedrängt im Gang an der Wand stehen und Richtung Leinwand blicken.

Karel Reisz hebt in der eingangs genannten Diskussionrunde hervor, die Autoren des Filmprogramms hätten mit ihren Arbeiten auf den unerträglichen Umstand reagiert, dass das zeitgenössische Kino nicht in der Lage gewesen sei, die großen gesellschaftlichen Umwälzungen darzustellen, die seit dem Kriegsende in Großbritannien stattgefunden hatten. Und Gavin Lambert, der damals in der Frühlingsnummer von Sight & Sound ausführlich über die neue Bewegung des Free Cinema schreibt, bezeichnet O DREAMLAND und TOGETHER explizit als »Protestfilme«. Er bezieht sich in seinem Text auch auf das eigens anlässlich der gemeinsamen Uraufführung der Experimentalfilme verfasste Manifest der Filmemacher.[9] Es war auf dem Programmzettel abgedruckt und sei hier vollständig zitiert:

> These films were not made together; nor with the idea of showing them together. But when they came together, we felt they had an attitude in common. Implicit in this attitude is a belief in freedom, in the importance of people and in the significance of the everyday.
> *As film-makers we believe that*
> *No film can be too personal.*
> *The image speaks. Sound amplifies and comments.*
> *Size is irrelevant. Perfection is not an aim.*
> *An attitude means a style. A Style means an attitude.*
> Lorenza Mazzetti
> Lindsay Anderson
> Karel Reisz
> Tony Richardson

TOGETHER ist ein für die fünfziger Jahre in Europa sehr ungewöhnlicher, wunderbarer 35mm-Film in Schwarz-Weiß. – Gerade mal 52 Minuten lang und im Katalog des BFI mit folgenden wenigen Worten charakteri-

---

9 Gavin Lambert: Free Cinema, in: Sight & Sound, H. 25/4 (Frühjahr 1956), S. 173-177, hier S. 174.

siert: »Experimental Film. The East End of London seen through the lives of two deaf mutes.« Den Bewohnern dieses Londoner Arbeiterviertels in den *docklands* ist er auch gewidmet, auf einem Zwischentitel gleich zu Beginn des Films steht zu lesen: »To the people of London's East End amongst whom it was made this tale is dedicated.«
Mit der Entscheidung, ihren Film im Arbeitermilieu anzusiedeln und die Rollen weitgehend mit Laienschauspielern zu besetzen, folgt Lorenza Mazzetti ästhetischen Grundsätzen des italienischen Neorealismus. Auch der Drehort selbst, das East End, erinnert an das italienische Kino der Nachkriegsjahre. Die Aufnahmen der Straßen und Plätze des Viertels dokumentieren zum Teil noch die Zerstörungen durch die deutsche Luftwaffe im Zweiten Weltkrieg. Der stille Schrecken, mit dem ich GERMANIA ANNO ZERO (I 1948, Roberto Rossellini), die Gänge jenes Jungen durch die wüstenhaften Ruinen Berlins, assoziiere, findet hier – zehn Jahre später und in einer Großstadt, die von den Deutschen bombardiert wurde – seinen Widerhall. Wie ein Leitmotiv zeigt TOGETHER mehrmals die Totale eines riesigen, eingeebneten Trümmerfeldes mitten im Quartier. An diesem Ort scheinen die Kinder des Viertels täglich zusammenzukommen, um zu spielen. Mindestens zwei Mal durchschreiten die beiden Hauptfiguren nebeneinander die Gesamtansicht der Brache.
Diese wird von Anfang an als ein Sinnbild für den Film selbst und den historischen Kontext seiner Entstehung gelesen. Dem genannten Artikel von Gavin Lambert in *Sight & Sound* ist – pars pro toto – ein Standbild mit diesem Schuttfeld vorangestellt. Die beiden mit Anzug und Hut bekleideten Helden überqueren es Seite an Seite. »Auf diesen Trümmern entsteht das Neue!« – das scheint die Zeitschrift ihren Lesern verkünden zu wollen. Viel früher als die anderen europäischen ›Wellen‹ konstituiert sich das britische Aufbruchskino schon Mitte der fünfziger Jahre, dieses Bildmotiv macht es dem Nachkriegskino zugehörig.
Während der vom BFI 2006 veranstalteten Diskussionsrunde stellt der Moderator, der Filmemacher Kevin MacDonald, anerkennend fest, dass vor Lorenza Mazzetti kein britischer Regisseur jemals diese Plätze im Londoner East End gefilmt hat. Der Autorin selbst präsentierten sie sich – eigenen Angaben zufolge – wie ein »fertiggestelltes Filmset«, zugleich »schön« und »ein Sinnbild für die Hölle« (»the representation of hell«).[10]
Ihre italienische Herkunft, die persönliche Bekanntschaft mit dem Drehbuchautor und Theoretiker des Neorealismus Cesare Zavattini sowie die Kenntnis des zeitgenössischen neorealistischen Films scheinen mir für diesen im britschen Kontext so ungewöhnlichen Blick auf die Welt verantwortlich zu sein.[11] Wie in der sogenannten »Kriegstrilogie« von Rober-

---

10 Siehe Interview im Extramaterial der DVD: Free Cinema, hg. v. British Film Institute.
11 Nach ihren Vorbildern in den fünfziger Jahren befragt, antwortet die Regisseurin: »You know I knew Zavattini, in Italy and De Sica I saw, so I had this idea that the film could be

to Rossellini,[12] in GERMANIA ANNO ZERO, PAISÀ (I 1946) und ROMA CITTÀ APERTA (I 1945), spielt auch in TOGETHER die Stadt selbst eine maßgebliche, wenn nicht die zentrale Rolle. Es wird erwartet, dass allein in der Anschauung der ungeschminkten Realität Geschichte in ihrer ganzen Komplexität offenbar würde, mehr als in jeder analytischen Herangehensweise: »In der Nachkriegszeit gab es ein großes Bedürfnis nach Wahrheit, und es erschien möglich, sie von jeder Straßenecke aus zu fotografieren.« Dieser Satz wird Michelangelo Antonioni zugeschrieben, Carmine Chiellino kommentiert ihn in seinem Aufsatz zum neorealistischen Film folgendermaßen:

> Es handelte sich dabei um eine Wahrheit, die vor allem die »öffentlichen Angelegenheiten« erforschte, von denen das Individuum nicht mehr der Mittelpunkt, sondern nur noch Bezugspunkt war und in Relation gesetzt bzw. integriert wurde in zwei konzentrische Sozialbezüge: die Umwelt und die Gesellschaft. Ein Ort wie die Straße, an dem sich das öffentliche Sozialleben abspielte, war dafür die natürlichste Ausdrucksform in einem halbzerstört aus dem Krieg hervorgegangenen Italien.[13]

In diesem Sinn präsentiert TOGETHER nicht nur die Geschichte zweier anonymer Figuren, die nicht sprechen können und die deswegen am Rande der Gesellschaft stehen, der Film wählt darüber hinaus als Schauplatz einen Ort, der die Verluste des Kriegs als eine Leerstelle, eine Wunde in der Stadtlandschaft zur Schau trägt. Die symbolischen Implikationen seiner Erzählung sind – wie wir sehen werden – von dieser historischen Kulisse nicht zu lösen.[14]

Glück und Unglück, Geschichte von Trennung und Tod
Die beiden stummen und gehörlosen Helden von TOGETHER arbeiten im Hafen, sie sind etwa 25 Jahre alt und wohnen zur Untermiete im Haus einer Familie. Sie teilen sich dort ein Zimmer. Ihre Betten stehen in diesem engen und niedrigen Raum nur durch einen schmalen Gang voneinander getrennt. Das Verhältnis der beiden zueinander ist liebevoll, mit der

---

made on the street with little money, and also improvisation.« BFI, Diskussionsrunde 2006, a.a.O.
12 Carmine Chiellino: Der neorealistische Film, in: Italienischer Neorealismus. Text+Kritik, H. 63 (Juli 1963), S. 25-28.
13 Ebd., S. 25.
14 Vor dem Hintergrund der Tatsache, dass das Londoner East End in den achtziger Jahren der Bauspekulation zum Opfer gefallen ist und im Zuge der Modernisierung der *docklands* fast vollständig abgerissen wurde, erscheint die damals schon bedeutsame Wahl des Schauplatzes und die damit verbundene Referenz der Filmemacherin an seine Bewohner endgültig als eine Aktion der Rettung von Bildern einer unwiederbringlich verlorenen Welt.

größten Selbstverständlichkeit machen sie fast alles zusammen. Auf den ersten Blick wirken sie unzertrennlich, denn der Film feiert geradezu ihre gemeinsamen Wege durch die gepflasterten Straßen des East End. Offenbar täglich gehen sie zusammen zur Arbeit. Dort in der Butler's Wharf stapeln sie Kisten aufeinander, rollen Fässer durch das Gelände oder beladen in schwindelnder Höhe einen Kran. Am Abend gehen sie zusammen wieder nach Hause, um mit ihren Vermietern zu essen.

Bei diesen Mahlzeiten erweist sich der Hausherr als ein respektvoller und geduldiger Mitbewohner. Immer begibt er sich zuerst in das Sichtfeld seines gehörlosen Gegenübers, bevor er ihm dann mit einem Handzeichen oder seinem Gesichtsausdruck sein Anliegen zu verstehen gibt. Ganz anders seine Frau: die verdreht schon mal genervt die Augen, weil sich die Kommunikation als schwierig erweist, oder drückt lieblos und ohne jede Geduld die Kante eines vollen Tellers gegen die Brust ihres verträumten Kostgängers, nur um ihn möglichst ohne Verzögerung weitergeben zu können. Ihr ist es auch egal, wenn die tauben Mieter an ihrer Mimik unmissverständlich erkennen können, dass sie gerade abfällig über sie spricht. Offensichtlich genügt es ihr zu wissen, dass sie nicht hören können, was sie von sich gibt.

An freien Tagen verlassen die beiden ihr beengtes Zuhause, um über einen belebten Jahrmarkt zu schlendern oder in eine laute, überfüllte Kneipe zu gehen. Wie auf dem Weg zur Arbeit ist das stumme Paar auch jetzt gemeinsam unterwegs. Zu zweit scheinen sie gewappnet zu sein gegen die mit ihrem Handicap verbundene Isolation und Schutzlosigkeit. Äußerlich sind sie allerdings grundverschiedene Menschen. Der eine ist dünn und lang, der andere eher gedrungen und kleiner. Als ein ungleiches, aber unzertrennliches Paar werden sie auch von den Kindern des Viertels wahrgenommen: Auf dem Asphalt hinterlassen diese eine Zeichnung, eine Art Karikatur, auf der ein langes dünnes Strichmännchen neben einer dicken Kugel ohne Arme und Beine zu sehen ist. Wenn die beiden in ihren dunklen Anzügen und Hüten so nebeneinander herlaufen, erinnern sie auch an das amerikanische Stummfilmgespann von Stan Laurel und Oliver Hardy. Aber anders als bei dem unvergleichlich renommierteren ungleichen Männerpaar, das so oft wieder zusammenkommt, wie es sich in die Haare kriegt, durchlaufen die beiden Helden von TOGETHER einen fortschreitenden Prozess der Differenzierung, der mit dem plötzlichen Unfalltod des einen eine dramatische, irritierende Zuspitzung erfährt.

Lorenza Mazzetti führt uns schrittweise und sehr ausführlich die unterschiedlichen Charaktere, Gemütslagen und Entwicklungsstadien ihrer Helden vor Augen. Eine künftige Trennung der beiden erscheint möglich, als deutlich wird, dass der eine in kindlicher Selbstzufriedenheit verharrt, während der andere sozusagen ›erwachsen‹ wird und sein Begehren auf die Außenwelt richtet. So wirkt der von Eduardo Paolozzi gespielte Dikkere zurückgezogen, selbstgenügsam und verträumt, der von Michael Andrews verkörperte Dünnere vergleichsweise extrovertiert und selbständig. Während der eine in der Kneipe beim Spiel mit Glasmurmeln die Zeit vergisst, gefallen dem anderen die Frauen. Immer wieder wirft er ihnen begehrliche Blicke nach. Das Verlangen nach dem anderen Geschlecht lässt ihn beharrlich versuchen, zumindest zaghaft Kontakt aufzunehmen zu der Welt, die ihn ausschließt.

Am Ende bleibt der Kindlichere, der sich selbst Genügende, allein zurück. Aber nicht deswegen, weil sein Freund nun eine Freundin gefunden hätte und wegzieht – was ja auch möglich gewesen wäre –, sondern weil er durch ein Unglück zu Tode kommt: eine Gruppe von Kindern aus dem Viertel, die immer schon Spaß daran hat, die Behinderten zu hänseln und schreiend zu verfolgen, ohne dass diese es merken, treibt ihr Spiel zu weit. Als der stumme Mann auf einem Brückengeländer über der Themse sitzt und hinunter ins Wasser schaut, stoßen ihm die Kinder mit einer langen Stange den Hut vom Kopf. Spontan greift er nach dem Hut, verliert das Gleichgewicht und stürzt in die Tiefe. Er, der nicht um Hilfe rufen kann, muss ertrinken, weil die Kinder ihm keine Hilfe leisten, sondern verschreckt davonlaufen, und weil sein Freund, der ganz in der Nähe auf der Brücke steht, ihn gerade nicht im Blickfeld hat. Nur wir Zuschauer wissen am Ende noch, was eigentlich geschehen ist, und können es doch dem Verlassenen auf der Brücke (und auf der Leinwand) nicht mitteilen. Der Film entlässt uns in diese traurige, irreversible Zeugenschaft.

Die Erfahrung von Verlust, Ohnmacht und Sprachlosigkeit trifft mich als Zuschauerin in diesem Film so stark, dass ich gar nicht umhin kann, jenseits der erzählten Geschichte und der mit den beiden behinderten Männern repräsentierten Randgruppe nach dem Hintergrund einer solchen Intensität der Gefühle zu suchen. In der Parallele zur Kriegstrilogie Rossellinis fand ich einen ersten Zugang, ich war mir sicher, dass in diesen Stadtbildern nicht nur ein randständiges Milieu seinen Weg in die Bildwürdigkeit gefunden hat, sondern dass die Erfahrung des Zweiten Weltkriegs hier noch einmal spürbar und sichtbar ist. Die tragische Lebensgeschichte von Lorenza Mazzetti bestätigt im Nachhinein diesen Eindruck. In TOGETHER scheint ein schier nicht zu bewältigendes Trauma zum Ausdruck zu kommen: Die Regisseurin hat in jungen Jahren nämlich gleich zwei Mal die Familie verloren. Ihre leiblichen Eltern sind schon früh bei einem Verkehrsunfall gestorben, und die Tante, die die verwaisten Zwillingsmädchen bei sich auf einem Landgut in der Toskana aufgenommen hatte, wurde 1944 zusammen mit ihren eigenen Kindern von einer deutschen SS-Einheit ermordet. Ein Jahr später nahm sich der überlebende jüdische Onkel und Ersatzvater der beiden aus Verzweiflung das

Leben. Zum zweiten Mal bleiben die beiden Mädchen allein zurück.¹⁵ Rückblickend auf ihre Jahre in England und die Zeit, in der sie am Drehbuchentwurf für TOGETHER arbeitete, äußert Lorenza Mazzetti 2001:

> I had serious psychological problems because of my past, but as no one knew about it, the only way to express my anxiety was to translate it unconsciously into a filmscript. My film was about two deafmutes who lived in the East End and were completely excluded from the world around them. I'd projected my own feelings of being different on to these characters, who were constantly followed by a group of children who shouted things they couldn't hear.¹⁶

Differenz und Dramatik: Zwei Welten
Die junge Regisseurin – und das verband sie mit den damaligen Regiekollegen – fühlte sich in der englischen Mehrheitsgesellschaft fremd. Eine Integration schien ihr unmöglich. Offen sagt sie, dass sie die Leute nicht mochte und den Eindruck hatte, von ihnen nicht gemocht zu werden.¹⁷ Anders scheint es ihr mit den unterprivilegierten Bewohnern des Londoner East End gegangen zu sein. In der Begegnung mit ihnen konnte sie offenbar die eigene Sprachlosigkeit wiedererkennen:

> When I arrived in the East End I was shocked by the landscape, the atmosphere, and I thought I should film the people who lived in this world. It was like a ready-made film set. The people's difficulty in expressing themselves, in communicating, overwhelmed me. But I found their reserve and genuine kindness extremely moving.¹⁸

Die zeitgenössische Filmkritik wiederholt im Grunde die von der Filmemacherin empfundene Ausgrenzung, indem sie mehrheitlich über TOGETHER aus der Perspektive der ›Normalität‹ schreibt und die Welt der beiden Gehörlosen als eine der ›unseren‹ entgegengesetzte, fremde Welt bespricht. Es geht in diesem Zusammenhang aber auch darum, ein Missverständnis aus dem Weg zu räumen: So betont Gavin Lambert, TOGETHER wolle sicher nicht dokumentieren, wie zwei Taubstumme gegenwärtig im East End lebten. Vielmehr führe der Film sinnbildhaft seinem Publikum »zwei Welten« vor Augen: »[...] the one that we see, and the one

---

15 Lorenza Mazzetti hat 1961 ihre Kindheitserinnerungen in einem Roman mit dem Titel *Il cielo cade* veröffentlicht, sie wurden 2000 von Antonio und Andrea Frazzi mit Isabella Rossellini in der Rolle der Tante verfilmt. Vgl. www.bfi.org.uk/features/freecinema/biographies.html (s. Quelle zu Fußnote 4).
16 Interview 2001, a.a.O.
17 »They don't like me and I don't like them.«, äußert sie 2006. Diskussionsrunde 2006, a.a.O.
18 Interview 2001, a.a.O.

that the deaf-mutes symbolically project in an almost Kafka-like fashion, a world of anxiety, helplessness and solitude«.[19]

Gegen die teilweise heftige Kritik aus dem Publikum verteidigt Lambert den poetischen Film. Er misst ihn an den Erzählformen des italienischen Neorealismus und hebt dabei den sehr langsamen Rhythmus des Schnitts, die Darstellung des Außergewöhnlichen durch das Gewöhnliche und die besondere Empathie gegenüber der Dingwelt hervor. Allerdings bleibt sein Lob nicht uneingeschränkt: Lorenza Mazzetti habe die ästhetischen Prinzipen des Drehbuchautors und Theoretikers Cesare Zavattini auf die Spitze getrieben und sei dadurch zugleich auch an ihre Grenzen gestoßen. Der Film laufe – mit seinen vielen Wiederholungen beispielsweise – in der Unterwanderung der Narration Gefahr, ganz der Bedeutungslosigkeit anheim zu fallen. Er sei keineswegs wahllos in seiner Sicht auf die Welt, vielmehr darin entschieden gegen jede Erzählung gerichtet:

> TOGETHER undramatises life. [...] Not that it is unselective – on the contrary, it merely rejects what most storytellers in this instance would select, and selects what they would reject. The result is like walking around in a strange place and letting things happen to you – there is no preparation and no explanation. Such is the life to which the two deaf-mutes are condemned.[20]

Unterschiedlich wird der tragische Tod am Ende der Geschichte in der zeitgenössischen Filmkritik bewertet: Während der Autor des *Monthly Film Bulletin* darin ein vollkommen zufälliges Ereignis sehen will,[21] bedauert Gavin Lambert in *Sight & Sound*, dass gerade dieser Eindruck aufgrund der schuldhaften Verstrickung der Kinder verfehlt wurde.[22] Dieser Tod stellt auch in meinen Augen einen Bruch in der Geschichte dar. Die filmische Erzählung scheint so dem Antagonismus von Innen- und Außenwelt den Vorrang zu geben vor einer weiteren Ausgestaltung des Verhältnisses der beiden Protagonisten zueinander. Die zuvor ausführlich entwickelte Differenzierung der beiden Charaktere erscheint in der Rückschau ›sinnlos‹. Deren Zusammenspiel ist mit einem Mal wie durch eine Katastrophe unterbrochen. Zwar ist die Ursache dafür in der Feindseligkeit der Umwelt begründet, allerdings versagen angesichts der ›Täter‹, die noch Kinder sind, die Kategorien von Schuld und Moral.

---

19 Gavin Lambert: Free Cinema, a.a.O., S. 175.
20 Ebd.
21 Ohne Autor: Together. Great Britain, 1956, in: Monthly Film Bulletin, H. 270/23 (Juli 1956), S. 95.
22 Gavin Lambert: Free Cinema, a.a.O., S. 175.

Die reale Konfrontation der jungen Lorenza Mazzetti mit dem gewaltsamen Tod ihrer Angehörigen scheint sich in diesem Bruch der Erzählung niedergeschlagen zu haben. Dieser ›Filmtod‹ hat nichts oder nur sehr wenig zu tun mit den Toten im Spielfilm der klassischen Erzählung, die ›nur‹ Teil einer narrativen Strategie zu sein scheinen und die sozusagen wie Späne fallen müssen, um am Ende auf der Leinwand den ideologisch angestrebten Kontext herzustellen. In Lorenza Mazzettis TOGETHER wird nicht wie im Hollywood-Kino im Dienst einer ›großen Erzählung‹ gestorben, der unvermittelte Tod des sehnsüchtigen Helden in TOGETHER ist aber auch mehr als ›nur‹ eine antinarrative, gegen den Mainstream filmischen Erzählens gerichtete künstlerische Geste. Indem die Regisseurin zunächst das Erzählmotiv zweier sich von einander entfernender Helden entfaltet und es dann ganz unvermittelt durch äußere Einwirkung wieder zerstört, ergibt sich ein Wechsel der Perspektive und die Möglichkeit einer neuen, anderen Erzählung.

Differenz und Dramatik: Das doppelte Subjekt im Spannungsfeld von Experimentalfilm, Stummfilm und Spielfilm
Lorenza Mazzettis TOGETHER steht gewissermaßen zwischen allen Stühlen der filmhistorischen Gattungen und Formate. Dass dieser Film überhaupt entstehen konnte ist ein Glücksfall der Geschichte, in der Brüchigkeit seiner Gestalt werden wie selten im Kino der fünfziger Jahre die Verwerfungen und Verunsicherungen dieser Zeit sichtbar: TOGETHER ist unbestritten ein Experimentalfilm, aber einer, der jenseits von Dialogen Erzählung auch in einem klassischen Sinn verhandelt. Und durch die Wahl von gehörlosen Protagonisten lässt er sich als eine Art Stummfilm der Nachkriegszeit beschreiben, so als wollte die Filmgeschichte an diesem Punkt noch einmal bei ihren Anfängen ansetzen. Die Ansiedlung der Geschichte am Rand der Gesellschaft und die Beschränkung auf eine Erzählung in Bildern etabliert eine Welt neben der Sprache, die uns aus den kurzen Dramen der frühen deutschen – gegen die bildungsbürgerliche Hochkultur gerichteten – Filmgeschichte vertraut ist.[23] Darüberhinaus ist der Film von Lorenza Mazzetti ein Autorenfilm par excellence, entworfen – das zeigt die Biographie seiner Regisseurin – aus einer geradezu unumgänglichen psychischen Notwendigkeit heraus.
Ich habe den Film Ende der neunziger Jahre im Rahmen meiner Recherchen zu den Autorinnen der fünfziger und sechziger Jahre im Archiv des BFI in London gesichtet. Er erschien mir schon deswegen eine ›Entdeckung‹ zu sein, weil er einer der ersten Filme ist, die nach dem Krieg in Europa von einer Frau gemacht wurden, und weil er zugleich – ähnlich wie Agnès Vardas LA POINTE COURTE (F 1955) – den Beginn einer der euro-

23 Heide Schlüpmann: Unheimlichkeit des Blicks. Das Drama des frühen deutschen Kinos, Frankfurt a. M. 1990, S. 8-23.

päischen ›Neuen Wellen‹ markiert.²⁴ Später dann bekam TOGETHER für meine Arbeit noch eine zusätzliche Bedeutung: Im Kontext mit anderen Filmen öffnete er mir die Augen hinsichtlich eines gewissermaßen unterirdischen Zusammenhangs von Subjektkonstitution und doppeltem Subjekt, von Spielfilm und Experimentalfilm in der europäischen und US-amerikanischen Filmgeschichte.

Die zeitgenössischen Rezensionen beschreiben TOGETHER als eine jenseits der filmischen Erzählkonventionen dargebotene Geschichte. Ihr Augenmerk richtet sich auf die Unterscheidung der den gehörlosen Protagonisten gemeinsamen Lebenswelt und der diesen unzugänglichen Welt der Sprechenden und Hörenden. Unter einem anderen Blickwinkel erinnert der Film aber sehr wohl an bekannte Muster der klassischen Narration. Dann nämlich, wenn man den Blick auf die im Geschehen fortschreitende Unterscheidung der zwei Helden und deren entwicklungsgeschichtliche Konnotation richtet. Die akustische Isolation der Freunde schafft einen nur scheinbar homogenen Kosmos, denn in der Gegenüberstellung der beiden Männer treten wiederum zwei Welten zu Tage. Und schon bald gibt es – wie bereits erwähnt – Anzeichen dafür, dass die symbiotische Beziehung der beiden, die auch etwas von einer Kinderfreundschaft hat, einmal zu Ende gehen könnte.

Eine der beiden Figuren bahnt sich einen Weg in die Sexualität und zum anderen Geschlecht, während der anderen in ihrer verspielten Existenz nach wie vor nichts fehlt. Das wird besonders deutlich, wenn der ›Dicke‹ eines Sonntagmorgens im Bett liegen bleibt und der ›Dünne‹ nach all den gemeinsamen Gängen durch die Straßen des East End allein auszieht, um die Welt zu erkunden. Auf einem Jahrmarkt bleibt er lange vor einer Bühne mit der Aufschrift »WONDER SHOW« stehen. Eine junge barfüßige Frau mit langen offenen Haaren, in Jeans und T-Shirt, führt dort zu einem modernen Trompetensolo einen verhaltenen, aber sehr erotischen Tanz auf. Bei einer anderen Gelegenheit macht er in einer Kneipe die zufällige und zärtliche Bekanntschaft mit eben jener Schaustellerin. Sie wird dort von zwei konkurrierenden Männern umworben, die ihr bald beide auf die Nerven gehen. Am Ende wendet sie sich dem stummen Zeugen der Szene zu. Ihre Hände berühren sich, sie spielen zaghaft miteinander. Die Kamera schweift wieder durch die Kneipe und lässt das Pärchen allein. Wieder zu Hause, träumt der Held mit offenen Augen im Bett von der Liebsten: Die Tür zum kleinen Zimmer öffnet sich, sie betritt den Raum und umarmt den ihr Entgegenkommenden im Lichtkegel der Deckenlampe. Sie küssen und umarmen sich lange. Geigenmusik. – Am nächsten

---

24 Der erste Kinofilm, der von einer Frau in Europa nach 1945 gemacht werden konnte, ist wohl der in einem KZ der unmittelbar vorangegangenen NS-Zeit angesiedelte Spielfilm OSTATNI ETAP (DIE LETZTE ETAPPE, PL 1948) von Wanda Jakubowska, einer kommunistischen Regisseurin der Vorkriegsgeneration.

Tag ist der sympathische Träumer auch schon tot. So als habe er mit der Offenlegung seines Begehrens die Daseinsberechtigung in der Welt der Kinder und Sprachlosen verspielt. Was bleibt ist eine Leerstelle, der Verlust und die Ahnung von der künftigen Einsamkeit und Hilflosigkeit des Zurückgebliebenen.

So wie sich der Film nicht nur einer Gattung zuordnen lässt, so scheint das zweifache Subjekt von TOGETHER eine vermittelnde Position einzunehmen zwischen vergleichbaren Erzählmotiven der Filmgeschichte: etwa den männlichen Doppelgängern der Stummfilmzeit, wie wir sie etwa im STUDENT VON PRAG (D 1913, Stellan Rye) vorfinden, den weiblichen Zwillingen Hollywoods in Filmen wie THE DARK MIRROR (USA 1946, Robert Siodmak), COBRA WOMAN (USA 1944, Robert Siodmak) und A STOLEN LIFE (USA 1946, Curtis Bernhardt) sowie den weiblichen Doppelfiguren im europäischen Kino der sechziger Jahre[25] wie etwa SEDMIKRÁSKY (CSSR 1966, Věra Chytilová), LE BONHEUR (F 1965, Agnès Varda), IL MIO CORPO PER UN POKER (I 1968), Lina Wertmüller, Piero Cristofani), NEUN LEBEN HAT DIE KATZE (BRD 1968, Ula Stöckl) oder DÉTRUIRE, DIT-ELLE (F 1969, Marguerite Duras).

Mit letzteren verbinden die beiden Hauptfiguren von TOGETHER die Tatsache, dass sie in ihrer Differenz bestehen können – ohne moralische Wertung und ohne eine moralisch legitimierte Verdrängung bzw. ›Auslöschung‹ der unliebsamen Figur, wie sie in den von Lucy Fisher untersuchten »Twin-Filmen« Hollywoods die Regel ist.[26] Mit diesen klassischen Spielfilmen hat TOGETHER aber auch etwas gemein: nämlich die entwicklungsgeschichtliche Polarisierung der beiden Figuren. Hier wie dort befindet sich die eine Figur sozusagen an der Schwelle zur Geschlechtsreife und ist die andere noch eher einem kindlichen, unangepassten Dasein verhaftet. Und wie in den Zwillingsfilmen vollzieht TOGETHER mit dem tödlichen Ende der Handlung die Trennung der beiden. Allerdings schafft er dadurch, dass er nicht den Prozess der ›Reifung‹ des einen feiert, sondern stattdessen mit dem ›Kindskopf‹ gewissermaßen zurückbleibt, Raum für die Trauer über die in der bürgerlichen Gesellschaft wie in der klassischen Narration so rigoros vollzogene Trennung von Kindheit und Erwachsensein. Die Geschichte vom ungleichen Paar wird hier nämlich aus dem Blickwinkel der sonst ausgestoßenen, unliebsamen Figur erzählt. Der selbstvergessene »Fatty«[27] hat niemanden mehr, mit dem

---

25 Ich habe in meiner Dissertation dargelegt, dass in den Filmen der Autorinnen des europäischen Aufbruchskinos auffallend häufig das Motiv der doppelten Heldin zu finden ist, und dass diese Heldinnen im Unterschied zum klassischen Hollywood-Kino und zum feministischen Film der siebziger Jahre in ihrer Differenz bestehen können. Sabine Schöbel: Die Zwei. Weibliche Doppelfiguren im europäischen Aufbruchskino der 60er Jahre, Hamburg 2009.

26 Lucy Fisher: Sisters. The Divided Self, in: dies.: Shot/Countershot, Princeton 1989, S. 172-215.

27 So wird der ›Dicke‹ – wohl in Anspielung auf den Stummfilmstar Fatty Arbuckle – in einem Graffito der Kinder bezeichnet.

er sein Leben und seine kindliche Sicht auf die Welt teilen könnte. Und sein Alter Ego verschwindet aus dem gemeinsamen Leben, weil es sozusagen erwachsen wird, sich abgrenzt und über sein Begehren zum Subjekt in einer anderen Welt wird. Einer Welt, die im Hollywood-Film noch als die eigentliche gilt.

Wie die »Twin-Filme« Hollywoods spricht TOGETHER vom Erwachsenwerden als Vereinzelung und wie der STUDENT VON PRAG von der Einsamkeit des Individuums.[28] Und indem er dabei die Position der Wahrnehmung der Ausgegrenzten nicht verlässt, ermöglicht er – das ist meine These – darüber hinaus eine andere, gewissermaßen ›negative‹ Perspektive auf die Konstitution des Subjekts. Denn anders als die klassischen Zwillingsgeschichten erzählt TOGETHER die Trennung der beiden keineswegs als Triumph der einen Figur, sondern als Unglück und Unfall. Aufschlussreich ist auch der Vergleich mit JUDITH, einem britischen Spielfilm von Daniel Mann aus dem Jahr 1964.[29] Während nämlich TOGETHER zuerst und ersatzlos den Verlust des allein Zurückgelassenen zeigt, wird dort die Trennung zweier Frauen durch den Tod als die verlustreiche Initiation einer Heldin inszeniert. Und wenn in JUDITH – einem Film, der die Staatsgründung Israels behandelt – die Subjektivität der Heldin dadurch hergestellt wird, dass sie, ein Flüchtling des Zweiten Weltkriegs und ›blinder Passagier‹, aus einer Holzkiste steigt und ihr Alter Ego, ihre Begleiterin, darin tot zurücklassen muss, dann erzählt TOGETHER im übertragenen Sinn die bei Daniel Mann vernachlässigten und ausgeblendeten Teile der Erzählung. Die Kamera in TOGETHER bleibt – um die Bildsprache von JUDITH nicht zu verlassen – in der ›Dunkelheit der großen Kiste‹ und teilt die Perspektive mit der zurückgelassenen Figur. Und weil es sich um eine Kamera handelt, die nicht dem Regelwerk eines Spielfilms folgen muss, ist sie in der Lage, in dieser (nur vermeintlichen) Dunkelheit eine ›andere‹ Erzählung aufzunehmen. Im sozusagen erweiterten Blickfeld von TOGETHER wird die klassische Erzählung von der Konstitution des Subjekts als Teil eines größeren (und im Regelfall geleugneten) Ganzen deutlich. 1956, kaum mehr als zehn Jahre nach der Katastrophe des Zweiten Weltkriegs, die kein ›handelndes‹ und autonomes Subjekt zu verhindern wusste, erscheint eine solche Verschiebung des Augenmerks nur sinnfällig.

Doch damit nicht genug: in Lorenza Mazzettis Blick auf die Welt spiegelt sich nicht allein das Trauma der erlittenen Kriegsverbrechen wieder, in ihm werden auch die schmerzlichen Erfahrungen einer jungen Frau deut-

---

28 Heide Schlüpmann: Je suis la solitude. Zum Doppelgängermotiv in DER STUDENT VON PRAG, in: Frauen und Film, H. 36 (Februar 1984), S. 11-24.
29 Sabine Schöbel: Nachkriegszeit, Vorgeschichte. Die Heldin ist vielleicht nur ein einsames Subjekt, sie war zuerst weder heldenhaft noch allein (JUDITH, Daniel Mann, GB 1964), in: dies.: Die Zwei, a.a.O., S. 37-41.

lich, die – ganz nach dem Muster der klassischen Hollywood-Filme – nach der Verheiratung der Zwillingsschwester aus der symbiotischen Beziehung zu ihr gelöst werden soll.[30]

Das Spiel mit den Murmeln – Ästhetik eines anderen Erzählens
An anderer Stelle habe ich darzulegen versucht, dass mit der Wahl eines doppelten weiblichen Subjektes im europäischen Aufbruchskino der fünfziger und sechziger Jahre auch die Grundfesten der Gattung Spielfilm unterwandert werden.[31] In der doppelten Heldin wird nämlich nicht nur die Identifikation der Zuschauerin und das in der Filmgeschichte neue Gespann von Regisseurin und Schauspielerin sichtbar, sie steht dort auch für den ›Anfang vom Ende‹ einer geschlossenen Erzählung. Das Zusammendenken von TOGETHER und JUDITH gab mir den Anstoß zu dieser Perspektive.

Die Kiste, aus der die Judith von Daniel Mann steigt, steht bei Lorenza Mazzetti für eine vorsprachliche und präödipale Welt. Eine Erzählung vor der Erzählung. Während die Judith des Spielfilms zur Heldin werden muss, um sich im Krieg um ihr Land wie in der Sprache des Genres zu behaupten, hält Lorenza Mazzetti in der Perspektive des Experimentalfilms ein Plädoyer für eine andere Erzählung und eine andere Wahrnehmung. Sie entlässt ihren einen Helden und gibt mit dem anderen Zeugnis von seiner »verlorenen Stimme«,[32] die nicht die Sprache der Sprechenden und Tonangebenden spricht. Die Regisseurin bringt selbst dieses Paradoxon in einer herrlichen Wendung zum Ausdruck, wenn sie stellvertretend auch für die eigene Arbeit über Lindsay Andersons O DREAMLAND sagt: »He doesn't say what he means, he means what he doesn't say.«[33]

In diesem Sinne zeigt uns TOGETHER das Leben der beiden Freunde als eine von den verbalen Kommunikationsprozessen ausgeschlossene, dem Medium Film gerade aber zugängliche Existenzweise. Es ist ein Film, dessen ›stumme‹ Helden noch nicht einmal Namen tragen und der seine Geschichte über die eigene ›Sprachlosigkeit‹ kommuniziert. Die subjektive Kamera zeigt oft nur Menschen mit bewegten Lippen, nicht aber den

---

30 Die Filmemacherin ist selbst ein Zwilling. Im Interview von 2001 berichtet sie auf die Frage, warum sie nach TOGETHER kein weiteres Projekt in England realisiert habe, von der für sie so schmerzlichen Trennung von ihrer Schwester: »It would have been a beautiful film, but it didn't happen because of my relationship problems with Denis Horne. When he abandoned me I fell into a terrible state of confusion because I had no family left apart from my twin sister, and her husband thought twin sisters should be kept apart.« Interview 2001, a.a.O.
31 Vgl. Schöbel: Die Zwei, a.a.O.
32 Lyn M. Brown, Carol Gilligan: Die verlorene Stimme. Wendepunkt in der Entwicklung von Mädchen und Frauen. Übersetzung von D. Thieleke und W. Fuchs, Frankfurt a. M. 1994 (Original: Meeting at the crossroads. Women's psychology and girl's development. Cambridge, Massachusetts 1992).
33 Diskussionsrunde BFI, 2006, a.a.O.

dazugehörigen Ton. Allein die Musik des Avantgarde-Komponisten Danièle Paris kommentiert aus dem Off die innere Verfassung der Helden. Wie prekär deren Existenz am Rande ist, das zeigt uns TOGETHER in Situationen, denen die beiden auch zu zweit nicht gewachsen sind. In denen sie in Gefahr geraten oder man sie ihrer Würde beraubt. Da laufen sie etwa nebeneinander auf einer engen Straße, ein LKW fährt von hinten immer weiter auf sie zu, und sie gehen stur weiter, weichen nicht aus, weil sie das hartnäckige Hupen des Fahrers nicht hören. Von hinten bedrängt sie auch immer wieder jene Gruppe von Kindern, deren täglicher Spielplatz das Trümmerfeld zu sein scheint. Sie machen sich in nächster Nähe lustig über die beiden, äffen sie nach und erschrecken sie schließlich. (In einer dieser Szenen wird der sonst so ruhige Dicke plötzlich richtig zornig. Völlig unvermittelt packt er einen der kleinen Missetäter und reißt ihn vom Boden hoch in die Luft.)
Anders als in den so populären amerikanischen Komödien um Stan und Ollie ist es hier nicht das Lachen, das ein befreiendes Gegengewicht bildet gegen die Widrigkeiten des Lebens und die Unzulänglichkeiten seiner Helden, sondern das Schauen selbst: die in der Ästhetik einer anderen Erzählung geborgene Schaulust. – Den Glasmurmeln kommt in diesem Zusammenhang eine besondere Bedeutung zu. Lorenza Mazzetti hat diesen das Licht in der Bewegung auf vielfältige Weise brechenden Kugeln offenbar eine programmatische Bedeutung zugewiesen, denn sie wollte ursprünglich den Film nach ihnen benennen.[34] Das so symbolträchtige Requisit verweist in meinen Augen sowohl auf die – allein aus der Visualität sich speisende – Wahrnehmung der Protagonisten des Films als auch auf dessen experimentelle Ästhetik.
Es sind im Film zuerst die Kinder, die mit den Murmeln spielen. Der dicke, kindliche »Fatty« findet sie später auf der Straße zurückgelassen, umrahmt von zwei dünnen Kreidekreisen. In Großaufnahme zeigt uns die Kamera seinen Blick auf das begehrte Objekt. Wenig später sind die Murmeln dann in seinem Besitz und besetzen zugleich seine ganze Aufmerksamkeit: In der Kneipe vergisst er das Treiben der Menschen um sich herum und bewegt und betrachtet nur diese Glaskugeln. Und als sein Freund sich für die Tochter der Hausleute vor dem Spiegel schön macht, hat es der Dicke gar nicht eilig. Gleich drei Mal hintereinander legt er sich die faszinierenden Kugeln auf die Augen, um durch sie hindurch zu sehen. An diesem Punkt der Erzählung stehen sich mit den beiden Männern zweierlei Arten von Visualität und zweierlei Arten von Identität gegenü-

---

[34] Lindsay Anderson berichtet, dass der Titel »Together« auf ihn und seine Lektüre von Gedichten Walt Whitmans zurückgehe. Die Regisseurin habe ihre Arbeit aber zunächst »Glass Marble« nennen wollen. Brian McFarlane: Lindsay Anderson, a.a.O., S. 10. Abweichend davon verzeichnet der Katalog des British Film Institute als weiteren Titel des Films die Pluralwendung »Glass Marbles«.

ber: auf der einen Seite das Spiegelmoment der Ich-Konstitution und auf der anderen Seite eine Optik, die das Ich beiseite lässt und stattdessen verspricht, dass sich in ihr »die Wirklichkeit zur Wahrnehmung bringen könnte«.[35]

35 Heide Schlüpmann: Abendröthe der Subjektphilosophie. Eine Ästhetik des Kinos, Frankfurt a. M. 1998, S. 16.

Diagonale Erinnerung
Geschichte als Palimpsest in STERNE[1]

Thomas Elsaesser

Konrad Wolfs STERNE (1959) gehört zu den bekannteren (jedoch nicht viel gesehenen) Filmen, die in der DDR entstanden sind. Als frühe Betrachtung der Reaktion eines ›gewöhnlichen‹ Deutschen auf Konzentrationslager und Judendeportation stellt der Film so etwas wie das ›gute Gewissen‹ der staatseigenen DEFA im Prozess der Vergangenheitsbewältigung dar. Wolfs STERNE ist aber auch ein Film über die Liebe, über Opferbereitschaft und Widerstand, und er verwendet ein filmisches Idiom, das an das klassische Melodrama und den italienischen Neorealismus ebenso erinnert wie an das erste Aufbegehren des europäischen Autorenkinos. Trotz der fast schon unantastbaren Aura, die diesen Film umgibt, sollte man sich nicht scheuen, ihn sich noch einmal vorzunehmen und bestimmte Momente in seiner Handlungsstruktur als eine Art von Palimpsest neu zu lesen – d.h. als eine ganz spezifische Schichtung von Zeitlichkeiten, als Sedimentierung bekannter Bilder und historischer Verweise, deren politische und hermeneutische Funktion, so meine These, im Rückblick neu lesbar werden. Sie erscheinen heute in einem neuen Licht angesichts der für den aktuellen »Erinnerungsdiskurs« so typischen Migration bildlicher Motive und des zwischen ihnen sich vollziehenden internen Dialogs, der wiederum die allgemeine »Gedächtniskultur« kennzeichnet, wie sie sich seit den 1990er Jahren im Zeichen des ›Holocausts‹ nicht nur in Deutschland, sondern in ganz Europa herausgebildet hat. Dieser Prozess der Schichtung, Sedimentierung, Migration und Wiederkehr ließe sich als »Mediengedächtnis« oder »diagonale Erinnerung« im Europa nach 1989 bezeichnen – hier ausgelöst von einem Film aus dem Jahre 1959 und gedreht in einem Land, das längst nicht mehr existiert.

1 Thomas Elsaessers Aufsatz wurde auch veröffentlicht in: Konrad Wolf – Werk und Wirkung, hg. v. Michael Wedel et al., Berlin 2009. Die Herausgeber danken Michael Wedel für die freundliche Abdruckgenehmigung.

Beim Wiedersehen von STERNE und der Beschäftigung mit seiner Rückblendenstruktur sowie der Frage nach der Handlungsmacht seiner Protagonisten – d.h. ihren Handlungsmotivationen und Verhaltensweisen – stellt sich heraus, dass der Film offenbar nicht dem psychoanalytischen Modell des »Durcharbeitens« zu entsprechen scheint, unter dessen Überschrift Vergangenheitsbewältigung allgemein und die Handlungsentwicklung dieses Films gewöhnlich verhandelt werden. Dem gegenüber soll versucht werden, den Film ›performativ‹ zu interpretieren, allerdings nicht nur im poststrukturalistischen Sinne des Begriffs, sondern auch im Sinne einer Freudschen Fehlleistung oder Parapraxis: als ein Misslingen im Handlungs- oder Sprechakt, der eine andere Bedeutungsschicht freilegt, die im Spannungsfeld zwischen einer *failed performance* (einer misslingenden performativen Geste) und einer *performance of failure* (einer performativen Geste des Misslingens) anzusiedeln ist. Letztere bezieht sich insbesondere auf die poetologischen Formen solcher Texte oder Filme, die sich mit den Konsequenzen katastrophaler Fehlentscheidungen auseinandersetzen und dies auf eine Weise tun, die den handelnden Figuren ihre Beweggründe lassen, ohne sie sofort in das (negative) Licht der nun im Nachhinein als ›falsch‹ erkannten Entscheidung zu rücken. Um einen Ausspruch von Paul Ricoeur zu bemühen: Es geht darum, auch der Vergangenheit erst einmal ihre eigene Zukunft zuzugestehen.[2]

Konzeptionell handelt es sich bei dieser ›Poetik der Fehlleistung‹ um die Erweiterung und Ausarbeitung der Idee eines ›historischen Imaginären‹, der in meinem Buch zum Kino der Weimarer Republik eine zentrale Stellung zukommt.[3] Insofern als beide Begriffe auf das implizite oder unbewusste Wissen zielen, das ein Werk über die Geschichtlichkeit der eigenen filmischen Mittel und deren Effekte haben kann, ist die Poetik der Fehlleistung das Gegenteil von Pastiche oder ironischer Rückbezüglichkeit. Komplementär ist jedoch die jeweils doppelte Einschreibung (und somit die Spur möglicher Diskrepanzen) von Zeit und Ort, von Intention und Handlungsmacht, von Authentizität und Zitat, von Wissen und Nicht-Wissen. Exemplarische Relevanz hat eine solche Poetik der Fehlleistung auch in Bezug auf Konrad Wolf, dessen akutes Bewusstsein von Nachträglichkeit und Ungleichzeitigkeit Michael Wedel und ich in einem früheren Aufsatz zum Anlass nahmen, STERNE mit Nazi-Ästhetik und westdeutschen Produktionen zu vergleichen:

> STERNE [...] folgt dem Urmuster eines Melodramas der Opferbereitschaft und Selbstaufopferung, das, in seiner spezifisch deutschen Ausprägung, den Filmen Wolfs [...] historisch vorausgeht. Es sieht

2 Paul Ricoeur. Gedächtnis, Geschichte, Vergessen, München 2004.
3 Vgl. Thomas Elsaesser: Weimar Cinema and After. Germany's Historical Imaginary, London, New York 2000; dt.: Das Weimarer Kino – aufgeklärt und doppelbödig, Berlin 1999.

für Frauen die Rolle bereitwilliger Opfer vor, um die Männer auf ihre Wandlungsfähigkeit und die Frauen auf ihre Leidensfähigkeit hin einer Prüfung zu unterziehen.[4]

Wenn dieses Urteil auch nicht vollständig zu revidieren ist, so gibt eine Nuancierung dem Film doch eine aktuelle Aussagekraft mit Blick auf unsere Gegenwart im vereinten Deutschland und Europa, und zwar als Ausdruck eines filmischen Mediengedächtnisses im Zeichen des nachträglichen (Besser-)Wissens. Es fragt sich also, inwiefern STERNE, immerhin eine repräsentative Produktion des DDR-Kinos, seinen Beitrag zur Vergangenheitsbewältigung im oben skizzierten Sinne leistet und damit zu einem Beispiel für die *performance of failure* wird, anstatt (wie in unseren negativ getönten Bemerkungen zur Selbstapologetik) für eine *failed performance*.

Eine zentrale Rolle spielt dabei im Film die Idee einer Vergangenheit, die nicht aufhört sich einzuschreiben, allerdings nicht in die Gegenwart der Handlung, sondern in die Zukunft der historischen Ereignisse. Somit ergibt sich ein komplexer Bezug zum Moment seiner Entstehung (1959), versetzt in den Rahmen unseres heutigen Wissens um diese Geschichte (inklusive der ›Geschichte‹ der DDR) und der Erinnerungskultur nach 1989, die ich unter die Stichworte »Mediengedächtnis« bzw. »diagonale Erinnerung« fasse. Etwas verkürzt könnte man sagen: Meiner Neulektüre von STERNE ist es um eine *Archäologie* unseres heutigen kulturellen Umgangs mit Geschichte, Gedächtnis und Erinnerung zu tun, sofern er sich auf Faschismus, Sozialismus, die NS-Vergangenheit und die Judenverfolgung bezieht.

Einige Informationen vorab: STERNE war eine deutsch-bulgarische Koproduktion, die Konrad Wolf angetragen wurde, als schon ein Treatment, verfasst vom Drehbuchautor Angel Wagenstein, vorlag.[5] Die Geschichte handelt von einem deutschen Unteroffizier, der 1943 nach einem Einsatz an der Ostfront, der ihn verbittert und von der Sinnlosigkeit des Kriegs überzeugt hat, in eine bulgarische Kleinstadt zur Beaufsichtigung einer Kraftfahrzeugwerkstatt abkommandiert wird. Als ein Transport sephardischer Juden aus Griechenland vorübergehend im Schulgebäude des Ortes einquartiert wird, kommt er mit einer jungen Jüdin in Berührung, die ihn um ärztliche Hilfe für eine schwangere Frau bittet.
Zuerst lehnt er gleichgültig ab, ist aber von ihrem Vorwurf, alle Deutschen seien Wölfe, derart betroffen, dass er ihr schließlich doch einen Arzt und

---

4 Thomas Elsaesser, Michael Wedel: Defining DEFA's Historical Imaginary. The Films of Konrad Wolf, in: New German Critique, H. 82, (Winter 2001), S. 3-24, hier S. 13.
5 Angel Wagenstein: Die ersten und die letzten Jahre mit Konrad Wolf, in: Beiträge zur Film- und Fernsehwissenschaft, H. 28 (1987), S. 15-38.

Medikamente zukommen lässt. Es ergibt sich eine Art Verbundenheit und aufkeimende Liebe zwischen den beiden, die langsam zu einer Art Frontenwechsel führt. Als der Unteroffizier sich endlich dazu durchgerungen hat, für die Jüdin einen Unterschlupf zu finden und sie damit vor dem Tod in Auschwitz zu retten, kommt seine Hilfe zu spät: Der Abtransport der Juden per Zug ist bereits erfolgt, er sieht die letzten Waggons nur noch in die Nacht entschwinden, während die Frau aus einem vergitterten Zugfenster schaut. In einer kurzen Schlusssequenz sehen wir, wie sich der Unteroffizier einem bulgarischen Partisanenführer als Kontaktperson für Waffenlieferungen anbietet.

Der Film ist vielfach interpretiert worden, nicht zuletzt mit Blick auf Wolfs eigene Biografie.[6] Unschwer lässt sich in dem Protagonisten Walter und der griechischen Jüdin Ruth eine in Wolfs Filmen wiederkehrende Figurenkonstellationen erkennen (Frohmeyer / Lissy in LISSY, DDR 1957; Mamlock / Rolf in PROFESSOR MAMLOCK, DDR 1961; Manfred / Rita in DER GETEILTE HIMMEL, DDR 1964). Walter erinnert auch an andere männliche Helden Wolfs, zumal in ihrer Zerrissenheit, was ihre Identität als Deutsche angeht, und in ihrem gespaltenen Selbstverständnis, was Loyalität, Pflichtgefühl und moralische Verantwortung betrifft. Auch Walter ist den ganzen Film hindurch nirgends wirklich zu Hause: weder bei der Wehrmacht noch bei seinem Kumpel Kurt in der Kneipe; weder bei den internierten Juden noch bei den für die Deutschen arbeitenden Bulgaren, deren Sprache er zwar spricht, die ihn aber genauso indifferent lassen wie der Krieg; und auch nicht bei den kommunistischen Partisanen, die ihm, als deutschem Soldat, sowieso kaum vertrauen können und um derentwillen er dann zum ›Verräter am eigenen Volk‹ wird. Wie bekannt, war dieser Vorwurf auch gegen Wolf nach seiner Rückkehr aus Moskau nach Berlin in den späten 1940er Jahren erhoben worden. In der Literatur zu Wolf spielt der Vorwurf des Landesverrats – sowohl negativ wie positiv gewendet – eine zentrale Rolle.[7] Was negativ als Identitätskonfusion und Quelle von Unsicherheit und Unentschlossenheit verstanden wird, lässt sich positiv als Motiv für eine besondere Qualität der Filme Wolfs geltend machen, da Wolf sein ganzes Werk hindurch eine bemerkenswerte Klarsicht hat entwickeln können, gerade aus einer Position heraus, die zwischen den sich zum Zerreißen gespannten Unvereinbarkeiten und widersprüchlichen Forderungen seiner Identität als Deutscher, als (russischer) Kommunist und als Jude immer wieder vermitteln musste. Auf der jeweils

6 U.a. Marc Silberman: Remembering History: The Filmmaker Konrad Wolf, in: New German Critique, H. 49 (Winter 1990), S. 163-191; und Gertrud Koch: On the Disappearance of the Dead Among the Living. The Holocaust and the Confusion of Identities in the Films of Konrad Wolf, in: New German Critique, H. 60 (Herbst 1993), S. 57-75.

7 Konrad Schwalbe: STERNE (1959). Um den Anspruch auf Leben, Liebe, über Vaterlandsverräter, Kameradenmörder, in: Konrad Wolf. Neue Sichten auf seine Filme. Beiträge zur Film- und Fernsehwissenschaft, H. 39 (1990), S. 65-71.

›falschen‹ Seite zwischen so vielen verschiedenen Fronten, in der Mitverantwortung für Taten, an denen er selbst nicht beteiligt war, und an einem Schicksal teilhabend, das ihn erst im Nachhinein ereilt: diese fast schon unerträglichen Spannungen stellten die Quelle für Konrad Wolfs kreative Inspiration und garantieren die bis heute andauernde Aktualität seines Werks. Die biografischen Verwerfungen umreißen aber auch ein Kräftefeld, auf dem die Relevanz des Konzepts einer »performativen Parapraxis« für die Filme Wolfs erprobt werden und Argumente liefern könnte, weshalb dieser Regisseur uns heute als europäischer Autorenfilmer noch so sehr fasziniert.
Eingereicht als bulgarischer Beitrag bei den Filmfestspielen in Cannes, gewann STERNE 1959 den Sonderpreis der Jury (1959 war, wie man sich erinnert, das Jahr der Nouvelle Vague, mit Truffauts LES QUATRE CENT COUPS als Hauptpreisträger). STERNE machte Konrad Wolf berühmt und sorgte dabei für ein Politikum in den deutsch-deutschen Beziehungen. Zu einem historischen Dokument wird der Film nämlich schon dadurch, dass er als Werk eines deutschen Regisseurs durch den Einspruch eines deutschen Außenministeriums unter Berufung auf die so genannte Hallstein-Doktrin nur als bulgarischer und nicht als deutscher Beitrag auf einem internationalen Festival gezeigt werden konnte.
Eine zeitpolitische Dimension kommt STERNE darüber hinaus insofern zu, als er eine der ersten Koproduktionen der DEFA mit einem ›sozialistischen Bruderland‹ war und mit der Auszeichnung in Cannes die DEFA international, in Ost wie West, enorm aufwerten konnte.[8] Im europäischen Rahmen erweitert sich seine historische Bedeutung schließlich dadurch, dass es sich bei ihm um den ersten von einem deutschen Regisseur gedrehten Film handelt, in dem die Judenverfolgung und Auschwitz direkt thematisiert werden. Wenn auch ein Film wie DIE LETZTE ETAPPE, von der polnischen Regisseurin Wanda Jakubowska schon 1947 produziert, ebenfalls sowohl in der DDR als auch der BRD gezeigt worden war, so hatte sich doch kein anderer deutscher Regisseur so nahe an dieses heikle Thema gewagt wie Wolf. Dieser Umstand verleiht STERNE noch immer eine Sonderstellung und erklärt vielleicht auch, warum dem Film seitens der Kritik meistens mit besonderer Ehrerbietung begegnet wird.
Es lohnt sich, diese ebenso produktiven wie widersprüchlichen Dimensionen von STERNE hier noch einmal in Erinnerung zu rufen, nicht zuletzt deshalb, weil der Film vor deren Hintergrund aus einem abermals verdoppelten, wenn nicht dreifach verschobenen Blickwinkel zu betrachten wäre. Was bedeutet, dass er seinen besonderen Stellenwert erst im Nachhinein erhalten und diese Nachträglichkeit die historische Bedeutung des Films grundlegend verändert hat. Anders gesagt, es handelt sich um das historische Imaginäre, weil hier die Gegenwart es vermocht hat,

8 Ellen Mollenschott: STERNE – Der erste deutsch-bulgarische Gemeinschaftsfilm, in: Neues Deutschland, 29. März 1959, S. 6.

ihre eigene Vergangenheit zu verändern. Und dies im Einzelnen unter folgenden Gesichtspunkten:
Erstens der Vereinigung Deutschlands und des Status, der der DDR innerhalb dieses neuen / alten Deutschlands zukommt; zweitens der zentralen Rolle, die der Holocaust als Identität stiftendes Moment innerhalb der Europäischen Union zu spielen beginnt; und damit im weiteren Sinne, wie Konrad Wolfs Filme als Dokumente und Monumente der Erinnerung im Kontext unserer heutigen, auf den Holocaust zentrierten Erinnerungskultur des 20. Jahrhunderts ganz allgemein zu verstehen sind, insbesondere auch angesichts der Osterweiterung und der Balkan-Kriege in den 1990er Jahren; und schließlich drittens – in gewissem Sinne zurückgehend auf meinen ersten Punkt, aber nun innerhalb einer europäischen Perspektive – unter der Fragestellung, wie Wolfs Filme als Sedimente einer zukünftigen Erinnerungskultur eines anderen Traumas fungieren, dem politischen Kern der Nachkriegszeit, den wir – wohl weil es noch zu nahe ist – noch gar nicht richtig formulieren können (obwohl natürlich andauernd darüber geredet und geschrieben wird): gemeint ist das Trauma des ›Verrats‹ an der Idee einer besseren, einer anderen, einer gerechteren Welt – verraten gleichermaßen vom Sozialismus wie auch von seinem siegreichen Gegenspieler, dem liberalen, marktorientierten Kapitalismus.

Wenn damit so etwas wie die meta-historischen und politischen Ebenen angedeutet sind, deretwegen man STERNE vom heutigen Standpunkt aus einer Revision und Neulektüre unterziehen sollte, so sind die konkreten historischen Bezüge der Entstehungszeit des Films keinesfalls auszuklammern. In dieser Hinsicht steht einem die angespannte geopolitische Lage um 1959 vor Augen – der Film entstand nach Ungarn 1956, nach der Suez-Krise und vor dem Eichmann-Prozess in Jerusalem, dem Auschwitz-Prozess in Frankfurt, aber auch vor dem Mauerbau (den Wolf 1964, aus Sicht der DDR, in DER GETEILTE HIMMEL thematisiert). Andererseits impliziert er die Debatten um die Funktion des Spielfilms in der DDR in den späten 1950er Jahren, in deren Zusammenhang immer wieder die Frage gestellt wurde, wie DEFA-Filme ›Zeitprobleme der DDR-Menschen‹ aufgreifen sollten. Wenn man aber bedenkt, dass mit SONNENSUCHER (1958) ein von Wolf fast unmittelbar vor STERNE gedrehter Film von der Zensur verboten worden war, weil er sich mit den problematischen Aspek-ten des Verhältnisses zwischen der Sowjetunion und der DDR beschäftigt hatte, dann erscheint die Wahl eines Themas nicht minder symptomatisch, das sich nicht mit DDR-Zeitproblemen, sondern mit dem Zweiten Weltkrieg beschäftigt, einer Zeit, in der – zumindest in den Augen der DDR – die Sowjetunion auf heroische Weise den Faschismus besiegt und Deutschland befreit hat[9]

9 Barton Byg, Konrad Wolf: From Anti-Fascism to Gegenwartsfilm, in: Studies in GDR Culture and Society 5: Selected Papers from the Tenth New Hampshire Symposium on the German Democratic Republic, hg. v. Margy Gerber, Lanham, New York, London 1985, S. 115-124.

Welche Zukunft entwirft der Film also in Bezug auf das, was wir nun als Nachträglichkeit oder *action après-coups* und so genanntes besseres Wissen an eine Lektüre des Films herantragen können und müssen? Bei der Beantwortung dieser Fragen gilt mein übergeordnetes Interesse den Zeitschichten und dem Palimpsest-Charakter von Filmen, die sich mit Geschichte im Allgemeinen und im Besonderen mit der Geschichte der Judenverfolgung auseinandersetzen. Was machen sie mit dem Wissen, das sie weder den Protagonisten vorenthalten noch mit ihnen teilen können, was machen sie mit der Unausweichlichkeit der Katastrophe, die sie dennoch ungetan machen wollen? Das Unvermeidliche wird zum Undarstellbaren und das Undarstellbare zum Unvorstellbaren. Gerade in diesem besonderen Fall des Holocaust erscheint es paradox, dass dieses Ereignis, immer wieder apostrophiert als das Nicht-Darstellbare und Unvorstellbare schlechthin, in den letzten dreißig Jahren sich als das wohl am meisten narrativisierte und bebilderte Ereignis des 20. Jahrhunderts überhaupt herausgestellt hat – in einem Ausmaß, dass um den Holocaust herum ein ganzer ikonografischer Bildervorrat entstanden ist, mit seinen ganz eigenen Genres, Sub-Genres und vorgeprägten Deutungsmustern. Das Klischeehafte an STERNE – in unserem früheren Essay noch moniert – ist so gesehen auch der Effekt einer anderen Art zeitversetzten Handelns, bei dem Wolfs Film im Rückblick über die vielen nach ihm hergestellten Filme hinweg klischiert erscheint, weil sich deren Bilder im Laufe der 1980er Jahre so tief in unser Bewusstsein eingeprägt haben. Wiederholung als der Motor des Wissens im Nicht-Wissen.

Betrachten wir nun STERNE aus seiner eigenen politisch-historischen Position heraus, so gibt er sich anscheinend als ein besonders klares Beispiel dafür, was ich eingangs den Modus des ›Durcharbeitens‹ genannt habe. Zugeschnitten allerdings nicht auf die Bedürfnisse oder Desiderata der westdeutschen Vergangenheitsbewältigung, sondern auf die herrschende Ideologie der sozialistischen Staaten um 1960. Als Variante des Bildungsromans betrachtet, begegnen wir in STERNE einem Helden, der sensibel, aber unentschlossen ist und dessen plakativer Nihilismus nicht nur seinen Defätismus hinsichtlich des Kriegs zur Schau stellt, sondern auch die harte Schale um den weichen Kern seines Idealismus bildet. Durch eine von außen an ihn heran getragene Forderung oder, besser gesagt, Provokation (»Ihr Deutsche seid alle gleich: Wölfe!« – noch dazu eine Anzüglichkeit hinsichtlich des Namens des Regisseurs des Films!) sieht er sich mit seiner eigenen Unentschlossenheit konfrontiert. Als er schließlich die anstehende Entscheidung – den jüdischen Flüchtlingen zu helfen – trifft und an ihrer Umsetzung scheitert, macht seine Unentschlossenheit einem dezidierten Antifaschismus Platz, der ihn – so die Implikation – seinen Weg in das Lager des militanten Sozialismus finden lässt.

Aus dieser Perspektive heraus konnte die DDR-Kritik dann auch dem Film bestätigen, Wolf, Wagenstein und ihr Kameramann Werner Bergmann bedienten sich »[...] ebenso einfacher wie klarer künstlerischer Mittel, die die geradlinige Fabel in einprägsame Bilder umsetzen«.[10] Bei einer solchen Lesart gewinnt auch das Opfer der Frau seinen Sinn – nicht anders, so könnte man argumentieren, als im amerikanischen Western, wo sich ebenfalls die Frau zu opfern hat, damit der Mann zum Mann werden kann; allerdings ist es dort die Halbweltdame aus dem Saloon oder Bordell, die den Weg frei macht für die Lehrerin, wohingegen es in STERNE die Lehrerin ist, die sich für das Bekenntnis des Helden zum Widerstand opfert und so den Weg frei macht für den Sozialismus.

Ganz bewusst verwende ich eine etwas saloppe Form des Vergleichs, nicht nur um eine filmische Grundstruktur in ihren Umrissen kenntlich zu machen, die in diesem speziellen Fall dem Autorenkino und Hollywood gemeinsam ist, sondern auch, um anzudeuten, dass die Ereignisse in STERNE, oder genauer: im historischen Bezugsfeld des Films, um Einiges komplizierter sind, als es die lobenden Kritiken zum Ausdruck bringen. Es ist evident, dass bei einer solchen Lesart der Fabel, die ganz auf den männlichen Helden und seinen Reifeprozess vom wenig begeisterten Soldaten der deutschen Wehrmacht über Liebe und Zweifel hin zum antifaschistischen Saboteur und militanten Kommunisten zentriert ist, die Ungeheuerlichkeit der Judenvernichtung nur eine untergeordnete Rolle spielt. Die Unterordnung ist allerdings nicht nur dramaturgischer, sondern auch ideologischer Natur: Im Kampf um den Sozialismus hat – wie man weiß – die Frage der Verbesserung der gesellschaftlichen Stellung der Juden schon seit Marx lediglich eine unwesentliche Rolle gespielt. Gerade von Seiten der Kommunisten wurden Juden oft genug dem Klassenfeind zugerechnet, und selbst der mörderische Antisemitismus des NS-Regimes wurde häufig im Vergleich zu den übergeordneten Zielen des Klassenkampfes als »irrelevant« bezeichnet. Vor diesem Hintergrund ist in Wolfs genauer Schilderung der Einzelheiten des Transports, in seiner differenzierten Darstellung der täglichen Not der Gruppe und in der Charakterisierung des bei aller kumpelhaften Bonhomie zu jeder Grausamkeit fähigen Korporals Kurt eine bemerkenswerte Stellungnahme zu erkennen, auch im politischen Sinn. Und wenn, nicht zuletzt von mir selbst, moniert wurde, dass seine jüdischen Figuren nicht frei von Klischees sind – so z.B. gibt es nur hilflose alte Männer, besorgte Mütter und Kinder, und die Intellektuellen unter ihnen tragen alle eine Brille und lesen Heinrich Heine –, so bleibt doch die ausgedehnte Kamerafahrt entlang der Gesichter der im Appellhof angetretenen Juden nachhaltig im Gedächtnis als Szene von enormer dokumentarischer Dichte und Aussagekraft. Wie schon 1959 ein

---

10 Ellen Mollenschott: STERNE, a.a.O.

DDR-Rezensent bemerkte: »Einer der Höhepunkte des Films (und des Werks von Konrad Wolf überhaupt) ist die lange Kamerafahrt vorbei an den deportierten Juden aus Griechenland [...]. In diesen Szenen ist die Bildsprache so intensiv, dass einem die Schamröte ins Gesicht steigt.«[11] Ein weiterer Aspekt der historisch-ideologischen Komplexität des Films findet sich in der Wahl des Schauplatzes bzw. der Zeit, zu der die Handlung spielt: Oktober 1943. Zu diesem Zeitpunkt zählte Bulgarien noch zu den Verbündeten von Hitlers aufgeblähtem ›Großdeutschen Reich‹: Wir haben es also mit einem für die Bulgaren von 1959 besonders schmerzlichen Abschnitt ihrer Geschichte zu tun. Hat man sich einmal klargemacht, dass hier nicht Szenen der Okkupation gezeigt werden, sondern zahlreiche Einzelfälle der Kollaboration (z.B. das Polizeiverhör), so kann es kaum noch verwundern, wenn man erfährt, dass der Film in Bulgarien nicht zur Aufführung kam, obwohl die Partisanen in ihm eine wichtige Rolle spielen. Man stelle sich vor: Ein in Cannes als bulgarischer Beitrag preisgekrönter Film wird in seinem Heimatland verboten, weil er die Bulgaren als Kollaborateure und die Deutschen mit allzu viel Sympathie darstellt; er kann sich umgekehrt aber auch nicht als deutscher Beitrag bezeichnen, weil die Bundesrepublik Deutschland die DDR nicht als eigenständigen Staat anerkennt. Da aber all dies kein Zufall ist, sondern von allen Beteiligten in gewisser Weise vorauszusehen war, scheint es sich hier weniger um eine Ironie der Geschichte als vielmehr um eine Art bewusst angelegter Fehlleistung zu handeln. Dies ist umso bemerkenswerter, wenn man sich verdeutlicht, dass ein weiterer, historisch äußerst wichtiger Punkt im Film überhaupt nicht zur Sprache kommt – der Umstand nämlich, dass Bulgarien (in dieser Hinsicht nur noch mit Dänemark zu vergleichen und im krassen Gegensatz zu anderen besetzten Ländern wie Frankreich oder den Niederlanden) sich damals geweigert hatte, bulgarische Juden an die Deutschen auszuliefern. Aus heutiger Sicht ist gerade diese Frage – wie die Staaten Europas mit ihren jüdischen Mitbürgern umgegangen sind – entscheidend für das aktuelle Verständnis unserer gemeinsamen Geschichte als ›Europäer‹. Und es beeinflusst auch unsere Einstellung den neuen EU-Ländern gegenüber, insbesondere Polen, der Tschechischen Republik und Ungarn, die als Mitglieder der EU die Aufarbeitung ihres jeweiligen historischen Antisemitismus unter Beweis stellen müssen. Unter diesen Umständen erscheint es als weitere signifikante historische Fehlleistung, wenn im Jahre 1992, bei der Gedenkfeier zum zehnten Todestag Konrad Wolfs in Berlin, Drehbuchautor Angel Wagenstein aus seinem Heimatland berichtet, dass nach einer einzigen Fernsehausstrahlung 1989 der Film STERNE abermals verboten worden sei, weil

---

11 Hans-Dieter Tok: STERNE (1959) in: Regiestühle: Zoltán Fábri, Akira Kurosawa, Andrzej Munk, Alain Resnais, Michail Romm, Francesco Rosi, Konrad Wolf, hg. v. Fred Gehler, Berlin 1972, S. 111-128.

er angeblich die Partisanen verherrliche, die in der Wahrnehmung eines neuen, von wieder erstarktem Nationalgefühl geprägten Bulgariens nicht viel mehr als Terroristen gewesen seien. Wagenstein konnte sogar berichten, dass das am Drehort des Films, der Stadt Bansko, aufgestellte Denkmal eines Dichters und Partisanenführers im Zuge der anti-kommunistischen Säuberungen 1991 zerstört worden sei.[12]

STERNE erweist sich damit als ein weit über seine Entstehungszeit hinaus historisch außerordentlich produktiv gebliebenes Dokument, dessen Produktivität gerade jenen Widersprüchen entspringt, die in der europäischen Geschichte selbst angelegt sind, den Missverständnissen oder, wie ich sie hier nenne, den konstruktiven Fehlhandlungen ihrer Erinnerungsarbeit.

Wendet man sich nun der Bildsprache des Films zu, so fallen unserem Blick heute all jene Momente auf, die einem das Gefühl eines Déjà-vu-Erlebnisses vermitteln. Das beginnt mit dem Verladen der Frauen und Kinder in die Waggons eingangs des Films und setzt sich in den Bildern der Häftlinge am Stacheldraht fort, bis hin zum zentralen emotionalen wie thematischen Bildmotiv der jungen Jüdin Ruth, die sich an den Gitterstäben des Waggonfensters festkrallt, nachdem der Transportzug den Bahnhof verlassen hat. Hier wird Faktenmaterial aus den Archiven der Geschichte mit ikonografischem Bildmaterial aus jener Zeit verdichtet und überlagert. Was das historische Material angeht, so mag folgendes Zitat die Situation der griechischen Juden in Bulgarien verdeutlichen:

> Während des Krieges hat das mit Deutschland verbündete Bulgarien keine bulgarischen Juden deportiert. Bulgarien hat allerdings nichtbulgarische Juden aus den Gebieten, die es von Jugoslawien und Griechenland annektiert hatte, deportiert. Im März 1943 arretierten die bulgarischen Landesbehörden sämtliche Juden in Mazedonien und Thrakien. In Mazedonien, einem früheren Teil Jugoslawiens, internierten bulgarische Staatsbeamten etwa 7.000 Juden in einem Übergangslager in Skopje. In Thrakien, früher eine bulgarisch besetzte Provinz Griechenlands, wurden etwa 4.000 Juden in bulgarische Sammellager bei Gorna Dzumaja und Dupniza verbracht und den Deutschen übergeben. Insgesamt deportierte Bulgarien über 11.000 Juden in von Deutschen besetzte Gebiete. Im bulgarisch besetzten Mazedonien wurde Juden aus Kavála, Seres und Drama deportiert. Ungefähr 3.000 Juden wurden nach Drama gebracht und dort in Zügen ohne Nahrung oder Wasser zusammengepfercht, um in ein Lager in Gorna Dzumaja verbracht zu werden. Die Juden wur-

12 Angel Wagenstein: Rede für Konrad Wolf. in: Konrad Wolf zum 70. Geburtstag. Film und Fernsehen, H. 5 (1995), S. 5-6.

den anschließend wahrscheinlich zum bulgarischen Hafen von Lom an der Donau und dort an Bord von Schiffen nach Wien gebracht. Von dort deportierten sie die Nazis in das Vernichtungslager Treblinka. Im Jahre 1945 lag die Zahl der jüdischen Bevölkerung Bulgariens noch immer um ihren Vorkriegsstand von 50.000. Neben der Rettung der dänischen Juden stellt die Errettung des bulgarischen Judentums von der Deportation und Vernichtung die signifikanteste Ausnahme unter der jüdischen Einwohnerschaft im von den Nazis besetzten Europa dar. Ab 1948 entschlossen sich jedoch mehr als 35.000 bulgarische Juden zur Auswanderung in den neu geschaffenen Staat Israel.[13]

Von einem dieser Transporte griechischer Juden aus Bulgarien ist ein Foto überliefert, das damals weite Verbreitung fand und große Ähnlichkeit mit den ersten Bildern des Films aufweist.
Eine wichtige ikonografische Quelle für STERNE war zweifelsohne auch der 1956 von Alain Resnais gedrehte Film NUIT ET BROUILLARD (NACHT UND NEBEL, F), an dem Konrad Wolf noch in einem Interview aus dem Jahre 1964 hervorhob, welch bleibenden Eindruck er bei ihm hinterlassen habe.[14] Tatsächlich findet sich das Bild vom Stacheldraht, das sich (wider alle faktische Glaubwürdigkeit, möchte man vermuten) leitmotivisch durch STERNE zieht, auch schon in Resnais' Film.
Eine noch wesentlichere Anleihe aus NACHT UND NEBEL stellt sicherlich die berühmte Passage von STERNE dar, die die Verladung der Juden aus den Durchgangslagern zeigt. Bei der Referenzpassage aus Resnais' Film handelt es sich um Dokumentarmaterial, das aus Westerbork stammt, dem größten Auffanglager in den Niederlanden. Ohne über die Herkunft der Bilder konkreten Aufschluss zu geben, verwendet Resnais hier Ausschnitte aus einem vom deutschen Kommandanten Albert Konrad Gemmeker persönlich in Auftrag gegebenen Film, der zur Berichterstattung nach Berlin und als Nachweis für die effiziente und ordnungsgemäße Vorgehensweise bei der Deportation diente. Gefilmt wurden die Aufnahmen von Rudolf Breslauer, einem in München geborenen und mit Frau und drei Kindern in die Niederlande geflohenen jüdischen Lager-Insassen. Ein weiterer Fall von Fehlleistung: Gemmeker ließ seine Arbeit dokumentieren, weil er stolz auf sie war, heute jedoch ist dasselbe Material ein Dokument des Fanatismus und der Barbarei der Deutschen. Ob Breslauer wohl gehofft hat, mit seinen Diensten sich und seiner Familie das Leben

13 http://www.ushmm.org/wlc/article.php?lang=en&ModuleId=10005451 (Website des United States Holocaust Memorial Museum, Zugriff am 27.9.2008, Übers. T.E.); ebenso wie: Michael Bar-Zohar: Beyond Hitler's Grasp. The Heroic Rescue of Bulgaria's Jews, Avon, MA 1998.
14 Ulrich Gregor, Heinz Ungureit: Konrad Wolf, in: Wie sie filmen. Fünfzehn Gespräche mit Regisseuren der Gegenwart, hg. v. Ulrich Gregor, Gütersloh 1966, S. 309-337, hier S. 336.

zu retten? Die ungezwungene Atmosphäre im Lager spricht dagegen und ist in ihrer Unwissenheit für den Zuschauer im Nachhinein umso grauenvoller: Der Film ist im Mai 1944 gedreht; im September 1944 wird Breslauer mit seiner gesamten Familie nach Auschwitz transportiert und dort sofort umgebracht; der Öffentlichkeit gilt er heute als Held des jüdischen Widerstands, eben weil er daran mitgewirkt hat, die Geschehnisse von Westerbork zu dokumentieren.

Insbesondere das Bild der jungen Frau an der Waggontür hat mittlerweile den Status einer Ikone erlangt. ›Het meisje‹ (das Mädchen) ist hunderte Male reproduziert, als Motiv für Buchumschläge verwendet und insbesondere in den Niederlanden, neben Anne Frank, zum Symbol des Holocaust ganz allgemein erhoben worden. Vergleicht man das zentrale thematische Motiv in Wolfs Film – die verlassene jüdische Frau am Waggonfenster – mit der Ikone des Holocaust aus Resnais' Film, so fallen einem nicht nur die Ähnlichkeiten auf, sondern auch die Unterschiede: bei Resnais das namenlose, unbekannte Opfer, das für Millionen steht; bei Wolf der individualisierte Engel der Barmherzigkeit, dessen selbstlose, aufopferungsbereite Liebe den Mann zur moralischen Pflicht und politischen Entscheidung ruft.

Diese melodramatische Aufladung des Bildes bei Wolf steht wiederum in einem besonders produktiven Verhältnis zu einer Entdeckung, die erst 1994 gemacht wurde – der Entdeckung nämlich, dass es sich bei der niederländischen Ikone des Holocaust gar nicht um ein jüdisches Opfer handelt. Der von Breslauer in Westerbork gefilmte Transport, den Resnais in seinen Film über französische politische Gefangene auf dem Weg nach Buchenwald einmontierte und den Wolf in STERNE zum Symbol eines vergeblichen Rettungsversuchs umformte, enthielt auch mehrere Waggons mit nicht-jüdischen Opfern, allen voran von im Mai 1944 aufgegriffenen, in den Niederlanden ansässigen Sinti und Roma. In mühevoller Kleinarbeit hat der Journalist Aad Wagenaar nachweisen können, dass das unbekannte Mädchen tatsächlich einen Namen und eine Geschichte hat:[15] Ihr Name ist Settela Steinbach, und sie kam aus dem deutsch-niederländischen Grenzgebiet um Aachen und Maastricht:

> Anna Maria (Settela) Steinbach (23. Dezember 1934 – 31. Juli 1944) war ein niederländisches Mädchen, das in Auschwitz vergast worden ist. [...] Steinbach wurde in Buchten bei Born (Süd-Limburg) als Tochter eines Einzelhändlers und Violinisten geboren. Am 16. Mai 1944 wurde in ganz Holland eine Razzia gegen die Roma durchgeführt. Steinbach wurde in Eindhoven gefasst. Am selben Tag kam sie mit 577 anderen im Lager Westerbork an [...]. In Westerbork wurde Steinbach wegen der Gefahr von Kopfläusen vorsorglich kahlgeschoren.

15 Aad Wagenaar: Settela – Het meisje heeft haar naam terug, Amsterdam 1995.

Ihre Mutter riss das Stück eines Bettlakens ab, das sie sich um ihren Kopf wickeln konnte.
Am 19. Mai wurde sie zusammen mit 244 anderen Roma nach Auschwitz-Birkenau deportiert, mit einem Zug, der auch Waggons mit jüdischen Gefangenen mit sich führte. Als die Türen des Güterwagens, in dem sie abtransportiert werden sollte, gerade geschlossen wurden, warf sie noch einen kurzen Blick nach draußen auf einen vorbeilaufenden Hund. Dieses Bild wurde von Rudolf Breslauer eingefangen.[16]

So führt hier eine Kette von Verwechslungen, Übernahmen, Zitaten und aus dem Kontext gelösten Symbolisierungen – kurz, eine ganze Reihe performativer Fehlleistungen – dennoch zu einer wichtigen Entdeckung und Erkenntnis: Hinter jedem Zug kann sich ein weiterer Transport verstekken, ein Genozid verdeckt einen anderen, um ihn dann in neuer Form wieder aufzudecken. Die Bilder kommen nicht einfach irgendwo in der Geschichte zum Stillstand: sie wandern mit uns, sie begleiten uns – und manchmal überholen sie uns sogar.
Damit ist zugleich aber auch angedeutet, was man das medienspezifische Gedächtnis des Holocaust nennen könnte, das gleichfalls bei einer Lektüre von STERNE – wie ich zu zeigen versucht habe, *nolens volens* – aktiviert wird. Dieses medienspezifische Gedächtnis, so mein Vorschlag, weist neben dem Einsatz von Bildern, deren ikonische Bedeutung schon von vornherein festgelegt ist, noch mehrere andere Merkmale auf. Paradoxerweise scheint es beispielsweise so zu sein, dass – wohl nicht zuletzt dank dieses Repertoires an Gedächtnisbildern, das aus dem fast unerschöpflichen Vorrat der Fotografien, Filmkader und Zeitungsbilder stammt – ein solches Mediengedächtnis ähnlich wie Freuds Unbewusstes kein zeitliches Vorher und Nachher kennt, also auch keiner auf immer festgelegten Kausalität verpflichtet ist. Das bedeutet, dass der Ort dieser Bilder in Bezug auf Vergangenheit und Zukunft unbestimmt ist. Ihre kulturelle Präsenz wird zu einer Art ›virtueller‹ Dimension, in der die Bilder wie in einer suspendierten Belebtheit auftauchen, in der Lage, aktiv ihre Bedeutung neu zu bestimmen, den Betrachter wie einen Schock zu treffen oder unverhofft einen völlig anderen Weg in die Vergangenheit zu eröffnen. Daraus ließe sich erklären, weshalb Medienbilder es vermögen, das kulturelle Gedächtnis immer wieder umzuschreiben. Noch präziser formuliert: in der Visualität und Sprache der Bilder kommt eine besondere Form multipler Singularität zum Tragen, die mit der eingangs erwähnten konstitutiven Ungleichzeitigkeit und Nachträglichkeit des historischen Imaginären und der performativen Fehlleistung in Verbindung gebracht werden

16 http://en.wikipedia.org/wiki/Settela_Steinbach (letzter Zugriff: 7. Oktober 2008, Übers. T.E.).

kann. In diesem Zusammenhang hat mich bei meinen erneuten Sichtungen von STERNE besonders interessiert, dass es hier eben genau diese suspendierten und suspendierenden Zeitebenen sind, aus denen sich die einzelnen Bedeutungsebenen des vergeblichen Versuchs des männlichen Protagonisten, die Jüdin zu retten, erst vollständig auffächern.

Meine These wäre demnach, dass sich Konrad Wolfs STERNE, der gemeinhin als paradigmatisches Beispiel ostdeutscher oder zentraleuropäischer Vergangenheitsbewältigung angesehen wird, durch die ineinander verflochtenen Knoten der Geschichte, ihre Schleifen und Verwicklungen, Umkehrungen und Umschreibungen, nicht nur anders darbietet als vielleicht ursprünglich intendiert, sondern über so etwas wie historisch Unbewusstes oder historisch Imaginäres verfügt, das in den Bildern selbst nistet und weder mit dem des Autorenregisseurs noch mit dem des Publikums identisch ist. Dieses den Erinnerungsbildern des Films eingeschriebene unbewusste Wissen verweist darauf, dass Geschichte nicht in Bildern abgelegt wird, wie in einem Tresor, oder auf die gleiche Weise fixiert ist, in der die indexikalische Bindung das Fotografische an die Wirklichkeit knüpft. Es bedeutet vielmehr, dass Geschichte nicht aufhört zu handeln, stets wieder in Dracula-Manier ›lebendig wird‹. Bilder aus der Geschichte helfen uns daher auch nicht bei der Bewältigung der Vergangenheit. Ganz im Gegenteil ist es die Vergangenheit in diesen Bildern, die uns zu überwältigen droht; und sie tut dies nicht selten auf äußerst unerwartete Weise: mehr der Erinnerung gleichend als der Geschichte und mehr dem Trauma als der Erinnerung.

Wie nun schafft es der Regisseur, diese Vergangenheit lebendig zu erhalten und an sich selbst arbeiten zu lassen, wie Alexander Kluge es formulieren würde? Paradoxerweise gerade nicht in der Form, die wir vom westeuropäischen Autorenkino her gewohnt sind, nämlich durch ein so genanntes offenes Ende, bei dem der Held in eine ungewisse Zukunft entlassen wird. Ein offenes Ende à la Antonioni kann und will sich Wolf nicht erlauben, und so wählt er Erzählformen und visuelle Techniken, die implizit auf mehreren Zeitebenen operieren, welche sich weder bedingen noch gegenseitig ausschließen. Ich würde sie ›die Zeitebenen des zu spät / zu früh‹ nennen und mit ihnen einen Topos der ›vergeblichen Rettung‹ als *performance of failure*, als performativer Geste des Scheiterns, entwickeln. Es lassen sich dabei drei Modalitäten oder Themen des erhofften, aber unmöglichen Rückspulens in STERNE unterscheiden: Die Zukunft als Vergangenheit; die Stimme Gottes; der Appell an den virtuellen Zuschauer.

Die Zukunft als (noch einmal wiederkehrende) Vergangenheit: Stellen wir ein weiteres Mal die Frage nach dem zentralen Punkt dieser Geschichte, die Wolf erzählt. Besteht sie tatsächlich darin, dass es 1943 sinnvoller war, den Kommunisten zum Sieg zu verhelfen, als eine Gruppe sephardischer Juden aus Griechenland zu retten? Das könnte für einen deutschen Kommunisten die politisch richtige Wahl gewesen sein, aber Walter ist kein Kommunist: Er ist ein Künstler, der es in der Kunst noch nicht weit gebracht hat, der für alle möglichen Menschen, einschließlich der Bulgaren und Juden, ein offenes Herz hat und ein intuitives Gefühl der Sympathie hegt, sich ihnen gegenüber jedoch weitgehend unentschieden verhält. Oder liegt die Moral der Geschichte darin, dass die Rettung der Frau, die man liebt, weniger wichtig ist, als auf der Seite der Partisanen eines fremden Volks gegen seine eigenen Landsleute zu kämpfen? Und warum sollte diese Alternative die logische Konsequenz des vergeblichen Rettungsversuchs sein? Ist der Kampf an der Seite der Partisanen vielleicht eher eine Geste der Sühne und Abbitte für die subjektiv empfundene Mitschuld am Tod der Geliebten? Aber, recht betrachtet, wollte Ruth ja auf diese Weise gar nicht gerettet werden. In ihrem ausführlichen Gespräch hatte sie Walter von dieser Schuld schon befreit, noch ehe er überhaupt an einen konkreten Fluchtplan dachte, indem sie den Wert ihres Lebens mit dem ihrer Gemeinschaft in den Worten gleichsetzte: »Ein jeder Stern gehört in sein Sternbild, und jeder Mensch hat einen Stern am Himmel. Und wenn der Stern sich von seinem Platz losreißt, geht dieser Mensch zugrunde.« Zudem zeigt Wolf auf, wie schwer es für Ruth ist, sich wegen ihrer Kontakte zu Walter innerhalb der jüdischen Gemeinde zu behaupten und nicht als Spionin oder Verräterin verstoßen zu werden.

STERNE erscheint in dieser Hinsicht so unkonventionell, weil der Film uns all diese Möglichkeiten nebeneinander klar vor Augen stellt und dadurch seinen Helden – sowohl in der Motivation wie in der Effizienz seiner Handlungen – einer genaueren Bewertung unterzieht, lange bevor Walter schließlich zur politisch korrekten Entscheidung findet. Ein gutes Beispiel ist hierfür die Episode mit den Arzneimitteln: Walter will den Juden helfen und überlässt deshalb dem Partisanenführer Petko wertvolle Wehrmachtsmedikamente. Dieser schmuggelt sie allerdings zu den Partisanen und benutzt dazu einen Jungen aus dem Dorf, der prompt von der Polizei im Wald aufgegriffen wird. Wie Walter selbst zugeben muss, hat seine gute Absicht sowohl den Juden geschadet – sie werden im Appell-Hof gedemütigt und bekommen drei Tage Essensentzug – als auch den Partisanen, deren geheimes Netzwerk auffliegt. Walter rationalisiert sein Versagen, als ob dies schon im Voraus der Grund sei, weshalb auch sein Versuch, Ruth zu retten, nur zu mehr Unheil führen müsse. In beiden Fällen lautet sein Fazit: *So habe ich es nicht gemeint, so habe ich es nicht gewollt.* Dies würde bedeuten, dass Walter von Anfang an um sein Versagen weiß und dass die ganze Geschichte des Films im Grunde unter dem Omen des Wissens um dieses Versagen steht. Von Beginn an steht fest, dass sein Handeln, sein Gesinnungswandel, sogar seine Liebe vergeblich sind, dass alles, was er tut, sozusagen von vornherein ›zu spät‹ kommt.

Erst aus dieser Position der Nachträglichkeit heraus wird die Rückblendenstruktur des Films verständlich, ja sogar zwingend notwendig, kann doch nur sie die Möglichkeit erfahrbar machen, dass die Zukunft nicht anders ist als eine Vergangenheit, die zwangsläufig wiederkehrt, weil sie noch nicht begriffen wurde. Die Erzählweise von STERNE ist daher auch nicht zu vergleichen mit der Rückblendenstruktur von Filmen wie Andrzej Munks Fragment gebliebenem PASAZERKA (DIE PASSAGIERIN, PL 1961/63) oder Sidney Lumets THE PAWNBROKER (DER PFANDLEIHER, USA 1964). Wenn Walter den im Schlamm liegenden Judenstern aufhebt und noch einmal versucht, dem Zug hinterherzulaufen, verweist uns der Film auf die Rückkehr dessen, was der Judenstern auch für die Deutschen einmal bedeuten wird. Es hat den Anschein, als ob dieser Stern selbst dort noch auf ihn warten wird, wohin Walter von seinen Partisanenkämpfen erst noch zurückkehren wird: So bleibt eines der eindrucksvollsten Bilder des Films das eines Helden, der den Ereignissen ständig hinterherläuft, ja sogar – wie ausdrücklich im Kommentar und im Bild betont wird – das eines Helden, der der Geschichte sichtlich hinterherhinkt.

Eine nicht minder erstaunliche Verschiebung der Zeitebenen des Films lässt sich in der schon erwähnten Appellszene beobachten. Dramaturgisch stellt sie einen Moment der extremen Spannung dar, der schrecklichen Vorahnung und des Bangens um das Schicksal der hier Angetretenen. Dann aber setzt eine Musik ein, die diese Gesichter und Gestalten schon betrauert und beweint, so als ob die Juden nur noch in den Erinnerungsspuren ihrer zukünftigen Ermordung existierten: Mitten in der Gegenwartshandlung wechselt Wolf durch den Einsatz der Musik in die Zeitform eines Blicks aus der Zukunft auf unwiederbringlich Vergangenes. Eine ähnliche Tempusform der Un-Möglichkeit ließe sich an der Verwendung des jiddischen Lieds »Es brennt« nachweisen, das zur Hilfe aufruft, weil das Schtetl brennt, das aber auch darum weiß, dass das Schtetl weiter brennen wird, selbst wenn Hilfe kommen sollte: Auch hier hat man also die ›vergebliche Rettung‹ als Grundmotiv.

In diesem Sinne spielt sich der Film zu keinem Moment in einer wie auch immer sich vorzustellenden ›Gegenwart‹ (ob 1943 oder 1959) ab, die in Richtung Zukunft offen wäre, sondern ist von der ersten Szene an ein Film der Erinnerung: Ein Film, der sich über seine Gegenwart hinaus denken muss, in der Schwebe zwischen einer traumatischen Vergangenheit und einer trügerisch-unsicheren Zukunft, in eine Zeitlichkeit hinein, die weder utopisch noch rein zyklisch ist. Von der ersten Szene an wird diese Position unmissverständlich markiert: Walter und sein Freund Kurt sonnen sich auf einem Hügel über der Stadt. Sie sind erleichtert, der Hölle von Stalingrad entkommen zu sein, und warten jetzt lediglich noch auf das Ende des Kriegs, den selbst Kurt, der überzeugte und – wie wir später herausfinden werden – sadistische Nazi, für verloren hält. Im Gegensatz zu

Kurts Zynismus ist Walters Nihilismus schon mit der von Alexander und Margarete Mitscherlich für die Nachkriegsgeneration festgestellten »Unfähigkeit zu trauern« verwandt, mit der Melancholie derer, die im Freudschen Sinn ihr Ich-Ideal verloren haben und nun der Welt keinen Sinn mehr abgewinnen können.[17] Der Film wird so zu einem Memento mori nicht nur der Juden, die ihr Leben auf so grausame Weise lassen mussten, sondern auch derer, die dabei ihre Seele verloren haben: den Deutschen.

Die Stimme Gottes. Dieser Verlust eines in der Zeit verankerten Bezugspunkts des Subjekts, wobei die Vergangenheit die Zukunft schon vereinnahmt hat, mag ein Erklärungsmodell dafür liefern, warum der Film neben seiner Rückblendenstruktur auch die Kommentarstimme eines Off-Erzählers aufweist. Woher kommt diese Stimme, und wem gehört sie? Sie bleibt anonym und körperlos, sie ist nicht in die diegetische Welt der handelnden Personen eingebettet, sie ist mal wohlwollend, mal herablassend, ein anderes Mal ironisch und spricht meist aus einer Position retrospektiver Allwissenheit, obwohl sie beteuert, nicht zu wissen, wer nun eigentlich dieser deutsche Soldat namens Walter wirklich war. Sie spricht deutsch mit einem bulgarischen Akzent, gehört aber keinesfalls dem Partisanenführer. Da sie nicht einer im Bild sichtbaren Person zugeschrieben werden kann, müsste man sie eigentlich dem Kirchturm und seiner Symbolik beiordnen, auf die sich Walter in seinen Skizzen zu Beginn des Films bezieht. Diese Kirche wird wiederholt ins Bild gesetzt, und von ihrem Glockenturm werden die Stadt, das Lager und die vergebliche Bemühung Walters, den fahrenden Zug noch zu erreichen, wie von einem stillen Zeugen beobachtet. Damit wäre die Stimme aus dem Off tatsächlich so etwas wie die sprichwörtliche »Stimme Gottes«, die ›Voice of God‹ des traditionellen Dokumentarfilmkommentars – hier allerdings buchstäblich verstanden als Stimme *sub specie aeternitatis*, die aber diesen Menschen nicht helfen kann oder will. Von allen Menschen und noch vom christlichen Gott selbst verlassen, wird aus der Geschichte einer vergeblichen Rettung so etwas wie der Versuch einer ›Rettung des Vergeblichen‹: all die Utopien, Bemühungen und Opfer für eine bessere, gerechtere Zukunft – oder genauer gesagt: die verzweifelten Anstrengungen, sich überhaupt eine Zukunft zu sichern – sind zugleich vergeblich *und* harren der Errettung.

Der Appell an den virtuellen Zuschauer. Diese Antizipation einer Rettung des Vergeblichen übersetzt sich in Wolfs STERNE in einen äußerst bemerkenswerten Inszenierungsstil, der die Handlung entlang einer Bilddiagonale führt, mit oft extremen Nahaufnahmen im Vordergrund und einem

17 Vgl. Alexander Mitscherlich, Margarete Mitscherlich: Die Unfähigkeit zu trauern. Grundlagen kollektiven Verhaltens, München 1968.

ebenso extremen, weit in die Bildtiefe verlegten Fluchtpunkt. Fast scheint es, als ob Wolf sich an CITIZEN KANE (USA 1941, Orson Welles) orientiert habe – was, nach dem, was ich zum Einsatz der Rückblendenstruktur behauptet habe, nicht mehr ganz so befremdlich anmuten dürfte, wie es auf den ersten Blick erscheinen mag. Man kann diesen Kamerastil vielleicht am ehesten als Dekonstruktion der klassischen Gregg-Toland-Methode einer Tiefeninszenierung beschreiben, weil er dessen Tiefenperspektive insofern zusätzlich verfremdet, als er sie auf einen manieristischen ›Expressionismus‹ hin zu übertreiben scheint und damit den Zuschauer zwingt, seiner eigenen Position bewusst zu werden: Sind wir hier als Voyeur oder als Zeuge angesprochen? Und wo in dieser barocken Mise en Scène befindet sich unser optisch als Blickpunkt lokalisierbarer Platz innerhalb des Raums der Fiktion? Nicht nur, aber vor allem wenn sich die beiden Hauptdarsteller in Nahaufnahme direkt an die Kamera wenden, verweist der Bildvordergrund auf die Hoffnung und den Glauben an eine aufkeimende Liebe, wohingegen der Bildhintergrund das anzeigt, was die beiden Liebenden hinter sich lassen wollen. Betrachtet man etwas näher, was genau hier verhandelt wird und, ganz speziell, was – über ihre sehnsüchtigen Blicke vermittelt – dabei in den Raum des Zuschauers verlagert wird, so wird deutlich, dass sich diese extreme Form der Frontalinszenierung nicht auf den vorfilmischen Raum bezieht. Vielmehr repräsentiert der Raum, in den die Protagonisten hineinblicken, einmal mehr eine zeitliche Dimension, allerdings nicht mehr die Zeit der Vergangenheit oder der Zukunft, sondern die je konkrete Gegenwartszeit des Zuschauers und seines Wissens sowohl um die Vergangenheit als auch um eine ihrerseits inzwischen historisch gewordene und gescheiterte Zukunft. Wie immer wir zu der Hoffnung der Liebenden stehen mögen, wenn sie wie hier vor der Kamera zum Ausdruck kommt, wird darin das Wissen um die Vergeblichkeit dieser Hoffnung enthalten sein. Und umgekehrt: wenn sich Walter dazu entschließt, dem Partisanenführer zu folgen, so zeigt der Regisseur ihn nicht in der Bewegung auf die Kamera zu. Stattdessen entschwindet Walter in die Tiefe des Blickfelds, wird immer kleiner und unbedeutender – womit der Film auch hier eine Erwartungshaltung unterläuft, die sich als Ergebnis seiner schwierigen Entscheidung für den Helden eine bessere Zukunft verspricht.

Zeitlichkeiten einer vorweggenommenen Zukunft. Die Mehrzahl der Szenen, in denen die merkwürdige Bewegung vollzogen wird zwischen einer Zukunft, die bereits zur Vergangenheit geworden ist, und einer Vergangenheit, die sich erst noch einstellen muss, spielt sich sehr nah an der Kamera ab. Entlang der Raumachse eines extremen Vordergrunds und der betonten Inszenierung in der (in einen unendlichen Raum führenden) Diagonale markiert der Film ein räumliches Trajekt, das eine Antwort bereithalten würde auf die Fragen: Wie ist die Richtung bzw. die Entscheidung, die sein Protagonist einschlagen bzw. fällen wird? Und welches Ziel und Schicksal erwartet die im Zug abtransportierten Juden (die wir am Ende in einen Tunnel einfahren sehen, dessen Form an die Verbrennungsöfen von Auschwitz erinnert)? Darüber hinaus konstruiert der Film in diesen Szenen jedoch insofern auch die Zeitachse einer unmöglichen, bereits vorweggenommenen Zukunft, als die hervorgehobenen Nahaufnahmen nicht etwa Nähe oder Intimität vermitteln, sondern appellative Funktion haben. Das bange Gesicht von Ruth, die perplexen Züge Walters scheinen sich an die Gegenwart zu richten im Namen einer Vergangenheit, die auf den Figuren als die Last einer unerträglichen Zukunft liegt: Es ist, als ob wir, die Nachgeborenen, ihre Richter sein sollen, zugleich aber diejenigen sind, die das ungeschehen zu machen haben, was die Protagonisten über die Vergeblichkeit jeder von *ihnen* ergriffenen Handlung bereits zu wissen scheinen.

Meine Lektüre von STERNE im Kontext performativer Fehlleistung und der Nachträglichkeit von Handlungen legt den Schluss nahe, dass die herkömmlichen Fragen nach den autobiografischen Elementen im Werk Konrad Wolfs – die Notwendigkeit des mehrmaligen Wechsels der Fronten sowie das Schicksal, zum Doppelagenten der noblen Idee vom Sozialismus zu werden – ausgeweitet werden müssten auf eine genauere Untersuchung der Zeitebenen in seinen Filmen. Einerseits rückt ihn diese intensive Beschäftigung mit der (Nicht-)Darstellbarkeit von Zeit einmal mehr in die Nähe des europäischen Autorenkinos der 1960er Jahre, insbesondere von Alain Resnais (und natürlich auch des nach dem Holocaust aufkommenden ›Zeit-Bildes‹, wie es von Gilles Deleuze definiert worden ist[18]). Andererseits wird die Ambivalenz, die Wolf wiederholt gegenüber den Filmen von Resnais (allen voran HIROSHIMA MON AMOUR, F 1959, und L'ANNÉE DERNIÈRE À MARIENBAD, F 1961) zum Ausdruck brachte, gerade angesichts der vielen Parallelen zu Resnais verständlicher. Denn bei Wolf ist die Ungleichzeitigkeit kein psychologisches Motiv, das in der zwischenmenschlichen Dimension von Bewusstsein und Erinnerung wurzelt, sondern hat einen politischen Hintergrund: Die Tragik liegt für Wolf darin, dass die Hoffnung auf eine bessere Zukunft unweigerlich eine Suspension der Gegenwart mit sich bringt, die dennoch stets von der Vergangenheit eingeholt wird. Deshalb gehören in STERNE das Wissen um Nachträglichkeit und Vergeblichkeit zu den authentischen und politischen Elementen, betrachtet man den Film nicht nur in Bezug auf Konrad Wolfs eigene Biografie und Lebensgeschichte, sondern auch im Verhältnis zur Geschichte jenes Landes, dem er mit seinem Werk dienen wollte.

18 Vgl. Gilles Deleuze: Das Zeit-Bild. Kino 2. Frankfurt a. M. 1991.

Das würde bedeuten, dass das persönliche Schicksal Konrad Wolfs als Remigrant im doppelten Sinn und in beide Richtungen – von West nach Ost und von Ost nach West – ihn heute nur noch repräsentativer erscheinen lässt oder eher: ihn erst heute zu einem Repräsentanten der DDR erhebt, wie er es zu Lebzeiten trotz seiner herausgehobenen offiziellen Stellung niemals hätte sein können. Gerade angesichts des ›Verschwindens‹ der DDR und seiner Geschichte sind Wolf und seine Filme von wachsender Bedeutung: Aus seinem Werk lässt sich lernen, was es heißt, sich jenen Widersprüchen und Zeitbrüchen auszusetzen, die sich auftun, wenn man sein Schaffen ganz ins Zeichen des Nachlebens der deutschen Geschichte und der Rettung der ›Seele Deutschlands‹ stellt. Oder in den Worten Walter Benjamins, wie sie an exponierter Stelle von Alexander Kluge zitiert werden (und, in meiner Interpretation, in den Raumtiefen von STERNE widerhallen): Je näher man Konrad Wolfs Filme anschaut, desto ferner schaut nicht nur Konrad Wolf, nicht nur ›Deutschland‹, sondern ›Europa‹ zurück.[19]

[19] In DIE PATRIOTIN (BRD 1979) lässt Alexander Kluge eine Stimme aus dem Off sagen: »Je näher man ein Wort ansieht, desto ferner sieht es zurück.« Walter Benjamin hatte seinerseits Karl Kraus zitiert.

Wahrnehmen – Observieren – ›Checken‹ Bernhard Groß
Geschichtlichkeit als ästhetische Erfahrung in
ZWISCHEN GESTERN UND MORGEN

Carl Zuckmayer, der 1939 aus Deutschland in die USA emigrierte und amerikanischer Staatsbürger wurde, kehrte 1946 als US-amerikanischer Kulturoffizier nach Deutschland und Österreich zurück – und bereiste zwischen November 1946 und April 1947 alle Westzonen, einschließlich des gesamten Berliner Raums. Er hat 1947 über diese Reise den sog. *Deutschlandbericht für das Kriegsministerium der Vereinigten Staaten von Amerika* geschrieben, in dem es auch einen Kommentar zum Drehbuch des Films ZWISCHEN GESTERN UND MORGEN gibt, den der bereits gegen Ende des Dritten Reichs als Regisseur und v.a. in der Nachkriegszeit auch als Drehbuchschreiber und Produzent[1] erfolgreiche Harald Braun als ersten Film der US-amerikanischen Zone 1947[2] inszenierte:

[1] Als Produzent mit seiner 1947 gegründeten Filmfirma Neue Deutsche Filmgesellschaft (NDF) bzw. als Drehbuchschreiber realisierte Braun u.a. preisgekrönte Filme bzw. Kassenschlager wie DAS VERLORENE GESICHT (erfolgreichster Film 1948/49); FANFAREN DER LIEBE (Kassenschlager 1951); NACHTS AUF DEN STRASSEN (Kassenschlager 1952 und Dt. Filmpreis 1953); HIMMEL OHNE STERNE (Dt. Filmpreis 1956); BUDDENBROOKS (unter den fünf erfolgreichsten Filmen des Jahres 1959). Vgl. auch: Werner Schneider, Klaus Sigl, Ingo Tornow: Jede Menge Kohle? Kunst und Kommerz auf dem deutschen Filmmarkt der Nachkriegszeit. Filmpreise und Kassenerfolge 1949-1985, München 1986. Braun ist damit ein Paradebeispiel für eine Art ›Autorenkino‹ der Nachkriegszeit im westlichen Deutschland, das schon allein auf der Ebene der Produktion und Distribution eine sehr diversifizierte, vielfältige Landschaft aufweist (im Gegensatz zur und in Reaktion der Alliierten auf die nationalsozialistische Zeit). Vgl. zur Zerschlagung der UFA nach 1945 Klaus Kreimeier: Die UFA-Story. Geschichte eines Filmkonzerns, Frankfurt a. M. 2002; vgl. auch Heide Fehrenbach: Cinema in Democratizing Germany, Chapel Hill / London 1995.
[2] Der Film wurde am 11.12.1947 in München uraufgeführt. Trotz schlechter Kritiken (von den großen Tageszeitungen bildet damals nur der Rezensent der Frankfurter Rundschau eine Ausnahme – Herbert Schlömann, in: FR, 18.12.1947) hatte der Film bis 1949 in allen Zonen über drei Millionen Zuschauer, was für den deutschen Nachkriegsfilm bis 1949 ein sehr gutes Ergebnis ist. Vgl. dazu Bettina Greffrath: Gesellschaftsbilder der Nachkriegszeit. Deutsche

Obwohl ich Gelegenheit hatte, nur eine erste Drehbuchfassung der laufenden Spielfilmproduktion »Regina Palast Hotel« zu sehen, die angeblich erheblich verbessert und verändert worden war –, glaube ich immer noch, dass die Story dieses Films typisch romantisches UFA-Hollywoodzeug ist, inszeniert vor dem Hintergrund moderner deutscher Ruinen.[3]

Was hier etwas abschätzig formuliert ist, muss man nur auf seinen strukturellen Gehalt hin befragen – und schon hat man eine Art Matrix des deutschen Kinos der unmittelbaren Nachkriegszeit formuliert, die in je spezifischer Ausprägung in vielen Filmen zu finden ist.[4] Übersetzt man nämlich dieses Urteil Zuckmayers in eine filmgeschichtliche Chronologie, könnte man vom UFA-Stil im Nationalsozialismus, vom klassischen Hollywoodkino und – in Bezug auf die Darstellung äußerer Realität, für die im Nachkriegsdeutschland die zerstörten Städte stehen – dem italienischen Neorealismus sprechen. Die damit verbundene Behauptung wäre dann, dass die deutschen Nachkriegsfilme, v.a. die vor den Staatsgründungen 1949, Versatzstücke aus eben jenen Kinematografien mischen. Von Anfang an hat man solchen ›Eklektizismus‹ als Schwäche dieses Kinos beschrieben, als Ausweis seiner bruchlosen Kontinuität mit dem Film des Dritten Reichs usw. Am heftigsten formulierte das Wolfdietrich Schnurre in seiner 1950 erschienenen Polemik *Rettung des deutschen Films*:

> Sie drehen primitivstes Mittelmaß. Sie bedienen sich antiquiertester Ausdrucksmittel. Sie verstoßen gegen die banalsten filmischen Grundregeln. Sie missachten die dramaturgischen Gesetzmäßigkeiten. Sie münzen die Misere unserer Zeit in kläglichste Aufbaupathetik um. Sie übernehmen die Nazifilmschablonen, als habe sich inzwischen nicht das Geringste geändert.[5]

Meine These ist nun, dass gerade in dieser Mixtur der spezifische Realismus des deutschen Nachkriegskinos steckt, der sich nicht auf die Ab-

---

Spielfilme 1945-1949, Pfaffenweiler 1995, S. 431. Vgl. auch Werner Schneider et al.: Jede Menge Kohle?, a.a.O. 3 Carl Zuckmayer: Deutschlandbericht für das Kriegsministerium der Vereinigten Staaten von Amerika [1947], hg. v. Gunther Nickel et al., Frankfurt a. M. 2007, S. 189.
4 Etwa in UND ÜBER UNS DER HIMMEL (D 1947, Josef von Baky), STRASSENBEKANNTSCHAFT (D 1948, Peter Pewas; vgl. dazu auch den Aufsatz von Annette Brauerhoch im vorliegenden Buch), FILM OHNE TITEL (D 1948, Rudolf Jugert), LIEBE 47 (D 1949, Wolfgang Liebeneiner), um nur wenige und bekannte Filme zu nennen. Umgekehrt thematisieren die von vornherein als Genrefilme konzipierten Werke – etwa RAZZIA (D 1947, Werner Klingler) – so wie auch viele re-education- und re-orientation-Filme explizit die Wahrnehmung.
5 Wolfdietrich Schnurre: Rettung des deutschen Films. Eine Streitschrift, Stuttgart 1950, S. 9. Schnurre zählt bis auf wenige Ausnahmen von DIE MÖRDER SIND UNTER UNS (D 1946, Wolfgang Staudte) bis Josef von Bakys DER RUF mit Fritz Kortner (D 1949) nur eine Handvoll Filme zu den Ausnahmen von diesem ›Desaster‹.

bildung von Trümmern reduziert, sondern realistisch ist in dem Sinne, dass sich hier ein spezifischer Erfahrungsmodus entfaltet, der gerade darauf fußt, dass die geschlossene Form, sei es der Gattung oder des Genres oder des Stils, aufgegeben wird. Es mögen sich also vielfältige Bezüge etwa zum Film im Nationalsozialismus ergeben – der Unterschied ist, dass es nicht die *einzigen* Bezüge sind und dass die Nachkriegsfilme so einen entscheidenden Unterschied zum Film im Dritten Reich aufweisen: Sie sind gerade nicht homogen und nicht homogenisiert, sondern – wie auch immer man das beurteilen mag – sie sind *heterogen*.⁶ Viele deutsche Nachkriegsfilme beschreiben also in dieser Mixtur aus allen möglichen Stilen, in einer Art Eklektizismus, genau jene Transitstation, die man gemeinhin ›Stunde Null‹ nennt, ein zeitliches und räumliches Vakuum, in dem alles gleich gültig nebeneinander steht und ein Kaleidoskop von Möglichkeiten eröffnet: Zurück zur UFA, ins US-amerikanische Genrekino, in den italienischen Neorealismus usw. Begriffen als Erfahrungsmodus, stellt sich die Frage nach der Zuschaueradressierung der deutschen Nachkriegsfilme. These ist, dass diese Filme auf je spezifische Weise den Zuschauer adressieren: In ZWISCHEN GESTERN UND MORGEN etwa geht es dabei insbesondere um die Erfahrbarkeit von Wahrnehmung, die durch alle Register von Genres und Stilen geführt wird.⁷

Neorealismus – Der Modus der Wahrnehmung
Der Bezug zum Neorealismus⁸ lässt sich in ZWISCHEN GESTERN UND MORGEN schon in der Eröffnungssequenz festmachen, die uns zwar den Protagonisten des Films *zeigt*, aber nichts von seiner Geschichte preisgibt: Ein gut gekleideter Mann kommt mit dem Zug im kriegszerstörten Mün-

---

6 Robert Shandley analysiert in seinem Buch *Rubble Films. German Cinema in the Shadow of the Third Reich* (Philadelphia 2001) die Beziehungen des deutschen Nachkriegskinos zum US-amerikanischen Genrekino. Eric Rentschler hat dies in seiner Studie *Ministry of Illusion. Nazi Cinema and Its Afterlife* (Cambridge 1996) in Bezug auf den Film im Nationalsozialismus getan. Auch in Nazifilmen gibt es ähnliche Sujets, eine ähnliche Mise en Scène und ähnliche Genres wie im US-amerikanischen Genrekino, aber es handelt sich immer um homogene Inszenierungen. Den Unterschied zwischen homogener und heterogener Inszenierung kann man sehr gut im direkten Vergleich der beiden ›Hotelfilme‹ von Harald Braun sehen, der vor ZWISCHEN GESTERN UND MORGEN den Film HAB MICH LIEB (D 1942) mit Marika Rökk inszenierte.
7 Bei Shandley heißt es dazu über den Titel ZWISCHEN GESTERN UND MORGEN: »Rather than describing the film, it perhaps describes the lives of those who would come to see it.« Robert Shandley: Rubble Films, a.a.O., S. 64.
8 Diese Ansicht wird für das deutsche Nachkriegskino in der Regel bestritten; stellvertretend sei hier eine der profundesten jüngeren Studien zum deutschen Nachkriegskino, Shandleys *Rubble Films*, a.a.O., S. 49 zitiert: »These films do not divulge a german ›neo-realism‹ arising out of the postwar berubbled landscape, in great part because they do not have the resistance impetus of the Italians.« In Bezug auf die Widerstandshaltung der Deutschen stimmt diese Einschätzung sicherlich, aber in Bezug auf die Thematisierung der Wahrnehmung und der Zuschaueradressierung scheint mir hier ein allgemeiner blinder Fleck der Forschung zu liegen.

chen an. Er läuft durch die Landschaft »moderner deutscher Ruinen«, auf der Suche nach dem Hotel *Regina*, das er schließlich auch findet. In den ersten Minuten des Films ist die Figur nur in einem Punkt charakterisiert: nämlich als Suchender und dadurch als Sehender. Zu sehen sind hier also nicht nur einfach Ruinen, sondern die Inszenierung eines staunenden, ja ungläubigen Blicks auf diese. Der Zuschauer wiederum sieht selbigen Blick, indem er den Protagonisten als Zuschauer sieht: Der Protagonist ist nicht durch sein Handeln, sein Agieren in dieser Ruinenlandschaft gekennzeichnet, sondern nur durch sein Sehen. Es handelt sich um eine Figur, die fremd ist, obwohl sie heimkehrt. Sie handelt nicht, sie schaut; die Verbindung zwischen Aktion und Reaktion existiert nicht mehr. Auch das ist ein Merkmal, das sich in vielen deutschen Nachkriegsfilmen[9] findet.

Die Verbindung von Neorealismus und Sehen bzw. Wahrnehmung stellt v.a. André Bazin in seinen Aufsätzen zum italienischen Neorealismus aus den vierziger und fünfziger Jahren her.[10] Es ist Gilles Deleuze, der mit einer solchen Sichtweise in seiner Genealogie des Kinos aus den achtziger Jahren einen grundlegenden Paradigmenwechsel beschreibt, den Wechsel vom sog. »Bewegungs-Bild« zum »Zeit-Bild«, den er mit Bazin am italienischen Neorealismus festmacht. Er nennt das Kino nach dem Zweiten Weltkrieg das »Kino der Sehenden«, weil hier Figuren gezeigt werden, die, statt handeln zu können, nur noch schauen. Darin ist, wie Bazin uns zu verstehen gibt, auch der Zuschauer mit einbezogen, der auf eine neue Art und Weise sich mit den Figuren identifiziert und dem der Film selbst dadurch zur Seherfahrung wird.[11]

Nach Deleuze führte diese Krise zum Bruch der Kontinuität zwischen Wahrnehmungs-, Affekt- und Aktionsbild – den drei Spielarten des Bewegungsbildes, deren Voraussetzung die Behauptung einer Analogie zur natürlichen Wahrnehmung war, d.h. vor allem die Vorstellung einer als Funktion der Bewegung auftretenden Zeit.

Wenn aber die ›normale‹ Wahrnehmung einer Bewegung, die über eine Affektion des Wahrnehmenden zu einer Aktion wird, nicht mehr möglich ist, wenn also das sensomotorische Band zwischen Wahrnehmung, Af-

---

9 Sei es in WEGE IM ZWIELICHT (D 1948, Gustav Fröhlich), BERLINER BALLADE (D 1948, Robert A. Stemmle) oder in DER GROSSE MANDARIN (D 1949, Karl-Heinz Stroux), um nur drei sehr unterschiedliche Filme zu nennen; die Liste ließe sich beliebig fortsetzen, auch etwa mit Unterhaltungsfilmen wie DAS VERLORENE GESICHT (D 1948, Kurt Hoffmann) oder dem Thriller DER VERLORENE von Peter Lorre (BRD 1951); vgl. dazu Hauke Lehmanns Aufsatz in diesem Buch.
10 Vgl. André Bazin: Der filmische Realismus und die italienische Schule der Befreiung [1948], in: ders.: Was ist Kino?, Berlin 2004, S. 295-326 (Modifizierte Übersetzung d. Aufsatztitels BG). Im Hintergrund steht dabei die einflussreiche Phänomenologie Merleau-Pontys, deren Entwurf nach 1945 grundlegend an die Kategorien der Wahrnehmung und der leiblichen Erfahrung gebunden ist. Vgl. etwa Maurice Merleau-Ponty: Der Zweifel Cézannes [1945], in: ders.: Das Auge und der Geist, Hamburg 2003, S. 3-28.
11 Vgl. Gilles Deleuze: Das Zeit-Bild. Kino 2, Frankfurt a. M. 1991, S. 13.

fekt und Aktion zerreißt, kann das Bewegungsbild die Zeichenmaterie nicht mehr repräsentieren. So entstehen von der ›natürlichen‹ Bewegung ganz unabhängige »Sono- und Optozeichen«, rein akustische und visuelle Zeichen, in denen nunmehr die Bewegung, die »anormal« wird, als eine Funktion der Zeit erscheint.

Solcherart abgelöst von den Bezügen zu alltäglichen Wahrnehmungsvorgängen, entwickelt Deleuze eine Vielzahl von neuen Bildtypen, von denen hier v.a. die sog. Erinnerungs- und Kristallbilder interessant sind. Denn solche Bildtypen sind in der Lage, einer Erfahrung eine Gestalt zu geben: Einerseits vergegenwärtigen sie das Vergangene – das leisten die »Erinnerungsbilder«, etwa in der einfachen Funktion der Rückblende; andererseits machen die »Kristallbilder« darüber hinaus eine Erfahrung der gleichzeitigen Anwesenheit von Vergangenheit, Gegenwart und Zukunft möglich.[12]

In der oben beschriebenen Anfangssequenz von ZWISCHEN GESTERN UND MORGEN wird die Spezifik der Wahrnehmung auch in der Art und Weise erkennbar, wie der Film das Verhältnis von Gegenwart und Vergangenheit thematisiert: Ganz offensichtlich wird das zum einen über das Verhältnis von Gegenwarts- und Vergangenheitsebene, d.h. in Bezug auf die aktuellen Bilder der Zerstörung Münchens von 1947 und in Rückblenden, die die Zustände im Hotel Regina 1938 zeigen. Deleuze spricht in dem Fall von »Erinnerungsbildern«, die aber verschiedene Modi kennen. Es geht dabei zum einen um die Chronologie der Zeitläufte, also die Ebene, die die einen Bilder (der Rückblenden) 1938 im unzerstörten Hotel, die anderen 1947 im zerstörten München situiert. Es geht aber auch darum, dass solche Zeitlichkeiten ineinander greifen, nämlich wenn aktuelle und virtuelle Bilder, oder anders ausgedrückt, anwesende und mögliche Bilder, zugleich präsent sind. Dieser Bildmodus findet sich bereits in der Darstellung der zerstörten Stadt: Obwohl eine Ruinenlandschaft zu sehen ist, deren Koordinaten schwer bestimmbar sind, wird die Stadt ›eingenordet‹, indem sie auf signifikante Referenten bezogen wird: In ZWISCHEN GESTERN UND MORGEN sieht man mehrfach – und zwar explizit auch als von den Figuren angesehen – die Frauenkirche mit ihren charakteristischen zwei Türmen, das Wahrzeichen Münchens. Hier schieben sich also aktuelles und virtuelles Stadtbild, Orientierung und Desorientierung so ineinander, dass die Figuren Vergangenheit, Gegenwart und Zukunft ineinander blenden können: Dabei handelt es sich um einen Wahrnehmungsmodus, der sich nicht nur für den deutschen Nachkriegsfilm beschreiben lässt.[13]

12 Vgl. ebd., Kap. 4 und Kap. 5.
13 Unabhängig voneinander beschreiben Hannah Arendt und John Dos Passos diesen Wahrnehmungsmodus in ihren Berichten über das Nachkriegsdeutschland als Verdrängungsleistung. Arendt schreibt: »Inmitten der Ruinen schreiben die Deutschen einander Ansichts-

»Erinnerungs- und Kristallbild« spielen in ZWISCHEN GESTERN UND MORGEN eine wichtige Rolle, deren Funktion sich in Gänze erst erschließt, wenn man auch die anderen Ebenen räumlicher und zeitlicher Inszenierung mit einbezieht.

Genrekino

Dass die Story von ZWISCHEN GESTERN UND MORGEN nun außerdem »typisch romantisches Hollywoodzeug« ist, wie Zuckmayer schreibt, ist weder eine oberflächliche rhetorische Formel noch eine zumindest heute unumstrittene These.[14] In den zeitgenössischen Kritiken wird ein Bezug zum UFA-Stil hergestellt und schlecht beleumundet, wohingegen der Hinweis auf das Hollywoodkino fehlt, das zu kennen Zuckmayer zweifelsohne bessere Voraussetzungen hatte. Noch heute ist es nahezu ausschließlich die jüngere und jüngste US-amerikanische Forschung, die systematisch das Verhältnis des deutschen Nachkriegsfilms zum Genrekino Hollywoods herstellt.[15] An dem Film selbst lässt sich denn auch zeigen,

karten von Kirchen und Marktplätzen, den öffentlichen Gebäuden und Brücken, die es gar nicht mehr gibt.« Und bei Dos Passos heißt es über seine Ankunft in Deutschland in Frankfurt am Main: »Unser Stadtführer zeigt uns die Sehenswürdigkeiten, als stünden sie noch.« Siehe Hannah Arendt: Besuch in Deutschland / The Aftermath of Nazi-Rule. Report from Germany [1950], Berlin 1993, S. 24. John Dos Passos: Das Land des Fragebogens. 1945: Reportagen aus dem besiegten Deutschland [1946], Reinbek bei Hamburg 1999, S. 9.

14 Peter Pleyer beschäftigt sich in der ersten großangelegten Studie zum deutschen Nachkriegskino, *Deutscher Nachkriegsfilm 1946-1948* (Münster 1965, S. 60-63), ausführlich mit dem Film und kategorisiert ihn, im Gegensatz etwa zu Helmut Käutners IN JENEN TAGEN (D 1947), als Unterhaltungsfilm, der im Gewand des Zeitfilms daherkommt, d.h. die Zeitumstände als Kulisse benutzt. Dabei beschreibt Pleyer aber sehr genau die Inszenierungsstrategie des Films; Pleyer spricht vom Typus des »Gesellschaftsfilms« und stellt ihn in die Reihe des nationalsozialistischen Kinos, insbesondere der Filme mit Willy Birgel. Diesen Gedanken greift auch Peter Nau in seinem Essay *Zwischen gestern und morgen* (in: Filmkritik, H. 10 [1975], S. 440-448) auf. Thomas Brandlmeiers Aufsatz *Von Hitler zu Adenauer. Deutsche Trümmerfilme* (in: Zwischen Gestern und Morgen. Westdeutscher Nachkriegsfilm 1946-1962, hg. von Hilmar Hoffmann, Walter Schobert, Frankfurt a. M. 1989, S. 32-59, hier S. 35) bemerkt, »[...] dass die Sujets der Trümmerzeit oft mit einer UFA-Dramaturgie, -Mentalität und -Ikonographie inszeniert wurden«, was er insbesondere auch ZWISCHEN GESTERN UND MORGEN nachsagt. Man kann ZWISCHEN GESTERN UND MORGEN aber auch auf den Typus des ›Hotelfilms‹ beziehen, der von Murnaus DER LETZTE MANN (D 1924) bis zu dem nach der deutschen Romanvorlage *Menschen im Hotel* gedrehten US-amerikanischen Erfolgsfilm GRAND HOTEL (USA 1932, Edmund Goulding) reicht. Vgl. dazu auch Jennifer Fay: Rubble Noir, in: German Postwar Films. Life and Love in the Ruins, hg. von Wilfried Wilms, William Rasch, New York 2008, S. 125-140, hier S. 129. Fay stellt den Vergleich zu Murnau her als Bezug auf den Glanz des Weimarer Kinos; ich würde eher betonen, dass man sehr genau sehen kann, wie es in Murnaus DER LETZTE MANN um die soziale Frage von Aufstieg und Fall geht, wie uns der abwärts fahrende Fahrstuhl und die sich parallel vertikal abwärts bewegende Kamera in der ersten Einstellung zeigen, während in ZWISCHEN GESTERN UND MORGEN nicht mehr die Vertikale, sondern nur noch die Horizontale, d.h. die ziellose Drehbewegung der Schwingtüre des Hotels zu sehen ist.

15 Vgl. Robert Shandley: Rubble Films, a.a.O. Shandley analysiert die einschlägigen Trümmerfilme in Bezug auf ihre genrehaften Strukturen, zieht allerdings nicht den hier inten-

dass es sich durchaus um eine dramaturgische Struktur handelt, die Liebesfilmvarianten durchspielt (angelehnt an klassische US-amerikanische Liebeskomödien bzw. Melodramen) ,und zwar auf der Gegenwartsebene des Films wie auch auf der Ebene der zahlreichen Rückblenden, die das Geschehen in der Vergangenheit des Hotels unter der Naziherrschaft zeigen.

Der Karikaturist Michael Rott (Viktor de Kowa) kommt 1947 aus dem Schweizer Exil in seine Heimatstadt München zurück, um seine ehemalige Geliebte Annette Rodenwald (Winnie Marcus) zu suchen, die er bei seiner Flucht aus dem Hotel *Regina* zurückgelassen hat. Seine Briefe wurden vom Nebenbuhler, dem Hoteldirektor Ebeling (Viktor Staal) vernichtet, so dass Annette diesen in ihrer Ahnungslosigkeit in der Zwischenzeit geheiratet hat. Als Rott das im Verlauf des Films erfährt, hat sich für ihn aber längst eine andere Liebesgeschichte mit der jungen Katharina (Hildegard Knef) entwickelt. Dieser Erzählstrang, der von der Gegenwarts- auf eine Vergangenheitsebene führt, funktioniert also nach dem Muster *boy met girl*: dann verliert er das *girl* wieder, sucht es und findet dabei eine neue Liebe – *boy meets girl*. Zu der neuen Liebe gehört, der Genrekonvention entsprechend, ein leichtes und schnelles musikalisches Motiv, das Katharina und Rott zugeordnet ist.[16]

Komplementär zu der neuen gibt es die alte, unerfüllte Liebe zwischen Rott und Rodenwald. Bei Rotts Rückkehr steht Annette zwischen ihm und ihrem Ehemann. Liebte sie Rott, so war es doch Ebeling, der sie tröstete, nachdem der Geliebte im Moment des höchsten Liebesglücks verschwunden war. Dann kehrt Rott zurück, als sei nichts geschehen und keine Zeit vergangen; die Verlassene entscheidet sich endgültig für den anderen Mann. Dazu gehört das musikalische Liebesmotiv von Rott und Rodenwald, das sich im Laufe des Films ins Tragische wandelt (also von Dur in Moll), und zwar in dem Maße, in dem es sich von der Vergangenheit in die Gegenwart zieht.

Der Film arbeitet, wie aus dem *film noir* bekannt, diese Liebesdramen durch Rückblenden ab, die sich fast ausnahmslos auf den Tag des Liebesglücks und der Flucht von Rott beziehen, den 22.3.1938. In diesen Rückblenden gibt es parallel die dritte, die melodramatische Liebesgeschichte zwischen Nelly Dreyfuß (Sybille Schmitz) und Alexander Corti (Willy Bir-

dierten Schluss einer damit verbundenen spezifischen Zuschaueradressierung. Vgl. auch die jüngsten Publikationen: Jennifer Fay: Theaters of Occupation. Hollywood and the Reeducation of Postwar Germany, Minneapolis 2008; sowie: German Postwar Films. Life and Love in the Ruins, hg. von Wilfried Wilms, William Rasch, New York 2008.

16 Der Filmkomponist Werner Eisbrenner hat ein Grundmotiv mit dem Titel »Sag's heute und sag's morgen« geschrieben, das er bei den verschiedenen Paaren des Films jeweils sehr frei variiert. Vgl. dazu Peter Nau: »Werner Eisbrenner im Gespräch«, in: Filmkritik, H. 10 (1975), S. 449-454.

gel). Dreyfuß[17] ist eine jüdische Schauspielerin, die das Bühnenverbot jäh aus dem Erfolg gerissen hat und die nun, trotz Hotelverbot, an jenem Tag eben dorthin kommt, um ihren ehemaligen Mann wiederzusehen, den Schauspieler Corti, der sich von ihr getrennt hat, um weiter spielen zu dürfen. Immer stärker entpuppt sie sich im Laufe der daraus entstehenden Verwicklungen als melodramatische Heroine, die blind vor Liebe für ihren Mann, der wiederum blind ist für die Gefahr, in der sie steckt, buchstäblich in den Tod geht. Dazu gehört ein musikalisches Motiv, das ausschließlich in Moll gehalten ist und nur in den Rückblenden auftaucht. Schließlich kreuzen sich diese Liebesmotive, die sowohl die Vergangenheits- als auch die Gegenwartsebene von ZWISCHEN GESTERN UND MORGEN strukturieren, mit einer Kriminal- oder Verbrecherstory, die die Figuren und damit die Liebesmotive miteinander verbindet: Wie der Zuschauer in den Rückblenden erfährt, soll Rott wegen einer antinazistischen Karikatur von der Gestapo verhaftet werden. Er kann in letzter Sekunde über die Feuerleiter des Hotels fliehen; entscheidend aufgehalten wird die Gestapo, weil sie auf dem Weg zu Rott Nelly Dreyfuß trifft, die sich ebenfalls von der Polizei verfolgt wähnt und sich den Häschern, deren Aufmerksamkeit geweckt ist, zu erkennen gibt. Ihrer Verhaftung entzieht sie sich durch den tödlichen Sprung in die Lobby des Hotels.

In der zweiten Kriminalstory, die sich wie die Liebe zwischen Rott und Rodenwald in die Gegenwart zieht, geht es um Diebstahl: Rott sei geflohen, so der Verdacht der Hotelbediensteten, weil er Nelly Dreyfuß' Schmuck gestohlen habe, den sie ihm anvertraute, damit er ihn ihrem Ex-Mann weitergebe. Wie Katharina später aufklärt, hat Rott den Schmuck dem Ex-Mann übergeben; der hat ihn nämlich – in der einzigen Rückblende, die nicht am 22.3.1938 spielt, sondern 1943/44, als das Souterrain des Hotels schon Luftschutzkeller ist – vor dem Luftangriff, bei dem er umkommt, an Katharina zur Aufbewahrung übergeben. Sie will nun auf der Gegenwartsebene mit dem Schmuck Geld machen.

---

17 Zur Diskussion des Namens und seiner Geschichte sowie zur Funktion der jüdischen Figur vgl. Greffrath, die sich in ihrer durchgehend handlungsbezogenen Analyse v.a. auf die merkwürdige Darstellung der Opfer des NS, nicht nur in diesem Film, sondern auch in anderen Nachkriegsfilmen, konzentriert; bei ZWISCHEN GESTERN UND MORGEN beschreibt sie das »gelackte, unbeschädigte Äußere« des Protagonisten Rott, der vor der Gestapo in die Schweiz fliehen musste und den Selbstmord der Jüdin Nelly Dreyfuß als Merkmal einer Zeichnung von Opferfiguren in den Nachkriegsfilmen, in denen diese entweder selbst schuld sind an ihrer Verfolgung (vgl. etwa auch Rotts naive Auflehnung gegen die Nazis) oder eben Selbstmord begehen, aber nie von den Nazis sichtbar belangt werden. Bettina Greffrath: Gesellschaftsbilder der Nachkriegszeit, a.a.O., S. 174f. Shandley beschreibt v.a. sehr genau das Thema der jüdischen Protagonistin, die nicht nur wie im Nazifilm üblich visuell, sondern auch historisch über ihren Namen markiert ist. Vgl. Robert Shandley: Rubble Films, a.a.O., S. 67f.

Was sich mit den Genreelementen des Liebes- und des Kriminalfilms hier vermischt, sind die individuellen und die allgemeinen, die gesellschaftlichen Delikte. Es handelt sich um Verbrechen aus Liebesnot (das geraubte Herz, das betrogene Herz), Verbrechen aus ›politischen Gründen‹ (Verunglimpfung des Staates, Verstoß gegen das Rassengesetz) und Verbrechen aus niederen Beweggründen (Raub des Schmucks). Rott flieht als politischer und moralischer Verbrecher und kehrt als Räuber zurück (er denkt, als Herzensräuber, die anderen denken, als gewöhnlicher Dieb); Ebeling baut seine Ehe mit Rodenwald auf eine Lüge, Corti lebt vom Schmuck seiner in den Tod getriebenen Ex-Frau.
Soweit das »romantische Hollywoodzeug«, wie es Zuckmayer nennt. Diese Vermischung von Liebes- und Kriminalstory, von privaten Verfehlungen und öffentlichen Belangen in einer Situation, die rechtsfrei zu sein scheint, ist aus dem klassischen US-amerikanischen Gangsterfilm bekannt.[18]

UFA-Film
Aber was ist mit der Amalgamierung, die Zuckmayer meint, wenn er von »UFA-Hollywoodzeug« spricht? Zum einen sind da die Schauspieler, die bis auf eine Figur die Typen des UFA-Kinos repräsentieren, z.T. nur das nationalsozialistische UFA-Kino, z.T. aber auch das UFA-Kino der späten Weimarer Zeit: Viktor de Kowa (als Rott), Winnie Marcus (als Annette Rodenwald) und Viktor Staal (als Hoteldirektor Ebeling) gehören zu denjenigen Schauspielern, die im Nationalsozialismus groß geworden sind. Von Sybille Schmitz (als Nelly Dreyfuß) über Willy Birgel (als Alexander Corti) bis zu Erich Ponto (als Kunstprofessor und Lehrer von Rott und Rodenwald) handelt es sich hingegen um Darsteller, die auch schon vor 1933 namhafte Schauspieler waren (Schmitz etwa in Dreyers VAMPYR von 1932). Und schließlich ist Hildegard Knef (Katharina, Kat – wie sie sich selbst nennt, Kathinchen – wie Rott sie nach einer Weile ruft) eine Akteurin, die vor 1945 nur in kleinen Rollen spielte, während sie v.a. *der* weibliche Star des deutschen Nachkriegskinos wird.
Der »UFA-Stil« zeigt sich aber nicht nur in der Figurenbesetzung, er ist auch auf der Ebene der Bildraumgestaltung relevant, die sehr dezidiert die Vergangenheits- und Gegenwartsebenen im Film unterscheidet. Gegenwarts- und Vergangenheitsebene arbeiten jeweils mit sehr unterschiedlichen Inszenierungsformen: in den langen Rückblenden des Films, den Darstellungen des 22. März 1938, ist der Film wie ein UFA-Kammerspiel

18 Wie Shandley betont, ist in ZWISCHEN GESTERN UND MORGEN das Dritte Reich nicht einfach ›exotistischer‹ Hintergrund für den Genrefilm: »Braun does more than simply use the Third Reich as a backdrop for a detective story. He uses a detective story as a formula for interrogating every character's moral complicity in the crimes of the Third Reich.« Robert Shandley: Rubble Films, a.a.O., S. 69.

inszeniert. Es dominieren viele unbewegte oder wenig bewegte, halbnahe bis halbtotale Einstellungen, die durch Figuren- und Raumkontinuität verbunden sind. Die Ausstattung und die Figuren sind ›klassisch‹ beleuchtet: immer ein dezentes Fülllicht zur Grundierung der Szene, dann ein speziell gesetztes Licht auf die Hauptfigur und auf ausgewählte Gegenstände, so dass sich zusammen mit der Schärfentiefe eine gewisse Raumtiefe ergibt, die Parallelhandlungen ermöglicht. Eine solche Art der Figuren- und Raumgestaltung führt zu der homogenen Inszenierungsweise, die an diesem wie an vielen anderen deutschen Nachkriegsfilmen so oft kritisiert wurde. Sie ist gekennzeichnet von einem Verständnis des Bildkaders, das darauf zielt, ihn ›bis in den letzten Winkel‹ zu definieren. Man könnte somit bezüglich der Vergangenheitsszenen von einer hohen Sättigung des Kaders sprechen.

Die Aufnahmen der Gegenwartsebene sind indes von einem diffusen, kalten, sehr weißen Licht dominiert, das durch sehr zurückhaltende Setzlichter ergänzt wird. Besonders fällt das in den Innenszenen ins Gewicht, etwa wenn Rodenwald und Rott sich erstmals in Annettes ehelicher Wohnung wiedertreffen und dann Ebeling dazukommt. Hier sind die Figuren nicht aus einem illustrierenden Hintergrund herausgehoben, hier sind sie deutlich Teil der Ausstattung und in eine Beziehung zueinander gesetzt, die visuell keine Figur betont, also keine Hierarchien aufbaut. Andererseits gibt es harte Schwarz-Weiß-Kontraste, etwa wenn Rott, Rodenwald und Katharina in der Schlusssequenz in seinem Hotelzimmer stehen, so dass die einzelnen Figuren als isoliert vom Umfeld und den anderen erscheinen. Diese Schwarz-Weiß-Kontraste dienen aber nicht wie auf der Vergangenheitsebene der Inszenierung einer Fülle des Bildraums, vielmehr entsteht um die Figuren herum eine gähnende, eine abgrundtiefe Leere, die dazu führt, dass die Figuren nur noch wahrnehmen, aber nicht mehr handeln können; sei es, dass sie wie das Hotelpersonal tun, als wäre nichts geschehen, als stünden Hotel und Stadt noch, sei es, dass sie wie Rott und Katharina umherschweifen mit Blicken und Gesten, eben ohne in dieser desorientierenden Trümmerlandschaft einen festen Halt zu finden. Die Gegenwartsebene besteht also vorwiegend aus entleerten Bildkadern.

Ambivalente Figuren – ambivalente Zeitebenen
Was aber haben diese verschiedenen ›Stile‹ miteinander zu tun, wenn sie nicht einfach, so scheint es bisher, zur Unterscheidung von Gegenwarts- und Vergangenheitsebene dienen? Wie eingangs formuliert, ist das Thema des Wahrnehmens, so meine These, nicht auf die Sequenz zu Beginn des Films reduziert, sondern zieht sich als Prinzip durch den ganzen Film, ja, es handelt sich dabei um das *tertium comparationis*, das die verschiedenen ›Stile‹ und Ebenen miteinander verbindet.

Einen ersten Hinweis darauf, was das bedeutet, geben die Figuren. Denn der klaren Unterscheidung der Gegenwarts- und Vergangenheitsebene stehen Figuren gegenüber, die sich konträr zu dieser homogenen Inszenierung verhalten. Da gibt es, auf der Ebene der Vergangenheit, Nelly Dreyfuß, die zunächst durch ärmliche Kleidung und dann ein offensichtlich längst unmodernes Abendkleid heraussticht. Bei dieser Figur ist als einziger auf der Vergangenheitsebene die Augenpartie verschattet (die anderen haben das erwähnte Setzlicht auf dem Gesicht). In ihrem Abendkleid, das einer Toga gleicht, scheint sie tatsächlich die große Tragödin zu sein, die hier zu ihrem letzten Akt ins Rampenlicht tritt, allerdings auf der falschen Bühne: Unschuldig schuldig, bietet sie für ein letztes Zusammensein mit ihrem Geliebten den Häschern die Stirn, um sich dann, als Außenseiterin markiert, in die Tiefe zu stürzen.
Ähnlich unzeitgemäß ist Rott: aber auf der Gegenwartsebene. Während hier alle Figuren zwar genauso bekleidet sind wie auf der Vergangenheitsebene, ist das aber fast wortwörtlich zu nehmen: Sie tragen nämlich wirklich dieselbe Kleidung wie zehn Jahre zuvor, nur ist sie nun abgenutzt, schäbig und mühsam wieder hergerichtet. Anders Rott: er ist, wie an seinem letzten Abend im Hotel *Regina*, herausgeputzt, geschniegelt und frisiert, so dass man meint das Rasierwasser riechen zu können, das den Duft der Veilchen, die er für das Wiedersehen mit der Geliebten kauft, bei weitem überdeckt. Rott ist also die Figur, die über diese Attribute als lebendige Figur und deshalb als Fremdkörper erscheint: Er ist die Figur, die den Kontrast zu dem, was ist, sichtbar macht. Er ist die Figur des Sehenden.
Komplementär dazu ist Katharina die Figur des Handlungsprinzips. Sie verkörpert die Figur, die im buchstäblich niedergehenden Glanz des Hotels (d.h. in der zweiten, zeitlich unterschiedenen Vergangenheitsepisode von 1943/44, als die Bar längst Luftschutzkeller ist) durch ihre Agilität heraussticht. Dabei tritt sie mit gebundenem Haar in einem Serviererinnenkostüm auf, das in starkem Kontrast steht zu der Figur, die sie in der Gegenwart abgibt.
Auf dieser Gegenwartsebene sind alle anderen Figuren fest verortet, wirken steif und unbeweglich und tun dabei tatsächlich so, als stünden alle Mauern noch, als führten sie das Stück »Hotel Regina« nicht in Trümmern, sondern im Glanz des ehemaligen Luxushotels auf. Katharina hingegen bewegt sich wie ein Mensch in einem Wachsfigurenkabinett durch die verschiedensten Szenarien: im Hotel, auf der Baustelle, durch die Stadt ebenso wie auf dem Schwarzmarkt. Dazu ist sie, gekleidet in weiter Hose und schwarzem Rollkragenpullover, sowohl als existenzialistische Trümmerfrau in eigener Sache wie auch als Backfisch inszeniert – eine Figur also, die selbst schon genrebezogene Figurenmuster amalgamiert. In ihrer ersten Szene, als Rott im Hotel ankommt, sieht man sie von hinten

am Trümmerloch sitzend, den Baggerfahrer anschreiend, der in den Trümmern des Hotels wühlt; dabei kann man zunächst nicht genau entscheiden, ob die Frau Katharina dort etwas sucht, ob das Kind Kathinchen da noch spielt oder ob die hemdsärmelige Kat mit dem Baggerfahrer flirtet. Diese Ambivalenz ist ein Attribut der Figur sowohl in ihrem Gestus – d.h. in der Mischung aus kindlicher Offenheit, dem Kokettieren des Mädchens und der Geschäftstüchtigkeit der Frau – als auch in ihrer Namensgebung und schließlich in ihrer Charakterisierung: ob Hans, mit dem sie zusammenlebt und für den sie sorgt, ihr kleiner Bruder oder ihr Sohn ist, lässt der Film offen.[19]

Auf den jeweiligen Vergangenheits- und Gegenwartsebenen des Films gibt es also einzelne Figuren, die eine ›Störung‹ der je homogenen Struktur anzeigen, die, wenn man so will, die Eindeutigkeit der Ebenen, sei es stilistisch, diegetisch oder strukturell, in Frage stellen. Es ist die dadurch zu Tage tretende Ambivalenz, die sich nicht nur auf die einzelnen Figuren bezieht, sondern auch deren Verhältnis zueinander umfasst und schließlich auf der Ebene der Wahrnehmung den ganzen Film ergreift.
Diese Ambivalenz ist schon auf der Ebene des gegenseitigen Wahrnehmens der Figuren als ein Problem von Vergangenheit und Gegenwart, als ein Problem von Erinnerung und ›Erinnerungsdichtung‹ inszeniert. Denn indem Dreyfuß und Rott auf ihrer jeweiligen Zeitebene die Ordnung stören, werden sie zu Agenten des Zuschauers, die diesem anzeigen, dass es den anderen Figuren darum geht, sich gegen die Vergangenheit – und damit die Mehrdimensionalität der Zeitschichten und deren Erfahrung – abzuschotten. In dem Maße, in dem der Versuch der Figuren scheitert, sich gegen den Einfluss der Gegenwart auf die Vergangenheit und der Vergangenheit auf die Gegenwart zu wehren, gehört zum Erkennen das Verkennen, zum Erinnern das Vergessen, zum Ausstellen das Verstellen usw. In Bezug auf diese Kombination lässt sich, wiederum mit Deleuze, von einem »Kristallbild« sprechen, dem sich Deleuze über das »Erinnerungsbild« annähert: »[...] das Gedächtnis wäre niemals in der Lage, das Vergangene zu vergegenwärtigen oder wiederzugeben, wenn es sich nicht schon in dem Augenblick konstituiert hätte, als das Vergangene noch gegenwärtig war, wenn es also nicht auf die Zukunft gerichtet wäre.«[20] In

---

19 Die Anlage der Starpersona Hildegard Knef ist eine Entwicklung hin zu dieser Ambivalenz, die die Figuren Knefs immer stärker prägt und dabei jeweils auf die vergangenen Rollen referiert. Dies entwickelt sich von DIE MÖRDER SIND UNTER UNS (D 1946, Wolfgang Staudte) über ZWISCHEN GESTERN UND MORGEN und dann FILM OHNE TITEL (D 1948, Rudolf Jugert) bis dahin, dass diese Imago in Willi Forsts DIE SÜNDERIN (BRD 1950) exorziert wird. Höhepunkt der ambivalenten Tendenzen dieser Imago ist dabei Knefs erster US-amerikanischer Film, Anatole Litvaks DECISION BEFORE DAWN von 1951, wo Knef die Attitüde des Backfischs mit der Rolle einer desillusionierten Prostituierten und einer alleinerziehenden Mutter kombiniert.
20 Gilles Deleuze: Das Zeit-Bild. Kino 2, a.a.O., S. 74.

dieser Formulierung steckt schon in nuce, was Deleuze mit seiner ästhetischen Theorie intendiert, nämlich dass er das Zeitkonzept, das Henri Bergson um die Jahrhundertwende vom 19. ins 20. Jahrhundert entwickelt, im Kino in allen seinen Möglichkeiten und Verästelungen verwirklicht sieht; dass also das Kino der Ort ist, an dem sich eine reine Zeitlichkeit realisiert. Deleuze nennt diese Realisierung das »Kristallbild«, das im Unterschied zum »Erinnerungsbild« ein Bild darstellt, in dem Vergangenheit, Gegenwart und Zukunft zeitgleich existieren, nur in unterschiedlichen Gradationen, aber nicht wesensmäßig unterschieden. Das »Erinnerungsbild« nämlich »[...] liefert uns nicht das Vergangene, sondern repräsentiert einzig die vergangene Gegenwart, welche die Vergangenheit ›gewesen ist‹.«[21] In Bezug auf die Bilder des Beginns von ZWISCHEN GESTERN UND MORGEN lässt sich somit sagen, dass sie als »Erinnerungsbilder« funktionieren, indem sie das, was die Stadt gewesen ist, nämlich intakt, noch in sich tragen.
Das Kristallbild hingegen ist

> [...] gegenwärtig und vergangen, noch gegenwärtig und schon vergangen, beides zur gleichen Zeit. Wenn das gegenwärtige Bild nicht gleichzeitig schon vergangen wäre, dann würde die Gegenwart niemals vergehen. Die Vergangenheit folgt nicht auf die Gegenwart, die sie nicht mehr ist, sie koexistiert mit der Gegenwart, die sie gewesen ist. Die Gegenwart ist das aktuelle Bild, und *seine* zeitgleiche Vergangenheit ist das virtuelle Bild [...].[22]

Und weiter heißt es in Bezug auf die Darstellung von Zeit, die dem Kino möglich ist:

> Das Kristallbild wird durch die grundlegendste Operation der Zeit konstituiert: da sich die Vergangenheit nicht nach der Gegenwart, die sie gewesen ist, bildet, sondern gleichzeitig mit ihr, muss sich die Zeit in jedem Augenblick in Gegenwart und Vergangenheit aufteilen.[23]

In ZWISCHEN GESTERN UND MORGEN zeigt sich dieses Phänomen z.B., wenn der Hotelportier Rott zum ersten Mal wiedersieht und wiedererkennt. Der Portier erkennt bei Rotts Ankunft zunächst die Physiognomie, dann erinnert er sich an den Namen Rotts, und schließlich fällt ihm die Geschichte zu der Person ein, die er, wie alle anderen, für einen Dieb hält. Das ist der Moment, in dem sich seine professionell freundliche

21 Ebd., S. 77.
22 Ebd., S. 109.
23 Ebd., S. 111.

Dienstbeflissenheit in schroffe Ablehnung verwandelt. Das gleiche erlebt der Zuschauer kurze Zeit später mit dem Hoteldirektor Ebeling und danach, extrem verknappt, mit dem Moment des Wiedersehens zwischen Annette und Rott. Dabei ist eine Halbnahaufnahme von Annette zu sehen, deren Gesicht in Sekundenbruchteilen die Spanne von fast zehn Jahren durchläuft und im Kern also die Hoffnung, Freude, die Verletzung und schließlich Erstarrung aktualisiert. Auf dieses Affektbild folgt aber keine Handlung, es rekapituliert die Vergangenheit und die Zukunft der Beziehung und macht sie auf einen Schlag sichtbar. Zugleich erzählt die Szene dabei von der Zementiertheit der Figuren in ihren Rollen; Figuren also, die bis auf Rott und Katharina ihre alten Rollenmuster und ihren Habitus bis in die Kleidung hinein beibehalten haben. So sieht der Zuschauer – man kann es jetzt genauer sagen –Figuren der Vergangenheit in einer gegenwärtigen Situation: Sie selbst werden so zu Bildern, in denen wie im Bild der zerstörten Stadt München mit der Frauenkirche Gegenwart und Vergangenheit, aktuelles und virtuelles Bild ineinanderlaufen – in der vollkommenen veränderten Welt von 1947 handelt es sich um Figuren von 1938.

Und dies wäre, so meine These, die Funktion der Gegenwartsebene in ZWISCHEN GESTERN UND MORGEN: Hier nämlich fließen verschiedene Wahrnehmungsformen und ihre entsprechende Zeitlichkeit ununterscheidbar zusammen, die in den Rückblenden noch unterscheidbar waren. Damit wird deutlich, dass es der visuellen Gesamtstruktur des Films, anders als den einzelnen Figuren, nicht um Erinnerung geht, sondern um die Möglichkeit, die verschiedenen Wahrnehmungsschichten freizulegen und damit den Zuschauer in den Prozess der Bildung, der Entfaltung, der Erfahrung einer vielschichtigen Gegenwart einzubinden.

Rückblenden als Modi der Wahrnehmung
Dass letztlich alle Figuren »zwischen gestern und morgen« changieren, soll an der Differenzierung der verschiedenen Wahrnehmungsebenen des Films einsichtig werden. Denn Figuren, Beziehungen und die Erinnerungen daran ändern sich, je nachdem, aus welchem Blickwinkel man schaut: Erst als Erfahrung eines solchen Wandels von Wahrnehmungs- und Sichtweisen, von Erinnerungs- und Vergessensmöglichkeiten entfaltet sich der Film nach und nach dem Zuschauer.

Der Film thematisiert die beschriebene Seherfahrung in immer neuen Anläufen, in Variationen und Wiederholungen, deren eigentlicher Modus sich durch diese vielen Schichten hindurch erst herausschält: Es geht um eine Bildkonstruktion, deren inhärente Seherfahrung mit den Modi von affektivem Wahrnehmen, von Observation und einer Art instrumentellem Sehen verknüpft sind.

Es sind diese Modi, die die einfache und diskrete Unterteilung in Gegenwarts- und Vergangenheitsebene aufheben und sie miteinander verschmelzen lassen. Hier nämlich treffen sich die Modi der Seherfahrung mit den diegetischen Regeln der Genres, also des Liebes- und des Kriminalfilms. Die Vermischung von Inszenierungsstilen, Genreversatzstücken und Kinematografien – von »typisch romantischem UFA-Hollywoodzeug« wie vom Neorealismus vor dem »Hintergrund moderner Ruinen«, wie es bei Zuckmayer hieß – findet ihre zeitliche Realisierung in den Modi des Sehens, also des empatischen Wahrnehmens, des Observierens und des instrumentellen Sehens.

Dazu bedient sich der Film – auf der diegetischen Ebene, um das Verbrechen aufzuklären – dreier Rückblenden, die sich teilweise überschneiden. Es handelt sich nicht um beliebige Rückblenden, vielmehr sind sie den Protagonisten zugeordnet und schildern die Ereignisse im Hotel während der Nazizeit aus einer je eigenen Perspektive: Erstens die Rückblende Rotts, die das Sehen als affektives Wahrnehmen thematisiert, zweitens die Rückblende Ebelings, die das Sehen als Oberservieren beschreibt und die beide am gleichen Tag, nämlich an besagtem 22.3.1938 spielen, und schließlich drittens die Rückblende Katharinas in das Hotel *Regina* des Jahres 1943, die man als instrumentelles Sehen bezeichnen könnte.

Jede dieser verschiedenen Rückblenden arbeitet jeweils mit anderen Blicktypen, die über die Zuordnung zu den einzelnen Figuren hinausgehen; es handelt sich also nur auf der Handlungsebene um subjektive Rückblenden, denn sie wachsen in ihrer Paradigmatik über die Wahrnehmung der einzelnen Figuren hinaus. Sie thematisieren nämlich die Subjektivität der Zeit, in deren Innerem wir leben, wie Deleuze mit Bergson sagen würde – ein Gedanke, den der Film dem Zuschauer unmittelbar erfahrbar macht. Denn mit jeder neuen Rückblende verändert sich die Sicht auf den entleerten Bildkader der Gegenwart und füllt diese mit Vergangenheit und Zukunft auf.

Es geht hier also um die Qualität der inszenierten Sichtweisen, nicht um die erzählerische Auflösung des Geschehens. Grundlegend lässt sich so schließlich die Frage klären, wie Diegese, Inszenierungsmodi und Figurenzeichnung zusammenkommen, d.h. wie deren Zusammenhang erfahrbar wird: Über die drei verschiedenen Modi des Sehens (und damit eine starke Zuschaueradressierung), die alle Schichten des Films (Diegese, Vergangenheits- und Gegenwartsebene, Figuren und damit Hollywood, UFA und Neorealismus) queren und so alle diese Ebenen und Figurenkonstellationen aufeinander beziehbar machen, indem sie Sichtweisen durchspielen, die sich dem Zuschauer als Möglichkeiten der Erfahrbarkeit des individuellen und sozialen Zusammenhangs von Vergangenheit, Gegenwart und Zukunft und damit von geschichtlichen Vorgängen entfalten.

Affektives Wahrnehmen
Die erste Rückblende, die Rott zugeordnet ist, thematisiert das Sehen als affektives Wahrnehmen. In seiner Erinnerung dominiert ein wahrnehmender Blick. Dies verbindet strukturell die Rückblende mit der ersten Sequenz des Films – Rotts Ankunft im zerstörten München. Der wahrnehmende Blick funktioniert aber nicht als subjektive Eigenschaft der Figur, sondern als Prinzip der Mise en Scène, zu der noch die Figur gehört. Es handelt sich um einen Blick, der nicht zielgerichtet ist, sondern der das Sehen in seiner Vielfältigkeit thematisiert. Der Zuschauer erfährt eine Sichtweise, die wahrnimmt oder bezeugt, ohne die einzelnen Elemente der Wahrnehmung kausal zu einem Ganzen zu fügen und daraus Handlungsschlüsse ziehen zu können. Auf die Figur Rotts bezogen handelt es sich um den Blick des Verliebten, der die äußeren Erscheinungen sieht, nicht die Zusammenhänge. Das lässt sich besonders an einer Sequenz beschreiben, wenn Annette ins Hotel kommt und Rott, auf dem Weg zu Annette, auf Dreyfuß trifft: Bei ihrem ersten Auftritt kommt Annette Rodenwald nicht einfach in die Lobby des Hotels, sondern unter Rotts Blick macht sie diese zum Laufsteg für ihren Auftritt vor dem Geliebten. Dann sieht Rott in Nelly Dreyfuß die schöne, mondäne und begehrenswerte Frau – Spiegel des Glücks des verliebten Mannes –, so dass er ihr den Veilchenstrauß überreicht, der eigentlich für Annette gedacht war. Der Zuschauer sieht dabei Dreyfuß eben nicht als höchst gefährdete Ausgestoßene, sondern als Erscheinung aus einer anderen Welt – der Welt der unbedingten Liebe, die sie zu Corti führt. Diesem Blick fällt die elegante Frau auf, nicht aber die geschasste jüdische Schauspielerin. Das wird verstärkt durch Annette, die, in der Weichzeichnung des Verliebten gezeigt, eifersüchtig fragt, wer die Frau sei, der Rott Veilchen schenke; und schließlich sehen die Garderobieren nur den berühmten Schauspieler Corti, den sie verliebt anhimmeln. Es sind Blicke, die die Figuren als das nehmen, als was sie erscheinen – Blicke, die nicht nach Ursachen und Wirkungen fragen. Folgerichtig dominiert der beschriebene Blicktypus in Rotts Rückblende auch das Verhältnis zu allen anderen Figuren und Geschehnissen, seien es die Kollegen, seien es die Arbeitsbeziehungen zu den Nazis.
Überblendet man nun diese Sichtweise mit der Anfangssequenz in der Gegenwart, dann ergibt sich genau diejenige Veränderung der Sehweise, die die Figur Rotts verkörpert. Jetzt offenbart der Film sein Prinzip, nach dem alle Erinnerungen schon von Anfang an als solche angelegt sind; und zwar als ein Prinzip der Ähnlichkeit, mit dem der Wahrnehmungsmodus der Vergangenheit die Gegenwart strukturiert: Mal findet sich der Blick auf Annette im Blick auf Katharina wieder, mal sind Mimik und Gestik eine unmittelbare Fortsetzung, Wiederholung oder eben Aktualisierung einer ›vergangenen‹ Geste. Wenn Rott in seiner Rückblende den Veilchen-

strauß für Annette spontan Dreyfuß gibt, dann ist darin schon die Notwendigkeit angelegt, dass die beiden sich verfehlen – und damit folgerichtig, wenn Annette auch in der Gegenwart den Veilchenstrauß nicht bekommt, sondern Katharina. Und wenn Annette *für* Rott in der Lobby des Hotels ›auftritt‹, dann tut sie dies auch auf den Laufbrettern des zerstörten Hotels, obwohl sie ihn gar nicht sieht – d.h. der Zuschauer sieht einen Blick, unter dem die Bewegung der Figur von 1938 und die Mise en Scène von 1947 ineinander fließen.

Es handelt sich hier also um eine Wahrnehmung, die Zeugnis ablegt davon, wie die affektive Wahrnehmung die Ähnlichkeit von Figuren, Dingen und Abläufen strukturiert. Der Typus dieses Blicks wäre, in Bezug auf die ›Anschauung ohne praktischen Wert‹, dem Liebesfilm zuzuordnen.

Observieren
Die zweite Rückblende inszeniert das Sehen als Observieren: In dieser Rückblende, die Hoteldirektor Ebeling zugeordnet ist, wird die eben beschriebene Szene des Auftritts von Nelly Dreyfuß im Hotel noch einmal wiederholt, aber entscheidend variiert. In dieser Wiederholung erst erscheint sie als Figur, die deplaziert ist, gerade weil man über sie Bescheid weiß. Das Bild von ihr aus der ersten Rückblende (die Rott zugeordnet ist) ändert sich gänzlich: Das gilt für Rott, der sie nun nicht mehr anhimmelt, sondern mit den Worten begrüßt, dass er sie bereits kenne; das gilt aber auch für den Zuschauer, der hineingezogen wird in diese Sichtweise auf eine Außenseiterin, auf eine Ausgestoßene. Denn der Blick, der nun inszeniert ist, ist nicht affektiv aufgeladen, sondern taxiert ›kalt‹ alle Figuren nach ihrer Rolle im Hotel (wie es die Aufgabe Ebelings verlangt).
In Ebelings Logik muss Rott die Frau ja von Anfang an kennen und beurteilen, um dann folgerichtig das Verbrechen – den Raub ihres Schmucks – begehen zu können. Eingebettet ist diese Verschiebung in das Grundthema dieses Rückblendenstrangs, das des observierenden Blicks: Ebeling beobachtet Dreyfuß und erkennt in ihr die gefährdete jüdische Schauspielerin, die aufzunehmen eine Straftat bedeutet. Er beobachtet Rotts Werben um Annette und beurteilt ihn als »Luftikus« usw. Auch in dieser Rückblende ist das Prinzip des Observierens nicht an die Figur Ebelings gebunden. Vielmehr erfasst es alle Figuren und Verhältnisse gleichermaßen und springt von einer Figur zur anderen, von einem Erzählstrang zum anderen über. Die Blicke im Hotel sind gesättigt mit dem Gestus des Überwachens.
Dieses observierende Schauen wird durch die Rückblende als ein weiteres Blickprinzip der Gegenwartsebene (neben dem des affektiven Wahrnehmens) deutlich: Es ist ein observierender Blick, der von Anfang an Rott trifft, sei es vom Portier, sei es von Ebeling, sei es von Annette oder seinem ehemaligen Professor; und selbst der Veilchenverkäufer in der ersten

Szene des Films taxiert ihn als Fremden, als jemanden, der nicht dazugehört. Damit aktualisiert sich das Thema, das in Ebelings Rückblende v.a. auf Dreyfuß bezogen ist, nun in der Figur Rotts.[24] Genauso aber schaut der Portier auf Katharina und Katharina auf Annette, Annette auf Ebeling, Ebeling auf Rott, usw. Der Typus dieses allgegenwärtigen Blicks wäre dem Kriminalfilm zuzuordnen.

›Checken‹
Die dritte Rückblende wiederum thematisiert ein instrumentelles Sehen: Sie geht von Katharina aus und spielt etwa 1943/44, wo die Bar des Hotels bereits zum Luftschutzkeller umfunktioniert ist. Die Mise en Scène dieser Rückblende ist im Verhältnis zu der der beiden vorherigen so gestaltet, als hätte sich über die brillante wie pointierte Inszenierung und Darstellung der bekannten Hotelszenerie nun ein Grauschleier gelegt. Figuren werden jetzt sichtbar, die ihre Rollen noch spielen, obwohl die Bühne schon halb abgebaut ist. Katharina ist Serviermädchen, obwohl es kaum noch etwas zu servieren gibt. Corti kommt zum Kaffeetrinken und setzt sich an den Platz, an dem er seinerzeit den letzten Abend mit Dreyfuß verbrachte. Er ist nun selbst in ihrer Position, zumindest was die Schauspielerei betrifft: Er ist vergessen und als Schauspieler unsichtbar geworden. Aber für Katharina ist er als Kuriosität interessant, was durch ihre insistierenden Fragen betont ist. Sie interessiert sich für den Schmuck der Dreyfuß, den Corti mitgebracht hat und der immer wieder in ebenso insistierenden Nahaufnahmen gezeigt wird. Auf der diegetischen Ebene wird mit dieser Rückblende klar, dass Rott den Schmuck nicht geklaut hat.
Katharina interessiert sich im Zusammenhang mit dem Schmuck aber auch für den Tratsch, der damit verbunden ist: Aus der tragischen Liebe von Nelly Dreyfuß wird durch ihr Nachfragen ein Groschenroman. Analog zu dieser Verwandlung, so, als hätten sich die Wahrnehmungsweisen aus den vorherigen Rückblenden über die Szene gelegt, und analog zum ›letzten Auftritt‹ von Dreyfuß, als sie von der Hoteltreppe in den Tod springt, sieht man dann auch den letzten ›bühnenreifen‹ Auftritt von Corti. Er setzt sich während des Bombenangriffs in die Hotellobby und wartet, bis er von den Trümmern erschlagen wird. Auf der Ebene der emphatischen Wahrnehmung ist dort der Liebende zu sehen, der an dem Ort, wo seine Geliebte starb, nun selbst den Tod sucht, um wieder mit ihr vereint zu sein. Auf der Ebene des Observierens löst sich der Kriminalfall, d.h. die Frage, ob Rott geklaut hat oder nicht. Dann bedeutet die Szene für Katharinas instrumentellen Blick, dass der Schmuck, den Corti ihr zur

---

24 Shandley spricht davon, dass über die jüdische Figur nicht nur die Gegenwarts- und Vergangenheitsebene miteinander verbunden sind, sondern auch alle Fragen von Schuld und Sühne thematisiert werden: die materielle Schuld, die politische, moralische, die des Ehemanns, der Nächsten usw. Vgl. Shandley: Rubble Films, a.a.O., S. 69.

Aufbewahrung gab, nun niemandem mehr oder eben ihr gehört. Und schließlich wandelt dieses instrumentelle Sehen die Wertigkeit der ganzen Szene noch einmal um: Jetzt sieht man nämlich auch den gescheiterten Schauspieler Corti, der an dem Ort, wo er in den vorherigen Rückblenden seinen letzten großen Auftritt in seiner Lieblingsrolle hatte, nämlich als jugendlicher Liebhaber (von Nelly Dreyfuß), nun den Abgang des Tragöden sucht. Aber in einer Umwertung der Todesszene von Dreyfuß kehrt die Geschichte in der Todesszene Cortis als Farce wieder.

So wie der Blick auf Corti hier eine instrumentelle Funktion bekommt, so haben schließlich alle Figuren im Luftschutzkeller ein instrumentelles Verhältnis zum Geschehen. Und noch der Raum selbst, die ehemalige Bar, wandelt wie die übrigen Räume des Hotels seine Gebrauchsfunktion und stellt sie dadurch besonders aus: Aus der Bar wird eine ›Schatztruhe‹, in der der Schmuck der Dreyfuß vergraben liegt, aus dem alten Schwimmbad des Hotels wird der Speisesaal und aus seinem Hintereingang der Vordereingang; die Feuertreppe ist schließlich nicht mehr der »Notausgang«, sondern einziger Ausgang des Hotels.

Diese Art von instrumentellem Blick ist verbunden mit der anfangs erwähnten besonderen Rolle der Figur Katharinas, nämlich als Figur der Wandlung, die im Gegensatz zu den anderen Figuren verschiedenste Räume durchschreiten kann, und zwar immer in einer horizontalen Bewegung, indem sie buchstäblich diagonal das Geschehen quert, sei es im Hotel, am Bahnhof oder im Park, um etwas zu organisieren oder ›abzuchecken‹.

Indem die Gegenwartsebene des Films alle die genannten, auf den Vergangenheitsebenen noch unterschiedenen Wahrnehmungsparameter zusammenführt und sie in Genremustern und Stilformen realisiert, wird hier der Zuschauer durch ein Wahrnehmungsprogramm geführt, das die Geschichtlichkeit dieses Sehens erfahrbar macht. Wenn man also von einer Historizität der Wahrnehmung sprechen kann, dann meint dies ein Spektrum ästhetischer Formen, die sich nach einer Zeit gediegener Einheitlichkeit nun als uneingelöste Möglichkeiten präsentieren, in denen der Zuschauer sich verorten kann.[25] Denn die Gegenwart des Films reichert sich so an mit einem Mix aus Genreversatzstücken, die über das

---

25 Hier wird ein Zuschauer gedacht, der sich zuallererst selbst im Bild orientiert und darin auf demokratische Weise seine Wahrnehmungsschwerpunkte wählen kann. Bazin stehen dafür die langen Plansequenzen im Neorealismus (ebenso wie auch die Schärfentiefe im US-amerikanischen Kino) und die Darstellung einer alltäglichen Welt, die in dem beschriebenen Wahrnehmungsprozess, also erst durch die Erfahrung des Films verständlich, ja entzifferbar wird. Vgl. André Bazin: Der filmische Realismus und die italienische Schule der Befreiung [1948], in: ders.: Was ist Kino?, a.a.O. Vgl. auch Bazin: William Wyler oder der Jansenist der Inszenierung [1945], in: ders.: Filmkritiken als Filmgeschichte, München, Wien 1981, S. 41-62.

Prinzip der unterschiedlichen Wahrnehmungsweisen aufeinander beziehbar werden, sich gegenseitig kommentieren und eine Möglichkeit schaffen, noch den Vorgang der Erfahrung eines spezifischen Verhältnisses von Vergangenheit, Gegenwart und Zukunft hier als Prozess des Filmentfaltung zu erleben.

Die Fragestellung, die hier implizit aufscheint (und die sich insbesondere an einem paradigmatischen Wechsel des Kinoverständnisses nach 1945 zeigt[26]), ist also die nach einer Historizität der Wahrnehmung, die das Kino selbst in seinen unterschiedlichen Formen und Ausprägungen hervorbringt. Heuristisch steht dabei der Gedanke Rancières im Hintergrund, dass Kino in dem Maße politisch sei, in dem es der Ordnung der klassischen Politik und der repräsentativen Künste eine eigene Zeit- und Raumordnung gegenüberstellt und damit in der ästhetischen Erfahrung eine andere Welterfahrung ermöglicht. Meine Frage an ZWISCHEN GESTERN UND MORGEN und den deutschen Nachkriegsfilm war also, inwieweit diese Filme eine Erfahrungsmöglichkeit schaffen, die es dem Zuschauer gestattet, eine eklatant unbegriffene Nachkriegswirklichkeit überhaupt fassen und begreifen zu können; inwieweit also die Wahrnehmungsmöglichkeiten, die die Filme liefern, das geschichtliche Bewusstsein des Zuschauers überhaupt erst strukturieren und damit dessen Bildner sind.

26 Vgl. dazu Hermann Kappelhoff: Realismus: das Kino und die Politik des Ästhetischen, Berlin 2008. Kappelhoff beschreibt u.a. an der Epoche nach dem Zweiten Weltkrieg den grundlegenden Wechsel im Verständnis des Kinozuschauers als Bruch mit den klassischen Avantgarden und Hinwendung zum US-amerikanischen Genrekino. Daniel Illger analysiert für das italienische Nachkriegskino diesen Wandel als eine spezifische Erfahrung von Historizität. Vgl. Daniel Illger: Heim-Suchungen. Stadt und Geschichtlichkeit im italienischen Nachkriegskino, Berlin 2009.

Ästhetische Opposition/en in Peter Pewas' STRASSENBEKANNTSCHAFT   Annette Brauerhoch

Im Rahmen der Nachkriegsfilmproduktion nimmt Peter Pewas eine Randstellung ein. Im Unterschied zu Regisseuren wie Wolfgang Liebeneiner oder Rudolf Jugert hat sein Werk wenig nachhaltiges Interesse erzeugt, was nur zum Teil daran liegt, dass es im Grunde einen Torso bildet. Pewas konnte aus politischen Gründen einige Spielfilmprojekte nicht realisieren, drehte mehrere Kurzfilme.[1] 1981 wurde ihm auf der Berlinale eine Hommage gewidmet, der dazu erschienene Band von Ulrich Kurowski bleibt bis heute die einzige längere Veröffentlichung zu seinem Werk: eine Aufarbeitung steht also aus.[2] Die vorliegende Analyse versteht sich auch als Anregung zur weiteren Auseinandersetzung.

Einen möglichen und nahe liegenden Rahmen für die Betrachtung deutscher Nachkriegsfilmproduktion bildet die Frage nach dem Geschlechterverhältnis unter Bedingungen der militärischen Kapitulation und moralischen Katastrophe. Welchen Reflex finden Erfahrungen von Zerstörung, Entbehrung und ›Werteverlust‹ in filmischen Repräsentationen des von Krieg und Nachkrieg strukturierten Verhältnisses von privaten Beziehungen und gesellschaftlichen Räumen? Ein Titel wie STRASSENBEKANNTSCHAFT (D 1947/48, Peter Pewas) legt die Verklammerung nahe: öffentlicher Raum und persönliches Verhältnis – unter den Vorzeichen einer ›unmoralischen‹ Suggestion: *Streetwalking on a Ruined Map* – der schöne Titel von Giuliana Brunos Buch[3] über die Wiederentdeckung eines verlo-

---

1 Sein erster Langfilm DER VERZAUBERTE TAG (D 1943/44) wurde von den Nazis verboten, und nach STRASSENBEKANNTSCHAFT gelang es ihm nur noch ein langes Filmprojekt zu realisieren: VIELE KAMEN VORBEI (BRD 1956).
2 Ähnliches galt bis vor kurzem für Helmut Käutner: Erst 2008 erschien ein schmaler Text + Kritik-Band zu seinem Filmen, der die Lücke ansatzweise füllt: Helmut Käutner, hg. v. Claudia Mehlinger und René Ruppert, Reihe Filmkonzepte, Heft 11, München 2008.
3 Giuliana Bruno: Streetwalking on a Ruined Map. Cultural Theory and the City Films of Elvira Notari, Princeton, NJ 1993.

renen Kinos lässt sich leihweise auf eine sinnlich-sichtbare Konstellation übertragen: den Eintritt der Frauen in die Trümmerlandschaft, ihre ›Begehung‹ des öffentlichen Raumes, die Eroberung der Straße, ein Gang, der im Unterschied zum männlichen *flaneur* allzu gerne mit Prostitution gleichgesetzt wird. So zumindest in der filmischen Tradition des sogenannten »Straßenfilms« der Weimarer Republik, auf die sich STRASSENBEKANNTSCHAFT nicht nur im Titel bezieht. Vor allem ein Film wie DIE STRASSE von Karl Grune (D 1923) galt Siegfried Kracauer als filmisches Indiz einer gesellschaftlichen Obdachlosigkeit der Mittelschicht und einer damit verbundenen Krise der damaligen Nachkriegsmännlichkeit. Diese Motive einer Orientierungslosigkeit im Inneren wie im Äußeren, des Konflikts zwischen häuslicher Erbärmlichkeit und Ablenkungen, die keine Erfüllung bringen, greift Pewas in STRASSENBEKANNTSCHAFT auf: Doch geht es weniger um krisenhafte Männlichkeit als um auf/begehrende Frauen.

Krisen der Männlichkeit
Seit Siegfried Kracauers Studie des Weimarer Kinos *Von Caligari zu Hitler*[4] wurden von Autorinnen und Autoren wie Anton Kaes[5], Patrice Petro[6], Thomas Elsaesser[7], Heide Schlüpmann[8] und Kaja Silverman[9] Ansätze weiterentwickelt, die Versagensformen und Verlusterfahrungen psychoanalytisch und mentalitätsgeschichtlich auf spezifische zeit- und filmhistorische Epochen beziehen. Die beiden Weltkriege gelten jeweils als Kulminationspunkte einer Krise männlicher Identität. Deren Kehrseite bildet, das überrascht nicht weiter, oft eine ›Befreiung‹ der Frauen, sei es die *neue Frau* des Kinos der zwanziger Jahre oder die *femme fatale* des *film noir* der vierziger Jahre. Vielleicht lässt sich sogar die Trümmerfrau des deutschen Nachkriegskinos – allerdings in einer nationalhistorisch bedeutsamen Variante – dazu rechnen. Denn dieses Kino trägt in seinen prominenten Beispielen wie DIE MÖRDER SIND UNTER UNS (D 1946, Wolfgang Staudte) vor allem Sorge, dass die sexuell attraktive Trümmerfrau

---

4 Siegfried Kracauer: Von Caligari zu Hitler. Eine psychologische Geschichte des deutschen Films, Frankfurt a. M. 1984.
5 Seine neueste Publikation beschäftigt sich mit dem Niederschlag von Kriegstraumata im Weimarer Kino: Anton Kaes: Shell Shock Cinema: Weimar Germany and the Wounds of War, Princeton, NJ 2009.
6 Patrice Petro: Joyless Streets. Women and Melodramatic Representation in Weimar Germany, Princeton, NJ 1989.
7 Thomas Elsaesser: Das Weimarer Kino – aufgeklärt und doppelbödig, Berlin 1999.
8 In Aufsätzen wie Heide Schlüpmann: ›Der Gang in die Nacht‹. Das Motiv des Blinden und der Diskurs des Sehens im Weimarer Nachkriegsfilm, in: Filmkultur zur Zeit der Weimarer Republik, hg. v. Uli Jung, Walter Schatzberg, München, London, New York, Paris 1992, und Heide Schlüpmann: Der Spiegel des Grauens. Murnaus NOSFERATU (D 1921), in: Frauen und Film, Heft 49, Frankfurt a. M. 1990.
9 Kaja Silverman: Male Subjectivity at the Margins, New York 1992.

zur liebevollen, der Männlichkeit zugewandten, auch opferbereiten Figur wird.[10] Im deutschen Nachkriegskino spielen im Gegensatz zum amerikanischen *film noir* unabhängige oder gar unheimliche Frauen keine zentrale Rolle; es konzentriert sich doch eher auf gebrochene Männerfiguren in Filmen wie IRGENDWO IN BERLIN (D 1946, Gerhard Lamprecht), IN JENEN TAGEN (D 1947, Helmut Käutner), DIE MÖRDER SIND UNTER UNS oder LIEBE 47 (D 1948/49, Wolfgang Liebeneiner). Der zeithistorische Hintergrund lässt sich kurz so skizzieren: Im Zweiten Weltkrieg waren fast vier Millionen deutsche Männer gefallen, zwölf Millionen befanden sich in Gefangenschaft. Ein sehnsuchtsvoll idealisiertes Bild von ›der Heimat‹ wurde auch auf die Frau projiziert, die zurück gelassen wurde. Doch beides wurde verändert wieder gefunden. Ruinentopografien korrespondierten mit ruinierten Beziehungen. Autonomer gewordene Frauen entsprachen nicht mehr dem ›lieben Mädel‹ der Erinnerung. Zerstörter Wohnraum – ein zentrales visuelles Motiv in den sogenannten Trümmerfilmen – macht die Grenze zwischen Intimität und Öffentlichkeit porös. Das traute Heim ist unheimlich geworden – generiert Enttäuschung, Desillusionierung und Konflikte. Während sich Heimkehrer Rückkehr in eine ›Normalität‹ ersehnten, die sich aus Bildern der Vorkriegszeit speiste, wurden Frauen zu Agentinnen progressiver Veränderungen. Doch zeitgenössischen Bemühungen der ›Medien‹ zufolge sollte ihre Aufgabe im »Ausgleichen und Aufrichten« bestehen.[11]

STRASSENBEKANNTSCHAFT ist ein Trümmerfilm. Doch statt Arbeit an der Wiederherstellung männlichen Selbstbewusstseins zu leisten, nimmt er sich der Diskrepanz an, die zwischen diesem gesellschaftlichen Desiderat und den Wünschen der Frauen nach Selbstverwirklichung herrscht.[12] Das dem Film vorgegebene Ziel war es, aufklärend und ab-

10 Während der amerikanische *film noir* in Frankreich große Resonanz fand, wurde er in Deutschland erst in den sechziger Jahren rezipiert und der Begriff erst im Zusammenhang mit Edgar Wallace-Filmen eingeführt. Offenbar konnte sich der deutsche Nachkriegsfilm die prominente Figur der *femme fatale*, die den *film noir* prägt, nicht leisten. Die Bedürfnisse nach einer Rehabilitation national gekränkter Männlichkeit verlangten nach mütterlich zugewandten Figuren: »Much of German cinema in the immediate post-war years [...] certainly had its share of doomed, wounded, self-pitying, and weak male protagonists [...]. However, there is a noticeable absence of the *femme fatale* during the same period.« Tim Bergfelder: German Cinema and Film Noir, in: European Film Noir, hg. v. Andrew Spicer, Manchester, New York 2007, S. 146. Ebenso abwesend wie die *femme fatale* ist die Stadt. Während sich im neuen städtischen Raum der Nachkriegszeit des amerikanischen *film noir* zentrifugale Kräfte entwickeln, bleiben die Trümmerfilme ›innerlich‹ und der urbanen Erfahrung abgewandt: »In Germany the transition from centripetal to centrifugal city underwent a crucial delay of war-related destruction«. Ebd., S. 143.
11 Vgl. Annette Brauerhoch: »Fräuleins« und GIs. Geschichte und Filmgeschichte, Frankfurt a. M., Basel 2006, S. 273-302.
12 Susanne Wallner in DIE MÖRDER SIND UNTER UNS und Anna Gehrke in LIEBE 47 stellen genau solche Figuren dar.

schreckend auf Nachkriegspromiskuität und die Verbreitung von Geschlechtskrankheiten hinzuweisen. Das Portrait einer jungen Frau setzt sich jedoch auch für weibliche Freiheiten ein, und der Film ist im Unterschied zu anderen, bekannteren Nachkriegsfilmen, wie beispielsweise LIEBE 47, trotz seines Heimkehrermotivs nicht in erster Linie an einer Re-Etablierung männlicher Vormachtstellung interessiert. Zwei narrative Stränge dominieren STRASSENBEKANNTSCHAFT: eine Ehe und die Geschichte einer allein stehenden jungen Frau. Erika (Gisela Trowe) ist als Büglerin angestellt und leidet unter beschränkten und ärmlichen Verhältnissen in der Wohnung ihrer Eltern. Manchmal nimmt sie an Partys von Schwarzmarkthändlern und Schiebern teil. Sie findet einen aufrechten, aber unaufregenden Verehrer in dem ehrlichen, bescheidenen Journalisten Walter (Siegmar Schneider), dessen Wohnung sie später in schwesterlicher Zuneigung mit ihm teilen wird. In der Ehe wiederum findet der Heimkehrer Herbert (Harry Hindemith) nach drei Jahren Kriegsgefangenschaft eine ›verkehrte Welt‹ und eine Frau vor, deren Vergangenheit er nicht mehr kennt. Sie ist trotz ihrer ungebrochenen Liebe zu ihm selbständig geworden, während er seine Arbeitslosigkeit als Unselbständigkeit erfährt. Diese beiden Erzählstränge treffen in der Geschlechtskrankheit aufeinander: Der Heimkehrer lässt sich von seinem ehemaligen Chef zu einer der Schieberpartys mitnehmen. Dort lernt er Erika kennen. Beim Geschlechtsverkehr steckt er sie (unwissentlich) mit der Krankheit an, die seine Frau sich bei ihrem Nachkriegsliebhaber geholt hatte, wovon sie sich aber kuriert wähnte.

Die Bedrohung des Mannes durch weiblichen ›Hunger nach Leben‹ findet in der Geschlechtskrankheit ihr abschreckendes Symbol. Beide Frauen – und dies ist ein vertrautes Motiv aus dem *film noir*, der allerdings ganz anders mit der Sexualität von Frauen spielt – werden dem Gesetz zugeführt. Während Erika am Ende des Films einen Aufenthalt im Krankenhaus zu erdulden hat, wird der Gattin Marion (Ursula Voß) vom Hausarzt Infertilität prognostiziert. An ihrer Einstellung zu den kranken Frauen beweisen sich allerdings die Männer. Die Delegierung der Verurteilung an die abstrakte Instanz des medizinischen oder juristischen Diskurses ermöglicht individuelle Reaktionen. Walter wird zum Berater und Beschützer, Herbert findet in der ›Vergebung‹ zurück zu seiner Frau. Im Reporter Walter schafft sich der Film zudem einen figuralen Repräsentanten, mit dem er sich für die Interessen der Frauen einsetzt. Bezogen auf durchgeführte Razzien und Zwangsuntersuchungen schlägt Walter seiner Zeitung einen Beitrag vor mit dem Titel »Warum nur die Frauen und nicht auch die Männer?« Auf die entsetzte Frage des Redakteurs: »Was ist, wenn die Männer die Zeitung abbestellen?«, bringt er die Frauen als neuen gesellschaftlichen und ökonomischen Faktor ein: »Dann werden die Frauen sie wieder abonnieren.« Der Film schlägt sich damit auf die Seite seiner weiblichen Zuschauerschaft, auch als ökonomische Kraft. Doch für diese Parteinahme bietet er ein weiteres Opfer an: Während Erika am Arme Walters das Krankenhaus verlässt, wandert die an Syphilis erkrankte Annemie (Alice Treff) einsam durch nächtliche Straßen, von der Kamera von oben in den Blick genommen und observatorisch-detektivisch durch eine Menschenmenge verfolgt. Die Konzession des Films an die Zensur scheint in der Verurteilung der Prostituierten zu liegen, um den Lebenshunger der anderen Frauen ›gefahrlos‹ verteidigen zu können.

Der Film – eine DEFA-Produktion aus dem Jahre 1947, zu einem Zeitpunkt, als die Vorstandsmitglieder der DEFA noch nicht durch Parteimitglieder ersetzt waren[13] – bildet insofern ein interessantes Beispiel, das Verhältnis Krieg/Nachkrieg, Krise der Männlichkeit und Befreiung der Frauen zu analysieren, als er einerseits ein exemplarisches Beispiel für diese Motivgruppe darstellt und andererseits eine bemerkenswerte Abweichung bildet.[14] Um diese Abweichung, die ein immanentes Plädoyer für einen liberalen Umgang mit Sexualität darstellt, wird es mir vor allem gehen. Sie zeigt sich zum einen im selbstreflexiven Bezug, den Pewas filmästhetisch zu einer anderen Periode krisenhafter Männlichkeit herstellt – bestimmten Ausprägungen des klassischen Weimarer Kinos –, und zum anderen in seiner impliziten Adressierung eines weiblichen Publikums. Dabei nimmt er eine ästhetische Umschrift vor, die filmhistoriografisch tradierte Implikationen immanent revidiert. Einerseits wird das Weimarer Kino trotz Golden Twenties und neuer Frau oft als ein Männerkino gewertet. Andererseits greift es mobil gewordene Weiblichkeit auf. Kracauers Analysen des Weimarer Straßenfilms als paradigmatischer Aus-

13 STRASSENBEKANNTSCHAFT wurde noch vor der Währungsreform produziert und am 13. April 1948 in Berlin uraufgeführt; er fiel somit noch nicht unter den am 6. Oktober gefassten Beschluss des Zentralsekretariats der SED, die Vorstandsmitglieder der DEFA durch Parteimitglieder zu ersetzen. In den Westzonen bzw. der Bundesrepublik kam er erst später zur Aufführung. Insgesamt fand er bis 1950 fast 5,3 Millionen Zuschauer. Vgl. hierzu Bettina Greffrath: Gesellschaftsbilder der Nachkriegszeit. Deutsche Spielfilme 1945 – 1949, Pfaffenweiler 1995, S. 231. Im selben Jahr erschienen u.a. Rudolf Jugerts FILM OHNE TITEL, Erich Engels AFFAIRE BLUM und R.A. Stemmles BERLINER BALLADE, Eugen Yorks MORITURI und Helmut Käutners DER APFEL IST AB. In den Westzonen wurden in diesem Jahr 23 und in der Ostzone sieben Spielfilme produziert. Die deutsch-italienische Co-Produktion DEUTSCHLAND IM JAHRE NULL / GERMANIA ANNO ZERO von Roberto Rossellini, die hinsichtlich ihres ›Realismus‹ mit STRASSENBEKANNTSCHAFT vergleichbar ist, wurde zwar in Locarno uraufgeführt, kam aber erst 1952 in der Bundesrepublik in die Kinos. Vgl. hierzu Hans Helmut Prinzler: Chronik des deutschen Films 1895 – 1994, Stuttgart 1995, S. 173-176.
14 Von LIEBE 47 beispielsweise weiß man, dass er trotz Einführung einer weiblichen Hauptfigur besonders beim männlichen Publikum beliebt war, STRASSENBEKANNTSCHAFT teilt sich einer Erhebung von 1951 zufolge seinen Rang unter den fünf Filmen mit den meisten Besucherzahlen mit DIE MÖRDER SIND UNTER UNS (ebenfalls fünf Millionen) und EHE IM SCHATTEN (zehn Millionen).

druck männlicher Subjektivität in der Krise wird beispielsweise von Patrice Petro in seiner Modellhaftigkeit für die gesamte Kinematografie der Zeit in Frage gestellt.¹⁵ Diese Infragestellung mittels einer Analyse der vielfältigen Projektionen von Wünschen und Phantasien auf die weiblichen Figuren in diesen Filmen, wie Petro sie vornimmt, findet in Pewas eine filmästhetische Form, die zu seiner Kritik am Weimarer Projektionskino wird. Pewas führt die Stilmittel des Expressionismus – die markante ›Kunstvariante‹ des Weimarer Kinos – als Projektionsraum vor, statt die Ästhetik als ›kunstvoll‹ zu reproduzieren. Gegen den stilistischen Exzess setzt er als bewussten Kontrast Alltagsrealismus. Darüber hinaus werden die Alltagsdefizite des Weimarer Films in einer ästhetischen Anbindung an das Wilhelminische Kino kompensiert. Es gibt beispielsweise Szenen, die Weiblichkeit, Urbanität und Mobilität auf eine Weise miteinander verbinden, die in einem Gestus beobachtender Sachlichkeit an die Neue Sachlichkeit des Weimarer Kinos ebenso erinnern, wie sie Reminiszenzen an das frühe deutsche Kino wecken.

Filmstills aus P. Pewas' STRASSENBEKANNTSCHAFT, D 1947/48

Bezug zum Weimarer Kino
In »Jene Zwanziger Jahre« schrieb Adorno:

> Das unsichere Verhältnis der Gegenwart zu den zwanziger Jahren wird bedingt von geschichtlicher Diskontinuität. [...] Was künstlerisch nunmehr mit jener Epoche sich einlässt, greift nicht nur eklektisch auf eine unterdessen erloschene Produktivität zurück, sondern gehorcht zugleich auch der Verpflichtung, das Unerledigte nicht zu vergessen. Zur eigenen Konsequenz ist weiterzutreiben, was 1933 von einer Explosion begraben ward, die in ganz anderem Sinn Konsequenz der Epoche war.¹⁶

---

15 »The now familiar reading of ›crisis‹ in Weimar culture and society [...] in fact provides the ›master plot‹ for analyses of representation and spectatorship in the Weimar cinema.« Vgl. Petro: Joyless Streets, a.a.O., S. XVIII.
16 Theodor W. Adorno: Jene Zwanziger Jahre, in: ders.: Eingriffe, Frankfurt a. M. 1963, S. 64f.

Dies Unerledigte herauszuarbeiten könnte auch für die Filme von Pewas eine lohnende Aufgabe sein. Bedauerlicherweise kritisiert die einzig vorhandene Buchveröffentlichung von Kurowski den Filmemacher als einen Regisseur, der im Grunde einer alten deutschen Kinotradition verhaftet blieb, nicht auf die technischen Möglichkeiten des Films zu vertrauen, sondern durch seine Bindung an Drehbuch und Atelieraufnahmen kunstgewerblich zu bleiben.[17] Das ist hingegen ein beinahe zum Selbstläufer gewordener und weit verbreiteter Vorwurf, der vor allem dem expressionistisch geprägten Weimarer Kino gemacht wird. Infolgedessen wird das Oppositionelle in Pewas' Filmen auf »den Nenner des Unfreiwilligen gebracht«[18], wenn Kurowski ihn als »Realist wider Willen« bezeichnet, der nur vier bedeutende Beiträge zur deutschen Filmgeschichte geliefert habe. STRASSENBEKANNTSCHAFT zählt er nicht dazu.[19]

Mir geht es bei der Auseinandersetzung mit STRASSENBEKANNTSCHAFT aber weniger um einen Autorenfilmansatz als vielmehr um die ideologischen Implikationen einer ästhetischen Einschätzung der im Film auseinanderklaffenden Darstellungsmodi von einerseits ›expressionistisch‹ zu nennenden Inszenierungen, die mit den stiltypisch starken Lichtkontrasten arbeiten, und einem ›realistischen‹ Modus, der eher Anmutungen an den französischen poetischen Realismus oder sogar den italienischen Neorealismus transportiert. (Im selben Jahr entstand beispielsweise GERMANIA ANNO ZERO von Roberto Rossellini.) Um im Vokabular der vorhandenen Literatur von Kurowski zu bleiben, geht es also einerseits um die diagnostizierte »Verhaftung in einer alten deutschen Kinotradition«, die ich einer neuen Deutung zuführen möchte, und den »Realismus wider Willen«. In dieser ästhetischen Bipolarität finden Deutungen des Regisseurs Niederschlag, die einen eher männlich konnotierten Raum der Projektionen auf Weiblichkeit in die rückwärtsgewandte Ästhetik des Expressionismus verweisen und einen weiblichen Erfahrungsbereich wie als Gegenmodell zu den Zuschreibungen der Männer für ›realistisch‹ reklamieren. Dabei fällt auf, dass die im jeweiligen Modus inszenierten Räume nicht als durchgängiges Prinzip, aber doch in prägnanten Szenen dergestalt den Geschlechtern zugeordnet werden können, dass man von einer ästhetisch geleisteten Umdefinition sprechen kann, einer impliziten Kommentierung bestimmter Kinotraditionen.

17 Das Urteil fällt vernichtend aus: »Er hat an die heiligen Kühe des deutschen Films [...] geglaubt. [...] Das und seine Bindung an Drehbuch und Atelier führte ihn zum Kunstgewerblichen, zur Überschätzung des Dekorativen – und zum tautologischen Kulturfilm, zur filmischen Modenschau, zum Reklamefilm.« Ulrich Kurowski: Der Filmregisseur Peter Pewas: Materialien und Dokumente, Berlin 1981, S. 7.
18 Vgl. hierzu Karola Gramann und Heide Schlüpmann: »Der Traum ist so wahr wie das Leben«. Über Peter Pewas, in: medium, Mai 1982, S. 48-51.
19 Vgl. Kurowski: Der Filmregisseur Peter Pewas, a.a.O., S. 8.

Dies demonstrieren beispielsweise zwei Szenen: eine Razzia in einem Restaurant und der nächtliche Spaziergang zweier Männer. Eine rebellische Geste des Films besteht allein schon darin, das Restaurant als eine gewisse Form der Öffentlichkeit den Frauen zuzuordnen, dabei aber gleichzeitig vorzuführen, wie ihnen die Teilhabe an diesem Raum auf der Grundlage einer praktizierten Doppelmoral strittig gemacht wird. Lichttechnisch begegnet die Szene dem Überwachungsanliegen der Ordnungsmacht mit einer demokratisierenden Entdramatisierung: Kameraführung und Lichtsetzung verleihen ausgerechnet jenem Ort, der aufgrund scheinbar verruchter Tätigkeiten polizeilicher Kontrolle unterliegt, einen Alltagscharakter, der enthierarchisiert. Während die Kamera in Verfolgungsfahrten einerseits den Zugriff spürbar werden lässt, gibt sie gleichzeitig im Panoramaentwurf den Frauen Spiel- und Handlungsraum und den Zuschauern einen Überblick, der zwar weder durch Schnitte noch Einstellungswechsel punktiert wird, aber auch nicht ›überheblich‹ ist.

Mit einer ebenso fließenden Kamerabewegung nimmt sich hingegen der nächtliche Spaziergang zweier Männer ganz anders aus. Aus dem Dunkel treten grell geschminkte Frauengesichter, die von unten beleuchtet sind. Pewas zitiert in der Szene den Expressionismus des Weimarer Kinos. Mit der Vorführung des Zitats wird gleichzeitig die expressionistische Ikonik mithilfe der Dollykamerabewegung und dem *travelling shot* auf eine Weise dynamisiert, die das Ikonische umso deutlicher zum Vorschein und in Kontrast zu Ladenbeschriftungen wie »Brennmaterialien« oder »Holz und Kohlen« treten lässt. Auf der Folie des Zitats männlicher Projektionen in expressionistischer Manier nimmt sich die parallel dazu stattfindende Eroberung des zeitgenössischen Nachkriegsraums wie eine Verabschiedung vom historischen Stereotyp aus.[20]

Der Titel STRASSENBEKANNTSCHAFT greift das bekannte Motiv des frühen Weimarer Kinos auf: die Straße als Metapher für Großstadtchaos, Ort der Verführung und Bedrohung, in dem die Figur der Prostituierten zum Symbol für eine Krise der Männlichkeit wird. Zum filmischen Paradigma für diese Konstellation wurde Karl Grunes Film DIE STRASSE. Er beginnt mit dem erdrückend stickigen Innenraum einer kleinbürgerlichen Wohnung, in den die Verlockungen der Außenwelt zunächst nur als nächtliches Lichtspiel fallen. Das ungelebte Leben wird in einer metonymischen Verbindung durch den Ursprungsort des Kinos repräsentiert,

---

20 Dabei entsteht durchaus auch wieder eine Spannung zwischen der Möglichkeit, die Beschriftungen der Läden im Hintergrund symbolisch zu lesen – dann verwiesen »Lackierarbeiten« auf die Künstlichkeit der geschminkten Frauen und »Brennmaterialien« auf die Funktionalisierung der Frauen im Rahmen männlicher Triebökonomie – und der Evokation einer realistischen Atmosphäre, selbst wenn sie als Dekors erstellt wurde.

den Jahrmarkt, den Lunapark und das Bild einer verführerischen Frau. Diese Konvention des Weimarer Straßenfilms wird von Pewas in STRASSENBEKANNTSCHAFT aufgerufen, ohne die historisch wirksame Semantik zu aktualisieren. Seine Bildpolitik verkehrt den metaphorischen in einen realistischen Raum. Die Straße wird nun vor allem dem sozialen Umfeld der Frauen zugeordnet und zu einem Bereich der Öffentlichkeit, der klassischerweise männlichen Macht- und Projektionsraum konnotiert. Nun ist sie nicht mehr expressionistisch stilisierter Fluchtpunkt phantasmatischer Aufladungen, Reflex eines männlichen Unbewussten, sondern materieller Gegenstand von Alltagsbeobachtungen. Die Programmatik des Weimarer Straßenfilms wird unterminiert. Dazu greifen die ersten Minuten von STRASSENBEKANNTSCHAFT (ebenso wie Grunes DIE STRASSE) eine filmanalytisch gerne als klassisch bezeichnete Position des männlichen Voyeurs oder Beobachters auf, um die Konventionen unserer Erwartung zu enttäuschen: In den Blick des Journalisten auf die Straße treten statt des erwarteten Anblicks der Frau zunächst die Reflektionen der Umwelt in den Widerspiegelungen der Glasscheibe, durch die er blickt. Im nur anfänglich als observatorisch akzentuierten, männlichen Blick verschieben diese Reflektionen schnell seine Fokussierung aufs Objekt ins Disperse der Wahrnehmung eines flüchtigen Alltagsmoments. Bevor der Blick auf die ersehnte Frau trifft, durchmisst er die Spannweite eines Straßenabschnitts, in dem sich Alltagsszenen abspielen. Als Journalist symbolisch ein Agent der Veröffentlichung, bildet er gleichzeitig ein Medium, in dessen Wahrnehmung sich die soziale Welt bricht. Damit stellt er im Film die einzige moralisch ungebrochene und unantastbare männliche Figur dar. Gleichzeitig kann er als Statthalter für den Regisseur gelten. Dafür spricht nicht nur eine Verdopplung oder wiederum eine Spiegelung der aufklärerischen Rollenfunktionen von Journalist und Regisseur, sondern auch ein Schwenk, der eine gleitende Verbindungslinie zwischen dem Titel »Regie: Peter Pewas« und dem Blick des Journalisten auf die Welt und die Frauen herstellt. Als Vertreter ihrer Interessen wird er lichtdramaturgisch in ihre Nähe gerückt. Während expressionistische

Filmstills aus P. Pewas STRASSENBEKANNTSCHAFT, D 1947/48

Schattenspiele auf nächtlichen Straßen und in verruchten Innenräumen Projektionen der Männer in Szene setzen und sie gleichzeitig als solche markieren, gehört Walters Blick der Tag.

In manchen Szenen werden die beiden ästhetischen Modi vereint und zu einer gegenseitigen Spiegelung gebracht. Ein auf der Objektebene des Films dominantes Ausstattungsstück und vorherrschendes Motiv – der Spiegel – ist insofern verdoppelt: Vielen Szenen als Ding symbolisch zugeordnet, funktioniert Spiegelung aber auch intertextuell. Szenen, in denen die Geschlechter aufeinander treffen, und diese Formulierung beschreibt den Charakter der Begegnungen besser als ›zusammenkommen‹, zeugen von einer inneren Organisationsstruktur, in der die realistische Tendenz die Sinnlichkeit des verlangenden weiblichen Körpers privilegiert und Sexualität als Machtverhältnis in expressionistischer Inszenierung denunziert. Beispielhaft hierfür die so genannte Schieberparty: Der verruchte Raum gliedert sich in zwei Sphären – den helleren der Nahrungsaufnahme, der Komponenten des Alltags umfasst, und den dunklen, stilistisch expressiven des Tanzes und des Zugriffs auf den weiblichen Körper. Während Erika an Koteletts interessiert ist, haben die Männer es auf anderes ›Fleisch‹ abgesehen; und sie haben die Frauen ›im Griff‹. Damit erfährt die expressionistische Dämonisierung der Party sexualpolitische Rechtfertigung: Sie denunziert nicht so sehr die Vergnügungssucht der Partygänger, sondern dramatisiert den besitzergreifenden Gestus der Männer. Während Erika im Vordergrund ebenso genüsslich wie gierig ihr Essen verschlingt, erinnern – in expressionistischer Ausprägung – starke Schlagschatten im Hintergrund an ›Bedrohungen‹, konkret hier sogar an die Mordszene in DAS CABINET DES DR. CALIGARI (D 1920, Robert Wiene). Fast scheint es, als wolle Pewas an die großen Traditionen des deutschen Kinos erinnern, als es internationalen Ruf genoss, und sie in einer verbindlichen Geste in seinen Kosmos aufnehmen. Aber anders als beispielsweise in DIE MÖRDER SIND UNTER UNS werden sozusagen KUHLE WAMPE (D 1932, Slatan Dudow) und CALIGARI vereint und um das Spektrum eines zeitgenössischen sozialen Realismus erweitert.[21]

Der zweite Erzählstrang beginnt mit der Rückkehr des Heimkehrers. Der materielle Verlust von Wohnung und Einrichtung wird von den Eheleuten öffentlich in der Straßenbahn diskutiert, der private Verlust an Gemein-

---

21 Die expressionistische Inszenierung bildet in DIE MÖRDER SIND UNTER UNS einen starren Formalismus im Unterschied zum selbstreflexiven Zitat bei Pewas. Ebenso stellt der häufige Gebrauch von Spiegeln einen eher schwerfälligen Gebrauch des Symbolismus dar – bei Pewas wird er mit Glasscheiben kombiniert zum Ausdruck einer bestimmten Fragilität der Verhältnisse.

samkeit und Nähe in zwei getrennten Zimmern. Die Scheu und Hemmung der Entfremdeten wird im Schutze der gegenseitigen Unsichtbarkeit für die Zuschauer sichtbar. Auffällig sind auch hier Rahmungen und Spiegelungen, die den Mangel eines direkten Blickaustausches akzentuieren, gleichzeitig die Enge der häuslichen Wohnung aufbrechen. Marion wird in leichter Untersicht zur privilegierten Figur und dem helleren der beiden Räume zugeordnet, der zudem ein Fenster zu Außenwelt hat. Walters Körper hingegen steht sperrig in einem Türrahmen, der die Blicke auf ihn mit Linien durchkreuzt, die ihn teilweise verbarrikadieren: eine Art visueller Gefangennahme durch den Film, die vom Befangensein des Protagonisten in einem überkommenen Modus kündet.

Gegen die häusliche Entfremdung stellt der Film eine unter Frauen gewachsene Solidarität. *Ihre* Gespräche spielen sich im Freien und Hellen ab. Ein Wartehäuschen vermittelt ebenso Schutz und Intimität wie Transparenz zur Straße, stellt eine Verbindung zum öffentlichen Raum her. Eine vergleichbare Dynamik bestimmt das Treffen der beiden Straßenbahnschaffnerinnen in einem Gartenrestaurant. Das private Gespräch ist dabei in einem Zwischenbereich von Arbeit und häuslichem Leben angesiedelt, denn die Gaststätte evoziert einerseits die Idylle einer Gartenlaube und befindet sich andererseits in städtischer Umgebung – im Hintergrund spielt sich das Leben nicht als eines von der Privatheit abgegrenztes ab. So finden Öffentlichkeit und Intimität, Freizeit und Arbeit in den beiden Frauenfiguren einen Reflex, der emanzipatorisch wirkt. Darüber hinaus vermitteln die beiden Straßenbahnschaffnerinnen eine Mobilität, die der Weimarer Bildtradition einer metaphorischen Verbindung von Großstadt und Prostituierter eine weibliche Arbeitswelt entgegensetzt, von der Sexualität dennoch nicht ausgeschlossen ist – wie beispielsweise im entsexualisierten Bild der Trümmerfrau der Nachkriegszeit. Darüber hinaus besetzen die Frauen eine kommunikative Position des Transitorischen. Während Walter, der Journalist, seine Reportagen in der Zurückgezogenheit und Stasis seiner Stube produziert, unterhalten sich die Frauen in einer Öffentlichkeit, an der sie unmittelbar teilhaben. Mit dem Bild der Straßenbahnschaffnerinnen wird neben der symbolischen Bedeutung und visuellen Potentialität aber gleichzeitig auch wieder auf eine soziale wie filmische Realität der Weimarer Republik zurückverwiesen: die weiblichen Angestellten. Der öffentliche Raum wurde damals zu einer legitimen Arena weiblicher Inbesitznahme: nicht nur in beruflichen Funktionen wie Eisenbahn- oder Straßenbahnschaffnerin – womit moderne Mobilität in weibliche Hand gelangt –, sondern auch als Kinogängerin.

Die Rolle des Kinos
Leitmotivisch hatte Kracauer die Straßenfilme in *Von Caligari zu Hitler* so beschrieben: »[...] in allen bricht die Hauptperson mit den sozialen Konventionen, um ein Stück Leben zu ergattern, aber die Konventionen erweisen sich stärker als der Rebell und zwingen ihn entweder zur Unterwerfung oder zum Selbstmord.«[22] Bei Pewas dienen die Erfahrungen mit ›der Straße‹ der weiblichen Protagonistin zu Protest und Rebellion. Unterwerfung oder Selbstmord bleiben selbst bei der einzig ausgewiesenen, stigmatisierten Prostituierten aus. Eine Differenz, die der ästhetischen Opposition Pewas' zuzuschreiben ist und einer historischen Aufbruchstimmung, bevor die Konsolidierung der fünfziger Jahre einsetzte. Im Unterschied zum konnotativ aufgerufenen Straßenfilm fungiert die Straße nicht mehr als phantasmatisch aufgeladener Raum sexueller Verführung und Bedrohung durch Frauen, sondern sie bildet einen Alltagsrahmen, den Frauen für sich reklamiert haben – und zwar als sexuelle Wesen ebenso wie als am Arbeitsprozess Beteiligte.[23]

Es scheint mir nicht von ungefähr, dass es im Film zwei Anspielungen auf das Kino als Illusion und als Spiegel gibt: Einmal, in einer markanten Verkehrung der Konvention, der zufolge der Mann die Frau ausführt, rät Olly (Gertrud Boll) ihrer Freundin Marion als Mittel, um den Ehemann aus seiner depressiven Stimmung zu befreien: »Geh doch ins Kino mit ihm.« Der zweite Moment schlägt hingegen deutliche Töne der Befreiung an, wenn der – selbst fingierte – Kinobesuch zur Rebellion gegen väterliche Autorität dient. Bei ihrer späten Rückkehr von der Schieberparty in die nächtliche Wohnung der Eltern wird Erika vom Vater im Flur abgepasst und zur Rede gestellt; sie behauptet »im Kino« gewesen zu sein. In der Lüge findet eine interessante Verschiebung statt: Ging es auf der narrativen Ebene der Inszenierung der Party um Liebesdienste gegen Lebensmittel, so tritt in der Lüge Erikas an die Stelle der Versorgungsinstanz Schieberparty das Kino. Damit gilt dem Film das Kino als Zufluchtsort der Frauen. Mitscherlichs vaterlose Gesellschaft hingegen kündigt sich in einer Einstellung des Films an, in der sich die Kamera in dieser nächtlichen Konfrontation zwischen Vater und Tochter mit einem deutlichen *Zoom-out* vom veralteten Männlichkeitsmodell einer patriarchal-väterlichen ›Autorität‹ verabschiedet.

---

22 Kracauer: Von Caligari zu Hitler, a.a.O., S. 133.
23 Die Straße dient auch im Weimarer Film als Bewegungsraum für Frauen – allerdings in einer illusionären Freiheit als Verkörperung männlicher Projektionen – und als Schicksalsraum: das Schlussmotiv der isolierten Prostituierten Annemie könnte bei Pewas einen ambivalenten Rückfall in dieses Motiv der Schicksalhaftigkeit darstellen.

Da die Straße in STRASSENBEKANNTSCHAFT vor allem den Frauen gehört, ist die Ambivalenz, mit der sie in den Weimarer Filmen behaftet und aufgeladen war, in die Innenräume gerutscht: Dort wird das Verhältnis von Ehe und Liebe, Sexualität und Prostitution, Autorität und Rebellion abgehandelt. In dieser Inszenierung kommen Männer aus der Filmgeschichte, während die Frauen neue Figuren sind. Damit entwickelt der Film eine Perspektive, die das Weimarer Kino als Geschichte zeigt. Erika hingegen ist eine neue *neue Frau*. Mit ihr verbündet sich der Film mit seinen Zuschauerinnen auf eine Weise, die vom Weimarer Kino in dem emphatischen Appell an sexuelle Gleichberechtigung statt illusionärem Glücksversprechen in der (kinematografischen) Projektion abweicht. Mit STRASSENBEKANNTSCHAFT modifiziert Pewas in seinem doppelten Bezug auf das Weimarer Kino den in Auftrag gegebenen Aufklärungsfilm zu einer ästhetischen Komplizenschaft zwischen weiblicher Zuschauerschaft und Kino, die weniger an das illusionäre als vielmehr an das aufklärerische Potential erinnert, das Kracauer trotz aller Kritik für den Kinobesuch der damaligen sogenannten kleinen Ladenmädchen ausmachte.

Hauke Lehmann **Die Figur als Kristall**
Peter Lorres DER VERLORENE im ästhetischen Kontext[1]

I. Einleitung

DER VERLORENE (BRD 1951) stellt die einzige Regie- und Drehbucharbeit des Schauspielers Peter Lorre dar. Lorre realisierte den Film nach seiner Rückkehr nach Deutschland aus den USA; dort, genauer, in Hollywood, war er nach seiner Emigration 1938 lange Zeit sehr erfolgreich gewesen.[2] Der völlige kommerzielle Misserfolg seines Films (DER VERLORENE lief lediglich zwei Wochen in wenigen deutschen Kinos) zwang den finanziell mittlerweile angeschlagenen Lorre schon 1952 dazu, Deutschland ein weiteres Mal in Richtung der Vereinigten Staaten zu verlassen, wo sein Stern bereits im Sinken begriffen war. 1964 starb er im Alter von nur 59 Jahren in Los Angeles. Der einzige von ihm als Regisseur verantwortete Film geriet lange Zeit in Vergessenheit, bevor in den achtziger Jahren eine Kopie in New York auftauchte. Das Thema, welches dieses Werk durchzieht, nämlich die Kraftwirkung vergangener Ereignisse durch die Verschüttungen der Geschichte hindurch, scheint sich auch in seiner Produktions- und Rezeptionsgeschichte niedergeschlagen zu haben.

Demgemäß handelt es sich beim vorliegenden Beitrag um eine Art archäologisches Projekt: Es geht darum, in Lorres Film jene Schichtungen von ästhetischen Bezügen freizulegen, mit deren Hilfe er seine eigene Form

---

1 Mein Dank geht an Bernhard Groß für wichtige Anregungen bei der Konzeption dieses Aufsatzes.
2 Neben Marlene Dietrich und Conrad Veidt gilt Lorre als der einzige deutsche Schauspieler, der sich im Hollywood der Tonfilm-Ära tatsächlich durchsetzen konnte. Vgl. Thomas Elsaesser: Weimar Cinema and After. Germany's Historical Imaginary, New York 2000, S. 427. Allerdings waren zu Beginn der 1950er Jahre sowohl ökonomische Beweggründe als auch eine gewisse künstlerische Frustration bei Lorres Rückkehr nach Deutschland von Bedeutung, vgl. das Interview mit Stephen D. Youngkin, in: PETER LORRE – DAS DOPPELTE GESICHT (BRD 1984, Harun Farocki), Kinowelt 2007 (Begleit-DVD zu DER VERLORENE).

von Geschichtlichkeit zu entfalten imstande ist. Dabei ist mit dem Begriff des ästhetischen Bezugs, wie noch zu zeigen sein wird, keineswegs das Erstellen eines Verweissystems angesprochen, sondern vielmehr die Gestaltung einer spezifischen sinnlichen Erfahrung auf Seiten des Zuschauers im konkreten Wahrnehmungsakt, welche diesem letztlich die Möglichkeit einer historischen Selbstverortung eröffnet.

Diese historische Selbstverortung kristallisiert[3] sich, so die These, in der Inszenierung der von Lorre selbst gespielten Hauptfigur des Films. Dabei bezieht sich der Film als Anordnung ästhetischer Verfahren hauptsächlich auf zwei distinkte filmhistorische Formationen: das Weimarer Kino sowie das US-Genrekino der dreißiger und vierziger Jahre. Beide zunächst abstrakten Bezugsfelder finden die Bedingung ihrer Konkretion in der Filmografie Peter Lorres. Das vorrangig zu untersuchende Verhältnis ist dabei dasjenige zu Fritz Langs M (D 1931) als demjenigen Film, der Lorre national und international zum Star gemacht hat und mit dem sein Name bis heute am stärksten verbunden ist.

II. Spiegel und Transformation

Mit dem Begriff des Kristallbilds ist bei Gilles Deleuze zuallererst ein Verhältnis wechselseitiger Umkehrbarkeit angesprochen, welches in verschiedene Richtungen ausdifferenziert werden kann. Für den Zusammenhang dieser Untersuchung lässt sich daraus zunächst die Prämisse gewinnen, dass DER VERLORENE nicht den Komplex ›Weimar‹ gegen den Komplex ›Genre‹ ausspielt, sondern dass die entsprechenden Verfahren in der Inszenierung der Hauptfigur einander solcherart reflektieren, dass ein Gebilde höherer, irreduzibler Komplexität entsteht. Die Natur dieses Gebildes soll im Verlauf dieser Ausführungen näher beleuchtet werden.

Verbindet Deleuze das Konzept des Kristallbilds auf einer ersten Ebene mit dem Motiv des Spiegels,[4] so erfährt diese Idee in DER VERLORENE eine zusätzliche Drehung, indem hier zwei Szenen eng aufeinander bezogen bzw. ineinander *gespiegelt* werden, welche das Problem des Spiegels wiederum auf jeweils sehr unterschiedliche Weise denken. Bei der einen handelt es sich um die berühmte Szene aus M, die andere stammt aus Lorres Film selbst. Beide Szenen gemeinsam bilden ein symbolisch-sinnliches Gefüge, welches über die Kluft von 1931 bis 1951 hinweg einen Empfindungsraum öffnet, über den die beiden Filme erst ein Verhältnis zueinander aufbauen. Im Folgenden werde ich die Konstituierung dieses Gefüges analysieren.

Die Spiegelszene in M ist zunächst die Szene eines Auftritts im emphatischen Sinne: die Erscheinung des Gesichts des Kindermörders wird im

---
3 Hier lehne ich mich an Deleuzes Begriff des Kristallbildes an. Vgl. Gilles Deleuze: Das Zeit-Bild. Kino 2, Frankfurt a. M. 1997, S. 95ff.
4 Ebd., S. 97.

Film für 15 Minuten zurückgehalten. Zuvor ist er lediglich in der Gestalt eines *akusmatischen Wesens* anwesend, einer Figur, die allein kraft ihrer Stimme den sichtbaren Raum mit bedrohlicher Präsenz erfüllt, ohne selbst an ihn gebunden zu sein – und die daher auch allgegenwärtig sein kann.[5]

Abb. 1: »Die erste aller Maskierungen«[6]: der Schatten des Kindermörders in M[7]

Schon der im Dunkel vor der Aufblende ertönende Kinderreim (»Warte, warte nur ein Weilchen...«) lässt sich als ein Agent dieser latenten Bedrohung verstehen, welche schließlich auf das nach 15 Minuten erscheinende Gesicht zurückgeführt wird. Bei Chion wird diesem Moment der Enthüllung eine krisenhafte Bedeutung zugeschrieben;[8] er geht, nach der Logik der Handlung wie nach der Logik der Inszenierung, meist mit einem signifikanten Machtverlust der betreffenden Figur einher. Doch lässt sich angesichts der Spiegelszene in M überhaupt von Enthüllung sprechen? Eher scheint das Gegenteil der Fall zu sein, nämlich dass die Szene angelegt ist auf das Herausarbeiten maximal möglicher Ambivalenz:

5 Vgl. Michel Chion: Das akusmatische Wesen. Magie und Kraft der Stimme im Kino, in: Meteor. Texte zum Laufbild, H. 6 (1996), S. 48-58. Auf die spezielle Raumgestaltung in M, die mit dem Phänomen des Akusmatischen in enger Verbindung steht, werde ich noch zu sprechen kommen.
6 Zitat aus PETER LORRE – DAS DOPPELTE GESICHT.
7 Bei allen Abbildungen handelt es sich um DVD- bzw. VHS-Captures aus den jeweiligen Filmen.
8 Chion: Das akusmatische Wesen, in: Meteor, a.a.O., S. 57f.

Abb. 2 und 3: Von der »Schauspielerei« zum »Wahnsinn«: Gesichts-Experimente in M

Angesiedelt ist die Szene im Zusammenhang einer Schilderung der Ermittlungsanstrengungen seitens der Polizei, des Mörders habhaft zu werden. Während der Grafologe den vom Täter an die Presse geschriebenen Brief auf dessen Persönlichkeitsmerkmale hin analysiert, ist zunächst der Brief in Großaufnahme zu sehen, wie um die Erläuterungen des Experten zu veranschaulichen. Kurz darauf wechselt die Ansicht zur Figur des Mörders, der sich stumm im Spiegel betrachtet. Er scheint die weiterhin hörbaren Ausführungen des Grafologen gleichzeitig zu parodieren und zu bestätigen. Anton Kaes hat diese Szene eingehend analysiert. Er kommt zu dem Ergebnis, dass ihre tiefgründige Ambivalenz bereits in der Beschreibung des Grafologen angelegt ist, während die Figur des Mörders die Widersprüchlichkeit experimentell ausagiert:

> Lorres Selbstbetrachtung [...] ist präzise durch die Worte »Schauspielerei« und »Wahnsinn« [geäußert vom Grafologen] eingerahmt und damit in ihrem Spannungsbogen beziehungsreich zwischen Simulation und Krankheit definiert. [...]
> Würde er sich womöglich, wenn seine Mundwinkel noch tiefer herabgezogen wären, als Verbrecher erkennen? Diese Frage bleibt offen. Weder Kamera noch Komposition geben Hinweise darauf, wie kritisch diese Selbstdarstellung zu lesen ist. Das Paradox bleibt, dass der Schuldige, der überall in der Stadt gesucht wird, sich selbst – als einen anderen – im Spiegel gefunden hat.[9]

Dies trifft recht präzise das Verfahren der Verunsicherung, welches M an dieser Stelle betreibt. Ein Indiz hierfür ist die von Kaes selbst (absichtlich oder unabsichtlich?) vorgenommene Ineinssetzung des Schauspielers Lorre mit der von diesem gespielten Figur. Hierin deutet sich darüber hin-

[9] Anton Kaes: Das bewegte Gesicht. Zur Großaufnahme im Film, in: Gesichter der Weimarer Republik. Eine physiognomische Kulturgeschichte, hg. v. Claudia Schmölders, Sander L. Gilman, Köln 2000, S. 156-174, hier S. 167ff.

aus zum einen das Ausmaß an, in welchem Peter Lorre gerade mit dieser Figur noch immer identifiziert wird, und zum anderen die Symbolkraft, welche dem Film M als Porträt der auf den Nationalsozialismus zusteuernden Endphase der Weimarer Republik nicht erst heutzutage zukommt – gerade mit Blick auf den Protagonisten.[10] Auf eben diese symbolische Kraft bezieht sich auch schon Lorre selbst in seinem Film von 1951.

Die entsprechende Szene aus DER VERLORENE scheint einer solchen Evokation von Zweifel und Verwirrung geradezu antithetisch gegenüberzustehen.[11] Im diametralen Gegensatz zu M, wo die gegenseitige Durchdringung von Schein und Realität konkret erfahrbar wird, fungiert der Spiegel in DER VERLORENE als Instanz der ominösen Vorahnung, ja als Träger der Wahrheit: das Blut auf der Stirn überführt die von Lorre gespielte Figur der Schuld, noch bevor sie (handlungslogisch gesehen) zum Täter geworden ist.[12] So ist es nur konsequent, wenn sich der Blick dieser Figur nicht im Spiegelbild verliert, sondern sogleich zur Seite, zum Raum außerhalb des Bildkaders hin wendet, als wolle er sich vergewissern, dass auch niemand anderes das anklagende Zeichen bemerkt habe.

Abb. 4 und 5: Aufdeckung der Schuld und der Blick ins Off in DER VERLORENE

Versteht man den Spiegel demnach als Instanz der Wahrheit, lässt sich auch diese Szene als Auftritt verstehen: als Erscheinen des Gesichts hinter der Maske[13] und als Auftritt des ›wahren‹ Peter Lorre, wie er sich als Kri-

10 Vgl. Kracauers Besprechung von M in *From Caligari to Hitler*, besonders seine Einschätzung des Films als »statement [...] on the psychological situation of the time« und eine Verbindung dieser Diagnose zur Hauptfigur: »The film's true center is the murderer himself.« Siegfried Kracauer: From Caligari to Hitler. A Psychological History of the German Film, Princeton 1947, S. 215 und S. 220.
11 Es bleibt anzumerken, dass die Hauptfigur dieses Films (und Lorre als sein Star) deutlich weniger spektakulär als in M und nur leicht verzögert eingeführt wird.
12 Gleichzeitig ändert sich das Verhältnis zum eigenen Gesicht. In Harun Farockis Dokumentarfilm PETER LORRE – DAS DOPPELTE GESICHT (s. Anmerkung 2) heißt es dazu, dass, während die Figur in M mit dem eigenen Gesicht experimentiere, die Figur in DER VERLORENE das eigene Gesicht anfasse, als sei es »ein fremdes Stück Fleisch«.
13 Die Konstellation von Gesicht und Maskierung stellt einen der zentralen Angelpunkte dar, um welchen Lorres Filmografie stetig kreist. Vgl. THE FACE BEHIND THE MASK (USA 1941,

stallisierung seiner eigenen Filmografie, als imaginäre Versammlung der von ihm gespielten Figuren, darstellt. Das heißt: sichtbar wird hier auf der einen Seite der aus den USA zurückgekehrte Star zahlreicher Kriminal- und Horrorfilme, auf der anderen Seite jener Darsteller, welcher in M den Mörder verkörperte. Damit wird in dieser Szene die symbolische Funktion der beiden Bezugsfelder (Weimar und Genrekino) mit dem Wissen des Zuschauers um Lorres Filmografie und Biografie kurzgeschlossen und gleichzeitig in einen neuen Bedeutungszusammenhang überführt.

In welchem inszenatorischen Zusammenhang kommt es nun zu diesem Aufeinandertreffen der beiden Spiegelszenen? Mit der Offenbarung der Schuld im Spiegel schließt der Film einen Abstand, der sich zuvor auf drei Ebenen aufgetan hatte: bezüglich der Starpersona Peter Lorres im Verhältnis zum Setting des Films; bezüglich der inkonsistenten dramaturgischen Gestaltung; sowie, damit zusammenhängend, bezüglich der Art und Weise, wie die beiden Hauptfiguren zueinander in Beziehung gesetzt werden.

Zur Vergegenwärtigung der Handlung: die von Lorre gespielte Figur wird eingeführt als Dr. Neumeister, Arzt eines Flüchtlingslagers nach dem Zweiten Weltkrieg. Mit der Ankunft des ominösen Nowak wechselt der Film allmählich das inszenatorische Register, tendiert zum Kriminalfilm: Unbemerkt von Nowak, aber dem Zuschauer betont vorgeführt, steckt Neumeister eine Pistole in seine Manteltasche und scheint in der Folge darauf zu warten, mit Nowak allein sein zu können. Dieser Suspense wird jedoch bald abgebrochen. Es stellt sich heraus, dass die Bekanntschaft der beiden aus der Zeit des Dritten Reichs herrührt und dass beide gegenwärtig unter falschem Namen leben: Neumeister heißt eigentlich Rothe, und Nowak heißt Hösch. Es ist die Rede von einer Schuld, die beglichen werden müsse. Doch auch in der nun einsetzenden Rückblende deutet sich zunächst kein Ansatzpunkt an, von welchem aus die Diskrepanz zwischen dem Gestus der Inszenierung und der Erwartung des Zuschauers verringert werden könnte. Die Funktion der Spiegelszene besteht nun gerade in der Aufhebung dieser Diskrepanz, und zwar hinsichtlich der Inszenierung des Protagonisten.

Rothes Abstieg in den Keller zu Beginn der Szene wird so zum sukzessiven Eintauchen ins Genrekino: Zunächst wird die Beleuchtung kontrastreicher. Zum ersten Mal in der Rückblende setzt dann Musik ein, kurz darauf werden Stimmen hörbar, die in Rothes Kopf herumschwirren – diese aus *film noir* und Horrorfilm überlieferte Technik der Psychologisierung verstärkt den Fokus auf seine Figur. Wenn anschließend beim plötzlichen Sichtbarwerden des Blutes im Spiegel auf der Tonebene das Orchester sich unter dramatisch akzentuierten Blechbläser-Einwürfen zum Tutti

Robert Florey) und Farockis Film PETER LORRE – DAS DOPPELTE GESICHT, der dieses Thema in den Mittelpunkt seiner Konzeption stellt.

steigert, wird auch in der Mimik der Figur ein Registerwechsel erkennbar. Der letzte Schritt der Transformation erfolgt auf äußerst pointierte Weise durch einen einfachen Einstellungswechsel: Zunächst entfernt sich Rothe vom Blickpunkt der Kamera und verschwindet hinter einer Ecke, so dass nur noch sein riesiger Schatten sichtbar ist. Nach dem Umschnitt scheint er als ein anderer aus dem Keller aufzutauchen. Der dem Zuschauer nicht zugängliche Ort dieses Schnittes und der Kontrast der beiden Perspektiven steht dabei ein für den vollendeten Prozess einer Verwandlung. Der Wechsel von Licht und Dunkelheit ist von nun an nochmals deutlich in seiner Expressivität und Bewegungsdynamik gesteigert, und auf der Tonspur ertönt mit höchster Emphase das unheilverkündende Mordzwang-Thema.[14] Die Mimik Lorres ist nun eng angelehnt an das Ausdrucksrepertoire des Horrorfilms; die Inszenierungslogik dieses Genres lässt sich an dieser Stelle auch in der Montagestruktur nachweisen, nämlich in der Art und Weise, wie disparate Räume über Blickachsen miteinander verbunden werden (vom frontal auf die Kamera zugehenden Rothe erfolgt der Umschnitt auf Inge, die direkt in die Kamera blickt). Dabei lässt sich hinter einigen Ausdrucksfiguren auch das ›Weimarer Vorbild‹ noch erahnen, beispielsweise finden sich die riesigen Schatten und die zuletzt erwähnte Schnittverbindung an zentralen Stellen in Friedrich Wilhelm Murnaus NOSFERATU von 1922.

Der Film führt, so verstanden, bestimmte Ausdrucksfigurationen des Weimarer Kinos mit dem US-Genrekino eng – bis zu dem Punkt, an welchem sie schließlich in der Inszenierung der Figur zur Ununterscheidbarkeit konvergieren (genau hier knüpft Deleuzes Begriff des Kristallbilds an). Auf den ersten Blick hat es beinahe den Anschein, als arbeite der Film auf diese Weise an der Fortschreibung des filmhistorischen Kurzschlusses, der Weimarer Expressionismus sei ein direkter Vorläufer für den *film noir*.[15] Das hier gestaltete Verhältnis der beiden Formationen zueinander ist jedoch gerade keines der Kontinuität. Vielmehr werden die beiden Seiten des Kristalls als Teile einer spezifischen poetischen Logik höchst spannungsvoll aufeinander bezogen, wie im Folgenden gezeigt werden wird. Die beiden Spiegelszenen konstituieren dabei das erwähnte symbolisch-sinnliche Gefüge,[16] von dem aus sich diese Logik erschließen lässt.

14 Die hier angewendete vereinfachte Form der Leitmotivtechnik verweist zum einen auf im klassischen Hollywood übliche Verfahren, ebenso jedoch auf den Ufa-Stil zur Zeit des Dritten Reichs. Der Komponist der Filmmusik, Willy Schmidt-Gentner, ist für die Musik einiger bedeutender deutscher Stummfilme verantwortlich und arbeitete ab 1933 hauptsächlich in Wien, wo er sowohl an Komödien und Musikfilmen wie OPERETTE (D / A 1940, Willi Forst) als auch an Propagandafilmen wie HEIMKEHR (D / A 1941, Gustav Ucicky) mitarbeitete.

15 Für eine eingehende Analyse dieses Problems vgl. die mittlerweile klassische Studie von Thomas Elsaesser: Caligari's Legacy? Film noir as film history's German imaginary, in: ders.: Weimar Cinema and After, a.a.O., S. 420-444.

16 Die in DER VERLORENE praktizierte Form der Verhältnissetzung ist nicht einmalig im deutschen Nachkriegsfilm: in IRGENDWO IN BERLIN (D 1946, Gerhard Lamprecht) besteht mit der

Meine Analyse wird sich in diesem Zusammenhang hauptsächlich auf die Raum- und Zeitkonstruktion des Films konzentrieren.

III. Raumschichten

Die Gestaltung des Raums in DER VERLORENE reflektiert die komplizierte Verhältnisbildung von Genrekino und Weimarer Kino. Zunächst zur Gegenwartsebene: diese markiert in ihrer Raumkonstruktion eine Zweiteilung in grafisch stilisierten Außenraum (der zuweilen, auch in seiner markiert symbolischen Besetzung, nun tatsächlich auf den Weimarer Expressionismus hinzuweisen scheint) und einen diesem gegenüber streng abgeschlossenen, einfach gegliederten Innenraum, dessen in langen Einstellungen etablierte Übersichtlichkeit gelegentlich pointiert in der Montage unterlaufen wird.[17] Aus diesem hermetisch abgeriegelten Raum führt einzig die Bewegung der Rückblende heraus. In den Rückblenden selbst ist die Raumkonstruktion komplexer und expressiver gestaltet. Ein Beispiel dafür ist die bizarre, zwischen Spiegel und Schattenspiel changierende Verbindung zwischen dem Zimmer Inges und demjenigen Dr. Rothes in der Wohnung der Frau Hermann: hier ist den Unterteilungen der Räume ihre Funktion, nämlich den Rückzug einer Figur zu ermöglichen, abhanden gekommen – sie stellen im Gegenteil aktiv die Integrität der Privatsphäre in Frage: »Wände, die Schutz bieten sollen, verweisen nur um so suggestiver auf das Dahinter.«[18] Dieses Gefühl des Bedrängtseins weicht auch im öffentlichen Raum[19] nicht, im Gegenteil: Ist es in der Wohnung die Eigentümerin Frau Hermann »mit ihrer grässlichen Fürsorge«, die aus Angst vor den Nachbarn jeden Konflikt mit der Ermahnung, still zu sein, zu ersticken versucht, so sind es in der Hochbahn und in den nächtlichen Straßen plakatierte Parolen wie »Schweig!« oder »Vorsicht bei Gesprächen«, welche in bruchloser Kontinuität von Privatheit und Öffentlichkeit eine Allgegenwart des Überwacher-Staates suggerieren – eine Allgegenwart, welche in M dem Kindermörder als

---

von Fritz Rasp gespielten Figur ebenfalls ein deutlicher Bezug auf das Weimarer Kino, nämlich auf Lamprechts EMIL UND DIE DETEKTIVE (D 1931). Rasps Nebenfigur fungiert jedoch eher als eine Wiederholung denn als eine Anspielung auf die Verbrecherfigur aus dem früheren Film und nimmt damit einen mehr oder weniger fest definierten Platz innerhalb des Symbolsystems von IRGENDWO IN BERLIN ein, während in DER VERLORENE die ganze Anlage des Films von der Inszenierung der Hauptfigur abhängt.

17 Durch letzteres Verfahren wird bereits das Prinzip des Akusmatischen eingeführt, welches den Film aufs engste an M bindet, wo diese spezielle Form des Bild / Ton-Verhältnisses zum Kern der poetischen Logik gerinnt.

18 Enno Patalas: Schatten der Vergangenheit, zit. nach: Thomas Brandlmeier: Von Hitler zu Adenauer. Deutsche Trümmerfilme, in: Zwischen Gestern und Morgen. Deutscher Nachkriegsfilm 1946-1962, hg. v. Hilmar Hoffmann, Walter Schobert, Frankfurt a. M. 1989, S. 33-61, hier S. 57.

19 Auch der öffentliche Raum setzt sich weitgehend, bis auf das Ende des Films, aus Innenräumen zusammen.

akusmatischem Wesen zugesprochen wird. Das Überwachtsein wird als bildräumliches Verhältnis auf mehreren Ebenen gestaltet, vor allem jedoch wird es konsequent auf die Hauptfigur bezogen. So sind fast alle Figuren größer als Lorres Dr. Rothe; besonders auffällig ist dies bei den Gestapo-Beamten inszeniert, aber selbst gegenüber seiner Verlobten wird Rothe immer wieder zum Objekt des Blicks. Hinzu kommt der stete Druck aus dem »insistierenden« Raum außerhalb des Bildkaders, auf den Rothes Seitenblick in der Spiegelszene verweist.[20]

Während in DER VERLORENE die Hauptfigur die räumliche Bedrängung passiv erleidet, führen die Taten des Mörders in M – und eben auch die Möglichkeit seiner ubiquitären, übernatürlichen Existenzweise – aktiv ein chaotisches Moment in den sozialen Raum ein. Vergleicht man etwa die Szenen der Massenhysterie aus Langs Film mit den wenigen Szenen aus Lorres Film, die am ehesten einen städtischen Raum als Sozialität beschreiben, nämlich den Szenen in der Hochbahn, stellt man fest, dass die Menschenansammlungen gänzlich unterschiedlich inszeniert werden: In den Massenszenen in M (sowohl zu Beginn des Films als auch in der Tribunal-Sequenz am Ende) wird das Entstehen der Masse und ihre sogleich einsetzende Intentionsbildung als ein eigendynamischer Prozess inszeniert; in der mehrere kurze Szenen vereinenden Sequenz zu Beginn des Films (folgend auf die Verlesung des Steckbriefes) speist sich dieser Prozess wie ein Schneeballsystem aus dem Austausch von Missverständnissen in höchst asymmetrischen, instabilen Interaktionen.[21] Diese steuern stets unweigerlich und unkontrollierbar auf die Eskalation zu, infolge derer schließlich die Szene abbricht. Solche Formen der Interaktion werden in DER VERLORENE im Ansatz erstickt – paradigmatisch dafür ist die Szene mit dem Betrunkenen in der Hochbahn, dessen konfliktträchtiges Ansinnen gemeinschaftlich unterdrückt wird. Die Perspektive kehrt sich dabei um: Ist es in M die von Lorre gespielte Figur, welche über akusmatische Kräfte verfügt, so sind es nun andere, die den Protagonisten aus dem Off anblicken und ansprechen und so den Bildraum bedrängen (die Prostituierte, Hösch in der Gegenwartsebene). Das Prinzip der chaotischen Interaktion weicht hier der einheitlichen Ausrichtung von Blick und körperlicher Bedrängung auf die Hauptfigur. Daher ist es in DER VERLORENE nur folgerichtig, wenn die Spiegelszene den Blick ins Off mit einbezieht und so die Erkenntnis der Schuld an das Thema der räumlichen Beklemmung bindet. Die zunehmende oppressive Aktivität des Raumes erfüllt sich schließlich in der aus dem Bildraum herausführenden Bewe-

---

20 Vgl. Deleuzes Bestimmung des absoluten Off, in: Gilles Deleuze: Das Bewegungs-Bild. Kino 1, Frankfurt a. M. 1989, S. 34.

21 Man denke etwa an die Kadrierung in extremer Auf- und Untersicht, wenn die ältliche kleine Herr auf den hünenartigen Arbeiter trifft, welcher ihn zu Unrecht verdächtigt, ein kleines Mädchen angesprochen zu haben.

gung des Protagonisten: Mehrmals schließt er Türen von außen und lässt den Zuschauer allein in leeren Zimmern zurück. Diese Fluchtbewegung der Hauptfigur setzt sich nicht nur formal in den Mordszenen fort (die ja jeweils auf Schwarzblenden zulaufen), sondern dominiert den übergreifenden dramaturgischen Bogen des gesamtem Films, kulminierend in der letzten Szene und der letzten Einstellung: Rothe hält sich die Augen zu, während der Zug frontal dem Blickpunkt des Zuschauers entgegenfährt. Die Gestaltung des Raums gewinnt damit Wirksamkeit im Bezug auf die Figur. Der Film projiziert das in der konkreten Zeit der Filmwahrnehmung gestaltete Empfinden des Zuschauers auf die Position des Protagonisten, so dass sich in dieser Position die psychische Aktivität des Zuschauers bündelt; die solcherart angestaute Last entlädt sich schließlich in den Mordszenen. Der folgende Abschnitt widmet sich der Analyse ebendieses Vorgangs und seiner Implikationen bezüglich der Konstituierung des Kristallbilds.

IV. Monodrama
Die gesamte Inszenierung von DER VERLORENE ist betont auf die Perspektive des Protagonisten ausgerichtet. Dessen Position ist schon erzählzeitlich in einer Weise privilegiert, die an melodramatische Verfahren denken lässt – womit ein weiterer Bezug auf das US-Genrekino angesprochen wäre. Und tatsächlich scheint sich bisweilen ein Verhältnis der Entsprechung zwischen dem sichtbaren Bereich des Bildraums und dem implizierten Seelenleben der Hauptfigur zu ergeben; besonders die Außenaufnahmen auf Gegenwarts- und Rückblenden-Ebene legen eine solche Betrachtungsweise nahe. Diese Spiegelungsrelation wird nun allerdings nicht einfach affirmiert, sondern dient als Ausgangsmaterial für eine weitere poetische Operation, welche sich auf der Ebene der Rückblenden vollzieht: Denn hier kollidiert das Entsprechungsverhältnis zwischen innen und außen mit der Erzählperspektive der Hauptfigur selbst (der *voice over*-Kommentar Rothes), wodurch der Inszenierung dieser Figur eine weitere Komplexitätsebene hinzugefügt wird. Diese Verdichtung hängt zum einen eng mit der Zeitgestaltung des Films zusammen (Thema des nachfolgenden Abschnitts), zum anderen mit der Art und Weise, in welcher die ästhetischen Bezüge zu anderen Filmen in die Gestaltung eines spezifischen Wahrnehmungseindrucks eingearbeitet werden.
Was dies konkret bedeuten kann, soll nun in der Analyse der Szene des ersten Mordes aufgezeigt werden. Nachdem die Vorbereitung der Tat als spezifischer Level inszenatorischer Expressivität in der Spiegel-Szene erfolgt ist, geht es nun um die Vorbereitung der Tat durch die Herstellung eines entsprechenden psychischen Zustandes. Dieser Zustand lässt sich beschreiben als Summe der filmischen Verfahren, d.h. als Ausdrucksfiguration, welche über die Position des durch sie affizierten Zuschaueremp-

findens wiederum auf eine spezifische filmische Instanz, nämlich die Hauptfigur, rückbezogen wird.[22] In der Szene des Mordes an Inge stellt sich dies folgendermaßen dar: Die gesamte Anlage der Szene ist darauf ausgerichtet, eine Atmosphäre qualvoller Blockade und Hemmung herzustellen, wodurch schließlich der Akt des Erwürgens, welcher der fortschreitenden Intensivierung dieser Atmosphäre ein Ende setzt, vom Zuschauer als große Erleichterung erfahren wird. An der Herstellung dieser Atmosphäre haben unter anderem teil: die enervierende Weichheit der Frau Hermann (sowohl Inhalt und prosodische Qualität ihrer Äußerungen als auch ihre Mimik und Gestik), die Aufdringlichkeit des Telefonklingelns, die Aufladung der Nicht-Handlung durch immer dramatischere Musik und nicht zuletzt die quälende Gedehntheit und Verzögerung in Lorres Schauspiel selbst. Die Tat selbst ist schließlich einem Ermüdungsbruch – der Inszenierung wie des Zuschauerempfindens – vergleichbar, die Sollbruchstelle ist dabei der Körper Dr. Rothes.

Dabei ist besonders die Ausdehnung der Dauer, welche die Entwicklung der Szene bis zu ihrem Abschluss in Anspruch nimmt, von Wichtigkeit. Direkt vor dem Mord ist die Szene wie für die Opernbühne arrangiert: Zu musikalischer Begleitung von wechselnder emotionaler Wertigkeit und schwankender Intensität werden die beiden Figuren gegeneinander im Raum verschoben, ohne dass es narrativ zu einem Fortschreiten kommt. In diese Abfolge sind auch Perioden der Stille eingeschaltet, das Prinzip der Organisation bleibt aber durchgehend ein musikalisches. Dabei verfährt die Musik häufig gestisch und atmosphärisch kommentierend, gewinnt allerdings ab einem gewissen Zeitpunkt nicht nur eine Eigenständigkeit, sondern scheint nun ihrerseits den Lauf der Ereignisse zu bestimmen – bis zum Abbrechen der Szene durch den Mord. Deutlich bemerkbar wird dies spätestens bei der Hinführung zum Mordzwang-Thema: Der schwere Dreiviertel-Takt wird zum Marsch-Metrum, gewinnt etwas zwangsläufig Voranstrebendes; die gesamte kompositorische Anlage wird in einen mechanischen Steigerungsprozess einbezogen (Steigerung von Geschwindigkeit, Lautstärke, Tonhöhe, Verkürzung der Perioden), der keine organische Auflösung – etwa durch eine Kadenz – zulässt. Das hat zur Folge, dass diese Bewegung unweigerlich ihr eigenes Abbrechen herbeiführt: Dieses ergibt sich, wenn die Grenzen der Steigerungsprinzipien erreicht sind.

Die Figur des Dr. Rothe handelt demnach, ästhetisch verstanden, keineswegs selbstbestimmt, sondern ergibt sich in eine mechanische Zwangsläufigkeit, welche eng an das Empfinden des Zuschauers gekoppelt ist. Man vergleiche dies mit der völlig anders gearteten Perspektive auf den

---

22 Zur detaillierten Analyse dieses Wahrnehmungsverhältnisses s. Hermann Kappelhoff: Matrix der Gefühle. Das Kino, das Melodrama und das Theater der Empfindsamkeit, Berlin 2004, insbes. S. 32–50.

Mörder bei Lang, der ja gleichfalls als »Triebtäter«[23] inszeniert wird: In M scheint die Figur des Hans Beckert unvermutet von einem Moment auf den anderen in den Modus des »Morden-Müssens«[24] zu kippen; dazu genügt der Anblick eines möglichen Opfers im kritischen Augenblick. Die Suggestivkraft dieses Vorgangs ist jedoch gänzlich verschieden von der Einbindung des Zuschauers in DER VERLORENE. In Lorres Film wird der Zuschauer ganz in die Gegenwärtigkeit der Situation in ihrer Dauer hineingenommen, und zwar in dem Sinne, dass er sie selbst als einen Wahrnehmungseindruck erleidet; gleichzeitig halten ihn bestimmte Verfahren auf Distanz.[25] In M hingegen wird zum einen diese zweite Form der Distanzierung nach Möglichkeit vermieden; zum anderen bezieht sich die Einbindung des Zuschauers auf die Aktivität der Figur (und auf die Aktivität ihrer Widersacher) auf das Voranschreiten der Inszenierung, die dem Publikum immer einen Schritt voraus ist. So schreibt Noël Carroll zur Position des Zuschauers in M, diese gleiche der eines Detektivs, der Spuren verfolgt.[26] Das Verhältnis des Zuschauers zur Hauptfigur wird demzufolge in den beiden Filmen radikal gegensätzlich gestaltet: Sehnt man den Mord (und damit die Aktivität des Protagonisten) in DER VERLORENE herbei, so ereignet er sich in M als gewaltsamer Einbruch eines Fremden. Der in beiden Filmen auf den Mord folgende Abbruch durch die Schwarzblende steht mithin unter konträren Vorzeichen – dennoch laufen, vom Standpunkt des Zuschauers aus, beide Morde auf ein Verhältnis der Unverfügbarkeit hinaus.

Wie hängt nun das Inszenierungsprinzip in DER VERLORENE zusammen mit der filmografischen Aufladung der Figur, die ich Kristallisierung genannt habe? Als prägnantes Beispiel sei die Inszenierung der Hände Peter Lorres angesprochen, welche sich als ein zentrales Thema durch seine Filmografie zieht. Bereits in M tendieren diese zu einem unabhängigen Medium des Ausdrucks, in welchem sich das Getriebensein der Figur manifestiert.

In MAD LOVE (USA 1935, Karl Freund) spielt Lorre einen wahnsinnigen Chirurgen, der einem Pianisten nach dessen Unfall die Hände eines Mörders statt der eigenen zerstörten annäht. Wie nicht anders zu erwarten, verspüren diese Hände noch immer den Drang zu morden. Auch als der Fremde in STRANGER ON THE THIRD FLOOR (USA 1940, Boris Ingster) scheint er selbst weniger als seine Hände an dem Versuch beteiligt, die Heldin des Films zu erwürgen. In PASSAGE TO MARSEILLE (USA 1944,

---

23 Vgl. die Ausführungen des Grafologen in M.
24 Dieser Ausdruck wird von Schränker, dem Anführer der Verbrecher, gebraucht.
25 Dazu zählt etwa die Unterbrechung der Situation vor dem Mord durch erklärende Einschübe auf der Gegenwartsebene, vgl. den folgenden Abschnitt zur Zeitkonstruktion.
26 Noël Carroll: Lang, Pabst, and Sound, in: ders.: Interpreting the Moving Image, Cambridge 1998, S. 92-104, hier S. 96.

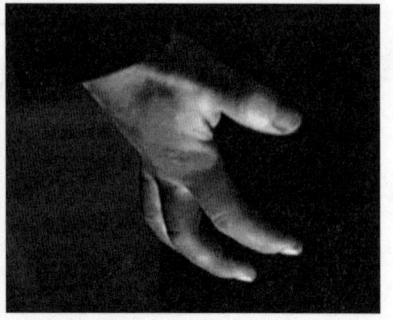

Abb. 6 und 7: Hände auf Abwegen in M und THE BEAST WITH FIVE FINGERS

Michael Curtiz) beschreibt sich die von ihm gespielte Figur als virtuoser Taschendieb, »sensitive down to my fingertips«. In THE BEAST WITH FIVE FINGERS (USA 1946, Robert Florey) wird das Thema zum Zentrum der Inszenierung: Lorre spielt den Sekretär eines Pianisten; als dieser ermordet wird, scheint seine (ihm nach dem Tod abgeschlagene) Hand Rache an den weiteren Bewohnern des Hauses zu nehmen – doch in Wahrheit ist es der Sekretär, dessen Hände sich selbständig machen.

DER VERLORENE nimmt dieses Sujet mit Emphase wieder auf: Nicht nur in der Mordszene, aber besonders dort, scheinen die Hände Dr. Rothes ein kaum kontrollierbares Eigenleben zu besitzen. So gleitet die rechte Hand nach dem erneuten Klingeln des Telefons vom Hörer über einen Bücherstapel, läuft über den Tisch und muss schließlich regelrecht von der Linken eingefangen werden. Auch der Akt des Erwürgens selbst scheint das Resultat eines mechanischen Drangs nach Manipulation des Stofflichen darzustellen, welcher das Primat psychologischer Innerlichkeit offenbar überwunden hat (und sehr viel eher an die in der Hintergrundmusik waltenden Steigerungsprinzipien gebunden ist).

Hier materialisiert sich geradezu das filmhistorische Erbe in der Figur – jedoch wiederum nicht als Kontinuität, sondern im Nachvollzug der Brechungen. Die Tatsache, dass die Tat selbst hier ausgespart bleibt, hängt zusammen mit einer spezifischen Konzeption des Körpers der Hauptfigur in DER VERLORENE, welche sich besonders deutlich beim zweiten Mord in der Hochbahn offenbart: Hier wird die dickliche Frau mit ihrem weitausgeschnittenen Dekolleté einem Dr. Rothe gegenübergestellt, der in seinem schwarzen Mantel fast völlig des Körpers, erst recht des sexuellen Körpers verlustig gegangen zu sein scheint.[27] Damit verkompliziert der Film auf einer weiteren Ebene das Verhältnis zu M: dort besitzt der Mörder zunächst überhaupt keinen konkret zu verortenden Körper: »Jeder, der neben dir sitzt, kann der Mörder sein.«, wie es im Film einmal

---

27 In der Betonung der Vertikalen – gerade auch bei den Morden – findet sich eine weitere Verbindung zu NOSFERATU.

heißt. Man kann nun den Verlauf der Ermittlungen seitens der Polizei und der Verbrecher als Prozess beschreiben, welcher das Phantom Stück für Stück greifbar macht – dieser Prozess wird von der Inszenierung des Bildraums und von der Gestaltung der Montage mitvollzogen. So fasst Noël Burch die formale Struktur von M als Bewegung von der Diskontinuität zur Kontinuität, die am Ende mit der sukzessiven Enthüllung des Mörders zusammenfällt[28] – dessen Verhängnis setzt dabei folgerichtig mit der körperlichen Berührung durch einen der Verbrecher ein. Auf der anderen Seite ist zu betonen, wie sehr die Inszenierung an dieser Figur, ist sie einmal sichtbar, das Instinkthafte und die sexualisierte Körperlichkeit hervorhebt, bis zu dem Punkt, an dem die Figur mit einem Raubtier gleichgesetzt wird: Jede Regung, jeder Gedanke ist radikal veräußerlicht – das sinnfälligste Beispiel hierfür ist das wiederholte Pfeifen des Grieg-Motivs, durch welches der Mordzwang in seiner Dynamik von An- und Abschwellen akustisch Gestalt gewinnt.

Abb. 8 und 9: Triebtäter zwischen Veräußerlichung und Entleerung in M und DER VERLORENE

Auch in DER VERLORENE durchläuft die Inszenierung des Körpers eine (allerdings entgegengesetzte) Entwicklung, deren Endpunkt mit der eben konstatierten Körperlosigkeit erreicht ist – der metaphorische Tod Rothes am Ende der Rückblende ist die Konsequenz dieses Zustandes. Dieses Sterben[29] ist ein zentrales Element der zeitlichen Struktur des Films, mit der sich nun der abschließende Abschnitt auseinandersetzen wird.

---

28 Noël Burch: Fritz Lang: German Period, in: Cinema. A Critical Dictionary: The Major Film-Makers, Bd. 2: Kinugasa to Zanussi, hg. v. Richard Roud, New York 1980, S. 583-599. Aufgrund der fragmentarischen Natur des Bildraums in M könnte man tatsächlich sagen, dass die Enthüllung des akusmatischen Wesens erst am Ende des Films vollständig erfolgt – und nicht, wie von Chion nahegelegt, bereits in der Spiegelszene.
29 Indem ein Toter als Erzähler der Rückblende eingesetzt wird, wird ein Motiv aus dem film noir aufgegriffen, namentlich aus Billy Wilders SUNSET BOULEVARD (USA 1950).

V. Zeitlichkeit der Groteske / Zeitlichkeit des Kristalls

Es war bereits die Rede von einer Bezogenheit der Verfahren des Films auf die Perspektive der Hauptfigur. Tatsächlich scheint die Konsequenz, mit der dies durchgeführt wird, den Vergleich mit melodramatischen Formen zu rechtfertigen. Auch der Selbstmord der Figur am Ende ist in dieser Hinsicht völlig kohärent[30] (und gerade der Körper ist im Melodram die Quelle aller Konflikte). Gleichzeitig jedoch entzieht sich die Figur dem Mitleiden des Zuschauers, was wiederum mit der spezifischen Poetik der Rückblende in diesem Film zusammenhängt, auf die ich nun näher eingehen möchte. Das Medium der Verbindung von Vergangenheit und Gegenwart ist der Körper der von Lorre gespielten Figur: Gestik, Mimik, Blickrichtungen, Schritte – all dies ist der Kraftwirkung der Vergangenheit ausgesetzt und dient mit Hilfe der Montage dem Übergang zwischen den Zeitebenen. Das, was Bernhard Groß anhand von FILM OHNE TITEL (D 1948, Rudolf Jugert) als die ein historisches Bewusstsein freilegende »Koinzidenz« bezeichnet hat,[31] ist damit radikal auf die Inszenierung einer einzelnen Figur bezogen.

Nachdem der Beginn des Films in mehrfacher Hinsicht einen Nullpunkt markiert hat,[32] bricht die auf eine Konfrontation zulaufende dramaturgische Entwicklung (der Suspense um die Pistole) zunächst, wie oben beschrieben, ab, um zur Rückblende überzuleiten. Die diesem Spannungsaufbau ursprünglich inhärente Energie wird nun der gesamten zu durchmessenden Dauer der Rückblende ausgesetzt und auf diese Weise transformiert: Wenn es schließlich doch noch zum Pistolenschuss kommt, ist dem Vorgang jede emotionale Erregung entzogen, die Inszenierung beinahe parodistisch. Die Tat füllt nur noch eine Leerstelle in der Erwartung des Zuschauers, welche ebenfalls über die Dauer des Films hinweg eine Wandlung erfahren hat.

Aus dieser Perspektive, also vom Ende des Films her, lässt sich die Funktion der Rückblende präzise bestimmen: Sie dient der Herstellung eines psychischen und physischen Zustandes der Müdigkeit[33] und Erschöpfung. Dieser Zustand äußert sich, verstanden als Wahrnehmungsverhältnis, in Form der Groteske. Deutlich ablesbar ist dies an der Verschwörungs-Episode: Sie, welche nach dramaturgischen Gesichtspunkten

---

30 Vgl. Hermann Kappelhoff: Matrix der Gefühle, a.a.O., S. 42.
31 Bernhard Groß: Vorlesung *Film – Geschichtlichkeit – Filmgeschichtsschreibung* am Seminar für Filmwissenschaft der Freien Universität Berlin, 10.11.2009.
32 Versinnbildlicht wird dies u.a. in der ersten Einstellung durch die Bahnschranke, welche erst mit einiger Verzögerung den Weg für die Hauptfigur freigibt. Damit verweist der Beginn auf den Trümmerfilm und dessen Ausgangsvorstellung einer ›Stunde Null‹. Auch hierin zeigt sich im Übrigen die Verwandtschaft zu M, der sowohl mit einer reflexiven Figur einsetzt als auch mit einer solchen endet.
33 Beide Figuren schlafen während Rothes Erzählung jeweils einmal ein: Hösch in der Gegenwart, Rothe in der Rückblende.

eigentlich den Höhepunkt des Films bilden sollte, ist an Banalität und Lächerlichkeit kaum zu überbieten. Rothe bemerkt: »So sah das also aus, wenn Erwachsene Indianer spielen.« Die ironische Distanzierung des Erzählers vom Geschehen[34] hat jedoch nicht nur eine komische Implikation; gleichzeitig drückt sich in ihr die Unverfügbarkeit des vergangenen Geschehens aus, welches von dieser Stimme nur mehr mechanisch registriert werden kann. Die Groteske zeigt sich hier als ein spezifisches Zeitverhältnis, in welchem sich kein Präsens mehr zu entfalten vermag: »Die ›Bewegung der Grotteske‹ [sic] ist in der Hemmung. In der Hemmung manifestiert sich aber weder Gegenwart noch Zukunft. In ihr zeigt sich die Vergangenheit in ihrem Sterben.«[35]

Der konstatierte Modus des Mechanischen ist genuin an dieses Zeitverhältnis gebunden, und in ihm findet sich eben jenes Nebeneinander von Komik und Schrecken wieder, welches die Groteske kennzeichnet und welches Daniel Illger am Beispiel von DOV'È LA LIBERTA...? (I 1954, Roberto Rossellini) bereits mit dem italienischen Nachkriegskino in Verbindung gebracht hat – unter Berufung auf Bergsons Poetik des Komischen.[36] Speziell das Spiel Lorres greift zwei der von Bergson angeführten Prinzipien[37] auf: Zum einen ist es ausgerichtet auf Wiederholung, besonders beim Sprechen. Immer wieder bleiben einzelne Satzteile gleichsam hängen, so dass sie mehrfach geäußert werden. Ein anderes wichtiges Prinzip betrifft den Automatismus der Glieder, wie bereits anhand des Beispiels von Lorres Händen demonstriert.

Vor der Müdigkeit der Erzählsituation verschwimmen die hektisch sich abwechselnden Ereignisse der Verschwörungs-Episode: Statt den Protagonisten in einen gemeinsamen Handlungsraum mit einzubeziehen, versetzen sie ihn in die Rolle eines nahezu unbeteiligten Zuschauers. Diese Konstellation findet sich exakt vorgebildet in ARSENIC AND OLD LACE (USA 1944, Frank Capra), wo Lorres Dr. Einstein sich, von allen übersehen, dem allgemein ausgebrochenen Chaos still und leise zu entziehen vermag, nachdem in einem Moment der Selbstaufgabe bereits alles verloren schien. In DER VERLORENE wird dieses Motiv nun gewendet und bitter ironisiert, indem dem Schuldigen trotz Selbstaufgabe die Strafe zunächst verwehrt bleibt. Diese realisiert sich allerdings am Ende mit mechanischer Konsequenz: als eine Flucht vor dem Zuschauer, die diesen gleichwohl mit einschließt.

34 Charakteristisch für die das Groteske kennzeichnende bipolare Spannung ist, dass, je stärker Rothe das Interesse verliert, sich Hösch desto engagierter im *voice over* einbringt.
35 Friedrich Piel: Die Ornament-Grotteske in der italienischen Renaissance, Berlin 1962, S. 60. Diese Ausweglosigkeit stellt schon die Titelsequenz ins Bild, welche vor einer Mauer abläuft.
36 Daniel Illger: Heim-Suchungen. Stadt und Geschichtlichkeit im italienischen Nachkriegskino, Berlin 2009, S. 217f.
37 Henri Bergson: Das Lachen, Jena 1921, S. 26 und 61.

Abb. 10 und 11: Selbstaufgabe (ARSENIC AND OLD LACE) und Selbstauslöschung (DER VERLORENE)

Das Ende des Films stellt sich dadurch als erneutes Ansetzen an diesem Punkt der Selbstaufgabe dar: Die Szene aus ARSENIC AND OLD LACE entspricht in dieser Sichtweise dem Moment aus DER VERLORENE, in welchem Rothe ein Kreuz neben seinen Namen setzt und sich damit figurativ auslöscht – damit endet die Erzählung der Rückblende. Was folgt, ist in letzter Konsequenz die Fortführung einer bereits reflexiv gebrochenen Genre-Konstellation mit den Mitteln des Avantgarde-Kinos – nicht zufällig ist die letzte Einstellung strukturell eng verwandt mit dem Ende von PANZERKREUZER POTEMKIN (SU 1925, Sergej Eisenstein) oder, um einen deutschen Film zu nennen, KUHLE WAMPE (D 1932, Slatan Dudow). Diese strukturelle Verwandtschaft lässt aber auch die Differenzen deutlich hervortreten: Verweisen die beiden letztgenannten Filme auf die Perspektive einer zu formenden, revolutionären Gemeinschaft, so verneint in DER VERLORENE nicht nur der Schluss, sondern die gesamte zeitdramaturgische Anlage die Frage nach der Möglichkeit einer Zukunft oder gar einer Gemeinschaft. Damit ist die letzte Drehung im Spiegelungsverhältnis der beiden zugrundeliegenden Formationen erreicht.

So ereignet sich, parallel zum zeitlichen Durchmessen der Rückblende, der Prozess der Kristallisierung der Figur. Dabei leitet sich der schließlich resultierende Zustand der Müdigkeit aus beiden Zeitdurchläufen her, aus zwei Vergangenheiten – einer konkreten und einer virtuellen: So verschmilzt der ›konkret‹ müde Rothe am Ende des Films mit der ›virtuellen‹ Müdigkeit eines spezifischen Figurentypus des film noir, den Lorre in verschiedenen Facettierungen im Laufe seiner Filmografie immer wieder aufgerufen hat – von der leisen Melancholie seines Victor Emmric in THE VERDICT (USA 1946, Don Siegel) bis zum offenen Zynismus seines Gino in THE CHASE (USA 1946, Arthur Ripley).

Der Kristall bei Deleuze ist zuallererst ein »Zeitkristall«,[38] und so sucht er die Begründung des Verhältnisses der Umkehrbarkeit im Anschluss an Bergson in der Relation von Gegenwart und Vergangenheit: »[...] es [ist]

---

38 Deleuze: Das Zeit-Bild, a.a.O., S. 95.

notwendig, dass das Bild gegenwärtig und vergangen ist, noch gegenwärtig und schon vergangen, beides zur gleichen Zeit. [...] Die Gegenwart ist das aktuelle Bild, und *seine* zeitgleiche Vergangenheit ist das virtuelle Bild, das Spiegelbild.«[39] Die konstitutive Funktion der Spiegelszene für das Entstehen des Kristallbilds ist damit präzise zusammengefasst. In diesem Zusammenhang zitiert Deleuze Bergson: »Derjenige, der von der unaufhörlichen Verdopplung seiner Gegenwart in Wahrnehmung und Erinnerung Kenntnis nimmt, [...] wird sich mit einem Schauspieler vergleichen, der automatisch seine Rolle spielt und der dieses sein Spiel zugleich hört und sieht.«[40] Hieraus erhellt sich unmittelbar, worin die Zeitlichkeit der Groteske und die Zeitlichkeit des Kristalls zusammenfallen, nämlich in der Persistenz einer sterbenden Vergangenheit. So handelt es sich letztlich nicht nur um einen Effekt der Rückschau aus heutiger Perspektive – im Wissen um das weitere Schicksal Peter Lorres –, wenn die kristalline Beschreibung der Hauptfigur in DER VERLORENE die Form eines Nachrufs anzunehmen scheint.

---

39 Ebd., S. 109.
40 Henri Bergson: L'énergie spirituelle, zit. nach: Deleuze: Das Zeit-Bild, a.a.O., S. 109.

Elisabeth Büttner **Partisanes Kino**
Österreichischer Avantgardefilm in den 1950er Jahren

> Der Feind ist unsere eigene Frage als Gestalt.
> Carl Schmitt, Theorie des Partisanen

Selbstaufklärung
Ein Überleben mit Blessuren. Die Botschaft der Avantgarde wird in der österreichischen Nachkriegszeit zunächst nur leise und unscharf vernommen. Dies liegt zum einen an einer historisch begründeten nationalen Besonderheit. Eine eigene klassische Filmavantgarde der 1920er Jahre hat es in Österreich nicht gegeben. Ihr Fehlen markiert eine Leerstelle, sei es als Referenzraum, als Impulsgeber oder als ideelle Stütze. Zum anderen bedarf das Konzept der Avantgarde, das Anleihen von unterschiedlichen Feldern der Kulturtheorie, der Poesis und der Kunstproduktion nimmt, nach 1945 einer Revision und Inventur.

Die historischen Linien, an die eine Praxis der Avantgarde nach 1945 anzuknüpfen versucht, liegen offen. Adorno bindet die Avantgarde weiterhin an das Programm der Moderne und ihr Konzept einer ästhetischen Autonomie. Die Avantgarde setzt auf die Erneuerung der Kunstmittel und steht in enger Verwandtschaft zur Geschichtsphilosophie und deren Fortschrittsbegriff. Das avantgardistische Kunstwerk materialisiert das »fortgeschrittenste Bewusstsein der Widersprüche im Horizont ihrer möglichen Versöhnung.«[1] Demgegenüber, als zweite Linie, grenzen bereits in den 1920er Jahren die Dadaisten das Werk nicht vom Leben ab. Sie beharren keineswegs auf einem Purismus des Ästhetischen und nehmen unbekümmert Anleihen im Alltag und bei der Trivialkunst. Sie hoffen, Kunst könne Impulse setzen, die auf gesellschaftliche Veränderungen zielen. »Pratiquer la poesie« formuliert André Breton im ersten surrealistischen

---

1 Theodor W. Adorno: Ästhetische Theorie, Frankfurt a. M. 1973, S. 285.

Manifest.² Der Horizont, den diese Schrift anspricht, ist klar. Er zielt auf die Veränderung von Lebenspraktiken, Lebensverhältnissen. So skizzieren Kunstautonomie und Lebensgestaltung, Ästhetik und Politik die beiden großen Klammern, gleichfalls Potentiale und Versprechen avantgardistischer Konzeptionen. Im Österreich der Nachkriegszeit, ermüdet und ernüchtert von gesellschaftlichen Utopien, wird zunächst das Programm Kunstautonomie als Wegmarke der Avantgarde favorisiert. Unbestritten in der Klärung des Begriffs der Avantgarde sind seine Herkunft und seine Systemgebundenheit. Übertragen aus dem Feld des Militärischen, verbindet sich auch mit der Avantgarde in der Kunst der Anspruch eines Vorpreschens. Der Begriff bezeichnet die Vorhut, die die Lage sondiert, die die Stellungen des Gegners analysiert und dabei sowohl enor-me Wendigkeit als auch Verlässlichkeit zeigen muss. Avantgarden sind Aufklärungssysteme.³ Avantgarde als partisanes Kino meint ein Kino, das die Spielregeln stört, das von innen heraus das Bestehende torpediert, das klein und taktisch beweglich ist, das Unordnung in das Selbstverständnis des kommerziellen Erzählkinos und seiner Zuschauerinnen und Zuschauer bringt. Der umstrittene Staatsrechtler Carl Schmitt legt 1963 eine *Theorie des Partisanen* vor, die den Untertitel *Zwischenbemerkung zum Begriff des Politischen* trägt. Schmitt stellt in seinen Ausführungen den Partisanen in den Kugelhagel der absoluten Ausnahmen. Der Partisan befindet sich in einem Feld, das der Krieg zerstört hat. Die Figur des Partisanen ist für Schmitt eine spontan-politische Einheit, die auch mit der leichtesten Waffe, gleichsam mit der Spitzhacke, die Würde ihres Ortes zu verteidigen imstande ist. Der Partisan verhält sich irregulär und ist taktisch so behend wie beweglich. Zugleich kennzeichnet ihn ein ›tellurischer Charakter‹⁴. Mit der (geographischen) Beschaffenheit seines Gebietes vertraut, operiert er in begrenzten Räumen und praktiziert seiner Umgebung kundig eine spezifische Widerstandsform.

Eigenschaften und Zuschreibungen, die auch das Avantgardekino in Österreich für sich beanspruchen kann. Es befindet sich gleichsam in Feindesland: Im Nachkriegsösterreich der frühen 1950er Jahre ist die Auseinandersetzug mit dem Faschismus längst ausgeblendet und einem Alltagspragmatismus gewichen; die Haltung zur Kunst wird von Leitgedanken einer repräsentativen Hochkultur getragen; die Situation des Kinos ist

---

2 Vgl., Peter Bürger: Ende der Avantgarde?, in: Neue Rundschau, H. 4/106 (1995), S. 20-27, hier S. 23
3 Vgl. Hannes Böhringer: Attention im Clair-obscur: Die Avantgarde, in: Aisthesis. Wahrnehmung heute oder Perspektiven einer anderen Ästhetik, hg. v. Karlheinz Barck et al., Leipzig 1990, S. 14-32, hier S. 14.
4 Vgl., Carl Schmitt: Theorie des Partisanen. Zwischenbemerkung zum Begriff des Politischen, Berlin 2006, S. 26.

dominiert vom deutschen und amerikanischen Verleih.[5] Die Kassenschlager auf der Leinwand heißen ECHO DER BERGE (deutscher Verleihtitel: DER FÖRSTER VOM SILBERWALD, A 1954, Alfons Stummer)[6] oder SISSI (A 1955, Ernst Marischka). Landschaftliche Schönheit und Unversehrtheit oder imperiale Pracht gepaart mit Schauwerten lauten die Maximen, die die Produzenten des Kommerzkinos verinnerlicht haben. Gegen die Vorgaben dieses Kinoverständnisses, gegen den Mief dieser gesellschaftlichen Mentalität beginnt sich seit Beginn der 1950er Jahre ein kleines, minoritäres Kino zu formieren, das die Regeln unterläuft. Es erzählt keine Geschichten nach konventioneller Dramaturgie; es macht sich über die kalkulierten Gefühle, die das nationale Nachkriegskino ausstellt, lustig; es gibt dem Ton eine eigene Würde gegenüber dem Bild; es wildert in den anderen Künsten; es ist billig, privat hergestellt, teilweise radikal subjektiv und keinesfalls markttauglich. Es verhält sich, im Sinne Carl Schmitts, regelmissachtend und mobil. Kurzum: es trägt partisane Züge.
Gewiss operieren Filmavantgarden nicht auf militärischen Schlachtfeldern, vielmehr im Feld der Kunst, im sozialen System Kunst, wie Hannes Böhringer in einem Aufsatz[7] zur gegenwärtigen Bestimmung der Avantgarde festhält. Das Soziale, die Gesellschaft als Rahmungen von Ausdrucksformationen, die ihre Quellen aus der Kunst speisen. Und in diesem diffizilen Gefüge von Beobachtung erster und zweiter Ordnung ist ein hohes Maß an Unterscheidungsvermögen vonnöten. Die Avantgarde muss das System im Auge haben und es zugleich in Frage stellen, Vorsicht und Klugheit als Techniken verwenden. Die Avantgarde müsse, so Böhringer, Beobachtung und Verstellung verbinden, ebenso List und Gegenlist, Chiffrierung und Dechiffrierung, Ablenkung und Aufmerksamkeit.

Historische Selbstverständigung
Für Anspruch und Entwurf einer Filmavantgarde galt es in der unmittelbaren Nachkriegszeit in Österreich, Versäumtes nachzuholen, Aufklärung zu betreiben, sich neu zu formieren. Die Gegner schienen dabei nahezu übermächtig. Zunächst eine äußerst restaurative Haltung gegenüber der Kultur. Eine für die Zeit repräsentative Stimme gehört dem damals äußerst renommierten Autor Alexander Lernet-Holenia. In der Kulturzeitschrift *Turm* hält er als Programmatik fest:

> [...] wir brauchen »nur dort fortzusetzen, wo uns die Träume eines Irren unterbrochen haben«, wir brauchen »nicht voraus-, sondern

---

5 Vgl., Andrea Ellmeier: Von der kulturellen Entnazifizierung Österreichs zum konsumkulturellen Versprechen. Kulturpolitik der USA in Österreich, in: Besetzte Bilder. Film, Kultur und Propaganda in Österreich 1945-1955, hg. v. Karin Moser, Wien 2005, S. 61-85.
6 22 Millionen Menschen sehen diesen Film bis in das Jahr 1958.
7 Vgl. Böhringer: Attention im Clair-Obscur, a.a.O.

nur zurückzublicken«, wir hätten es »nicht nötig, mit der Zukunft zu kokettieren und nebulose Projekte zu machen, wir sind, im besten und wertvollsten Verstande, unsere Vergangenheit, wir haben uns nur zu besinnen, dass wir unsere Vergangenheit sind – und sie wird unsere Zukunft werden.«[8]

Dieses Votum ist besonders tückisch und verschleiernd, denn die Vergangenheit, die Lernet-Holenia ins Visier nimmt, ist die Zeit von 1934 bis 1938. In dieser historischen Spanne gab es in Österreich bereits eine Regierung, die Bürgerrechte aushebelte, Parteien verbot, die sich die Staatsform einer Diktatur aneignete: den so genannten Austrofaschismus oder Ständestaat.

Neben einer breiten gesellschaftlichen Übereinkunft, kulturellen Rückgriff als Zukunftsprogramm auszuweisen, kennzeichnet die mentale und intellektuelle Gemengelage in Österreich nach 1945 ein weiteres nationales Spezifikum: Die Opfer sowie Emigrantinnen und Emigranten des Nationalsozialismus wurden gleichsam erneut rechtlos gemacht. Zum einen verstand und inszenierte sich Österreich als erstes Opfer Hitler-Deutschlands.[9] Zum anderen wurden, als Konsequenz dieser Haltung, die Überlebenden der Emigration nicht zu einer Rückkehr eingeladen. Diese personale Abschottung gegenüber der Geschichte gilt nicht nur für Künstler, Intellektuelle und Wissenschaftler, die nicht zurückgeholt wurden, sondern ebenso für ehemalige jüdische Kinobesitzer oder Eigner von Filmproduktionsfirmen. So zeigt sich der Filmbereich der Nachkriegssituation nicht nur im Personellen ausgesprochen prekär.

Ökonomisch gerät Film, damals noch Leitmedium und höchst gewinnversprechend, in den Brennpunkt massiver wirtschaftspolitischer Einflussnahme. Die USA, als eine der vier Besatzungsmächte, verstehen den Unterhaltungssektor, d.h. vor allem das Kino, als Teil ihrer Außenwirtschaftspolitik und betreiben unverhohlen und erfolgreich Marktprotektionismus. Bereits 1947 sehen 235 Millionen Menschen wöchentlich einen Film aus Hollywood, 90 Millionen in den USA, 145 Millionen in den Auslandsmärkten der US Kinoindustrie. Diese Erfolgsbilanz, gepaart mit der Popularität und Massenakzeptanz des Kinos, machen Filme weiterhin auch ideologisch attraktiv, wie Protokolle der Kulturoffiziere der Besatzungsmächte belegen. Gesellschaftspolitische Anliegen sollen elegant und gewinnbringend via Film verbreitet werden. Auf diesem Sektor waren die USA gleichfalls federführend. Ihren Kulturprogrammen zufolge war

---

8 Alexander Lernet-Holenia zitiert nach: Josef Donnenberg: Der literarische Herr: Alexander Lernet-Holenia, in: Literatur der Nachkriegszeit und der fünfziger Jahre in Österreich, hg. v. Friedbert Aspetsberger et al., Wien 1984, S. 320-336, hier S. 328.

9 Gerhard Botz: Geschichte und kollektives Gedächtnis in der Zweiten Republik. »Opferthese«, »Lebenslüge« und »Geschichtstabu« in der Zeitgeschichtsschreibung, in: Inventur 45/55, hg. v. Wolfgang Kos, Georg Rigele, Wien 1996, S. 51-85.

ihnen das ›educational‹ Potential von Film äußerst bewusst. Sie verstehen Kino als Mittel, um amerikanischen Lebensstil und Werthaltungen, so subtil wie nachhaltig, auf die Leinwände zu bringen.¹⁰
Doch bis in die 1950er Jahre ist es in Österreich nicht allein Hollywood, das die Leinwände beherrscht. Auch das bundesdeutsche Kino hat noch einen sehr hohen Marktanteil. Dieses Faktum, gestützt durch den gemeinsamen Sprachraum und zahllose Koproduktionen, veranlasst viele österreichische Produktionsfirmen, sich vorbehaltlos und vorauseilend an dem Geschmack und der vermeintlichen Bedürfnisstruktur des bundesdeutschen Publikums auszurichten. Die Prämissen, die dabei beachtet wurden, bestechen nicht durch Anspruch oder Eigensinn. Eine Zentralfigur des deutschsprachigen Kinos der 1950er Jahre, Ilse Kubaschewski, Berlinerin, bereits in der Ufa aktiv und nach dem Krieg einflussreiche Besitzerin des deutschen Gloria-Filmverleihs, hat einen ehernen Produktionskanon formuliert, der als wegweisend für ein finanziell erfolgreiches Kino der fünfziger Jahre gelten kann. Er warnt gleichermaßen vor unsympathischen Charakteren als Hauptfiguren wie vor Rückblenden. Er mahnt, bei aller Tragik und Rührseligkeit, ein Happy End an, schreibt »viele Bilder von der Heimat, Auen, viele Tieraufnahmen, (det greift ans Herz)« vor, rät zu sehr viel Musik und zu »immer was zum Lachen«¹¹. Wie kann sich in einem solchen sozialen und ästhetischen System eine Filmavantgarde formieren? Die Antwort lautet: Zunächst sehr langsam, tastend.

Kontinuitäten: aufkündigen
Der Theoretiker, der die beginnende Filmavantgarde in Österreich inspiriert, ist weder Siegfried Kracauer noch André Bazin. Es ist Béla Balázs. 1930 fragt er: »Gibt es nun gar keine Möglichkeit, von sich loszukommen?« und antwortet mit einem emphatischen: »Doch.«

> Es gibt Filme, die gar keine Begebenheit darstellen. Weder eine erfundene noch eine, die als persönliches Schicksal erlebt ist. Es gibt Filme, die einfach ein Ding zeigen, und sie wollen uns damit auch gar keine Erkenntnis mitteilen. Das Ding ist losgelöst von jedem Begebenheitszusammenhang und losgelöst von jedweder Beziehung. Es ist einfach ein Ding allein. Und das Bild, in dem es erscheint, weist nicht über sich hinaus, weder nach einem anderen Ding noch nach einer Bedeutung.¹²

10 Vgl. Reinhold Wagnleitner: Der Einfluss Hollywoods, in: ders.: Coca-Colonisation und Kalter Krieg. Die Kulturmission der USA in Österreich nach dem Zweiten Weltkrieg, Wien 1991, S. 261-322.
11 Anonym: Ilse Kubaschewski. Det greift ans Herz, in: Der Spiegel, H. 4, (1957), S. 38-42, hier S. 39.
12 Béla Balázs: Der Geist des Films. Artikel und Aufsätze 1926-1931, in: ders.: Schriften zum Film, Bd. 2., Berlin 1984, S. 124.

Balázs kreiert für Filme, die die Dinge dem Sehen überantworten und sie aus einem vereinnahmenden Bedeutungszusammenhang herausbrechen den Begriff des ›absoluten Films‹.
Zwei Jahrzehnte später gärt das Konzept des ›absoluten Films‹ in den Köpfen junger Österreicher, die mit der überkommenen Filmtradition ihres Landes nichts mehr anzufangen wissen. Filmischen Abbildrealismus lehnen sie ab. Sie beginnen zu experimentieren und am Band des filmischen Erzählens Sprengsätze anzubringen. Surreale Motive, abstrakte Abbildauflösungen, freie Assoziationsketten verändern den Charakter der Geschichten. Das Einzelbild beginnt sich gegen die Bilderkette zu behaupten, als visuelles Element aus ihr herauszutreten. Eine Kombination von Bildern und Tönen eröffnet dem Betrachter die Möglichkeit zu entdecken, zu unterscheiden, Sichtweisen zu verändern und im Verändern zu erkennen.
Man versucht sich an einer neuen Poetologie des Films, an einer neuen Haltung zum Abgebildeten. Film, der zu nichts anderem taugt, als Wirklichkeit zu überhöhen oder abzubilden, wird abgelehnt. Ferry Radax, einer der Wegbereiter der österreichischen Filmavantgarde, bringt dieses Verständnis auf den Punkt: »Spiegelungen sind einfallslos und langweilig. Erweiterungen, Fortsetzungen sind spannend. Die Wiederholung einer Welt, in der wir leben, ist für mich indiskutabel. [...] Es geht nicht um Illusionen, sondern um Wahr-Scheinlichkeit.«[13] Dem Diktum einer filmischen Plausibilität, die keiner vorhersehbaren Grammatik folgt, ist SONNE HALT! (A 1959-1962, Ferry Radax) verbunden. Radax geht eine kongeniale Arbeitsallianz mit dem Dichter Konrad Bayer ein und schafft so ein stimmiges wie vielstimmiges, ja nahezu unentwirrbares Geschichtsmosaik, gruppiert um einen Matrosen und einen Dandy (beide Konrad Bayer), die sich im fiktiven Buenos Aires und realen Monterosso al Mare treiben lassen und Dinge in ein anderes Licht setzen. ›Absoluter Film‹, erweitert um labyrinthische Verzweigungen und einen ironischsubversiven, witzigen Gestus.
Text wird nicht mehr als Mittel der Kommunikation oder als Transporteur einer Stimmung verstanden. Sätze sind als Materialsplitter genutzt. Zwischen der Sonne, die auch eine Kartoffel oder ein Ball sein kann und dem Mond, der wie eine geöffnete Handfläche scheint, die dem Dandy auf einem Teller beim Essen entgegenblitzt, ereignet sich ein Kaleidoskop an Bildern und Sätzen. Sie treten miteinander in Beziehungen, brechen sich ironisch. SONNE HALT! ist weniger ein Abenteuer des Auges, vielmehr einer geistigen Akrobatik, die unbeschwert über Bild und Ton verfügt. Der Wunsch zu verstehen entblößt sich als Paradoxon. »goldenberg war ein mensch, der seine handlungen nicht erklärte. es ist unsinn sich mit wor-

---

13 Ferry Radax zitiert nach: Josef Schweikhardt: Der Cineast als Einzelgänger. Ferry Radax, ein Klassiker der Avantgarde, in: morgen, H. 35 (1984), S. 156-157, hier S. 157.

ten zu verteidigen, sagte dobyhal stolz. goldenberg schwieg.«[14] Konrad Bayer, die zentrale Figur von SONNE HALT!, schreibt diese Sätze in seinem Text »der sechste sinn«. In Radax' Film geht Goldenberg ins Kino: »plötzlich erinnert er sich seiner sechs Sinne und die Ereignisse erscheinen in einem anderen Licht«. Mit diesen Worten beginnt SONNE HALT!. Bayer, als Dandy und Matrose, und zwei Frauen, Eva und die Französin, als Figuren des Films, »gleichen vier Mitspielern einer Tarockpartie. [...] Sie passen nur für Momente zusammen, gehen dann wieder auseinander.«[15] Die Geschichte spielt am Meer, in einer italienischen Villa, im Dorf, am Ufer. Auf der Tonspur collagiert Radax Sätze von Bayer, Gesang von Billie Holiday (»I would gladly give the sun to you, if the sun were only mine«), Radioansagen, Nachrichten ... Zu sehen ist unter vielem anderen: Bayer, der ein Bild aufhängt, Apfelstrudel zerschneidet, Banjo spielt, tanzt, während ›seine Beine mit Sodawasser aufgepumpt sind‹, Fotografien, Meereswellen, eine Bar, der Ort, Negativfilm, Menschen, die sich im Zeitraffer bewegen ...

»Je mehr wir versuchten die Story zu erklären,« erinnert sich Radax, »desto unerklärlicher ist alles geworden, also haben wir es gelassen. Dann zum Abschied hat der Konrad mir ein paar Dutzend ausgesuchter Sätze aus seinem Roman gelesen, improvisiert und persifliert, teils Dialekt teils hochdeutsch; sein literarisches Schaffen beeinflußte alles Gedrehte.«[16] »Verstehst«, sagt Bayer auf der Tonspur im Dialekt »alles is unhamlich individuell«. Wieder pocht die Stimme aufs Individuelle – »verstehst« –, und je öfter diese Litanei im Fortgang des Films wiederholt wird, desto einsichtiger wird die Fragwürdigkeit von beidem.

SONNE HALT! erzählt und wendet gleichzeitig eine List der partisanen Avantgarde an – dem Feind die eigenen Mittel zu entfremden, zu entschärfen, zu entwenden. Denn die Montage dieses Erzählens macht Werkzeuge transparent, ohne sie zu erklären. Sie verbindet, ohne Kausalität herzustellen, knüpft unvorhersehbare Bänder zwischen Bild und Ton. Die Montage, die so die Zeit gegenüber dem filmischen Raum hervortreten lässt, kann als der eigentliche Held des Films gelten. Die Zeit emanzipiert sich vom Raum, und der Kosmos der Erzählung ist in Partikel zerfallen. »zeit? staunte goldenberg und einige tage später, nachdem er sich die sache überlegt hatte, meinte er, ist nur zerschneidung des ganzen und durch die sinne, fügte er hinzu, als sie wieder darüber sprachen.«[17] Der Sprache als Mittel der Kommunikation ist nicht mehr zu trau-

---

14 Konrad Bayer: der sechste sinn, in: ders.: Sämtliche Werke, Bd. 2, Wien 1985, S. 252.
15 Michael Omasta: Stichwortlexikon zu Bayer, Radax, SONNE HALT!, in: Avantgardefilm Österreich. 1950 bis heute, hg. v. Alexander Horwath et al., Wien 1995, S. 151-156, hier S. 155.
16 Ferry Radax zitiert nach: Michael Omasta: Radax, Ferry. Die Erste, in: Falter, H. 18 (1990) S. 58.
17 Konrad Bayer: der sechste sinn, a.a.O., S. 266.

en, und auch die Bilder verweisen eher auf eine Sichtweise denn auf eine Tatsache. Bilder sind aus vielem gemacht: Dokument, Fiktion, Erinnerung, Geordnetem und Ungeordnetem. Die Montage dieser Bild-Amalgame bringt weniger eine Geschichte denn ein Denken ins Spiel.

»Ich« und »Wir«: strukturieren

Ich und wir. Die bekannte Brücke zwischen beiden: das Gesicht, in dem es zu lesen gilt. Gesichter geben paradoxe Versprechen. Äußere und innere Geschichte laufen in ihnen zusammen. Sie sind ganz an die Oberfläche, an die Haut der Dinge gebunden und scheinen gleichzeitig Schlüssel parat zu halten, um einen Tiefenraum des Seelischen zu öffnen. Außeneinwirkung und Inneneffekte geraten auf ihrem Ausdruck in ein konkurrierendes Mischverhältnis, dessen Produktivität den ausgeprägten Charakter, die Festigkeit eines Subjekts in Aussicht stellt.

1960 wird im österreichischen Avantgardefilm mit der Lesbarkeit von Gesichtern, mit der Klassifikation von Charakteren gründlich aufgeräumt. Pathos, Gefühl, Metaphysik finden unvermutet auf der Leinwand keine Angriffsflächen mehr. Stattdessen Ausschnitte, Körnungen, Struktur, Metrik, exakte Schnittpläne. Kurt Kren, neben Peter Kubelka, Ferry Radax und Marc Adrian ein weiterer Pionier der ersten Generation der österreichischen Filmavantgarde, benötigt dazu kaum mehr als vier Minuten. Der Titel der Arbeit benennt sein Ausgangsmaterial: 2/60 48 KÖPFE AUS DEM SZONDI-TEST (A 1960, Kurt Kren). Galten einst Fotografien von Gesichtern als wissenschaftliche Dokumente, die vermeintlich nachweisbar Ausdruckssymptome des Geistes und der Seele festhielten,[18] so lässt Kren jede Ordnung, die das Sehen von Gesichtern mit einer verbindlichen Deutung auflädt, brüchig werden. 48 KÖPFE AUS DEM SZONDI-TEST zeigt in forciertem Tempo Köpfe, die den Fotografien eines Tests für experimentelle Triebdiagnostik entstammen.[19] In sechs Gruppen zu je acht Typen waren die Köpfe gemäß der Testanordnung aufgeteilt und numeriert. Kren stößt das ehemalige System formal und erkenntnistheoretisch um. Er nimmt die Köpfe im Einzelbildverfahren nach einem exakten Schnittplan auf, variierend von einem bis acht Kadern. Die 48 Gesichter verschmelzen zu etwas Neuem, einer synthetischen Gesichtlichkeit bar jeder Individualität. Rasante Serien aus Nasen, Mündern, Haaransätzen etc. verweigern dem Sehen jeden Halt. Ein Universum mimischer Momentaufnahmen flackert auf. Die verschiedenen Grade der

---

18 Vgl. Petra Löffler: Affektbilder. Eine Mediengeschichte der Mimik, Bielefeld 2004, S. 117-158.
19 Der Szondi-Test, wissenschaftlich höchst umstritten, legte Probanden Fotoserien von Gesichtern von Verbrechern, Psychotikern etc. vor. Es galt nach dem Schema Sympathie /Antipathie Fotos auszuwählen. Aus dieser Entscheidung wurde auf eine den gewählten Gesichtern verwandte psychische Disposition der Versuchsteilnehmer geschlossen.

Fotorasterung treten deutlich hervor, teilweise werden die Konturen der Gesichtsausschnitte von den Rastern gänzlich geschluckt. Kren setzt auf visuelle Entschlackung, Konzentration und konzeptuelle Strenge. Doch der Blick des Zuschauers verwandelt das Gesehene. Befragt nach der Wirkung des Films auf seine Betrachter, erzählt Kren: »Die Leute reagieren sehr verschiedenartig auf den Film. Manche denken, sie sehen Hitler, andere sehen wieder ganz jemand anderen darin.«[20] Ein ehemals psychologischer Test wird im Kino zum Prüfstein für die eigene Wahrnehmung. Die Geschichte zieht sie an wie ein schwarzes Loch. Ich und wir, über die Grenze oder das Verhältnis zwischen beiden, lässt sich kurzfristig keine Aufklärung mehr erlangen.

Gemeinschaft: praktizieren/problematisieren
Die Frage nach der eigenen Haltung zur Geschichte wird virulent, bekommt Gestalt. Das Erprobungsgebiet ist ein ästhetisches. Wie lässt sich eine Praxis des Sehens durch Operationen montierter Wahrnehmung kritisieren? Nahezu nebenbei geraten sie ins Bild: die stummen Menschen, die aus den Fenstern der Wiener Zinshäuser lehnen, um einfach zu gukken. Gesellschaftliche Apathie, die binnen spezifischer historischer Konstellationen in euphorisches Mitläufertum, ja massive Aggression umschlagen kann. Ein Befund, den 5/62 FENSTERGUCKER, ABFALL ETC. (A 1962, Kurt Kren) wach hält. Erneut werden Erzähltechniken durch Serialität hervorgebracht, konsequent die Aufladung des Referenten als Erzählinstanz zugunsten von Struktur, Form des Films reduziert und das illusionistische Potential des Films von innen her aufgesprengt. FENSTERGUCKER, ABFALL ETC. ist ein Wien-Film. Die erste Gemeinschaft, die sich mittels dieses Films unmittelbar einstellt, betrifft den Austausch zwischen den Künsten, der generell eine Signatur filmischer Avantgarden ist. Der Parallelgang in FENSTERGUCKER, ABFALL ETC. ist ein literarischer: Die Erkundung der Stadt von ihren ›anderen Seiten‹ her. Das Herumstreifen war gerade für die Poeten der Wiener Gruppe, zu denen auch Konrad Bayer zählte, ein Muss. Auch Filme von Kren führen in ein Wien der Ränder, sprengen Bildgrenzen und mentale Grenzen, sind unberührt und respektlos gegenüber überkommenen und vor allem im Kommerzkino gerne strapazierten Stadt-Images. Die Peripherie, das »g'fäude Wien« wird entdeckt und zu Fuß ergangen. Friedrich Achleitner, Aktivist der Wiener Gruppe, übersetzt den Begriff »g'fäudes Wien« folgendermaßen:

> Österreich war genau genommen kein Begriff. Bei Wien war das etwas anderes. H. C. [Artmann] ist dabei wieder eine Schlüsselfigur.

20 Hans Scheugl: Interview mit Kurt Kren. Aufgenommen am 4. November 1987 in Houston, Texas, in: Kurt Kren. Gesamtschau der Filme 1957-1985. Stadtkino Programm 132, Wien 1988, o. P.

Nicht systematisch, aber relativ konsequent haben wir Wien begangen. Wir haben richtige »Zu-Fuß-Wien-Ausflüge« gemacht. Immer an der Peripherie herum. Ich habe die Stadt eigentlich nicht durch die Architekten, sondern die Literaten kennengelernt. Dabei entstand das Wienbild des »g'fäudn« Wien. Semantisch ist für mich das G'fäude eine Mischung aus verfault und verfehlt. Alles, was sozusagen etwas weggekippt war vom Normalen, war g'fäud. Das hat man unheimlich geschätzt und bedeutete eine surreale Komponente im Wahrnehmen von Situationen.[21]

Natürlich zeigen sich hier Querverweise zu den Pariser Situationisten und ihrer Theorie des Umherschweifens, die in eine neue Urbanität, ja in eine neue Gesellschaftsformation münden sollte.
In seiner Gestaltung nutzt FENSTERGUCKER, ABFALL ETC. die Technik des Kurzschnittes. Einzelne Einstellungen dauern nur wenige Kader, blitzen auf, entziehen sich dem Erkennen. Schnelles, rhythmisches Sehen ist die Folge, zugleich wird das Verhältnis von zu sehen geben / dem Blick entziehen problematisiert. Kren versteht den Kurzschnitt weniger als Verweigerung denn als Beanspruchung. In FENSTERGUCKER, ABFALL ETC. kommt sie zum Tragen. Der Film hat ein eigenwilliges Tempo, wechselt zwischen Beschleunigung und Verzögerung – Ergebnis einer seriellen Montage in Reihentechnik. Einstellungen von 1,2,3,5,8,13,21,34 Kadern Länge sind aneinandergefügt. »Jede Zahl, mit Ausnahme der 1, wird aus der Addition der beiden vorangehenden Zahlen gewonnen.«[22] Für Kren eine Art ›goldener Schnitt der Rhythmik‹. Auf der Referenzebene schlägt Kren eine Brücke zwischen dem Jahr 1962 und der Zeit, die zwanzig Jahre zuvor Alltag war. Auf den Bildern sind zu sehen: zahllose Menschen, die teilnahmslos aus dem Fenster blicken, Fußgänger, zuckende Hände, abgeschnittene Beine, verrottender Müll, tote Vögel, eine Sonnenfinsternis. Kren gibt hier eine persönliche Auseinandersetzung mit der Wirklichkeit, die Fenstergucker erinnern ihn an die Zuschauer der Nazi-Zeit, und die Kamera gibt ihm die Möglichkeit, einen ›Gegenschuss‹ der anderen Art zu machen. Kren ›schießt‹ mit der Kamera zurück. FENSTERGUCKER, ABFALL ETC. ist eine fulminante und zornige visuelle Sinfonie der Wiederholungen, die in ihrer Struktur historische Zeit aufgreift und übersetzt. Ein Wien mit einer ausgesprochen fraglichen Zukunft gerät in den Blick.
Auf mehreren Ebenen verhandelt der Film Fragen der Gemeinschaft. Künstlerisch scheint sie praktische Möglichkeit zu sein. Inhaltlich wird

21 Friedrich Achleitner in der ORF-Dokumentation WEGBEREITER UND BEISITZER. DIE WIENER SZENE DER 50ER JAHRE (A 1994, Lorenz Gallmetzer).
22 Gabriele Jutz: Eine Poetik der Zeit. Kurt Kren und der strukturelle Film, in: Ex Underground, hg. v. Hans Scheugl, Wien 1996, S. 102-109, hier S. 104f.

›die Neugründung der Gesellschaft‹, die soziale Gemeinschaft, zu einem Problem. Zu viel Abfall der Geschichte streut sich unaufgelesen in die Gegenwart, die ihn einfach übersehen, beiseite schieben möchte. Im Kino wird Gemeinschaft zu einem Modus der Erfahrung. Kracauer hat darüber in seiner *Theorie des Films* ausführlich geschrieben. Und so nimmt der österreichische Avantgardefilm der 1950er Jahre den Weg einer nahezu klassischen Überschreitung. Er führt von der Autonomie der Kunst hin zu einer Kunst, die Eingriffe ins Leben wagt.

Kino im Katastrophenschatten
DIE 1000 AUGEN DES DR. MABUSE und LE MÉPRIS

Michael Wedel

Peter Sloterdijk zufolge ist den westeuropäischen Gesellschaften im »Katastrophenschatten« der Jahre 1914 bis 1945 ein »nachgeschichtlicher modus vivendi« gemeinsam, eine »nach-tragische« und »nach-epische« Lebensform, bei der die »Zivilisierung« die Tragödie und die »Negotiation« das Epos ersetzt haben.[1] Damit ist eine Umschichtungsbewegung beschrieben, an der sich die an gleicher Stelle generell behauptete Bedeutung und Funktion von »Nachkriegszeiten für die Selbstregulierung von Kulturen« exemplifizieren lässt.[2] Trotz der gemeinsamen Abwendung von Tragödie und Epos als sinnstiftenden Formen kultureller Selbstverständigung steht im Ergebnis des konkreten Beschreibungsversuchs der deutsch-französischen Beziehungen nach 1945 bei Sloterdijk die These, dass es »[...] aufgrund der [...] stark abweichenden Nachkriegsprozesse in beiden Ländern keine Beziehungen zwischen ihnen geben« könne: Ihr Verhältnis sei »[...] günstigstenfalls als das einer wohlwollenden gegenseitigen Nicht-Beachtung oder einer benignen Entfremdung zu bezeichnen, wie man sie manchmal zwischen ehemaligen Liebespartnern findet – und warum auch nicht zwischen ehemaligen Hasspartnern.«[3]
So pauschal diese Behauptung der Unmöglichkeit eines deutsch-französischen Verhältnisses im Schatten von Nationalsozialismus und Zweitem Weltkrieg ist, sie perspektiviert eine kultur- und filmgeschichtliche Konstellation, die sich zumindest in der radikalen filmischen Umarbeitung tragischer und epischer Gehalte in das ihr zugrunde liegende Szenario zu fügen scheint: Im Folgenden soll daher der Versuch einer Parallellektüre von Fritz Langs DIE 1000 AUGEN DES DR. MABUSE (BRD 1960) und Jean-

---

1 Peter Sloterdijk: Theorie der Nachkriegszeiten. Bemerkungen zu den deutsch-französischen Beziehungen seit 1945, Frankfurt a. M. 2008, S. 7ff.
2 Ebd., S. 8.
3 Ebd., S. 8f.

Luc Godards LE MÉPRIS (DIE VERACHTUNG, F 1962) unternommen werden, die beide Filme als kommunizierende Röhren eines in die Latenzzeit des Zweiten Weltkriegs fallenden kulturellen Selbstverständigungsprozesses betrachtet. Dabei handelt es sich um zwei Werke, wie sie, wären sie nicht durch die Figur Fritz Langs verbunden, auf den ersten Blick voneinander kaum weiter entfernt anmuten könnten.[4] Beide Filme siedeln zudem ihre Erzählstoffe in der Gegenwart an und scheinen daher nur mittelbar mit der Erinnerung an Krieg und Faschismus und den Prozessen ihrer kulturellen Verarbeitung zu tun zu haben.

DIE 1000 AUGEN DES DR. MABUSE, als deutsch-italienisch-französische Koproduktion unter der Federführung von Artur Brauners CCC-Film entstanden, lässt einen selbsternannten Nachfolger – den Arzt und Architekten Dr. Jordan, der auch in der Maske des blinden Hellsehers Peter Cornelius auftritt (beide gespielt von Wolfgang Preiss) – die Pläne des toten Mabuse im Nachkriegsdeutschland fortführen. Mit Hilfe eines ausgeklügelten Systems von Überwachungskameras kontrolliert der Wiedergänger Mabuses das Berliner Hotel Luxor, in dem der amerikanische Multimillionär Henri B. Travers (Peter van Eyck) abgestiegen ist. Um Zugang zu Travers zu erhalten, bringt der Verbrecher durch Hypnose die junge Marion Menil (Dawn Addams) dazu, einen Selbstmordversuch zu unternehmen, bei dem sie von Travers gerettet wird. Ziel des neuen Mabuse ist es, die Kontrolle über die Atomkraftwerke von Travers zu erlangen. Die Polizei, an der Spitze Kriminalkommissar Kraus (Gert Fröbe), ist ihm jedoch auf der Spur. Mit Hilfe von Travers und Marion Menil werden sein Überwachungssystem entdeckt und seine Identität enthüllt; seine Pläne, der Konvention des Kriminalfilms entsprechend, im letzten Moment vereitelt. In der auf lineare Spannungssteigerung ausgerichteten Erzählanlage unterscheidet sich der Film auf den ersten Blick kaum von ähnlichen Unterhaltungsfilmen des deutschen Genrekinos jener Jahre, geschweige denn von den noch folgenden Beiträgen zur Mabuse-Serie der CCC, bei denen Lang selbst nicht mehr Regie geführt hat und die Titel tragen wie IM STAHLNETZ DES DR. MABUSE (BRD 1961, Harald Reinl), DIE UNSICHTBAREN KRALLEN DES DR. MABUSE (BRD 1961/62, Harald Reinl), SCOTLAND YARD JAGT DR. MABUSE (BRD 1963, Paul May) oder DIE TODESSTRAHLEN DES DR. MABUSE (BRD 1964, Hugo Fregonese).[5]

4 Godard selbst hat vor allem den Einfluss von Langs M (D 1931) auf LE PETIT SOLDAT (DER KLEINE SOLDAT, F 1960) hervorgehoben. Vgl. Jean-Luc Godard: Einführung in eine wahre Geschichte des Kinos, Frankfurt a. M. 1989, S. 33ff.

5 Vgl. Tim Bergfelder: International Adventures. German Popular Cinema and European Co-Productions in the 1960s, New York, Oxford 2005, S. 103-137. Zuschlagen ließe er sich mit Blick auf seine Erzählanlage höchstens einer innerhalb des populären westdeutschen Kriminalfilms der 1950er Jahre zu beobachtenden Tendenz, unter explizitem Verweis auf die gesellschaftspolitischen Bedingungen von Kriminalität eine eindeutige Lösung des Verbrechens zu verweigern. Vgl. zu diesem Aspekt, der allerdings noch im Zusammenhang der

Wird Langs letzter Film gemeinhin als unerfreuliche Konzession eines ehemals gefeierten *auteurs* des ambitionierten Weimarer Kinos und klassischen Hollywood betrachtet, so gilt LE MÉPRIS als einer der künstlerisch anspruchsvollsten Filme Godards und als eines der zentralen ›Meisterwerke‹ des westeuropäischen Autorenfilms überhaupt. Schon in seiner Gesamtanlage als Film-im-Film bedient sich LE MÉPRIS eines der bevorzugten reflexiven Verfahren des Autorenfilms. In Grundzügen auf Alberto Moravias Roman *Il disprezzo* basierend, wird die Geschichte eines Filmprojekts erzählt:

> Der amerikanische Produzent Prokosch (Jack Palance) ruft den Filmschreiber Paul Javal (Michel Piccoli) zu Hilfe, weil er meint, sein Regisseur (Fritz Lang als Fritz Lang) mache ihm einen kommerziell völlig untauglichen, altmodischen Odysseus-Film. Nach dem ersten Zusammentreffen des Produzenten und des Drehbuchschreibers spielt sich die für die Ehegeschichte Javals wenigstens äußerlich entscheidende Szene ab. Prokosch lädt Javal und seine Frau Camille (Brigitte Bardot) in seine Villa ein; er fährt einen Alfa Romeo mit nur zwei Sitzen; Paul klemmt sich nicht auf den Notsitz, sondern schickt seine Frau mit dem Produzenten voraus und nimmt ein Taxi, mit dem er sich verspätet. [...] Camille jedenfalls ist beleidigt. In der Eheszene in der noch nicht eingerichteten und noch nicht bezahlten Dreizimmerwohnung der Javals zeigt sich, dass Paul sie dem Produzenten hat anbieten wollen oder doch mindestens mit der Möglichkeit gerechnet hat. Die Dreharbeiten finden auf Capri statt; mehr widerwillig fährt Camille mit. Paul meint nun, den modernen Dreh für den Odysseus-Film herausgefunden zu haben: Odysseus ist ein Neurotiker, hat Eheschwierigkeiten. Camille schreibt ihrem Mann schließlich einen Abschiedsbrief [...] und fährt mit Prokosch zurück nach Rom. Bei einem Autounfall kommen beide ums Leben.[6]

Dieser narrative Entwurf wird von Anfang an durch den verfremdenden Einsatz von Off-Kommentar, Musik und Farbe reflexiv gebrochen. An die Seite der diegetisch verankerten Szenen der Gegenwartshandlung tritt zudem eine zweite, die Erzählung interpunktierende Ebene mit statisch-statuarischen Ansichten von Figuren aus Homers Epos, deren ontologischer Status in der Schwebe bleibt. (Stammen sie aus dem geplanten Film? Dienen sie Godard als Mittel eines direkten Autorenkommentars zur Handlung?)

Serialität der Mabuse-Filme zu reflektieren wäre, Yogini Joglekar: Helmut Käutner's EPILOG: DAS GEHEIMNIS DER ORPLID and the West German Detective Film of the 1950s, in: Framing the Fifties. Cinema in a Divided Germany, hg. v. John E. Davidson, Sabine Hake, New York, Oxford 2007, S. 59–73.
6 Martin Schaub: Kommentierte Filmographie, in: Jean-Luc Godard, hg. v. Peter W. Jansen, Wolfram Schütte, München, Wien 1979, S. 117ff.

Wenn DIE 1000 AUGEN DES DR. MABUSE und LE MÉPRIS bei allen nur zu offensichtlichen filmästhetischen Differenzen hier dennoch in der Zusammenschau betrachtet werden sollen, so gilt mein Interesse dem, was man mit Thomas Elsaesser das »historisch Imaginäre« der beiden Filme nennen könnte und womit ihre reflexive Ausrichtung auf die Geschichtlichkeit der eigenen kinematografischen Form gemeint ist.⁷ Zu zeigen wäre in diesem Zusammenhang, dass Langs letzte Regiearbeit und Godards Hommage an Lang in genau dieser ästhetisch gebrochenen Ausrichtung auf Geschichte eine Reihe von Verwandtschaften aufweisen, die für ein Verständnis des westeuropäischen Nachkriegskinos – und hier nicht nur des so genannten Autorenfilms – aufschlussreich sein können. Obwohl beide Filme – populäres Genrestück der eine, avantgardistischer Kunstfilm der andere – eher beiläufig, und nur an wenigen Dialogstellen explizit, auf NS-Vergangenheit und Nachkriegsrealität rekurrieren und damit ihre realgeschichtliche Position sehr zurückhaltend annoncieren, führen sie doch vor, wie auf dieser historischen Folie die Möglichkeitsbedingungen jedes direkten filmischen Weltbezugs fragwürdig geworden sind und auf neue bzw. andere als rein semantisch bezeichnende oder mimetisch abbildende Art reflektiert werden müssen. Auf je unterschiedliche und dennoch, so die These, komplementäre Weise entwirft DIE 1000 AUGEN DES DR. MABUSE nicht weniger konzise als LE MÉPRIS die Welt des Kinos als jenen Ort, an dem sich Vergangenheit und Gegenwart durchdringen, Reales und Imaginäres in ein wechselseitiges Austauschverhältnis treten.

Es ist dies eine Bestimmung der ästhetischen Modellierung von Geschichte, wie sie aus dem europäischen Autorenfilm der 1960er und 1970er Jahre hinreichend bekannt ist, dem Genrekino der 1950er und frühen 1960er Jahre, dem Langs letzter Mabuse-Film in erster Linie angehört, jedoch selten zugeschrieben wird. Gilles Deleuze hat die korrelierende ästhetische Transformation als die Entstehung des Zeit-Bildes aus der Krise des Bewegungs-Bildes beschrieben und nicht zuletzt an Godard festgemacht.⁸ Mit dem Paar Lang / Godard und der konkreten Gegenüberstellung der beiden Beispielfilme soll im Anschluss an Deleuze suggeriert werden, dass sich hier nicht nur ein Umschlagpunkt, sondern eine signifikante Verschlingung zwischen den Regimes von Bewegungsbild und Zeitbild erkennen lässt, die in beide Richtungen weist und quer zur die Beschäfti-

---

7 Zum Begriff des »historical imaginary« vgl. Thomas Elsaesser: Weimar Cinema and After. Germany's Historical Imaginary, London 2000, S. 3ff.

8 Vgl. die Godard gewidmeten Passagen von Kapitel 7 (»Das Denken und das Kino«) und Kapitel 8 (»Kino, Körper und Gehirn, Denken«), in: Gilles Deleuze: Das Zeit-Bild. Kino 2, Frankfurt a. M. 1991. Zum Zusammenhang Godard/Deleuze vgl. a. Elisabeth Büttner: Projektion. Montage. Politik. Die Praxis der Ideen von Jean-Luc Godard und Gilles Deleuze, Wien 1999.

gung mit dem europäischen Nachkriegskino noch immer prägenden Unterscheidung von Genrekino und Autorenfilm operiert.[9] Nicht zufällig, sondern durchaus strategisch steht an diesem Punkt mit Fritz Lang eine Figur, die sich in ihren Filmen seit je her zwischen Legende und Wirklichkeit, Autorenfilm und Genrekino, Kunst und Kitsch, Politik und Ästhetik bewegt hat.[10] Es geht – und das wäre das übergeordnete Projekt, das sich hinter meinen an dieser Stelle noch sehr vorläufigen Beobachtungen und Überlegungen abzeichnen könnte – daher auch um eine Neubetrachtung der Rolle Fritz Langs im europäischen – und nicht nur deutschen – Nachkriegskino und *für* das europäische – und nicht nur deutsche – Nachkriegskino.

Das Kino und das historische Imaginäre
Mit dem Begriff des historischen Imaginären hat Thomas Elsaesser eine Denkfigur in die Diskussion der Geschichtlichkeit des Films eingebracht, an der sich eine Reihe konzeptueller Fragen zur gesellschaftspolitischen Funktion des Kinos, von historischer Kontinuität und Diskontinuität, Tradition und Neubeginn in der Filmgeschichte neu stellen lassen. Für Elsaesser fungiert das Weimarer Kino, auf das der Begriff ursprünglich gemünzt war, innerhalb der Filmgeschichte als eine wirkungsmächtige Figuration des »historischen Imaginären«. So ist das Weimarer Kino

> [...] nicht nur eine besondere Epoche des deutschen Kinos, es ist das *historisch Imaginäre* dieses Kinos, womit gemeint ist, dass das Weimarer Kino quasi der Doppelgänger aller deutschen Filme ist: ein vorwärts wie rückwärts durch die Zeit reisendes, scheinbar immer wiederkehrendes Double, das bereits in den zwanziger Jahren die Kino-Debatten begleitete, bevor das Nazi-Kino und dessen Versuche, es zu be- bzw. enterben, von ihm überschattet wurde. Es verlieh der Arbeit der deutschen Filmemigranten in Frankreich und Hollywood, in Form des Film noir, ambivalente Anerkennung, und schließlich bot es dem Neuen Deutschen Kino der siebziger und achtziger Jahre eine Tradition und einen Bezugspunkt.[11]

Zu den Vorzügen von Elsaessers Konzeptualisierung des Begriffs des »historischen Imaginären« als einer kulturellen Zeitlogik medialer Rekursivität, die traditionelle Muster chronologischen Fortschritts und linearer Einflussnahme untergräbt, gehört zum einen, dass die von ihr

---

9 Deleuze bezeichnet das zweite Regime auch als »ein kristallines Regime, das Regime des Zeit-Bildes«. Gilles Deleuze: Unterhandlungen 1972-1990, Frankfurt a. M. 1993, S. 99.
10 Vgl. in diesem Zusammenhang programmatisch Fritz Lang: Kitsch – Sensation – Kultur und Film, in: Das Kulturfilmbuch, hg. v. Edgar Beyfuss, Alex Kossowsky, Berlin 1924, S. 28-31.
11 Thomas Elsaesser: Das Weimarer Kino – aufgeklärt und doppelbödig, Berlin 1999, S. 10.

erfasste Logik quer zu herkömmlichen Kategorisierungen in Kunst- und Populärkino operiert; zum anderen, dass sie den kulturellen Einfluss, die historische Bedeutung und gesellschaftspolitische Funktion von Filmen nach deren spezifischer ästhetischer Form bemisst. Nicht primär auf den Ebenen der manifesten Erzählinhalte und historischen Produktionsweisen, die als symptomatisch oder stilprägend angesehen werden, sondern in ihrer konkreten ästhetischen Artikulation kann den Filmen des Weimarer Kinos Elsaesser zufolge eine ganz eigene Spezifik zugesprochen werden, die zugleich ihre Geschichtlichkeit ausmacht:

> [...] the films usually indexed as Weimar cinema have one thing in common: they are invariably indexed as picture puzzles. Consistently if not systematically, they refuse to be tied down to a single meaning. [...] Kracauer's Möbius-strip effect is [...] due to a set of formal and stylistic devices, whose equivalences, inversions and reversals facilitate but also necessitate the spectator constructing »allegories of meaning«. [...] Apart from the ambiguity after which all art strives, Weimar cinema's rebus images – readable, like Wittgenstein's duck-rabbit picture as either the one, or the other, but not both at the same time – have to do with mundane matters of film economics and marketing, with the film industry and its objectives and constraints. These function as the »historical symbolic«, the limits and horizons that outline and yet vanish in the historical imaginary.[12]

Das historische Imaginäre wäre somit zu verstehen als eine Form von Geschichtlichkeit des Films, die sich gewissermaßen von innen heraus stiftet, subjektive Kontinuitäten schafft, nach Traditionen zwischen kinematografischen Bildformen sucht, Wahlverwandtschaften zwischen Filmemachern über geografische Abstände und historische Brüche hinweg schließt. Seine geschichtsbildende Kraft liegt darin, dass das Imaginäre in diesem Zusammenhang nicht als unwahr definiert ist, sondern – ganz im Sinne Deleuzes – als eine spezifische Dimension historischer Realität, in der die Unterscheidbarkeit zwischen Realem und Irrealem tendenziell aufgehoben ist.[13]

---

12 Elsaesser: Weimar Cinema and After, a.a.O., S. 4f. Ich zitiere diese Passage aus der englischen Ausgabe, da sie sich in dieser Form in der deutschen Ausgabe nicht findet.
13 Deleuze hat wiederholt seine Zweifel daran geäußert, »ob er [der Begriff des ›Imaginären‹, M.W.] für den Film gültig ist, denn Film produziert Realität.« (Deleuze: Unterhandlungen, a.a.O., S. 87f.) Wenn dieser Begriff im Deleuzeschen Gefüge von Wahrem und Falschem, Realem und Irrealem, Aktuellem und Virtuellem eine Funktion hat, so die folgende: »Das Reale ist die legale Verbindung, die verlängerte Verknüpfung der aktuellen Momente; das Irreale ist das abrupte und diskontinuierliche Auftauchen im Bewusstsein, eine Virtualität, die sich aktualisiert. [...] Falsches gibt es, sobald die Unterscheidung von Realem und

Fritz Lang und Frankreich
Durch das konzeptuelle Prisma des historischen Imaginären lassen sich nicht zuletzt diejenigen Schwierigkeiten genauer in den Blick nehmen, die die Begegnung mit Werk und Person Fritz Langs der westdeutschen Nachkriegsöffentlichkeit bereitete. Während die Protagonisten der französischen *Nouvelle Vague* dem Filmästheten und Emigranten Fritz Lang in ihren Artikeln und Filmen huldigten, vollzog sich die filmische Annäherung der jungen Generation westdeutscher Filmemacher in den 1960er und 1970er Jahren weitaus behutsamer und weniger vorbehaltlos.
In BEGEGNUNG MIT FRITZ LANG (BRD 1963) etwa nähert sich Peter Fleischmann seinem Gegenüber während der Dreharbeiten zu Godards LE MÉPRIS über den doppelten Umweg der Lang-Bewunderung Godards und Alain Robbe-Grillets sowie der fiktiven Figur ›Fritz Lang‹, die Lang in Godards Film verkörpert. Im Stil einer Reportage befragt Fleischmann Lang über dessen Beziehung zu den Filmen Godards und der *Nouvelle Vague*, das Verhältnis zu Produzenten und die notwendigen Voraussetzungen zur Schaffung eines in sich geschlossenen Werks.
Ausschnitte aus DER MÜDE TOD (D 1921) und DIE NIBELUNGEN (D 1924) dienen der Kontrastierung zwischen Langs wie auf dem Reißbrett entworfenen architektonischen Studiovisionen, in denen, wie der Off-Kommentar wissen lässt, »der Zufall keinen Platz hat«, und der improvisatorischen Arbeitsweise Godards *on location* auf Capri. Fleischmanns Film bezieht sich ausführlich auf Langs deutsche Filme der Zeit vor 1933, erwähnt seine Arbeit in Frankreich und den USA, nicht aber seine jüngsten westdeutschen Produktionen DER TIGER VON ESCHNAPUR / DAS INDISCHE GRABMAL (1958/59) und eben DIE 1000 AUGEN DES DR. MABUSE.
Identifikationsmoment ist der Brückenschlag zwischen der deutschen Filmavantgarde der 1920er und der französischen der 1960er Jahre. Auch dies kein Zufall, auch Fleischmanns Figur ein Fritz Lang in Anführungszeichen, zwischen denen die für Artur Brauners CCC-Film hergestellten Genrefilme des Spätwerks keinen Platz haben.
Und dies nicht nur bei Peter Fleischmann. Für den jungen Enno Patalas trug DER TIGER VON ESCHNAPUR das Stigma des ›alten Kinos‹, das die Unterzeichner des Oberhausener Manifests wenige Jahre später kollektiv für tot erklären werden:

Irrealem nicht mehr erkennbar ist. [...] Das Falsche ist nicht Irrtum oder Verwirrung, sondern eine Macht, die das Wahre unentscheidbar macht. [...] Das Imaginäre ist nicht das Irreale, sondern die Nicht-Unterscheidbarkeit von Realem und Irrealem. [...] Das Imaginäre ist das Kristallbild.« (Ebd., S. 97f.) Vgl. a. die entsprechende Bestimmung in Deleuze: Das Zeit-Bild, a.a.O., S. 138ff.

Langs deutsches Comeback wirkt wie das eines Veteranen, der dreißig Jahre kein Filmstudio besucht, kein Drehbuch in der Hand gehabt und keinen Film gesehen hat: dramaturgisches Ungeschick, künstlerische Indifferenz und schlechter Geschmack vereinen sich in ihm wie sonst nur bei Veit Harlan.[14]

Ähnlich scharf fiel die Ablehnung von DAS INDISCHE GRABMAL durch den Filmkritiker Rino Sanders aus. Er sah sich bei dieser Gelegenheit veranlasst, Lang vorab seinen ganz persönlichen Totenschein auszustellen: »Hier ruht Fritz Lang, einst Schöpfer so gewichtiger Filme wie METROPOLIS und M [...]. Er stellte jetzt das INDISCHE GRABMAL her. Es ist sein eigenes.«[15] Entsprechend zwiespältig gestaltete sich auch das Verhältnis der Filmemacher des *Jungen und Neuen deutschen Films* zu Lang. Weder ›romantischer Künstler‹ (wie F.W. Murnau bei Werner Herzog) noch ›zärtlicher Beobachter‹ (wie Detlef Sierck / Douglas Sirk bei Rainer Werner Fassbinder), ließ sich Lang in seiner vermeintlich widersprüchlichen Stellung zwischen Weimarer Autorenfilm und ›Papas Nachkriegskino‹ nicht ohne weiteres zur wiedergefundenen Vaterfigur einer neu zu stiftenden Kontinuität deutscher Filmgeschichte stilisieren.[16] »Wenn man sich die etwa zur gleichen Zeit entstandenen Filme von Fritz Lang anschaut, wo das schlimmste Unvermögen zu Hause ist,« schrieb Fassbinder 1971, »[...] da weiß man, was man hat, wenn man Douglas Sirk im Kopf hat, oder?«[17]
Mit Lang im Kopf wusste man anscheinend nicht, was man hat. Die anfänglich hohe Erwartungshaltung und frühe Wertschätzung, die dem zurückgekehrten Emigranten Ende der 1950er Jahre etwa von Volker Schlöndorff (der »dem größten lebenden Filmschöpfer Deutschlands« seinen ersten Kurzfilm widmete) oder Alexander Kluge (der bei der Produktion von DAS INDISCHE GRABMAL hospitierte und Lang 1962 zum Direktor des neu gegründeten *Instituts für Filmgestaltung* vorschlug) entgegengebracht wurde, wich bald einer eher skeptischen Haltung gegenüber dem Zeitgenossen Lang. In dieser Konstellation war Kluge bei der Formulierung seines Autorenfilm-Verständnisses das Beispiel von Langs Zusammenarbeit mit Artur Brauner lediglich noch als Parabel für die Unvereinbarkeit von subjektiver Phantasie und kommerziellen Zwängen gut.[18]

14 Enno Patalas: DER TIGER VON ESCHNAPUR, in: Filmkritik, H. 3 (1959), S. 69.
15 Rino Sanders, in: Die Welt, 7.3.1959.
16 Zu den imaginären Vaterfiguren der Regisseure des Neuen deutschen Films vgl. Thomas Elsaesser: The New German Cinema's Historical Imaginary, in: Framing the Past. The Historiography of German Cinema and Television, hg. v. Bruce A. Murray, Christopher Wickham, Carbondale, Edvardsville 1992, S. 280-307.
17 Rainer Werner Fassbinder: Imitation of Life. Über die Filme von Douglas Sirk, in: ders.: Filme befreien den Kopf. Essays und Arbeitsnotizen, Frankfurt a. M. 1992, S. 14.
18 »Fritz Lang wollte etwas verwirklichen, das er immer im Kopf gehabt hatte [...]: er wollte ›Das indische Grabmahl‹ verfilmen, das Thea von Harbou für ihn geschrieben hatte [...] und

Die Aporien des schwierigen Umgangs mit der imaginären ›Vaterfigur‹ Fritz Lang werden nicht weniger anschaulich in Wim Wenders' fast schon totemistischer Beschwörung Langs in IM LAUF DER ZEIT (BRD 1976). Wenders selbst brachte sie in seinem Nachruf auf Lang wie folgt auf den Punkt:

> Ich war dabeigewesen, alles zu lesen, was ich mir von und über Lang hatte besorgen können, und je tiefer ich da hineingeraten war, um so größer wurde mein Zorn über diesen schizophrenen Zustand [in Deutschland, M.W.], dass da einer geachtet werden sollte, weil er nun tot war, der nicht geachtet worden war, während er gelebt hatte. [...] Jetzt, wo er tot ist, will man ihn schnellstens zum Mythos machen. Scheiße. [...] Von seinen Filmen habe ich viele nicht gesehen. Die ersten, die ich überhaupt gesehen habe, habe ich in Paris gesehen, da waren sie mir sehr fremd. Zumindest fremder als das amerikanische Kino oder das französische und sogar das russische. Weil: diese Filme waren deutsche Filme, und die wollten nicht in meinen Kopf, der schon voll war von anderen Bildern und anderer Bewunderung. Von anderen Vätern als diesem. Es sträubte sich alles in mir gegen diese kühlen und scharfen, sezierenden Bilder, diese sichtbar gewordenen Gedanken. [...] Oft ist einem etwas fremd, weil es einem zu nah ist.[19]

Kino des Sehenden, seherischer Film
Stand Langs Nachkriegswerk in Hollywood und im westdeutschen Kino der 1950er Jahre einer positiven und produktiven Bezugnahme der deutschen Filmemacher des *Jungen* und *Neuen deutschen Films* im Wege, die in ihm eben jenen Mythos Langs der Weimarer Zeit zerstört sahen, so schließt Godard in LE MÉPRIS auch die späteren Filme Langs explizit mit ein und sieht von ihnen einen Mythos unberührt, den er in seinem Film

von dem er empfunden hatte, dass es ihm weggenommen worden war. Das sollte sein letztes Werk werden, und er hatte umfassende, fast wagnerische Vorstellungen, wie die Leprakranken aus dem Untergrund hervordringen, welche Perspektivität Willy Schatz ihm bauen sollte, was der Oberbeleuchter ihm ans Licht bringen sollte. Hier regierten der Produzent und seine Schwägerin mit massiver, wirklicher Gewalt hinein, gaben direkte Anweisungen an den Oberbeleuchter, an den Bühnenarchitekten, an alle Mitarbeiter, die ja ihre Angestellten waren; jede zweite Idee von Lang wurde als zu teuer, als abwegig unterminiert. Zum Trost erhielt Lang am Abend Sekt, den er nicht trank. Das war die Zerstörung eines Filmkonzepts, und es ist der Meisterschaft Fritz Langs zu verdanken, dass noch immer ein Film von Qualität entstanden ist. Aber das ist nicht der Film, den Lang machen wollte – ein Kompromiss ist entstanden aus der Übermacht des Produzenten und dem nachhaltigen Widerstand dieses Regisseurs, der mehrfach zurücktreten wollte.« Alexander Kluge: Zum Autorenfilm, in: ders., Klaus Eder: Ulmer Dramaturgien. Reibungsverluste, München 1980, S. 102f.
19 Wim Wenders: Sein Tod ist keine Lösung. Der deutsche Filmregisseur Fritz Lang, in: Jahrbuch Film 77/78, München 1977, S. 161ff.

auf doppelte Weise ausarbeitet: einmal, indem er Lang selbst als mythische, zwischen Göttern und Menschen vermittelnde Figur inszeniert; und zum anderen, indem er die grundlegende Struktur des Langschen Œuvres, den Kampf des Menschen mit seinem Schicksal in post-metaphysischer Zeit,[20] noch einmal in reiner, gleichsam kristalliner Form zum Gestaltungsprinzip seines eigenen Films erhebt:

> Am Ende der Plansequenz von LE MÉPRIS, wenn die Stimme erstirbt, bleiben der blaue Himmel (wie am Ende des Films das Meer einer orangefarbenen Krümmung) und eine uns zugeneigte Kamera (die Mikrophonstange beugt sich auch in unsere Richtung) im Bild. Godard hat gesagt, dass sein Film »von oben gesehen wurde« (»Die Person Langs markiert deutlich diese Distanz, die ›Höhe‹«), dass »das Kino den Blick der Götter ersetzt«, jene Götter, die eine unseren Wünschen entsprechende Welt repräsentieren. Was geschieht, wenn diese Götter abwesend sind? Es bleibt das Kino; und wenn sich für dieses ›die Prüfung des Ausdrucks‹ erschöpft hat, bleibt die ›Geschichte‹ dieser Prüfung.[21]

Von Lang, und nicht zuletzt von DIE 1000 AUGEN DES DR. MABUSE, könnte Godard zwei seiner filmischen Grundformeln übernommen haben, auf die auch Deleuze hingewiesen hat: Dass es nämlich im Kino nicht darum ginge, ein richtiges – im Sinne von wahrhaftiges, Wirklichkeit abbildendes – Bild zu geben, sondern nichts weiter als ein Bild.[22] Und dass das Wesentliche bei Godard die Verwendung des UND sei, die sich zu keiner Kausalität oder Dialektik fügende reine Konjunktion, Koexistenz und Koaleszenz, mit dem Ziel »[...] ›die Grenzen sehen‹, d.h. das nicht Wahrnehmbare sichtbar machen« zu können.[23] Bezogen auf LE MÉPRIS ließe sich dieses Verfahren der Sichtbarmachung von auf direkte Weise Undarstellbarem an jenen Punkten des »ästhetischen Miteinanders«[24] aufweisen, an denen die Grenze zwischen den Ebenen der Gegenwartshandlung und der antiken mythologischen Folie porös werden und das eine zum Spiegel des anderen wird: paradigmatisch vorgeführt in der zentralen Sequenz im Apartment von Paul und Camille, deren räumlicher Angelpunkt und zeitliche Spiegelachse die an die Götterstatuen gemahnende Plastik eines weiblichen Körpers bildet.

20 Vgl. Tom Gunning: The Films of Fritz Lang. Allegories of Vision and Modernity, London 2000.
21 Jean-Louis Leutrat: Verzweigte Bilder, Weimar 2003, S. 126f.
22 Deleuze: Unterhandlungen, a.a.O., S. 59.
23 Ebd., S. 69.
24 Ralf Beuthan: Das Undarstellbare. Film und Philosophie, Metaphysik und Moderne, Würzburg 2006, S. 49.

Zu denken ist in diesem Zusammenhang aber auch an die erste, auf die Eröffnungseinstellung folgende Szene mit Paul und Camille im Bett: Sie ist nicht nur durch die verschiedenen roten, blauen und gelben Farbfilter, die in ihr zum Einsatz kommen, der Verwechslung mit jeder prä-kinematografischen Realität entzogen.[25] In ihrer intertextuellen Anspielung auf die Grundsituation von Alain Resnais' HIROSHIMA MON AMOUR (F 1959) enthält sie zudem einen impliziten Verweis auf den reflexiven Gehalt all dessen, was im Gespräch über Camilles Körper nicht zur Sprache kommt: der (film-)geschichtliche Ort nämlich, an dem es geführt wird.[26] Dieser Prozess des Sichtbarmachens einer Wahrheit über die Welt, die nur in der ›Lüge‹, d.h. der künstlichen Verfasstheit des Bildes aufscheint, folgt nicht mehr der Logik einer »Enzyklopädie der Welt«, d.h. einem Regime der Repräsentation äußerer Wirklichkeit, das sich schon bei Resnais einer

---

25 Joseph Vogl zufolge stellen die Farben in LE MÉPRIS eine eigene Ordnung der Differenz zwischen Sagen und Zeigen, Wörtern und Dingen, Kodes und Materialien dar. Vgl. Joseph Vogl: Schöne gelbe Farbe. Godard mit Deleuze, in: Gilles Deleuze. Fluchtlinien der Philosophie, hg. v. Friedrich Balke, Joseph Vogl, München 1996, S. 252-265. Vgl. a. Silke Egner: Bilder der Farbe, Weimar 2003, S. 83-95.
26 Zum Verhältnis von Sprache und Bild in LE MÉPRIS vgl. Leo Bersani, Ulysse Dutoit: Forms of Being. Cinema, Aesthetics, Subjectivity, London 2004, S. 19-73.

radikalen Kritik unterzogen sah. An ihre Stelle tritt, was Deleuze eine »Pädagogik der Wahrnehmung« im »seherischen« Film nennt, dem nicht mehr »[...] an einer Verschönerung der Natur lag, sondern daran, sie in höchster Intensität zu vergeistigen.«[27] Der moderne, seherische Film, so Deleuze,

> [...] konstruiert außergewöhnliche Räume; anstelle der sensomotorischen Zeichen treten hier »Optozeichen« und »Sonozeichen«. [...] Man könnte sagen, dass das aktuelle Bild und sein virtuelles Bild sich kristallisieren. Es ist immer ein doppeltes oder verdoppeltes Kristallbild, [...] immer sieht man etwas im Kristall. Zunächst sieht man die Zeit, die Schichten der Zeit, ein unmittelbares Zeit-Bild. [Das Bild] unterhält [...] neue Beziehungen zu seinen eigenen optischen und akustischen Elementen: man könnte sagen, dass das Seherische es eher »lesbar« als sichtbar macht.[28]

An anderer Stelle bringt Deleuze diese durch den historischen Bruch von Weltkrieg und Holocaust notwendig gewordene Pädagogik der Wahrnehmung mit einer neuen Funktionalität des kinematografischen Bildes in Verbindung:

> Nach dem Krieg verschaffte sich [...] eine zweite Funktion des Bildes in einer neuen Frage Ausdruck: Was gibt es auf dem Bild zu sehen? »Nicht mehr: was gibt es dahinter zu sehen, sondern eher: was kann mein Blick aushalten von dem, was ich ohnehin sehe? Und was sich auf einer einzigen Ebene abspielt?« [...] das Bild akzeptierte seine Flächigkeit, seine »Oberfläche ohne Tiefe« oder seine *Untiefe* [...].[29]

Es ist hier nicht länger der Blick, dem die Zentralfunktion der Entdeckung und Organisation eines Wissens über die Welt hinter den Bildern zukommt. Vielmehr ist das »[...] Auge [...] schon in den Dingen, ist Teil des Bildes, es ist die Sichtbarkeit des Bildes. [...] Das Auge ist nicht die Kamera, es ist die Leinwand.«[30] Gleichzeitig drohe »[...] die neue soziale Macht der Nachkriegszeit, die in Überwachung und Kontrolle bestand, den Film der zweiten Phase zu vernichten«, wie Deleuze schreibt:

---

27 Deleuze: Unterhandlungen, a.a.O., S. 104. Vgl. a. ebd., S. 77: »Die große Erfindung des Neorealismus: Man glaubt nicht mehr so recht an die Möglichkeit, auf Situationen einzuwirken oder zu reagieren, und trotzdem ist man überhaupt nicht passiv, man erfasst oder entdeckt irgend etwas Unerträgliches, etwas, das nicht auszuhalten ist, selbst im alltäglichen Leben. Dieser Film ist seherisch.«
28 Ebd., S. 78f.
29 Ebd., S. 103.
30 Ebd., S. 82.

Mabuse änderte sein Gesicht und setzte nun Fernseher ein. [...] Der gewaltsame Tod wäre folgender: nicht länger ist der Grund des Bildes immer schon ein Bild [...], sondern alle Bilder werfen mir ein einziges zurück: das meines leeren Auges, in Kontakt mit einer Un-Natur, kontrollierter Zuschauer, der in die Kulissen hinübergewechselt ist, in Kontakt mit dem Bild, in das Bild eingeblendet.³¹

Auge, Kette, Spur
Sowohl in DIE 1000 AUGEN DES DR. MABUSE wie auch in LE MÉPRIS finden sich Schlüsselbilder für die bei Deleuze beschriebene Konfiguration einer in das Bild hinübergewechselten Zuschauerschaft, deren historischer Index das leere Auge im Kontakt mit der unheimlichen Natur bzw. Un-Natur der Dinge ist.

Während Godard das Motiv direkt von Homer und der griechischen Mythologie bezieht, greift Lang hierbei auf die Figur des blinden Sehers zurück, die auch jenseits der Mabuse-Filme in seinem Werk eine lange Tra-

31 Ebd., S. 106f.

dition hat.³² Ihre vermeintliche Blindheit steht bei Lang für ein besonderes, sinnliches Wahrnehmungs-, mentales Durchdringungs- und kognitives Deutungsvermögen der Umwelt (z.b. in M, D 1931) ebenso wie für die Lüge als jene Maske, in und unter der die gesellschaftliche Wahrheit von Macht und Gewalt aufscheint (z.B. in MINISTRY OF FEAR / MINISTERIUM DER ANGST, USA 1943/44).
DIE 1000 AUGEN DES DR. MABUSE nimmt beide Dimensionen der Figur wieder auf, um aus ihnen das ästhetische Kernparadox des Films zu gewinnen: Die hellsichtige Blindheit des Sehers Cornelius und das den hypnotischen Blick des toten Mabuse in 1000 unsichtbare Augen zerlegende Überwachungssystem des Hotel Luxor markieren die Grundkoordinaten für ein doppeltes Spiel mit der ›Maske des Mediums‹. Je weiter dieses Spiel im Erzählfortschritt enthüllt wird, Cornelius seiner Blindheit entkleidet, das Überwachungssystem des Hotels dekuvriert, desto vollständiger zwingt der Wahrnehmungsprozess dem Zuschauer selbst diese Maske auf. Die am Ende des Films gegebene Erzählinformation, dass das von Cornelius / Dr. Jordan, dem doppelten Widergänger Mabuses, zu verbrecherischen Zwecken eingesetzte Überwachungssystem des Hotels bereits vor dem Zweiten Weltkrieg von der Gestapo eingerichtet wurde, mag den Entwurf der Kriminalhandlung des Films als Dokument einer Vergangenheit ausweisen, die nicht vergehen will. Eingelöst wird dieser Anspruch jedoch erst in der ästhetischen Zurichtung eines Zuschauerblicks, der mit dem aktualisierten Schrecken nicht nur konfrontiert wird, sondern sich in seiner Wahrnehmung selbst in ihn verstrickt findet: der aushalten muss, was ihn nicht aus der Tiefe der historischen Zeit einmal mehr anspringt, sondern was sich unmittelbar auf der Oberfläche seiner sinnlichen Wahrnehmung einschreibt.
Wie dies von Lang ins Werk gesetzt wird, lässt sich an der Spur verfolgen, die das paradigmatische Augenpaar des blinden Sehers Cornelius in seinen Mediatisierungen und ornamentalen Vervielfältigungen quer durch den Film legt. Als visuelles Echo eines doppelten Lichtpunktes schreibt es sich nicht nur in die Dinge ein, die sich im Hotel befinden, es durchwirkt nahezu sämtliche im Film gezeigten Räume, inklusive der polizeilichen Abhörwagen und Besprechungszimmer.
Das Ornament des verdoppelten, hypnotisch nach innen wirkenden wie analytisch nach außen gehenden Auges wird damit zur Spiegelung des Zuschauerblicks selbst – zur Chiffre einer medialen Adressierung, mit der der Film den Blick des Zuschauers erwidert.
Eine wichtige Transformation erfährt dieses Motiv im Verlauf des Films darin, dass es zum einen im Raum vervielfältigt, zum anderen televisuell

32 Vgl. Michael Wedel: De blinde Ziener. Fritz Lang op het keerpunt, in: Skrien, Jg. 34, Nr. 2, März 2002, S. 31ff.

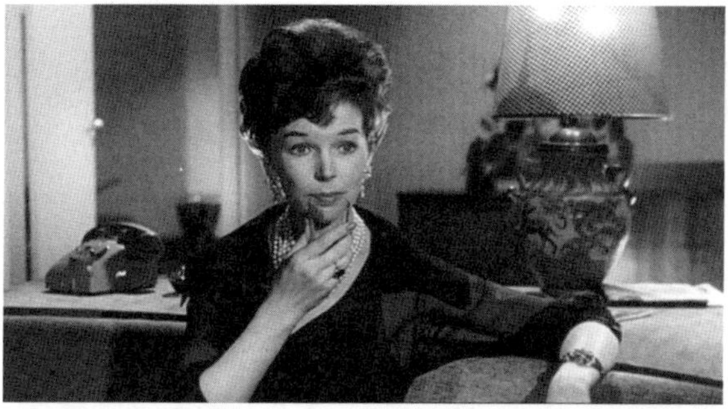

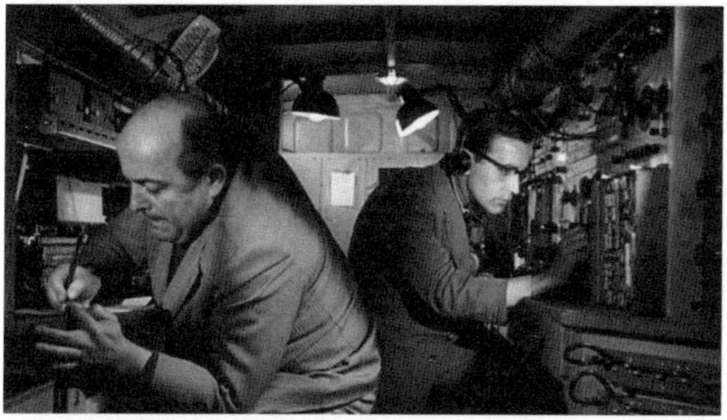

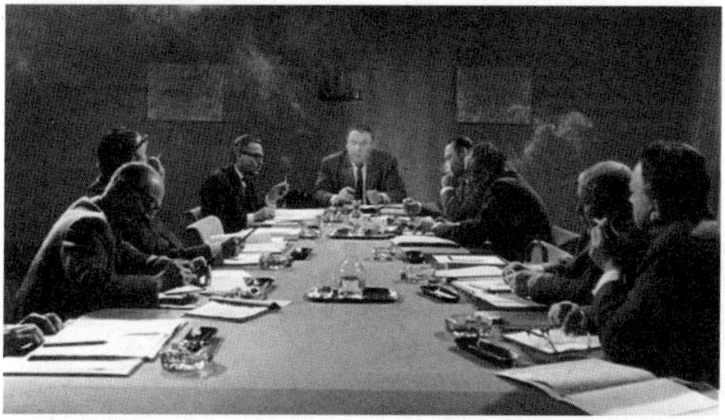

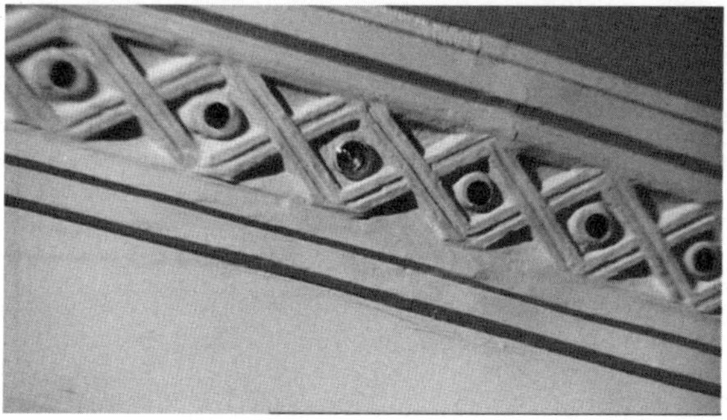

mediatisiert wird.³³ Im Zimmer der unter dem hypnotischen Einfluss Dr. Jordans stehenden, vom Überwachungssystem des Hotels beobachteten Marion Menil ist das eine »sehende« Auge der Überwachungskamera im Deckenstuck eingelassen in das Ornament einer Vielzahl »blinder« Augen.

Durch entsprechende Kadrierungen und Bildkompositionen wird die Verschränkung von individuellem Blick, äußerer Beobachtung und psychologischem Terror ins Bild gerückt, etwa wenn die Stuckleiste mitten durch den Kopf Travens gezogen wird und den Horizont seines eigenen Blicks zu bezeichnen scheint.

Auch in anderen Räumen des Hotels, z.B. dem Fahrstuhl, kehrt dieses Muster der Verdinglichung, Vervielfältigung und Mediatisierung des Blicks als eine die Figuren und die Handlungsschauplätze umschließende Kette wieder. Sie ist, wie Lang in anderen Bildmetaphern suggeriert, Schmuck und Fessel zugleich, diegetisches Attribut Marions (deren Per-

---

33 Zum Verhältnis von televisuellem Dispositiv und ornamentaler Kodierung des Wahrnehmungsraums in DIE 1000 AUGEN DES DR. MABUSE, auf das im Folgenden nicht näher eingegangen wird, vgl. Michael Wedel: Constitutive Contingencies. Fritz Lang, Double Vision, and the Place of Rupture, in: Mind the Screen. Media Concepts According to Thomas Elsaesser, hg. v. Jaap Kooijman, Patricia Pisters, Wanda Strauven, Amsterdam 2008, S. 166-176, hier S. 173f.

lenketten und -ohrringe das Motiv aufnehmen und variieren) und metadiegetisches Prinzip des filmischen Prozesses der Verkettung und Vervielfältigung, Kondensierung und Überblendung selbst.

In einer letzten Variation und Übertragung des Motivs bindet der Film es zurück auf die historische Nachkriegsrealität seines eigenen Entstehens, die ihm insofern nicht nur als Kulisse seines Kriminalsujets dient, sondern als jener Punkt, auf den sein ästhetisches Kalkül folgerichtig hinausläuft. In der Szene der Flucht Dr. Jordans aus dem Hotel Luxor schreibt die Maschinengewehrsalve emblematisch ein letztes Kettenornament auf die Fassade des Hotels, mit dem sich das Motiv des multiplizierten Augenpaares schließlich in jene Gewalt verwandelt, die es immer schon impliziert hat. Wenn Kriminalkommissar Kraus in der folgenden Einstellung die Verfolgung Jordans aufnimmt, ist im Umschnitt auf den Parkplatz vor dem Hotel im Hintergrund ein ähnliches Muster von Einschüssen zu entdecken, das allerdings als Relikt des Zweiten Weltkriegs einer anderen Realität und historischen Zeit angehört. Wenn es stimmt, dass es neben der Aussicht auf eine Rückkehr ins Nachkriegs-Berlin[34] vor allem zwei Zeitungsberichte gewesen seien, die Lang dazu bewogen, den Kinomythos Mabuse nach 1921/22 (DR. MABUSE – DER SPIELER, D) und 1932/33 (DAS TESTAMENT DES DR. MABUSE, D) ein zweites Mal wiederaufersteckt zu lassen – »[...] der erste über ein von der US-Armee entwickeltes Geschoss, das angeblich keine Spuren im Körper des Getroffenen hinterließ, der zweite über ein von den Nazis geplantes Prominentenhotel, in dessen Zimmern versteckte Mikrophone eingebaut werden sollten. Unsichtbare Zeugen, unsichtbare Projektile: dahinter erkannte Lang Mabuses Geist«[35] –, dann könnte der Kern seines Vorhabens darin gelegen haben, die Spuren der Projektile wieder lesbar und die Zuschauer seines Films zum erneuten Zeugen ihrer Gewalt zu machen. Weniger in der narrativen Bezugnahme auf die fiktive NS-Vergangenheit des Hotels Luxor als vielmehr in einer ›Verkettung‹ der Spuren historischer Zeit und filmischer Inszenierung, die Naht und nahtlos zugleich ist, mag man hier den Anspruch eingelöst sehen, Virtuelles und Aktuelles im ästhetischen Bild zu kristallisieren.

In seiner Wendung der narrativen ›Spur‹, der jede Kriminalhandlung zu folgen hat, ins Ästhetische und zugleich Historische, erscheint Langs Films letztlich kaum weniger rekursiv gebrochen als LE MÉPRIS, dessen fiktives Projekt einer Verfilmung der *Odyssee* per Infrarierung zum Formprinzip von Godards Film selbst wird.[36] Als Antwort auf Sloterdijks These eines »nach-tragischen« und »nach-epischen« Zeitalters nach 1945 halten beide Filme die Antwort bereit, am Mythos festzuhalten, und wenn es nur der Mythos vom Kino ist, den Mabuse hier und Lang selbst dort verkörpern. Dieses Festhalten bedeutet aber auch, das Epische und das Tragische einerseits (bei Lang) der »Zivilisierung« des seriellen Genrekinos auszusetzen, andererseits (bei Godard) im Prozess der »Negotiation«

34 Vgl. Patrick McGilligan: Fritz Lang. The Nature of the Beast, New York 1997, S. 439.
35 Enno Patalas: Kommentierte Filmographie, in: Fritz Lang, hg. v. Peter W. Jansen, Wolfram Schütte, München, Wien 1976, S. 140.
36 Zum Begriff der Infrarierung vgl. Christian Metz: Semiologie des Films, München 1972, S. 289. Zur Infrarierungsstruktur in LE MÉPRIS vgl. Harald Schleicher: Film-Reflexionen. Autothematische Filme von Wim Wenders, Jean-Luc Godard und Federico Fellini, Tübingen 1991, S. 102-107.

durch Verfremdung und Disjunktion zu brechen. Beiden Verfahren gemeinsam ist eine Inszenierungsweise, bei der die Gegenwart sich abspielt unter den (›blinden‹) Augen einer mythologischen Instanz als Agentin einer ursprünglichen Einrichtung der Elemente, auf deren Folie sich Geschichte in widerstreitenden (aktuellen, virtuellen) Figuren der Zeitlichkeit als vergemeinschaftete Bedeutung und Erfahrung artikuliert. So verstanden, meint die Geschichtlichkeit, die beiden Filmen auf je verschiedene, vielleicht jedoch verwandte Weise zugeschrieben werden kann, den singulären Ort und die singuläre Form der Sichtbarkeit und Präsenz, an dem sich die verschiedenen Zeitmodalitäten ins Verhältnis setzen, sich einander auf dem Feld des Ästhetischen »umgreifen«.[37] Insofern muss »[...] die Frage nach der filmischen Einschreibung von Geschichte [...] nicht mehr nur zwei, sondern drei ›Geschichten‹ miteinander in Übereinstimmung bringen: Die Art der Intrige, aus der der Film besteht, die Funktion der Erinnerung, die er erfüllt, und die Art und Weise, in der er eine Teilhabe am gemeinsamen Schicksal bezeugt.«[38] Letzten Endes zielt damit die Rückwendung zum (Kino-)Mythos in beiden Filmen auch auf die Erneuerung der Utopie vom Kino selbst: auf die Möglichkeit eines Neubeginns, dessen historische Sinnstiftung sich als diskursive Figur auf dem Grund einer mythischen Zeitvorstellung vollzieht, die als historiale Zeit bezeichnet und als eine Temporalität verstanden werden kann, welche sich dem Horizont des unmittelbar als historisch Erfahrenen zu entziehen scheint. An der ihrerseits historischen Notwendigkeit dieser rekursiven Figur selbst jedoch lässt sich der Katastrophenschatten erkennen, der auf beide Filme fällt.

---

[37] Jacques Rancière: Die Geschichtlichkeit des Films [1998], in: Die Gegenwart der Vergangenheit. Dokumentarfilm, Fernsehen und Geschichte, hg. v. Eva Hohenberger, Judith Keilbach, Berlin 2003, S. 230-246, hier S. 232.
[38] Ebd., S. 232f.

Anja Streiter **Frankreich 1945 bis 1962**
Kolonialkriege, Identitätskrise und das Kino

In der ersten Hälfte des folgenden Aufsatzes skizziere ich in groben Strichen einige Züge der französischen Nachkriegszeit, die meines Erachtens in Deutschland nicht zum Allgemeinwissen gehören und auch in der Filmwissenschaft, die sich mit dem französischen Kino beschäftigt, nicht immer präsent sind. Im Vordergrund steht für mich dabei der Aspekt des »langen Kriegs«, d.i. die Kontinuität des Kriegsgeschehens von 1945 bis 1962 und der kolonialen Republik von 1830 bis 1962. Das Bewusstsein von dieser Kontinuität ist auch in Frankreich kein Allgemeinplatz. Der Indochinakrieg unterliegt einer starken Verdrängung, über den Algerienkrieg wurde lange Zeit geschwiegen. Der Zweite Weltkrieg überlagert in der Erinnerung beide Kriege und dient zum Teil bis in die Gegenwart als deren Interpretationsfolie. Bezüge zwischen dem Vichy-Regime und dem französischen Kolonialismus werden erst in jüngerer Zeit hergestellt. Die Zäsuren der Verfassungswechsel vom Vichy-Staat zur IV. und zur V. Republik maskieren die ideologischen und personellen Kontinuitäten, die ich im Rahmen dieses Artikels leider nur skizzieren kann.

Viele der Fakten, auf die ich mich beziehe, und der Bilder, die dabei im Kopf entstehen – wie z.B. das von deutschen Soldaten aus Rommels Afrikakorps, die 1946 in amerikanische Uniformen gekleidet in der französischen Kolonialarmee gegen Vietnamesen kämpfen – markieren Leerstellen im französischen Kino: Filme, die beschlagnahmt wurden, Filme, die nicht realisiert wurden, Bilder, die nie gedreht wurden, Szenen, die aus den Drehbüchern oder Szenen, die aus Filmen entfernt wurden. Denn eine der großen Kontinuitäten der dreißiger bis siebziger Jahre im französischen Kino ist die strenge, alles überwachende staatliche Zensur und die fast völlige Blockade von nicht staatlichen Bildern der kolonialen Gewalt bis 1962. Statt Filme zu analysieren, die es in der französischen Nachkriegszeit gab, versuche ich einen Eindruck davon zu vermitteln, welche Filme es bis 1962 nicht gab. Die Kolonialkriegszeit von 1945 bis 1962 war keine Phase zunehmender Demokratisierung in Frankreich, und das staatlich kontrollierte Kino hatte dem wenig entgegenzusetzen.

Das Fremde im Eigenen

Spricht man in Frankreich heute vom »großen Krieg«, so ist der Erste Weltkrieg gemeint. Spricht man einfach von »dem Krieg« oder dem »letzten Krieg«, so ist der Zweite Weltkrieg gemeint, so, als hätte es nach ihm keine weiteren, das Land betreffende und seine Bevölkerung belastende Kriege gegeben. Über die beiden großen Kolonialkriege, die sich nahtlos an den Zweiten Weltkrieg anschlossen, den Indochinakrieg (1945 bis 1954) und den Algerienkrieg (1954 bis 1962), spricht man nicht gerne. Das liegt nicht nur daran, dass Frankreich diese Kriege und mit ihnen einen sehr wesentlichen Teil seines Kolonialreiches verlor, wohingegen es den »großen Krieg« gewann und sich bis heute als Sieger des Zweiten Weltkriegs begreift. Die Schwierigkeit des Umgangs mit den beiden großen Kolonialkriegen liegt auch darin, dass eine Konfrontation mit diesen Ereignissen für die »Grande Nation« wirkt wie ein Gang durch ein Spiegelkabinett. Es findet dort verzerrte Bilder, unbekannte Ansichten, erschreckende Einsichten, Verkehrungen seines Selbstbildes, Spuren von Verdrängtem, sich selbst am Platz des Anderen. Opfer werden zu Tätern, Gefolterte zu Folterern, Deportierte zu Deportierenden, Besetzte zu Besatzern. Kämpfer für Freiheit und Menschenrechte werden zu Söldnern für Kolonialherren. Ehemalige Widerstandskämpfer sehen sich Seit an Seit mit ehemaligen SS-Männern deutscher und französischer Herkunft gegen Völker kämpfen, die nicht länger mehr als Untermenschen behandelt werden wollen. In den Kolonialkriegen, in denen es für Frankreich in der von Charles de Gaulle vorgegebenen Marschrichtung darum ging, seine Rolle als Weltmacht über die Rückeroberung und den Erhalt seines Kolonialreiches zu restaurieren und sich gegenüber England und den USA als Siegermacht zu behaupten, fanden sich nicht wenige Franzosen und Französinnen ihrem Erleben nach in der Rolle der Nazi-Deutschen wieder, die in allen besetzten Gebieten einen verbrecherischen Krieg gegen so genannte »Partisanen« und »Terroristen« führten, Massaker an der Zivilbevölkerung verübten, militärische und zivile Gefangene folterten und ermordeten, Konzentrationslager errichteten und eine Propaganda benutzen, die den Gegner entmenschlichte.[1]

---

1 Vgl. Hee Ko: Trespass of Memory. The French-Indochina War as World War II, in: Memory, Empire, and Postcolonialism: Legacies of French Colonialism, hg. v. Alec G. Hargreaves, Oxford 2005, S. 98-111; vgl. Raphaëlle Branche: La torture et l'armée pendant la guerre d'Algérie 1954-1962, ed. Gallimard 2001; vgl. Pierre Vidal-Naquet: Les crimes de l'armée française. Algérie 1954-1962, ed. La Découverte, Paris 2001 (erste Auflage 1975).

Bis 1973, dem Jahr der Veröffentlichung der französischen Übersetzung von Robert O. Paxtons Buch *Vichy France. Old Guard and New Order*,[2] gab es keine auf Französisch verfügbare historische Arbeit, die das Ausmaß der freiwilligen Kollaboration des Vichy-Staates mit den Nazis so eindeutig und beeindruckend belegte. Statt an einer Analyse des Bürgerkriegs während der deutschen Besatzung, als der französische Vichy-Staat, unterstützt von Beamten, militärischen, paramilitärischen und polizeilichen Kräften und ermuntert von einer Flut von denunziatorischen Briefen aus der Bevölkerung,[3] Französinnen und Franzosen als Juden, Kommunisten, Freimaurer oder Partisanen an die deutschen Besatzer auslieferte, arbeiteten die staatlich kontrollierten Institutionen und Medien der IV. und V. Republik vor allem an der Durchsetzung des de Gaulleschen Mythos vom im Widerstand geeinten Frankreich.[4]

Ein zentrales, von de Gaulle immer wieder bemühtes Element der Einheit Frankreichs war das Selbstverständnis von Nation und Republik als Empire, als Kolonialreich. Seit der III. Republik konnte ein französischer Bürger, ohne einen Widerspruch zu verspüren, Kolonialist und Republikaner sein.[5] Dieses kolonial-republikanische Selbstbild aber gerät nach dem Zweiten Weltkrieg, in demselben Moment, in dem es reaktiviert wird, in eine Krise. Die Unabhängigkeitskämpfe der Kolonisierten wirken nun wie eine Wiederholung der Befreiungskriege in Frankreich mit verkehrten Rollen. Die gegen die Kolonisierten in Anschlag gebrachte rassistische Gewalt, der Terror gegen Zivilbevölkerung durch Napalmbombardierungen, Massenerschießungen, systematische Folter, die Internierungslager in Algerien mit Hunderttausenden von Hungernden: all das ruft Erinnerungen an die Nazi-Besatzung, die Vichy-Zeit und die Deportationen in die deutschen Konzentrationslager wach, und diese Erinnerungen decken in der Gegenwart die Spur der lange verdrängten, mit der Geschichte der Republik der Menschenrechte eng verwobenen kolonialen Gewalt auf. Vom Beginn des Indochinakriegs an bis in die Gegenwart hinein sind in Frankreich die Wahrnehmung und Erinnerung des Zweiten Weltkriegs und der Shoah mit der Wahrnehmung und Erinnerung der Kolonialkriege verknüpft. Dabei eröffnet die Verdrängung der privaten und staatlichen

2 Das amerikanische Original erschien 1972.
3 Der Historiker Laurent Joly spricht in einem Interview mit der Zeitschrift *L'Histoire* allein von mehreren zehntausend denunziatorischen Briefen antisemitischen Inhalts, die in Frankreich während der Besatzung von der Bevölkerung an staatliche Stellen und die deutschen Besatzer geschickt wurden. Vgl.: La délation 1940-1944. Une pratique massive sous l'occupation?, L'Histoire, H. 345 (2009), S. 16.
4 Vgl. Henry Rousso: Le syndrome de Vichy. De 1944 à nos jours, Paris 1987, S. 93ff.
5 Vgl. Nicolas Bancel, Pascal Blanchard, Françoise Vergès: La République coloniale, hg. v. Albin Michel 2003; La fracture coloniale, hg. v. Nicolas Bancel, Pascal Blanchard, Sandrine Lemaire, Paris 2005; Gilles Manceron: Marianne et les colonies. Une introduction à l'histoire coloniale de la France, Paris 2003.

Kollaboration im Vichy-Staat in der Konfrontation mit der verdrängten Gewalt der kolonialen Eroberungen und Unterdrückungen einen Echoraum, in dem das Eigene und das Fremde ununterscheidbar werden.[6]

Schon kurz nach Beginn der Kämpfe in Indochina kursierten in der französischen Presse Berichte von deutschen Soldaten in den Reihen der ins Kriegsgebiet expedierten französischen Truppen. Berichte von französischen und vietnamesischen Augenzeugen wurden 1945/46 in der von Jean-Paul Sartre und Maurice Merleau-Ponty herausgegebenen Zeitschrift *Les temps modernes* veröffentlicht und diskutiert. In einem der Berichte heißt es:

> These SS men were singing the Horst Wessel Lied right in the middle of a Saigon Street. [...] It wasn't the least surprising to the French (colonist) to hear German spoken each time they met up with the legionnaires in the streets of Saigon.[7]

Ganz ähnliche Berichte finden sich in den deutschen Zeitungen.[8] Im *Spiegel* hieß es:

> Ein neutraler Gewährsmann in Hanoi schätzte den Anteil ehemaliger deutscher Soldaten in der französischen Fremdenlegion in Indochina auf achtzig Prozent. Andere Quellen sprachen von sechzig Prozent.[9] Übereinstimmend stellten die Korrespondenten jedoch fest, dass die Deutschen auf jeden Fall mehr als die Hälfte des Fremdenlegionär-Kontingents stellen. Ehemalige Mitglieder des Rommelschen Afrikakorps sollen in der Überzahl sein. Auch die SS ist verhältnismäßig stark vertreten. Andere deutsche Legionäre wurden aus Kriegsgefangenenlagern in Frankreich oder aus der französi-

---

6 Vgl. Michael Rothberg: Between Auschwitz and Algeria: Multidirectional Memory and the Counterpublic Witness, in: Critiqual Inquiry, Herbst 2006, S. 158-184; vgl. Hee Ko: Trespass of Memory, a.a.O.
7 R.C. Hudson: Et Bourreaux et victimes! Eyewitness reactions to the first phase of the French war of decolonization in Indochina. Les temps modernes 1946-1950, in: Journal of European Studies, Nr. 19, 1989, S. 191-204, zitiert nach Hee Ko: Trespass of Memory, a.a.O., S. 105.
8 Vgl. u.a.: Anonym: Horst Wessel in Saigon. Es tut sich was in Indochina, in: Der Spiegel, H. 31 (1947), S. 9-10. Vgl. auch weitere Angaben bei Hee Ko: Trespass of Memory, a.a.O., S. 110.
9 Aktuell heißt es auf der Webseite der Fremdenlegion, dass im Indochinakrieg die Spitze der Truppenstärke bei 30.000 Legionären gelegen habe, von denen »eine große Mehrheit Deutsche waren«. Vgl. http://www.legion-etrangere.com/fr/histoire/1946_nj.php (zuletzt gesehen 27.1.2010). Marc Eberle, Regisseur des Dokumentarfilms IN FREMDEN DIENSTEN. DEUTSCHE LEGIONÄRE IM INDOCHINAKRIEG (D 2004, Produktion: Filmtank Hamburg, Bayerischer Rundfunk und Arte) spricht von 35.000 ehemals deutschen Soldaten, die »im fernen Osten« für Frankreich gekämpft haben, und von einem Anteil von siebzig Prozent Österreichern und Deutschen in der Fremdenlegion des Indochinakriegs.

schen Zone Deutschlands angeworben. Ein amerikanischer Korrespondent meint, es entbehre nicht einer gewissen Komik, dass viele der ehemaligen deutschen Soldaten mit amerikanischen Uniformen ausstaffiert worden seien. Auch die Bewaffnung ist meist amerikanischer Herkunft.[10]

Es war, gerade für die französische Linke, ein verstörendes Bild: Französische Widerstandskämpfer, die gegen Ende des Zweiten Weltkriegs in die französische Armee integriert worden waren, fanden sich in Indochina als Kampfgefährten ihrer ehemaligen Gegner wieder. Neben den Deutschen kämpften hier auch französische Vichy-Milizionäre und elsässische Soldaten, die als »Volksdeutsche« zur Wehrmacht eingezogen worden waren, für die Rückeroberung einer Kolonie – und ihrer Bürgerrechte, die ihnen wegen Kollaboration in der Vichy-Zeit aberkannt worden waren. Für Jean-Paul Sartre kennzeichnete die Situation der ehemaligen französischen Freiheitskämpfer in Indochina eine tiefgreifende Verunsicherung der Identität, eine Angst vor dem Anderen, das sich als das Eigene erweisen könnte:

[...] in each of his enemies he has found what he once was; in each of his comrades he fears finding a German. And himself.[11]

Die Amalgamierung der Kriege in Wahrnehmung und Erinnerung
Die Wahrnehmung der Kolonialkriege ist in Frankreich nach 1945 typischerweise gekennzeichnet von deren Parallelisierung und Überblendung mit den Erfahrungen der französischen Bevölkerung während der deutschen Besatzung und Terrorherrschaft. Diese Überblendung kann sowohl entlastende wie kritische Funktion haben. Die entlastende Funktion analysiert Hee Ko in seinem Essay. Ko zeigt, dass in den vierziger und fünfziger Jahren das gesamte politisch rechte und linke Milieu Frankreichs spiegelbildliche Denkfiguren und Rhetoriken benutzte, in denen der Indochinakrieg als Wiederholung oder Fortführung des Zweiten Weltkriegs erschien. Der Anführer der vietnamesischen Unabhängigkeitsbewegung, Ho Chi Minh, wurde darin entweder mit Hitler gleichgesetzt, wobei dann die französische Kolonialarmee in Indochina den Befreiungskampf der Franzosen gegen die Nazi-Besatzung zu Ende kämpfte. Oder Ho Chi Minh stand als Anführer einer legitimen Widerstandsbewegung einer französischen Besatzungsmacht gegenüber, der eine Rolle zukam, die der Besatzerrolle der Nazis in Frankreich ähnelte. Hee Ko liest die

10 Vgl. Anonym: SS unter der Trikolore. Kanonenfutter für Indochina, Der Spiegel, H. 2 (1948), S. 9.
11 Jean-Paul Sartre: L'Affaire Henri Martin, Paris 1953, S. 121, zit. N. Hee Ko: Trespass of Memory, a.a.O., S. 105.

zeitgenössische Amalgamierung des Indochinakriegs mit dem Zweiten Weltkrieg als eine politische Rhetorik, die es beiden Lagern in einer entlastenden Strategie ermögliche, sowohl den kolonialen Kontext als auch den Kontext des beginnenden Kalten Kriegs auszublenden. Vor allem der Auseinandersetzung mit dem französischen Kolonialismus und der ihm innewohnenden eigenen Gewalt werde durch diese Rhetorik kein Raum gegeben. »Rather it suggested, that the evil that emanated from colonialism came from Nazi Germany.«[12]

Die kritische Funktion analysiert Michael Rothberg. Ausgehend von einer Analyse des literarischen Werks Charlotte Delbos, die als Kommunistin nach Auschwitz deportiert worden war und die Lager Birkenau und Ravensbrück überlebte und in ihren ab 1961 veröffentlichten Texten über ihre Lagererfahrung immer wieder Bezüge zum Algerienkrieg herstellte, arbeitet Rothberg heraus, wie sich in Frankreich verstärkt seit den sechziger Jahren ein erinnerndes Bewusstsein der Vernichtung der europäischen Juden, der Vichy-Kollaboration und des antifaschistischen Widerstandes parallel zu einem kritischen Bewusstsein und Erinnern des französischen Kolonialismus entwickelt, ein Prozess, der bis heute nicht abgeschlossen ist. In ihren Texten und Textmontagen erzeugt Delbo, so Rothberg, einen Echoraum, in dem nicht die eine Erinnerung die andere verdrängt, sondern dem Vergessen entrissene Stimmen und Klänge der Vergangenheit dazu beitragen, dass die Gegenwart nicht sofort der Verdrängung anheim fällt.

> The memory work of *Les Belles Lettres* suggests that listening to the echoes of the past in the present helps save the past from premature burial and the present from instant oblivion. Delbo excavates »the profound traces« of the past recognized, for example, by police Secretary General Paul Teitgen, who was reminded in camps in Algeria of the »cruelties and tortures that I personally suffered fourteen years ago in the basements of the Gestapo in Nancy.«[13]

Die Wahrnehmung der Kolonialkriege durch die Brille des Zweiten Weltkriegs ist in beiden Fällen nicht reduzierbar auf eine aus objektiver Sicht unzulässige Art der Verfälschung und Vermischung von genau zu unterscheidenden Kriegen, die auf verschiedenen Kontinenten, in unterschiedlichen Kontexten, aus unterschiedlichen Gründen stattfanden (Befreiungskrieg gegen die Nazis; Rückeroberung Indochinas, das von den Japanern besetzt worden war, und anschließende Niederschlagung einer Revolte der Kolonisierten; Sezessionskrieg der arabisch-algerischen

---

12 Hee Ko: Trespass of Memory, a.a.O., S. 108.
13 Michael Rothberg: Between Auschwitz and Algeria, a.a.O., S. 171. Rothberg zit. N. Charlotte Delbo: Les Belles Lettres, Paris 1961, S. 8of.

Bevölkerung, die auf zu französischem Staatsgebiet erklärtem Boden lebt). Vielmehr liegt in der Amalgamierung der Erinnerungen der Kriege auch eine historische Wahrheit: die des zeitlichen, kausalen, ideologischen und personellen Zusammenhangs des Kriegsgeschehens von 1940-1962, das nie nur ein Krieg Frankreichs gegen äußere Feinde, sondern immer auch ein Kampf Frankreichs mit sich selbst war, ein Bürgerkrieg,[14] eine Konfrontation der freiheitlichen, egalitären, universellen Republik mit ihrem diktatorischen, oligarchischen und rassistischen Alter Ego.

Zeitliche, kausale, ideologische und personelle Zusammenhänge
Von 1939 bis 1962 ging in Frankreich ein Krieg in den anderen über. Widerstandskämpfer, die sich am Ende der Befreiungskämpfe in Frankreich in die französische Armee integrierten und noch für die vermeintlich kurze Dauer des Zweiten Weltkriegs engagierten, fanden sich zu ihrer Überraschung auf einem Schiff nach Indochina wieder, um gegen die japanischen Faschisten zu kämpfen.[15] Dort angekommen, hatte Japan nach den Atombomben auf Hiroshima und Nagasaki schon kapituliert, und die Soldaten wurden stattdessen gegen die vietnamesische Unabhängigkeitsbewegung eingesetzt. Gegen Ende des Indochinakriegs, am 8. Mai 1954, als die Armee der vietnamesischen Unabhängigkeitsbewegung die Armee der Kolonialmacht bei Dien Bien Phu in einer 57 Tage und Nächte währenden Kesselschlacht besiegte, begriff nicht nur die französische Regierung, dass sie diesen Krieg verloren hatte, sondern auch die algerische Unabhängigkeitsbewegung, dass sie ihren Kampf gewinnen konnte. Die Niederlage im Indochinakrieg steht in kausalem Zusammenhang mit dem unmittelbar darauf erfolgenden offenen Ausbruch des seit 1945 schwelenden Algerienkriegs.

Die personelle und ideologische Kontinuität der Kolonialadministration und der Kolonialarmee von der Vorkriegs- über die Vichy-Zeit bis zu den Kolonialkriegen gelangte in das öffentliche Bewusstsein erst so richtig mit dem Prozess gegen Maurice Papon 1997 bis 1998. Papon, hoher Staatsbeamter, war sowohl in der Vichy-Zeit von 1942 bis 1944 als Generalsekretär der Präfektur von Bordeaux für die Deportation von Juden in die deutschen Vernichtungslager verantwortlich wie auch 1945, nach den Massakern von Sétif,[16] für die »Befriedung« der betreffenden Region, d.h.

14 Vgl. Dietmar Hüser: Das Gestern im Heute. Zum Wandel französischer Geschichtspolitik und Erinnerungskultur, in: Länderbericht Frankreich, hg. v. Adolf Kimmel, Henrik Uterwedde, Wiesbaden 2005, S. 45-62, hier S. 52ff; vgl. Richard Münch: Grundzüge und Grundkategorien der staatlichen und gesellschaftlichen Entwicklung Frankreichs, in: Länderbericht Frankreich, a.a.O., S. 19-44; vgl.: Jacques Marseille: Du bon usage de la guerre civile en France, Paris 2006.
15 Vgl. Hee Ko: Trespass of Memory, a.a.O., S. 101f.
16 Im Mai 1945 ermorden französische Siedler und die französische Armee im Osten Algeriens nach einem Aufstand der Kolonisierten mehrere tausend algerische Männer, Frauen

für brutale Repression, und 1961 als Polizeipräfekt von Paris für das Massaker an den algerischen Demonstranten.[17] Es war vor allem dieser Prozess und die während der Verhandlungen vom Verteidiger Jacques Vergès immer wieder betonte Verbindung zwischen den verschiedenen Verbrechen und einer Tradition der kolonialen Gewalt, die eine breite öffentliche Diskussion um den Mythos der zivilisierenden Kolonialmacht Frankreich auslösten.[18]

Die Karrieren der führenden französischen Offiziere und Generäle (Aussaresses, Bigeard, Challe, Massu, Salan, Trinquier), die in diesem letzten Krieg systematisch foltern, vergewaltigen und morden ließen, überspannen mehrere französische Staatsgebilde, von der III. Republik über den Vichy-Staat, die Übergangsregierung, die IV. bis hin zur V. Republik. Diese Offiziere waren Soldaten im Zweiten Weltkrieg, zumeist auf Seiten der de Gaulleschen Streitkräfte der Befreiungsarmee, manche aber auch auf Seiten Pétains. Die meisten erlernten ihr Handwerk schon vor dem Zweiten Weltkrieg in der Kolonialarmee Frankreichs. Nach den Schlachten zur Befreiung Frankreichs und der Eroberung Deutschlands gingen diese Offiziere in den Indochinakrieg. Nach der Niederlage gegen die Viet-Minh zogen sie gedemütigt und frustriert in den Krieg in Algerien, wo sie die Kämpfer der Befreiungsarmee »Viet«, »Banditen«, »Terroristen« oder »Heuschrecken«[19] nannten und eine Militärdoktrin des »asymmetrischen

und Kinder. Je nach Nationalität der Historiker liegen die Schätzungen zwischen 6.000 und 30.000 Toten. Das Massaker von Sétif, Guelma und Bône gilt manchen Historikern als der Beginn des Algerienkriegs. Vgl. Ali Habib: Mai 1945. Répression à Sétif, in: Le Monde, 15. Mai 1995, wieder abgedruckt in: La Guerre d'Algérie, 1954-1962, hg. v. Yves Marc Ajchenbaum, ed. Librio/Le Monde, Paris 2003, S. 16-20. Vgl. Frantz Fanon: Die Verdammten dieser Erde, Frankfurt a. M. 1966, S. 60. Vgl. auch den Artikel von Jean-Pierre Peyroulou in der Online Encyclopedia of Mass Violence, hg. v. Jacques Semelin: http://www.massviolence.org/Setif-and-Guelma-May-1945 (zuletzt gesehen am 27.1.2010).

17 Am 17.10.1961 verübt die Pariser Polizei unter Leitung von Maurice Papon ein Massaker an algerischen Demonstranten. Von ca. 40.000 friedlich demonstrierenden Männern, Frauen und Kindern werden viele erschossen, erschlagen, erwürgt, ertränkt. Leichen treiben in der Seine. 14.000 Algerier werden in den Tagen danach ohne Anklage in verschiedenen Sportstadien, in Polizeipräfekturen und auf Kommissariaten inhaftiert, misshandelt, gefoltert, viele sterben ohne Behandlung an den Verletzungen, die ihnen zuvor zugefügt wurden, oder werden in der Haft umgebracht. Allein im Oktober 1961 wurden mehr als 120 Algerier und Algerierinnen von Pariser Polizisten ermordet. Die Presse wird zensiert, die staatlichen Stellen sprechen von drei Toten und Schüssen auf Polizisten. Vgl. Jean-Luc Einaudi: La bataille de Paris. 17 octobre 1961, Paris 1991, S. 176f, S. 230ff, S. 242. Vgl. auch Jim House und Neil MacMaster: Paris 1961. Les Algériens, la terreur d'État et la mémoire, ed. Tallandier, Paris 2008 (englisches Original: Paris 1961. Algerians, State Terror, and Memory, Oxford 2006), S. 165ff.

18 Vgl. Michael Rothberg: Between Auschwitz and Algeria, a.a.O., S. 181: »As it turns out, one of the catalysts of the new critical memory work was the trial of Maurice Papon [...]. As the Papon case makes clear, history is an echo chamber; memory can be a form that establishes fidelity to the echoes.«

19 In dem Dokumentarfilm LA GUERRE SANS NOM (F 1992, Bertrand Tavernier und Patrick Rotman) ist ein französisches Plakat aus der Zeit des Algerienkriegs zu sehen, das bei den Sied-

Kampfes« und der »konterrevolutionären Kriegsführung« anwandten, welche die Offiziere Aussaresses, Lacheroy und Trinquier[20] in Indochina entwickelt hatten. Ob für oder gegen die deutschen Nazis, gegen die vietnamesischen Kommunisten, gegen die algerischen Nationalisten – für diese Offiziere war es derselbe Kampf, *même combat*, für das französische Empire und gegen die Kommunisten. In verschiedenen Veröffentlichungen haben Generäle ihre Memoiren der Kolonialkriege veröffentlicht und immer wieder für Zündstoff in der öffentlichen Diskussion gesorgt.[21]

1958 und 1961, als sich die Unabhängigkeit Algeriens als mögliche politische Option in Frankreich abzeichnete, gab es Putschversuche eines Teils des französischen Militärs in Algier. Sowohl vorher wie nachher agierte der rechte Flügel des Militärs, dem sowohl Vichy-Offiziere wie de Gaulle-Offiziere angehörten, in der Kolonialkriegsphase immer wieder gegen die Entscheidungen des Parlaments auf der Basis eines imperialen Herrschaftsanspruchs auf die vom Militär für die III. Republik eroberten Kolonien.[22] Im September 1960 unterschrieben 121 Personen des öffentlichen Lebens in Frankreich ein Manifest, in dem die Machtanmaßung des Militärs beschrieben und den Kriegsdienstpflichtigen des Kriegs ein Recht auf Fahnenflucht zugestanden wird:

> Weder Eroberungskrieg, noch Krieg zur »nationalen Verteidigung«, noch Bürgerkrieg, ist der Algerienkrieg allmählich zu einer eigenen Aktion der Armee und einer Kaste geworden, die sich weigern, gegenüber einem Aufstand nachzugeben, dessen Sinn selbst die

lern um Unterstützung der »Befriedungsarmee« wirbt. Die algerischen Partisanen werden mit dem auch im Arabischen abwertenden Wort »fellag«, pl. »fellaga« belegt, das übersetzt heißt: Bandit, Straßenräuber. Die Überschrift lautet: »Das ist das Bild des fellaga«. Darunter ist eine Heuschrecke abgebildet. Der Text beschreibt die Unabhängigkeitsbewegung als alle Güter der Siedler vernichtende Plage. (Vgl. DVD des Filmes, ed. Studio Canal, Teil 1, Min. 17:16).
20 Roger Trinquier: La Guerre moderne, Paris 1961.
21 Vgl. u.a. von Paul Aussaresses: Services Spéciaux. Algérie 1955-57: Mon témoignage sur la torture, Paris 2001; ders.: Je n'ai pas tout dit. Ultimes révélations au service de la France, Editions du Rocher, Paris 2008; vgl. Jacques Massu: La vraie bataille d'Alger, Paris 1971; vgl. Raoul Salan: Le Viêt-minh mon adversaire, Paris 1971; ders.: Algérie française, Paris 1972; ders.: L'Algérie, de Gaulle et moi, Paris 1974.
22 So sabotierte z.B. der von de Gaulle eingesetzte Hohe Kommissar in Indochina, Admiral Thierry d'Argenlieu, Friedensverhandlungen, welche die Regierung der IV. Republik mit Ho Chi Minh im November 1946 führte. D'Argenlieu rief eigenmächtig die mitten im neuen nationalvietnamesischen Territorium liegende Republik Cochinchina aus und fand am 23.11.1946 einen Anlass, die vietnamesische Hafenstadt Haiphong zu bombardieren. 6.000 VietnamesInnen kamen ums Leben, und alle Friedensverhandlungen waren für die nächsten acht Jahre beendet. Vgl. Tony Judt: Postwar. A History of Europe since 1945, London 2005, S. 283. Vgl. auch den Artikel über Haiphong in: The Columbia Encyclopedia, Columbia University Press, 2004, 6. Auflage. Online einsehbar unter http://www.questia.com/library/encyclopedia/haiphong.jsp (zuletzt gesehen 27.1.2010).

zivile Staatsgewalt, sich der allgemeinen Auflösung der Kolonialreiche bewusst werdend, scheinbar gewillt ist anzuerkennen. Gegenwärtig ist es vor allem der Wille der Armee, der diesen kriminellen und absurden Kampf unterhält, und durch die politische Rolle, die einige ihrer hohen Repräsentanten sie spielen lassen – wobei sie manchmal offen und gewaltsam außerhalb jeder Legalität handeln und die Zwecke verraten, welche die Gesamtheit des Landes der Armee anvertraut –, kompromittiert diese Armee die ganze Nation und droht sie sogar zu pervertieren, indem sie die ihrem Befehl unterstehenden Staatsbürger zwingt, sich zu Komplizen einer aufwieglerischen oder erniedrigenden Aktion zu machen. Muss noch daran erinnert werden, dass der französische Militarismus fünfzehn Jahre nach der Zerstörung des Hitler-Regimes auf Grund der Erfordernisse eines solchen Kriegs so weit gegangen ist, die Folter wiedereinzuführen und sie erneut zu einer Art Institution in Europa zu machen?[23]

Wie sehr dieser rechte Flügel des französischen Militärs und sie unterstützende Politiker und Beamte in hohen Regierungskreisen von der Notwendigkeit und Legitimität der Institutionalisierung der Folter zur Durchsetzung ihrer Machtinteressen überzeugt waren, legte 2004 eine französische Journalistin in einem Dokumentarfilm offen: Einige der oben genannten Generäle (Aussaresses, Massu, Trinquier) machten noch während des Algerienkriegs aus der Militärdoktrin der »konterrevolutionären Kriegsführung« mit Einverständnis höchster französischer Staatsbeamter einen Exportschlager und unterrichteten bis Mitte der siebziger Jahre die lateinamerikanischen Putschisten und Folterer von Argentinien, Paraguay und Chile, die israelische und die portugiesische Armee sowie die amerikanischen Militärs, die sich auf den Krieg in Vietnam vorbereiteten. Die Todesschwadronen Lateinamerikas haben ihre Vorbilder und ihre Ausbilder aus der französischen Kolonialarmee bezogen.[24]

Das Kino im Griff der kolonialen Republik
Das französische Kino unterlag in der Zeit von 1914 bis 1975 staatlicher Zensur und hatte den Auftrag, einem staatlich definierten Bild der Nation soweit zu entsprechen, dass das Ansehen Frankreichs im Ausland sowie

23 Vgl. http://www.jean-paul-sartre.de/Manifest_121/manifest_121.html (Übers. modifiziert A.S.). Für das franz. Original vgl. Jean-Pierre Vittori: Nous les appelés d'Algérie, Paris 2007 (erste Auflage 1977), S. 231.
24 Vgl. ESCADRONS DE LA MORT, L'ÉCOLE FRANÇAISE (F 2004, Marie-Monique Robin, Produktion: Idéale Audience) und das gleichnamige Buch, Paris 2004. In dieser Aufarbeitung einer bislang nicht sehr bekannten Seite der französischen Außenpolitik und Militärgeschichte äußert sich insbesondere der General Aussaresses sehr freimütig über diesen militärischen Wissenstransfer.

der politische Friede und moralische Standard im Inland nicht gefährdet war.[25] Darüber, wie sehr ein Film diesem staatlichen Selbstbild ent- oder widersprach, befand vom Drehbuch bis zum Schnitt, von der Finanzierung bis zur Erteilung einer Auswertungserlaubnis (dem »visa d'exploitation«) in allen Etappen der Filmproduktion eine staatlich besetzte Kommission, die unter Aufsicht eines »Informationsministeriums« stand und in der auch das Militär vertreten war.

Von 1940 bis 1944 übten die Besatzer und zusätzlich das Vichy-Regime über ein eigens gegründetes »Organisationskomitee der Kinematographischen Industrie« (Comité d'organisation de l'industrie cinématographique, COIC) die Zensur aus. »Kurioserweise«, so Jacques Rigaud,[26] überlebte diese Vichy-Institution als einzige die Nachkriegszeit. Aufgaben und Funktionsweise des COIC gingen im Oktober 1946, mit Gründung der IV. Republik, ohne tiefgreifende Änderungen an das neu gegründete und bis heute existierende »Centre National de Cinématographie« (CNC) über. Für die Filmhistorikerin Sylvie Lindeperg begann damit die »unumkehrbare staatliche Beherrschung der Welt des Kinos«[27]. In der Übergangszeit von 1944 bis 1946 hatten verschiedene Interessengruppen, vor allem auch die Gewerkschaften der Kinoindustrie, vergeblich versucht selbst die Kontrolle über die Kinoproduktion zu gewinnen.

Dem Kontrollinstrument COIC war schon im Mai 1945 ein wahres Propagandainstrument an die Seite gestellt worden: der kinematographische Dienst der Armee (Service cinématographique de l'armée, SCA). Gemeinsam mit dem CNC sorgte der SCA für die völlige Kontrolle der Bilder aus den Kolonien und lieferte mit seinen Dokumentarfilmen die Bilder und

---

25 Vgl. Laurent Garreau: Archives secrètes du cinéma français (1945-1975), Paris 2009. Im Vorwort schreibt Jacques Rigaud, S. 9f: »Ursprünglich den ›Kuriositätenschauen‹ gleichgestellt, die, wie die oAttraktionen auf den Jahrmärkten, der Polizeigewalt der Bürgermeister oder der Präfekten unterstellt waren, sah sich das Kino ab 1914 unter strenge staatliche Kontrolle gestellt. In seiner Doktorarbeit erklärt Laurent Garreau umfassend das juristische Regelwerk von vollständigen oder partiellen Autorisierungen und Verboten, das sich nach und nach etabliert hat. In verschiedenen Formen, aber mit großer Kontinuität unterstand das Kino von den zehner Jahren bis in die siebziger Jahre hinein der Vormundschaft des Staates.« »Assimilé à l'origine aux ›spectacles de curiosités‹ soumis au pouvoir de police des maires ou des préfets au même titre que les attractions foraines, le cinéma s'est vu placé à partir de 1914 sous le strict contrôle de l'État. Dans sa thèse, Laurent Garreau explique de façon très complète le régime juridique d'autorisations et d'interdictions totales ou partielles qui s'est progressivement mis en place. Sous des formes diverses mais avec une grande de continuité, le cinéma a été, des années 1910 aux années 1970, placé sous la tutelle de l'État.« (Übers. A.S.)
26 Rigaud im Vorwort zu Laurent Garreau: Archives secrètes du cinéma français (1945-1975), a.a.O., S. 12.
27 Sylvie Lindeperg: Les écrans de l'ombre. La Seconde Guerre mondiale dans le cinéma français (1944-1969), Paris 1997, S. 59: »La création du CNC, en octobre 1946 [...] entérinait l'irréversible mainmise de l'État sur le monde cinématographique.« (Übers. A.S.)

Töne zur staatlichen Propaganda.²⁸ Der SCA schloss damit an die ebenfalls staatlich kontrollierte koloniale Filmproduktion der Vorkriegszeit an, die in den dreißiger Jahren genau an der problemlosen Vereinbarkeit von kolonialer und republikanischer Nationalidentität gearbeitet hatte.²⁹

Die Geschichte eines einzigen Filmemachers und seines ersten Filmes kann hier exemplarisch für die Zensurgeschichte der kolonialen Republik nach 1945 stehen. 1949 macht sich der 21jährige René Vautier, herausragender Absolvent der staatlichen Filmschule, nach Westafrika auf, um im Auftrag des Dachverbandes der Vereine für eine republikanische Erziehung, der »Ligue de l'enseignement«, einen Film über das dortige Landleben zu machen und darin das zivilisatorische Wirken Frankreichs zu zeigen. Vor Ort erklärt man dem Filmemacher, dass ein noch gültiges Gesetz aus der Zeit, als Pierre Laval Kolonialminister war, unautorisierte und unüberwachte Film- und Tonaufnahmen in den Kolonien unter Strafe stellt. Vautier, der mit gerade mal 15 Jahren gegen eben jenen Pierre Laval, 1943 Chef der Vichy-Regierung, in den bretonischen Widerstand gegangen war und für seine Aktionen, 16jährig, hohe militärische Orden erhalten hatte, ist fassungslos.³⁰ Pierre Laval war 1945 wegen Kollaboration hingerichtet worden, sein koloniales Kinogesetz von 1934 aber galt noch! Vautier nimmt seine 16mm-Kamera, seine sechzig kleinen Filmrollen, entzieht sich der kolonialen Vorzensur und dreht in den folgenden Monaten, unterstützt u.a. von Félix Houphouët-Boigny, dem Abgeordneten der Elfenbeinküste im französischen Parlament und Gründer der demokratischen Partei der Elfenbeinküste, einen von A bis Z illegalen Anti-Kolonialfilm, den ersten seiner Art: AFRIQUE 50 (F 1950, René Vautier, Félix Houphouët-Boigny). Er reist ein Jahr durch verschiedene afrikanische Länder, dokumentiert die schlechten Arbeitsbedingungen der Afrikaner, niedergebrannte Dörfer, Blutspuren von Erschießungen, Demonstrationen. Er wird polizeilich gesucht, verhaftet, bricht aus, überquert illegal Grenzen, wirft einen Polizisten, der sein Material beschlagnahmen will, aus dem Fenster und entkommt in einem gestohlenen Auto der Kolonialregierung seinen Verfolgern. Seine belichteten Filmrollen transportieren Freunde heimlich nach Frankreich. Nach Verhandlungen zwischen Regierungsvertretern und Vautiers Freunden aus dem bretonischen Widerstand darf auch Vautier selbst zurück. In Frankreich sind im Rahmen der allgemeinen Zensur alle Kopierwerke überwacht. Befreundete Techniker entwickeln die Rollen heimlich, aber das entwickelte Material wird dann

28 Vgl. Sylvie Lindeperg: Les écrans de l'ombre, a.a.O., Kap. IV: Le SCA, miroir de la »France éternelle« (dt.: Der SCA, Spiegel des »ewigen Frankreich«, A.S.), S. 105-130.
29 Vgl. Nicolas Bancel, Pascal Blanchard und Françoise Vergès: La République coloniale, a.a.O., S. 34.
30 Vgl. hier und im Folgenden: René Vautier: Caméra citoyenne. Mémoires, ed. Apogée, Rennes 1998, S. 29ff.

doch beschlagnahmt. Vautier schafft es, einundzwanzig der sechzig Filmrollen unter den Augen eines Inspektors des Innenministeriums zu entwenden. Mit diesem Material montiert er heimlich, knapp polizeilichen Razzien entkommend, einen 25minütigen Film, dessen sehr emotionalen, fast atemlosen Off-Kommentar er selbst spricht. Darin adressiert er unmittelbar das Publikum als »gens de France« und parallelisiert französische Kolonialverbrechen in Madagaskar,[31] Vietnam und Afrika mit denen der deutschen Besatzer in Frankreich. Er berichtet von Massakern in bestimmten afrikanischen Dörfern, nennt Namen von Orten und von ermordeten Personen und wagt den Vergleich mit Oradour-sur-Glane, dem Ort, der in Frankreich das Synonym für Nazibarbarei ist.[32] Hier ein Ausschnitt aus Vautiers Off-Kommentar:

> Das Volk Afrikas richtet sich friedlich auf, es fordert das, was ihm zusteht. Das Volk fordert, von Dakar bis Brazzaville, von D'Abidjan bis Niamey, aber es stößt auf eine Verwaltung, von der selbst der Abgeordnete der MRP[33], L'Abbé Boganda, gesagt hat, dass sie rassistisch, korrupt und machiavellistisch sei, dass sie nicht Frankreich repräsentiere, vielmehr Verbrechen im Namen Frankreichs und der Zivilisation beginge. Und diese kolonialistische Verwaltung wird den Afrikanern so antworten, wie sie den Malgaschen und den Vietnamesen geantwortet hat: mit Gewalt, dem Knüppel, dem Gefängnis, dem Gewehr. Militärlastwagen tauchen auf und verbreiten überall Zerstörung ... die Zerstörung und den Tod. In unserem Namen, Leute aus Frankreich – Agbovil, Dimboko, Séguéla, Daloa, Bouaflé, Kétékré – Städte, Überfälle, Erschießungen, Städtenamen, die für die Afrikaner so klingen wie lauter Oradours.[34]

31 Im März 1947 revoltierten ein Teil der Kolonisierten von Madagaskar gegen das französische Kolonialregime. Die französische Armee schlägt brutal zurück. In den folgenden Wochen und Monaten sterben ca. 10.000 Malgaschen durch Gewalt, weitere 20.000-30.000 an Hunger und fehlender medizinischer und hygienischer Versorgung. Die französische Armee erprobt hier schon Formen der Kriegsverbrechen, die sie in Algerien dann systematisch begehen sollte: das Niederbrennen von Dörfern, die Folter, Massenexekutionen, Gefangene, die über dem Meer aus dem Flugzeug geworfen werden. »[...] die Kolonialtruppen erfinden den totalen Krieg, den revolutionären Terror, die Unterwerfung eines Volkes noch einmal neu.« Vgl. Bancel, Blanchard und Vergès: La République coloniale, a.a.O., S. 158. (Übers. A.S.)
32 In Oradour, einem kleinen Ort in Südwest-Frankreich, ermordeten Soldaten einer Kompanie der 2. SS Panzer-Division »Das Reich« am 10. Juni 1944 auf grausamste Weise 642 Männer, Frauen und Kinder. Der Film LE VIEUX FUSIL (F 1976, Robert Enrico) bezieht sich auf dieses Massaker.
33 MRP steht für Mouvement du rassemblement du peuple (Versammlungsbewegung des Volkes) und war eine christdemokratische Partei der IV. Republik, die sich de Gaulle verpflichtet fühlte.
34 Off-Kommentar aus AFRIQUE 50. Vgl. René Vautier: Afrique 50, Paris 2001 (Collection Les Cahiers de Paris Expérimental), hier S. 33ff: »Le peuple d'Afrique se dresse pacifiquement, il

AFRIQUE 50 kursierte in den fünfziger Jahren illegal als 16mm-Kopie, ohne staatlichem »Visa«, ohne offiziell überhaupt zu existieren, ohne Pressebegleitung, allein im militanten Milieu der Arbeiter- und der Jugendzentren und Filmclubs der Bretagne. Des Filmes konnte der Staat nicht habhaft werden, aber Vautier selbst landete für 18 Monate im Militärgefängnis. Dass er sich trotz der dauernden Verfolgung durch die Staatsgewalt von diesem Film und seinen späteren nicht abbringen ließ, erklärt Vautier so:

> Ich glaube, was mich diese ganze Zeit unterstützt hat, war die Wut. Ich hatte mich gegen die deutschen Besatzer geschlagen und fand Franzosen, die in Afrika eine ähnliche »Ordnung« aufrechterhielten wie die, welche die deutsche Führungsriege bei uns hatte durchsetzten wollen ... man klaute mir mein Bild von Frankreich [...]. Den Film in Quimper zu zeigen, bedeutete, die jungen Leute dazu zu zwingen, sich zu entscheiden: entweder für den Widerstand von Gestern oder die »Legalität« von Heute, d.h. die Aufrechterhaltung des Kolonialismus in Afrika und die Rückeroberung Indochinas.[35]

Vautier drehte nach AFRIQUE 50 weitere illegale Filme. Er engagierte sich für die algerische Nation, drehte in Algerien auf der Seite der algerischen Befreiungsarmee. Fast alle der bis 1971 von ihm realisierten Filme wurden irgendwann beschlagnahmt, verstümmelt, verboten. Sie zirkulierten, wenn überhaupt, im militanten Milieu der gewerkschaftlich organisierten bretonischen Arbeiter und Fischer, der Jugend- und Cineclubs und auf internationalen Festivals[36], in wenigen Kopien, die vom Gebrauch verschlissen wurden. Nachdem sein ohne staatliche Erlaubnis produzierter Film

réclame son dû. De Dakar à Brazzaville, de D'Abidjan à Niamey, le peuple d'Afrique réclame, mais il se heurte à une administration dont même un député MRP, L'Abbé Boganda, a dit, qu'elle était raciste, corrompu, machiavellique, qu'elle ne représentait pas la France, mais commettait des crimes au nom de la France et de la civilisation. Et cette administration colonialiste répondra aux Africains comme elle a répondu aux Malgaches et aux Vietnamiens, par la force, la matraque, la prison, le fusil. Des camions militaires surgissent, semant partout la ruine... la ruine et la mort. En notre nom à nous, gens de France – Agbovil, Dimboko, Séguéla, Daloa, Bouaflé, Kétékré – des villes, des rapts, des fusillades et des noms des villes sonnant aux africains comme des Oradours.« (Übers. A.S.)
35 René Vautier: Caméra citoyenne, a.a.O., S. 35 u. S. 44: »Je crois que ce qui m'a soutenu pendant tout ce temps-là [...] c'est la rage. Je m'étais battu contre les occupants nazis et je trouvais des Français qui maintenaient en Afrique un ›ordre‹ semblable à celui que les dirigeants allemands avaient voulu imposer chez nous ... on me volait mon image de la France [...]. Projeter le film à Quimper, c'était obliger les jeunes à choisir, ou la Résistance d'hier, ou la ›legalité‹ d'aujourd'hui, c'est-à-dire le maintien du colonialisme en Afrique et la reconquête de l'Indochine.« (Übers. A.S.)
36 1950 gewinnt AFRIQUE 50 den ersten Preis auf einem Filmfestival in Warschau und bekommt eine lobende Erwähnung als einer der besten Kurzfilme des Jahres von der Jury des Prix Louis-Lumière.

über den Algerienkrieg AVOIR VINGT ANS DANS LES AURÈS (F 1971) in Cannes 1972 den Preis der Internationalen Kritik gewonnen hatte, nutzte Vautier sein neues Renommee, um sich für den 1962 illegal realisierten, dann beschlagnahmten Film von Jacques Panijel über das Massaker an den algerischen Demonstranten im Oktober 1961 in Paris, OCTOBRE À PARIS (F 1962), einzusetzen. Er verlangte von der Zensurkommission, dem Film endlich eine Auswertungserlaubnis zu geben. Im Januar 1973 begann Vautier einen Hungerstreik. Er verlangte die Legalisierung des Films von Panijel und dass die Zensurkommission in Zukunft Gründe für ihre Zensur angeben müsse sowie keine Zensur aus politischen Motiven mehr aussprechen dürfe. Vautier wurde unterstützt von Claude Sautet, Alain Resnais und Robert Enrico, von Demonstrationen in der Bretagne und in Paris. Am 16. Tag seines Hungerstreiks wird Vautier von staatlicher Stelle versichert, dass Panijels Film gezeigt werden darf. Am 31. Tag seines Hungerstreiks versicherte der zuständige Minister Alain Duhamel Vautier in einem Brief, dass von nun an nur noch Pornographie und Gewaltdarstellungen zensiert würden. Es dauerte noch bis 1975, bis das Ende der politischen Zensur des Kinos völlig durchgesetzt war. Es war aber nicht allein der Hungerstreik Vautiers, der die Zensurbehörde zu diesem Entschluss brachte, sondern mehr noch die schwindende Bedeutung des Kinos gegenüber dem Fernsehen. Im Laufe der sechziger Jahre hatte das Fernsehen in Frankreich einen größeren Einfluss auf die öffentliche Meinung gewonnen, das Kino hatte an Bedeutung verloren. Die politische Zensur gegenüber dem Kino nahm seit 1969 ab, die gegenüber dem Fernsehen nahm zu.[37]

Es hat im französischen Kino zwischen 1945 und 1975 kaum andere Vautiers gegeben.[38] Während des Indochinakriegs gab es in Frankreich nur die vom Propagandadienst SCA selbst produzierten Bilder zu sehen. Auch vom Algerienkrieg gab es für die Dauer des Kriegs keine kritischen Bilder. Selbst Filme, die auf den Krieg nur anspielten, wurden bis zum Ende des Kriegs verboten, z.B. ADIEU PHILIPPINE (F 1960/61, Jacques Rozier). Die Totalzensur eines Filmes, das Auswertungsverbot, das mehrere Jahre dauern konnte, brachte Filmemacher und ihre Produzenten zumeist in große finanzielle Schwierigkeiten. Alain Resnais, der zusammen mit Chris Marker und ihrem gemeinsamen antikolonialen Kurzfilm LES STA-

37 Vgl. Hélène Raymond: Poétique du témoignage. Autour du film Nuit et brouillard d'Alain Resnais. Paris 2008, S. 33; vgl. Laurent Garreau: Archives secrètes du cinéma français (1945-1975), a.a.O., S. 11 und S. 248f; vgl. Pierre Sorlin: European Cinemas. European Societies (1939-1990), London, New York 1991, S. 149-171; sowie Sylvie Lindeperg: Cleo de 5 à 7. Les actualités filmées de la Libération: archives du futur, Paris 2000, S. 151.
38 Pierre Clément hat wie Vautier auf der Seite der algerischen Befreiungsarmee gefilmt. Er realisierte SAKIET-SIDI-YOUSSEF (ALG 1958) und arbeitete an L'ALN AU COMBAT (ALG 1958), als er von der französischen Armee gefangen genommen wurde. Auch Clément wurde zu einer Gefängnisstrafe verurteilt.

TUES MEURENT AUSSI (F 1953) dieser Total-Zensur unterworfen war, wählte danach eine andere Strategie. Die letzten Sätze des Kommentars in NUIT ET BROUILLARD (F 1955), die den Bogen von der Vergangenheit der Konzentrationslager zur Gegenwart des Betrachters schlagen und 1955 auf die Internierungslager in Algerien anspielten, sind so allgemein, dass sie der Zensur entgingen, und ein auf den Krieg bezogenes Projekt, das Resnais eigentlich noch während des Algerienkriegs realisieren wollte, verschob er dann auf die Zeit unmittelbar nach dem Krieg: MURIEL OU LE TEMPS D'UN RETOUR (F 1963). Während Vautier das Tabu und den Konflikt mit dem Staatsapparat frontal anging und seine Filme nicht als Kunst, sondern als engagierte politische Aktion verstand, wählte Resnais den Weg, die Frage der Sichtbarkeit und der Erinnerung mehr in der Form seiner Filme zu thematisieren.[39] Die Filmgeschichtsschreibung hat zumeist dieser Haltung mehr Aufmerksamkeit geschenkt und Gewicht verliehen.

Das Urteil der Filmhistoriker Pierre Guibbert und Marcel Oms über das gesellschaftliche und politische Gewicht des Kinos in der Zeit der Kolonialkriege und hinsichtlich einer Auseinandersetzung mit der kolonialen französischen Republik aber fällt anders aus:

> Einer verunsicherten öffentlichen Meinung, hin- und hergerissen zwischen dem nationalistischen und imperialen Reflex, die Kolonien behalten zu wollen, und der Ablehnung einer uneingestandenen Mobilmachung, die zahlreiche Familien betrifft, hat das französische Kino niemals Elemente einer Debatte geliefert. Allein René Vautier hat ihm, mit UNE NATION, L'ALGÉRIE von 1955 und dann mit L'ALGÉRIE EN FLAMMES von 1958, die Ehre gerettet, aber außerhalb Frankreichs, weil seine Filme [...] selbstverständlich verboten wurden und der Regisseur zu einem Gesetzesbrecher gemacht wurde. Erst als der Krieg beendet war, hat das Kino endlich sprechen können. Dieser zeitliche Abstand spielt eine Rolle in dem Gefühl eines schlechten Gewissens, welches das zensierte Kino durchzieht, das seine Inspiration, nachträglich, aus einer vom Gefühl der Machtlosigkeit und Nutzlosigkeit geprägten Rückwendung auf die Vergangenheit bezieht.[40]

39 Vgl. Hélène Raymond: Poétique du témoignage, a.a.O., S. 35ff.
40 »À une opinion publique troublée, partagée entre le réflexe nationaliste et impérial pour garder les colonies, et le rejet d'une mobilisation inavouée qui touche de nombreuses familles, le cinéma français n'a jamais fourni des éléments de débat. Seul René Vautier, avec »Une Nation, l'Algérie« en 1955, puis avec »L'Algérie en flammes«, 1958, a sauvé l'honneur, mais hors de France, car ses films, [...] ont été, bien entendu, interdits et le réalisateur mis hors-la-loi. Ce n'est qu'une fois la guerre terminée que le cinéma a pu enfin parler. Ce décalage n'est pas pour rien dans le sentiment de mauvaise conscience qui hante un cinéma censuré dont l'inspiration se nourrit, après coup, d'un retour sur le passé plein du sentiment d'impuissance ou d'inutilité.« Histoire de la France au cinéma, hg. v. Pierre Guibbert und Marcel Oms, ed. CinémAction-Corlet, Paris 1993, S. 239. (Übers. A.S.)

Matthias **Den Teufel im Leib und von der Geschichte betrogen**
Grotkopp LE DIABLE AU CORPS[1]

Herbst 1947. Drei Jahre nach der Befreiung von Paris erscheint Claude Autant-Laras Verfilmung des kurzen Romans *Le diable au corps* von Raymond Radiguet, den dieser 1921 im Alter von 18 Jahren vollendete, nach einem Drehbuch des Autorenduos Jean Aurenche und Pierre Bost in den französischen Kinos:
Unter dem Klang der Freiheitsglocken und Salutschüsse verlässt ein junger Mann ein Haus, er betritt eine leere Straße, ein Schwenk verfolgt ihn, er hält an – Umschnitt: Wir sehen ihn von vorne, an der einschüchternden Mauer steht ebenso bestimmt wie ambivalent: »DÉFENSE«, Verteidigung und Verbot. Die Glocken werden lauter und vielstimmiger, er geht gemessenen Schrittes weiter. Für den Bruchteil einer Sekunde durchquert in Gegenrichtung eine unklare, beinahe mittelalterlich wirkende Figur das Bild, einen mit Säcken beladenen Wagen ziehend, eine dunkle Kapuze über den Kopf gezogen. Aus der Bildtiefe tauchen jubelnde Frauenfiguren auf, sie vereinen sich mit einem entgegenkommenden Strom von Männern in Uniformen des Ersten Weltkriegs. Die wirbelnde Tanzbewegung einer feiernden, sich umarmenden Menge kontrastiert mit der sturen, linearen Kamerafahrt, die weiter den jungen Mann fokussiert, wie er sich mit genervtem Gesichtsausdruck und ohne jeden Blickkontakt durch die Körper kämpft. Nach einer kurzen Überblendung biegt er um eine Hausecke, einzelne Figuren laufen an ihm vorbei, die Straße wird leerer, vor einem Haus setzt sich ein Trauerzug in Gang. Er bleibt stehen und schaut hinterher – und wir mit ihm.
Diese Unverhältnismäßigkeit von Jubel und Trauer ist gerade in einer historischen Situation frappierend, in der einem französischen Publikum im Klang der Glocken und Freudenschüsse noch die Worte Charles de Gaulles vom 25.August 1944 in den Ohren klingeln mussten:

[1] LE DIABLE AU CORPS (STÜRMISCHE JUGEND, F 1946/47, Claude Autant-Lara).

Paris! Paris outragé! Paris brisé! Paris martyrisé! Mais Paris libéré! Libéré par lui-même, libéré par son peuple avec le concours des armées de la France, avec l'appui et le concours de la France tout entière, c'est-à-dire de la France qui se bat, c'est-à-dire de la seule France, de la vraie France, de la France éternelle.[2]

Im Folgenden soll herausgearbeitet werden, inwiefern LE DIABLE AU CORPS zu diesen vereinnahmenden Mythen der *Résistance* eine Gegenrede formuliert, indem er in seiner Geschichte, die am Ende des Ersten Weltkriegs spielt, eine mehrfach gebrochene Reflexionsfläche zur Zeit unmittelbar nach dem Zweiten Weltkrieg inszeniert. Eine Gegenrede, die sich als Anklage gegen jenes patriotische Bewusstsein versteht, das in den zwischenmenschlichen Relationen der Nachkriegsgesellschaft arbeitet und welches ohne die Interventionen des Films als Ordnungsmacht gar nicht sinnlich erfahrbar wäre. Unter welchen theoretischen Blickwinkeln kann man also zeigen, wie in der Geschichte vom Gymnasiasten François (Gérard Philipe) und seinem Liebesverhältnis zu der mit einem Soldaten verheirateten Marthe (Micheline Presle) etwas sonst Unwahrnehmbares in der Dynamik menschlicher Beziehungen sichtbar wird? Welche symbolischen Felder überkreuzen sich mit ganz handgreiflichen physischsinnlichen Realitäten, wenn in dieses Liebesverhältnis die Kräfte des Normativen eingreifen und zur Trennung und zum Tod Marthes führen?
Einen ersten Hinweis, um die Eigenheiten der narrativen und ästhetischen Organisation des Films konturierter hervortreten zu lassen, gibt der Abgleich mit der literarischen Vorlage – jenseits der oft bemühten Kriterien der Treue oder Untreue. Drei Felder, in denen der Film sich deutlich vom Roman abhebt, erscheinen dabei als markant und fruchtbar für den Beginn einer Analyse:
– Als erstes ist die bereits beschriebene Kontrastierung von Jubel und Trauer zu nennen, welche nicht nur die Eröffnung bildet, sondern als wiederkehrende Rahmenhandlung mit metastatischen Auswüchsen in der Binnenhandlung ein strukturierendes Moment bildet, die Erzählung in der Nachkriegssituation verankert und über die Freude und das Leid die Gegensätze von Gemeinschaftsgefühl und Individualität positioniert.
– Ein zweites Merkmal ist die Präsenz des Kriegs, sowohl in seinen sicht- und hörbaren Oberflächenphänomenen als auch als Aktant, als Kraft innerhalb der dargestellten sozialen Strukturen.

2 »Paris! Beleidigtes Paris! Erschöpftes Paris! Märtyrisiertes Paris! Aber befreites Paris! Befreit durch sich selbst, befreit durch sein Volk mit der Hilfe der Armeen Frankreichs, mit der Unterstützung und der Hilfe ganz Frankreichs, das heißt des kämpfenden Frankreichs, das heißt des einzigen Frankreichs, des wahren Frankreichs, des ewigen Frankreichs.« (Übers. M.G.), in: LA LIBÉRATION DE PARIS (LE JOURNAL DE LA RÉSISTANCE), (CLCF, Frankreich 1944).

– Drittens, und dies berührt besonders die Frage der ästhetischen Disposition des Mediums Film, bekommen das Geflecht aus Sehen und Gesehenwerden, Beurteilen und Beurteiltwerden, sowie das soziale Umfeld und die Nebenfiguren durch »[...] das Ungleichgewicht, das ihre physische Erscheinung in das Handlungsgefüge bringt«,³ eine ganz andere Bedeutungsfülle: »Eine Figur, durch die Kamera gesehen, ist nicht dieselbe, wie wenn der Schriftsteller sie heraufbeschwört.«⁴

In seinem programmatisch-polemischen Artikel über »Eine gewisse Tendenz des französischen Kinos« gibt François Truffaut eine knappe, aber – unter Abzug der *politique* und von Werturteilen – gültige Analyse der *intrigue* des Films: »Sie machen die Gesten der Liebe und haben nicht das Recht dazu.«⁵ Hier gilt es innezuhalten und zu fragen, wie dieses verweigerte Recht interagiert mit der ebenfalls von Truffaut konstatierten Geschlossenheit der dargestellten Welt und der Thematik des Opfers und Betrugs. Vor allen Dingen unter Betrachtung der konkreten Geschlechter- und Generationenverhältnisse, die in den ›Gesten der Liebe‹ und dem ›verweigerten Recht‹, in der Paarbeziehung und dem sozialen Umfeld, der Beziehungen François' und Marthes zu ihren Eltern sowie der Gestaltung des Dreiecks zwischen Marthe, ihrem Mann und François artikuliert werden.

Waren es doch letztlich nicht die Erotik oder der bloße Fakt des Ehebruchs, die den zeitgenössischen Skandal und Zensureingriff verursachten, sondern die Art und Weise, in der aus Sicht der konservativen Presse die Institutionen der Familie, der Armee und des Roten Kreuzes in diese Verhältnisse eingeflochten und der Lächerlichkeit preisgegeben wurden.⁶

Wer den Film so angriff, vertrat eine Position, in der Sittsamkeit und patriotisches Bewusstsein unmittelbar in eins gesetzt wurden und die insofern nicht unzutreffend war, als es ja gerade dieser Kurzschluss ist, den LE DIABLE AU CORPS anklagen wollte. Und dem wäre das Argument der Verteidiger des Films als zusätzliche Dimension hinzuzufügen, dass die Verweigerung jeglichen stoischen Heroismus notwendig sei, um die gesellschaftliche Resignation nicht zu kaschieren, sondern als sie selbst er-

---

3 Andre Bazin: DAS TAGEBUCH EINES LANDPFARRERS und die Stilistik Robert Bressons, in: ders.: Was ist Film?, Berlin 2004, S. 141.
4 Ebd.
5 François Truffaut: Une certaine tendance du cinéma français, in: Cahiers du cinéma, No. 31, Januar 1954, S. 21. »Ils font les gestes de l'amour et n'en ont pas le droit.« (Übers. M.G.).
6 Editorial: Tartuffe revient à la charge, in: L'Écran Français, No. 102, 10.6.1947, S. 2, zit. nach: Claude Autant-Lara: LE DIABLE AU CORPS. Scénario et dialogues de Jean-Aurenche, Pierre Bost, Claude Autant-Lara. Dossier historique et critique, hg. v. Jean-Pierre Deporte, Paris 1984, S. 221.
Zur Debatte um den Film und die Zensur vgl. ebd., S. 217-223 und S. 247-254; Sylvie Lindeperg: Les écrans de l'ombre. La Seconde Guerre mondiale dans le cinéma français (1944-1964), Paris 1997, S. 299-303.

scheinen zu lassen.⁷ In diesem Konfliktfeld versucht der Film die unabgeschlossene Suche nach einer möglichen Basis gesellschaftlichen Miteinanders nach der Katastrophe des Kriegs erfahrbar zu machen.
Der argumentative Verlauf und die Heftigkeit der Debatte um den Film zeigt: Der Teufel im Leib gehört zu den Dingen, die *man* nicht (ein)sieht, die *man* nicht tut, von denen *man* vor allen Dingen nicht spricht!⁸ Zumal die kinematografische Rede über diesen Teufel eine sehr ambivalente Rede von etwas ganz anderem – oder vielleicht sogar erschreckend wenig anderem – in sich zu bergen vermag, nämlich dass der Teufel genauso die Lebenslust und das Begehren bedeuten kann wie die inkorporierten sozialen Strukturen des Urteilens und Handelns.
In mehreren Dimensionen entwirft der Film *contrechamps* sowohl zum sozialen Klima der unmittelbaren Nachkriegszeit als auch zu den medialen Mythisierungen der Zeit der Besatzung, der Kollaboration und des Widerstands, in denen die IV. Republik nach Formen der Selbstlegitimierung suchte. So findet sich hier die individuelle Trauer dem kollektiven Jubel nicht einfach gegenübergestellt, sondern als Unbegriffenes abgerungen. Die Heimatfront steht, mit wiederholter Betonung auf Front, in spiegelbildlicher Beziehung zur Front, zum *champ de bataille*. Die jugendlichen Protagonisten wiederum sind nicht nur diejenigen, die um das Recht auf Liebe kämpfen, sondern auch die präzise Antithese zu solchen Widerstandshelden, mit denen aus der Ausnahmesituation des Kriegs eine patriarchalische Normalität wiederauferstehen könnte.⁹ Und schließlich ergibt sich eine Oszillationsbewegung zwischen der historischen Zeit der Handlung des Films – dem Ersten Weltkrieg – und den Jahren nach dem Zweiten Weltkrieg, die insofern komplex ist, als dass sie nach der Zukunft des Kriegs von 1914 bis 1918 fragt – der Gewissheit des nächsten Kriegs – und damit gleichzeitig die Zukunft nach dem Zweiten Weltkrieg meint, d.h. die Vergangenheit und Zukunft der eigenen Gegenwart, des Jahres 1947. Eine Zukunft, die unter dem Zeichen des ›weiter so‹ letztlich auch auf die Mentalität verweist, die das lange Schweigen zu Vichy und die Kriege in Indochina und Algerien möglich machte.
Mit dem Begriff der Mentalität ist ein Paradigma ins Spiel gebracht, das sich mit dem Namen Siegfried Kracauer verbindet und für einen ganz bestimmten Begriff des filmischen Realismus steht. Es geht um das Vermögen des Films, das Soziale und das Geschichtliche anhand von Oberflächenphänomenen, Konfigurationen aus Körpern, Räumen und Dingen

---

7 Jean Néry, Franc-Tireur, No. 968, 12.9.1947, zit. nach Lindeperg: Les écrans de l'ombre, a.a.O. S. 303.
8 René Jeanne: Tartufe ne laisse pas le choix, in: La France Hebdomadaire, 17.9.1947, zit. nach: Claude Autant-Lara: LE DIABLE AU CORPS, a.a.O., S. 250.
9 Vgl. Noël Burch, Geneviève Sellier: La drôle de guerre des sexes du cinéma français (1930-1956), Paris 1996.

sichtbar und erfahrbar zu machen,[10] d.h. sie in einer Performanz des Wahrnehmungsvermögens[11] als Schlüssel zu geistigen Prozessen und »unhinterfragt verankerten Deutungs- und Verhaltensmustern«[12] hervortreten zu lassen.

Die Funktion der erwähnten contrechamps und ihrer spezifischen ästhetischen Umsetzung läge also darin, die sonst nicht wahrgenommene Ordnungshaftigkeit der sozialen Verhältnisse zu zeigen. Die soziale Realität tritt dem Kinozuschauer, anders als dem Subjekt der Alltagserfahrung, als die Dynamik der Kräfte entgegen, die sich in den Bewegungen, Gesten und Räumen ausdrückt, in der Kraft ihrer Dynamik. So ist die Gegenüberstellung der individuellen Trauer und des kollektiven Jubels nicht nur ein abstraktes Paar, sondern sie ist diese ganz spezifische Weise, in der François sich durch die Menge kämpft, die ihn überhaupt nicht zur Kenntnis nimmt, sie ist in der Trennung der Räume und in der akustischen Überwältigung der Glocken und Kanonen einerseits und seinem Schweigen andererseits sinnlich präsent. Ebenso sind die Relationen zwischen der Heimat und der Front, zwischen den sozialen Regeln und den Kräften innerhalb einer Gesellschaft im Krieg in den Zuteilungen von Rollen und Orten sichtbar sowie darin, wie Beziehungen und Trennungen der Figuren stattfinden oder verhindert werden.

In den Sprachregelungen der Dialoge, in der Verteilung der Figuren, in der Inszenierung der Räume, in der Gestaltung der Zeit – d.h. in der sinnlichen Organisation des Materials – findet die Auseinandersetzung statt zwischen dem ›Recht auf Liebe‹ und der herrschenden Moral patriotischen Bewusstseins, zwischen dem Wert des einzelnen Leids und dem Heroismus – und damit letztlich auch die Auseinandersetzung darüber, als was und aus welcher Perspektive die Geschichte des Kriegs zu erinnern sein wird, welche zukünftigen Handlungsmöglichkeiten überhaupt denkbar sein werden.

> Für jemanden, der am Ende des Zweiten Weltkriegs zwanzig Jahre alt war und der sich von der Moral des Krieges nicht hatte mitreißen lassen – was konnte so jemandem die Politik bedeuten [...]?
> Die Erfahrung des Krieges hatte uns die Notwendigkeit und die Dringlichkeit einer Gesellschaft bewiesen, die radikal verschieden wäre von jener, in der wir lebten. Diese Gesellschaft, die den Nazismus zugelassen hatte, die vor ihm im Staub gelegen hatte und dann mit fliegenden Fahnen zu de Gaulle übergelaufen war. Gegenüber

---

10 Siegfried Kracauer: Von Caligari zu Hitler. Eine psychologische Geschichte des deutschen Films, Frankfurt a. M. 1979, S. 13.
11 Gertrud Koch: Kracauer zur Einführung, Hamburg 1996, S. 126. Vgl. hierzu auch Hermann Kappelhoff: Realismus. Das Kino und die Politik des Ästhetischen, Berlin 2008.
12 Koch: Kracauer, a.a.O., S. 114.

all dem empfand ein großer Teil der französischen Jugend tiefen Abscheu. Die Welt und die Gesellschaft, die uns vorschwebte, wäre nicht nur eine andere gewesen, sondern eine, in der auch wir andere gewesen wären; wir wollten völlig andere sein in einer völlig anderen Welt.[13]

Wenn man diese Worte Foucaults gegen die oben zitierte Rede de Gaulles stellt, dann ergibt sich eine klare Absage an eine Gesellschaft, die sich auf eine mythologische Traditionslinie des ewigen Wesens der französischen Republik gründet – ein Mythos der Republik(en), der alle Lebensbereiche so tangiert, dass das Individuelle auf eine Funktionale innerhalb der Prinzipien der *Grande Nation* reduziert wird.
Die enthüllende Ein- und Ausfaltung der Trauerfeier in die kollektiven Freudendemonstrationen um das Ende des Kriegs stellen dabei sowohl den Anspruch des Kollektivs auf die Gefühle der Einzelnen zu seiner Selbstkonstituierung dar als auch den Widerstand individueller, notwendig fragmentarischer Erfahrungen gegen solche Vereinnahmungen. Was im Drehbuch noch direkt ausgesprochen werden sollte,[14] wandert im Film in die Struktur der wiederkehrenden Rückblende als Modus der Befragung: ›Wie ist es möglich, mit seinem Ende den Krieg als Ganzes für die Konstitution einer Gesellschaft zu reklamieren?‹ Ein Versuch, zwischen den Glockenklängen – deren Verzerrung jeweils den Beginn der Erzählung des Vergangenen markiert – ein Echo des persönlichen Leids zu hören.
Nachdem François sich durch den Strom der Feiernden gekämpft und dem Trauermarsch hinterher gesehen hat, betritt er das Haus, das, der von den Kamerabewegungen beschriebenen Topografie nach, genau zwischen den Szenen des Jubels und Wiedersehens und dem Bild der Trauer und des letzten Abschieds steht. Seine zugleich vertraute und vorsichtige Bewegung durch die Räume formt in den sukzessiven Schwenks schrittweise ein quasi mnemotechnisches Heraufbeschwören des Vergangenen. Sein Blick auf die Dinge, genauso vorsichtig tastend, wie er die schwarze Katze auf dem Bett streichelt, endet mit dem Verharren vor dem Spiegel, in dem, unter verzerrtem Anschwellen der Glocken, eine schmerzhaft langsame und unscharfe Überblendung sein Bild durch den theatralischen Auftritt Marthes ersetzt. Der Auftritt der Liebe und mit ihr die Wunde, die einen Dialog mit den Apparaten der kollektiven Gefühle unmöglich gemacht haben wird.
In der Dauer des Films akkumulieren sich solche Szenen zu einer Obsession, die vor keiner Provokation Halt macht: Die kaum unterdrückte Freu-

13 Foucault, Michel: Gespräch mit Ducio Trombadori, in: ders.: Schriften, Bd. 4, Frankfurt a. M. 2005, S. 61.
14 Claude Autant-Lara: LE DIABLE AU CORPS, a.a.O., S. 12-17.

de in den Gesichtern, während der Waffenstillstand in die Trauerfeier einbricht; der versteinerte Ausdruck François' inmitten jubelnder Klassenkameraden und die Bestätigung seiner Skepsis angesichts fortdauernden Leidens der eingelieferten Verletzten; das verzweifelte Paar zwischen den Soldaten in der Bar, als ein afroamerikanischer Soldat eine jazzige Marseillaise anstimmt. Es handelt sich nicht einfach darum, hier das eine und dort das andere gegeneinander zu halten, sondern das Verhältnis ist asymmetrisch und geradezu ohne Verhältnis, da diese kollektive Freude nur auf dem Vergessen des individuellen Leids beruht. Oder, mehr als Vergessen, beruht sie darauf, von Anfang an nicht richtig gesehen und gehört zu haben, das Leid nicht als Leid erlebt zu haben. Aus der simplizistischen Antithese entsteht für den Zuschauer durch Wiederholung und Variation das Bild einer bitteren Wahrheit des Beziehungslosen: Neuanfang und Lernprozess schließen sich scheinbar aus.[15]

Die Unfähigkeit der Figuren, diese Mechanismen wahrzunehmen, liegt begründet in der Überlagerung der sozialen Beziehungen mit den determinierten Handlungsmöglichkeiten und Wertekategorien des Kriegszustands. Dieser Zusammenhang wiederum ist es, den LE DIABLE AU CORPS erfahrbar macht, indem er den Krieg in verschiedensten Konstellationen als Aktant auftreten lässt. Der Krieg, der im Roman in weiter Ferne, fast wie eine Fata Morgana erscheint, erhält hier durch die Verlagerung von Handlungsteilen in ein Lazarett, durch einen nächtlichen Alarm oder die schlichte ständige Sichtbarkeit von Soldaten eine ganz andere Präsenz. Am prägnantesten ist vielleicht der Anlass, zu dem sich François und Marthe kennen lernen: Anstelle eines rein sozialen Ereignisses, das sich aus der Bekanntschaft der Familien ergibt, ist es im Film der Krieg, der die Menschen verbindet und trennt. Dass diese Funktion in den Vordergrund treten kann, ist interessanterweise gerade daran gebunden, dass auf Kampfhandlungen verzichtet wird. D.h. LE DIABLE AU CORPS stellt sich der Frage, wie viel Krieg man zeigen kann, ohne Kriegshandlungen zu zeigen, und wie man den Kriegszustand ohne Referenz auf einen bestimmten historischen Konflikt darstellbar machen kann.
Es beginnt damit, dass der Krieg den Körpern unmittelbar bestimmte Positionen und Handlungskompetenzen zuweist und abverlangt, nach dem Motto ›Jeder tut, was er kann‹: selbst kleine Mädchen spielen nicht, sondern sammeln für Kriegswaisen. Zu diesen Positionen und Kompetenzen zählt auch, dass der Krieg die Regeln der Bewegung, Sichtbarkeit und Unsichtbarkeit menschlicher Körper bestimmt, wie es am offensichtlichsten der Verdunkelungszwang beim nächtlichen Alarm zeigt.
Des Weiteren gehört zum Krieg als sozialem Zustand die radikale Stratifizierung der Gesellschaft, d.h. die Trennung von Weiblichkeit und Männ-

---

15 Freddy Buache: Claude Autant-Lara, Lausanne 1982, S. 41.

lichkeit sowie die von Jugend und Alter einerseits und der kampffähigen Männlichkeit andererseits. Aus letzterer gewinnt der Film eine äußerst prägnante enthüllende Oberflächenkonfiguration: Wenn man, mit Godard gesprochen, nicht so genau wissen kann, was der Krieg ist, wie er aussieht und wie er sich anhört, dann kann man nur eins zeigen, nämlich Menschen vorher und Menschen nachher und damit ein Gefühl des Kriegs, das größer ist als die einzelnen Figuren und Ereignisse.[16] Und dieses Vorher/Nachher wird in einem Gebäude – »Lycée Kleber / Hôpital Complémentaire No.5« – zu einem Bild vereint, es wird inszeniert als Blick- und Figurenkonstellation zwischen den Gymnasialschülern und den stöhnenden, kaputt geschossenen Körpern, die dort ins Lazarett eingeliefert werden.

In diesem Lazarett findet der Film dafür, wie der Krieg den Menschen Hören und Sehen, Fühlen und Denken vergehen lässt, ein ebenso einfaches wie eindrucksvolles Bild: Der vollständig von Verband umwickelte Kopf des Soldaten, mit einem Blutfleck als Gesicht, den François und Marthe ins Lazarett tragen: Er steht für die Anonymität des Horrors und des Leidens genauso wie für den Horror der Anonymität, der Zerstörung von Individualität. Dieses Gesicht der Anonymität, das nicht mehr auf den insistierenden Blick Marthes zu antworten vermag, wird dem Zuschauer gerade darin vermittelt, dass sie das Bewusstsein verliert, nachdem die Kameraperspektive sich von einer weiter kadrierten Einstellung, in der die distanzierte Geschäftigkeit des Personals als Hintergrund fungiert, zu einer Zweier-Einstellung von Marthe und dem Soldaten verengt. Die Dauer dieser Bewegung und dieses Blicks bis zu ihrer Ohnmacht sind unmittelbar die Dauer eines Fühlens und Denkens dieses Zustands.

Mit Kracauer, für den der Krieg natürlich eines dieser Phänomene ist, die das Bewusstsein überwältigen und die der Film als »reale, von der unerschütterlichen Kamera registrierte Vorgänge«[17] erfahrbar machen kann, werden hier drei Aspekte verhandelt: Zum einen, wie sehr der Krieg das Mitfühlen beschädigt, indem er dazu zwingt, entweder – im Sinne einer fragwürdigen Handlungsfähigkeit – nicht wirklich hinzuschauen und hinzuhören, oder ein anteilnehmender, aufgewühlter und damit bewusstloser Zeuge zu bleiben.[18] Des Weiteren haben auch die Bilder des Kriegs ihre Bedeutung im Sinne der oszillierenden historischen Referenz des Films: »Nicht die vordergründige, appellative Funktion, die auf konkretes Handeln verweist, sondern die Aufnahme ins Gedächtnis ist ihr heimli-

16 Jean-Luc Godard: Le cinéma est toujours une opération de deuil et de reconquête de la vie. Entretien avec Frédéric Bonnaud et Serge Kaganski. Les Inrockuptibles, No. 81, 27.11.1996, in: Jean-Luc Godard par Jean-Luc Godard, hg. v. Alain Bergala, tome 2, Paris 1998, S. 380-390, hier S. 383.
17 Siegfried Kracauer: Theorie des Films. Die Errettung der äußeren Wirklichkeit, Frankfurt a. M. 1985, S. 92.
18 Ebd.

ches Telos.«[19] Und vor allen Dingen zeigt drittens der Kontrast von Routine und Überwältigung das Phänomen des Kriegs – über die Verbindung von Kampf und Versehrtheit zum zwischenmenschlichen Umgang mit ihnen – als etwas Nachhallendes, das sich in Physis und Psyche, in die individuellen und kollektiven Körper einschreibt.

Um die Kritik an idealisierenden Repräsentationen der Kriegsjahre und ihrem impliziten Verhältnis zu bestimmten Gemeinschaftsverständnissen zu verdeutlichen, ist als historischer Hintergrund im Auge zu behalten, dass der Rausch der Befreiung bereits 1947 einer Ernüchterung gewichen war. Frankreich sieht sich mit der ›Realität‹ einer Demokratie konfrontiert, die sich erst finden muss, die nicht weiß, wie und wo sie sich findet: Ein Referendum entschied gegen die Fortsetzung der III. Republik, ein erster Verfassungsentwurf wurde 1946 abgelehnt, im Jahr darauf trat de Gaulle aus Protest gegen die ›Parteienherrschaft‹ aus der provisorischen Regierung aus, und die durchschnittliche Amtszeit einer Regierung betrug in dieser Zeit gerade sechs Monate. Im Ungefähren, zwischen ›Neuanfang‹ und ›Rückkehr zur Ordnung‹, ist eine affirmative Erfahrung des Kollektiven also alles andere als voraussetzungslos gegeben.

Eine solche Krise der Sinnstiftungssysteme betrifft nun nicht nur das Abstraktum der Nation, sondern affiziert unmittelbar das Miteinander, das Verhältnis zwischen Individuen, zwischen dem Einzelnen und seinem sozialen Umfeld. Diese Affizierung drückt sich in der Rhythmisierung der Bewegungen und Begegnungen, in den Blickkonstellationen sowie in ästhetischen Operationen aus, die den physischen Erscheinungen der Anderen – auch und gerade in Momenten ihrer Abwesenheit – eine im Blick der Kamera auf die Protagonisten spürbare Präsenz und Kraft geben.
LE DIABLE AU CORPS zeigt diesen Vorort von Paris als von Schützengräben und Schießscharten des Sehens und Hörens durchsetzt: Immer wieder führt er uns vor, wie es den Verliebten unmöglich ist zu vergessen, dass ihr Glück gleichbedeutend ist mit den übertretenen Vorstellungen, mit den verletzten Gefühlen der ›unbescholtenen und ehrlichen Bürger‹. Das Übertreten dieser Schwelle, der Grenze zwischen Romanze und Skandal, ist dementsprechend auch der Schritt, mit dem François auf dem Weg zur ersten gemeinsamen Nacht den kleinen Streifen Licht überwindet, der aus der Tür der Vermieter in den Flur fällt und das Bild senkrecht in zwei Hälften teilt. Und auch darum muss der Film diesen Kleinbürgern eine so klar umrissene psychologische Gegenposition geben, weil letzten Endes diese Umwelt wie ein Zerrspiegel funktioniert, der mehr über sich selbst verrät als über das, was er reflektiert.

19 Koch: Kracauer, a.a.O., S. 142.

Indem der Film immer wieder durch Licht- und Schattenkonfigurationen die Kraftlinien des wertenden Sehens geradezu mit Händen greifbar werden lässt, zeigt er, wie sich in die sinnliche Wirklichkeit der Liebenden die Strukturen des Sehens und Gesehenwerdens einschreiben, welche Macht die Blicke der Anderen haben. Vor allem, wenn diese Blicke mit der Deutungsmacht im Bunde sind und so die soziale Realität des Paares in ein von vornherein festgelegtes Denk- und Verhaltensmuster pressen. Es gibt eine besonders auffällige, scheinbar selbstgenügsame Kamerachoreografie, die als symbolistische Ellipse die erste gemeinsame Nacht im hoch lodernden Kaminfeuer fasst. Doch führt sie dem Zuschauer im gleichen Moment das konkrete sinnliche Erleben dieses Raumes vor,[20] in dem sich die Liebe des Paares einrichtet – die Kamera fährt um das Bett, das François für Marthes Wohnung ausgesucht hat, auf dem die Katze lag, die er am Anfang des Films streichelte, das Bett, in dem sie sterben wird. Und nachdem die Flammen den Begriff des Ehebruchs für uns verbrannt haben, schwenkt die Kamera weiter, jedoch nicht sogleich zu ihnen, sondern über zwei Fenster mit halbgeschlossenen Jalousien, durch die bereits die Blicke und Verurteilungen hereinsickern, die kurz darauf mit Marthes Mutter ihren Auftritt haben. D.h. in dieser Choreografie erleben wir nicht nur das Begehren des Paares, sondern auch, wie in ihr individuelles sinnliches Erleben die Blicke der Anderen eingreifen.

Die Wirkung der Nebenfiguren – vor allen Dingen das neugierige Vermieterehepaar und François' Eltern, deren Handeln im Laufe des Films zunehmend im Auflauern besteht – wird in betonten Situationen des Wahrnehmens, Beobachtens, Wertens entwickelt. Auch weil der Film unablässig und geradezu plakativ Rahmen und Blickdispositive wie Fenster, Gitter, Türen und Tore in seine Bildgestaltung integriert, die sich wiederum als visuelle Muster in den Räumen fortpflanzen. D.h. dass die Wahrnehmung als eine vermittelte, auf einer bestimmten Position verharrende hergestellt und als sozial agierende statt objektiv registrierende Wahrnehmung dargestellt wird.

Somit wird der Zuschauer nicht zuletzt auf sich selbst zurückverwiesen, da auch er immer wahrnimmt und wertet. Man wird dazu gezwungen, die eigenen Ordnungsmechanismen des Sichtbaren mit den Gegensatzfigurationen des Films zu verhandeln. Indem der Film die Regeln des Patriotismus und der bürgerlichen Gesellschaft als eine Leinwand inszeniert, auf die sich die Jugend und die Liebe störend einzuschreiben versuchen, der sie der sprichwörtliche Dorn im Auge sind, macht er diese Regeln als solche sicht- und erfahrbar.

Dem widerspricht auch nicht, dass François und Marthe ab einem bestimmten Punkt keineswegs auf Heimlichkeit achten, sondern, ganz im Gegenteil, sich auf der Bühne ihrer weit geöffneten Flügelfenster präsen-

20 Vgl. Kappelhoff: Realismus, a.a.O., S. 76f.

tieren, für das Recht auf Sichtbarkeit ihres Zusammenseins demonstrieren. Denn wozu können die Sinne noch dienen, wenn ihre einzige Funktionalität auf ein Ausschließen hinausläuft, wenn dem, was sichtbar und hörbar sein will, die Wahrnehmung verweigert und es statt dessen einem vorgeprägten Schema unterworfen wird? LE DIABLE AU CORPS inszeniert einen Gewaltzustand, der sich letzten Endes darin auswirkt, dass der Protagonist von seiner eigenen Wahrnehmbarkeit in einer Weise affiziert wird, dass ihm am Ende jegliche Handlungsfähigkeit genommen ist. Als Marthe weggetragen wird, kann er nicht einmal mehr seine Liebe zum Ausdruck bringen. Er kann nur noch reagieren, passiv aufnehmen, staunend sehen, was ihm und ihr zustößt.

Die bisherige Ausklammerung der Weise, in der sich die Beziehung zwischen Marthe und François im Film darstellt, erklärt sich, wenn man bedenkt, dass sich diese Liebe so explizit als Abkehr von den Apparaten der Gesellschaft artikulieren will. Man ist fast versucht zu sagen, die Liebe sei phasenweise nur sekundär und die Ausrede für diese Abkehr. Insofern lässt sich die Inszenierung ihrer Zweisamkeit nur im Verhältnis zu den Kräften des Kriegszustandes und der Wertungsmacht des sozialen Panoptikums beschreiben, und erst so können die Auswirkungen dieses dynamischen Verhältnisses als eine zugleich historisch virulente und absolut zeitlose politische Dimension des Geschlechterverhältnisses in Nachkriegszeiten verdeutlicht werden.

Wenn man nämlich das Verhältnis der Geschlechter betrachtet, ist der nachwirkende Skandal des Kriegs folgender: Die Frau bleibt allein zu Hause – man denke an Penelope und die Freier –, während der Mann im Krieg ist und sich bei seiner Rückkehr nur mit Reibungsverlusten so etwas wie eine Wiederherstellung von Normalität produzieren lässt. Eine Konfliktsituation, die in Frankreich während des Zweiten Weltkriegs noch durch die Erfahrung der Besatzung, dadurch, dass die Frauen mit dem Feind alleingelassen wurden, verstärkt wurde. Als Marthe die Fotos von Jacques zeigt, spürt man geradezu die Mischung aus Ohnmacht und Paranoia, die aus dem Blick spricht, die der Verlobte und spätere Ehemann direkt in die Kamera wirft; und man kann bezeugen, wie er, Jacques, eine merkwürdige Vermehrung durch die Variation seiner Kleidungen und Körperhaltungen in den verschiedenen Abzügen erfährt.

Das ›Debakel der französischen Virilität‹[21] brach mit der Befreiung um in Sinnbilder misogyner Männerphantasien: Die Frau alleine zu Hause und der imaginierte Ehebruch stehen dabei einerseits als Hintergrundfolie für

---

21 Michelle Perrot: Préface, in: Burch/Sellier: La drôle de guerre des sexes du cinéma français, a.a.O., S. 6.
Da die vergleichende Analyse eines hinreichend großen Korpus hier nicht geleistet werden kann, verweise ich noch einmal auf die Arbeiten von Burch/Sellier und Lindeperg, a.a.O.

die Erniedrigung und den Betrug am Lebensglück des Einzelnen sowie als Ausgangspunkt für die Erzählungen von schuldigen Frauen, denen die Männerfreundschaft als Bund der verbitterten Opfer entgegentritt.[22] Fast wie eine Karikatur wirkt dabei das ›Paar‹, in dem sich der unmittelbare Zusammenhang zwischen einem denaturalisierten Patriarchat und der Misogynie zeigt: Es ist einerseits das Bild der bösen und strafenden Mutter, die ihr matriarchalisches Machtpotential in den Erhalt der Ordnung steckt. Und es ist anderseits das Bild des lächerlichen und schwachen Vaters, der seine einzige Macht aus dem Solidaritätsgebot seiner sanftmütigen Ohmacht gewinnt.

Die Frage danach, wie dieser Konflikt in LE DIABLE AU CORPS auftaucht, wird nun einerseits durch seine direkte Verkoppelung mit dem Generationenkonflikt und andererseits durch die explizite und affirmative Darstellung des kulturellen Phantasmas gewendet und erhält so seine merkwürdige Ambivalenz. Denn einerseits liegt die Betonung zu Beginn auf dem verspielten jugendlichen Leichtsinn François', wie er ihr hinterherläuft, auf die Fähre nach Paris springt, doch anderseits übernimmt Marthe spätestens ab der Sequenz im Restaurant die Initiative und fügt sich so in die Vorstellung von der allzu leichten Verführbarkeit und Pflichtvergessenheit der zurückgelassenen Frau ein. Bezeichnend ist hierbei auch, dass außer Marthe alle weiblichen Figuren nur Mütter, Kinder oder Nonnen zu sein scheinen. Der Film produziert damit ein bestimmtes Verhältnis von Aktivität und Passivität, dass ihr zunehmend die aktive Rolle zuschreibt, sei es mit der Bestimmung der Rendezvous, sei es einfach darin, dass sie während ihrer *partie de campagne* die Ruder in der Hand hält, eine Aktivität, die ihr spätestens ab dem Moment ihrer Schwangerschaft auch alle Verantwortlichkeit zuschreibt, die sie letztlich in Antizipation ihrer Selbstzerstörung auf sich nimmt. Denn mit der Erwartung des Kindes kommt im Inneren ihrer Beziehung eine soziale Realität zum Tragen, die sie in der Inszenierung auseinander bringt, noch bevor es auf der Ebene der Handlung zu Eingriffen der herrschenden Moralpositionen kommt. Erst ruft sie ihm, später ruft er ihr hinterher: »Liebst du mich?« Der Anruf bleibt zweimal ohne Antwort, ohne Gegenschuss.

Marthes Aktivität wird allerdings genau in den Momenten durchbrochen, in denen das Dreiecksverhältnis wieder tragend wird und sich die Dimension der männlichen Solidarität und Verbrüderung zunehmend in die Liebesbeziehung einmischt und diese in der Dauer des Films immer stärker in die Fluchtlinie einer männlichen Perspektive rückt:

---

22 Und gleichzeitig tritt das Phänomen der *femme tondue*, der geschorenen und geächteten Frau, als exzessive Rückkopplung dieser Phantasmen in der sozialen Realität auf. Vgl. Burch/Sellier: La drôle de guerre des sexes du cinéma français, a.a.O., S. 218ff.

> Es ergibt sich schließlich das folgende Paradoxon: in der Dreierbeziehung ist gerade das geliebte Wesen selbst *überzählig*. Das lässt sich gewissen *Befangenheiten* entnehmen. Wenn das Liebesobjekt selbst sich über meinen Rivalen beklagt, ihn entwertet, so weiß ich nicht, mit welcher Antwort ich dieser Klage begegnen soll [...].[23]

Die Wirksamkeit dieser – defensiven – Solidarität der männlichen Perspektive zeigt sich in den Szenen, in denen der Umgang mit den Briefen des Mannes zentral wird. Bevor François die Antwort diktiert, die Marthe zu schreiben nicht mehr die Kraft hat, geht die Aktivität von ihr auf ihn genau in dem Moment über, als nach einer langen Zweiereinstellung, in der sie sich eng umschlingen, die Kamera ruckartig auf den zerrissenen Brief auf dem Tisch schwenkt. Die verbale Auftrennung der Zweisamkeit wird begleitet von einer Schuss-Gegenschuss-Montage, in der der Schnitt als der Andere erscheint: »Wenn *er* stirbt, dann hast *du* schuld und das will *ich* nicht!« Der Ausschluss der Frau aus der männlichen Verbrüderung zeigt sich endgültig in der Kamerafahrt, die in einer Großaufnahme auf François endet, während er in das *off* blickt und mit dem Anderen über das Medium des gemeinsamen Liebesobjekts kommuniziert.

Auch ihr Tod wird aus der männlichen Perspektive inszeniert, die zum einen die des Heimkehrenden ist und zum anderen die des ausgeschlossenen François, dessen Blick zum Fenster hinauf sich fortschreibt in den Licht- und Schattenmustern sowie in der Kamerachoreografie, einer Wiederholung ihrer ersten gemeinsamen Nacht: »Ich verwandle meine Ausschließung in ein Bild. Dieses Bild, in dem meine Abwesenheit wie in einem Spiegel eingefangen wird, ist ein trauriges Bild.«[24]

So scheint letzten Endes die Subversivität des Films genau an diesem Punkt zu brechen, an dem er es nicht schafft oder nicht versucht, in der Gestaltung der Aktivität und Passivität der Beziehung aus den Tendenzen zur Culpabilisierung und faktischen oder symbolischen Bestrafung der Frau zu entkommen. Er bleibt damit in Bezug auf das Geschlechterverhältnis bei aller Kritik ohne den Entwurf einer Alternative zu den bestehenden sozialen und familiären Strukturen.

Die Entscheidung zwischen der Möglichkeit des Neuanfangs oder einer Rückkehr zur Normalität wird allerdings durch ein weiteres Konfliktfeld thematisiert: das Generationenverhältnis.

Man könnte es fast als ein Alleinstellungsmerkmal des Films in der französischen Filmlandschaft der unmittelbaren Nachkriegszeit betrachten, dass er auf das Problem der Adoleszenten zurückgreift, welches, so die Zeitschrift *L'Écran français*,[25] ein kaum behandeltes Motiv in dieser Zeit sei,

---

23 Roland Barthes: Fragmente einer Sprache der Liebe, Frankfurt a. M. 1988, S. 78.
24 Ebd., S. 64.
25 Zit. nach: Claude Autant-Lara: LE DIABLE AU CORPS, a.a.O., S. 253.

da die Jahre nach dem Zweiten Weltkrieg den heimkehrenden Kämpfern, den richtigen Männern auf der Suche nach Normalität und Bestätigung gewidmet seien. Andersherum betrachtet, zeigt sich möglicherweise hier das erste Vibrieren auf dem Seismografen, bevor in den Fünfzigern von den USA ausgehend ein soziokulturelles Erdbeben ausbricht: die Wilden, die Halbstarken, die, die nicht wissen was sie tun. Die, die alt genug waren, um den Krieg bewusst zu erleben, aber zu jung, um an einer kollektiven Anstrengung des Kriegs oder des Widerstands teilgenommen zu haben und deren Kraft zur Sinnstiftung daher grundlegend in Frage stellen. Eine Generation, die angesichts einer Krise der Familie und der Männlichkeit vor der Aufgabe stand, über Gesten und Verhaltensweisen sich so etwas wie eine Identität zu konstruieren.

Wenn die STÜRMISCHE JUGEND – so der deutsche Verleihtitel 1951 – keine Rechte hat, dann muss sie sich die nehmen – und wenn es nur das Recht zu tanzen ist. Und bestimmte Gesten Gérard Philipes, etwa seine Art am Ende des Films im Regen zu stehen, den Kragen hochzuschlagen und um Feuer zu bitten, geben seiner Darstellung von François den Ausdruck, ein Ursprungsbild dessen zu sein, was in der Mischung aus kindlicher Energie, Emotionalität und Machtlosigkeit später eine symbolische Form und eine soziale Realität in der Jugendkultur erhält.

Der Film entwickelt eine Vielfalt an offenen Konnexionen zu seiner Gegenwart, die nach der Möglichkeit einer anderen Politik, nach anderen Regeln des Wahrnehmens und Wahrgenommenwerdens fragen und doch – zwischen Antimilitarismus, der Faszination jugendlichen Überschwangs und der Persistenz einer männlichen Perspektive – keine wirklichen Auswege zu konstruieren vermögen. Seine merkwürdige Ambivalenz und seinen Pessimismus erhält LE DIABLE AU CORPS daraus, dass die Aufrechterhaltung der alten familiären Strukturen als unerträglich dargestellt wird, während zugleich mit dem Tod Marthes die Möglichkeit ihrer Aufhebung durch diese andere Familie beerdigt wird. Was er aber sichtbar macht, ist die Logik, mit der in der Nachkriegszeit die Rückkehr in die Familie kurzgeschlossen wurde mit der Rückkehr der ewigen Nation im Kontrast zu jenem Staat, der seine Kinder opferte – eine Logik die im gleichen Zug genau diese Ideologie verschleiert, indem in die Machstrukturen der Familie und der Nation die Scheingrenze privat/öffentlich gezogen wird, aus deren faktischer Nichtexistenz LE DIABLE AU CORPS sein Drama bezieht.[26]

Wenn man also die eingangs konstatierten, vom Film entworfenen *contrechamps* auf ihre Funktion, auf ihr Funktionieren hin befragt, so könnte man in Umkehrung der verpassten Antizipation, die im Zentrum von Kra-

---

26 Lindeperg: Les écrans de l'ombre, a.a.O., S. 288.

cauers *Von Caligari zu Hitler* steht, von einem ›antizipierten Verpassen‹ sprechen. Vor allen Dingen das historische *contrechamp* des Ersten zum Zweiten Weltkrieg verdeutlicht dies, indem es die finstere Version der sozialen Strukturen und Denkweisen auf die Vergangenheit projiziert und damit zugleich die Kontinuität einer Verfallsgeschichte bourgeoiser Moral behauptet. Im Zwischenraum dieser abstrakten Behauptung und ihrer sinnlichen Darstellung steckt dann auch das zeitdiagnostische Moment des Films. Bedeutet es doch eine sonst kaum mögliche Auseinandersetzung mit und Gegendarstellung zu hegemonialen Widerstandsmythen[27] über die Umdeutung dessen, was die Geschichte gewesen sein soll. In der Erzählung von junger Liebe und Ehebruch wird eine Geschichtlichkeitserfahrung greifbar, die im existenziellen Betrug sowohl am Einzelnen besteht als auch im kollektiven Selbstbetrug und der damit verbundenen Verhinderung einer zukünftigen anderen Geschichte – einer Geschichte, die nicht daraus besteht, mit den Waffenstillstandsfeiern immer schon den nächsten Krieg heraufziehen zu lassen.

In der konkreten sinnlichen Darstellung einer Gesellschaft, die sich so beharrlich weigert, das Leid des Einzelnen im Krieg wahrzunehmen, und so auf den nächsten unweigerlich zugeht, ließe sich der Film mit Kracauer beschreiben als eine Konfrontation der »sichtbaren Realität« mit den Vorstellungen und Ideologien, die sie überlagern.[28] Die Studioästhetik mit ihren scheinbar selbstgenügsamen Kamerachoreografien überwindet sich selbst in dieser Konfrontation, die sich als Strukturprinzip durch den ganzen Film zieht und auch die Figuration allgegenwärtiger Phantasmen, wie dem der untreuen Frau, einschließt. Am Ende betreibt LE DIABLE AU CORPS einen merkwürdigen Prozess des Austauschs zwischen François und Jacques, im Namen einer Metaphorik dieses universellen Betrugs, die sich über das Faktum des Soldatendaseins, des Ehebruchs und der von den Anderen inszenierten Lebenslügen hinausbewegt: Letzten Endes sind sie doch alle durch den Krieg und durch die Geschichte betrogen. Im singulären Skandal des Ehebruchs manifestiert sich der zeitlose Skandal, dass es in Gemeinschaften Kräfte gibt, die die Werte des Einzelnen desavouieren, sein Leid in der Ideologie der Nation und des Vaterlandes negieren.[29]

Die Funktion der *contrechamps* ist also einerseits, zusammen mit den Mitteln eines fatalistisch-symbolischen Akts sterbender Liebe und der Erfahrungsform der Trauer die Formwerdung eines pazifistischen Manifests zu generieren, und andererseits, die sinnliche Erfahrbarkeit der in ihrer

---

27 Man kann behaupten, dass – mit wenigen Ausnahmen – eine offene Auseinandersetzung um die Zeit der Besatzung auf breiter öffentlicher Basis erst ab den 1960er Jahren erfolgte. Vgl. Henri Rousso: Le syndrome de Vichy. De 1944 à nos jours. 2.éd, Paris 1990.
28 Kracauer: Theorie des Films, a.a.O., S. 396ff.
29 Buache: Claude Autant-Lara, a.a.O., S. 45.

Abstraktheit kaum direkt darstellbaren Frage danach, wie man zu diesem Zustand gekommen sei und wie es weiter gehen könne, zu ermöglichen. Es gibt eine Geste, die nur den Bruchteil einer Sekunde dauert und doch ein Loch in die Fassade historischer Referenz reißt, das mühelos die Zeit zwischen 1918 und 1945 verschlingt: Nachdem François erfährt, dass Marthe fern der Stadt und ohne ihn ihr Kind zur Welt bringen will, ruft ihm der Veteran und Vermieter von Marthes Wohnung schadenfroh zu: »Die ›Einen‹ kehren zurück, während die ›Anderen‹ verschwinden.« Wobei er letzteres durch einen zackigen Hitlergruß unterstreicht, während er zu ersterem heiter die Tricolore schwingt. Aber diese Geste verschlingt noch etwas anderes als die historische Referenz, und dieser Verlust schreibt sich in den Körper François' ein. Es ist der Verlust eines positiven Begriffs von politischem Handeln, der ihn zu einem rein kontemplativen Weltzugang verurteilt. Denn was drückt sich da anderes aus als die Zirkularität und Interdependenz des unmenschlichen Gewaltzustandes und der absolut depolitisierenden Bewegung ›zurück zur Normalität‹?

Die zeitlichen Oszillationen, die Konstruktion in Rückblenden behauptet also das Unabgeschlossene und Unbegriffene der Vergangenheit und verweist so auf eine Zukunft, die sich zwischen dem ›immer weiter so‹ und etwas Anderem, schwer zu Bestimmenden bewegt. Aus dem Roman, der sein persönliches Anliegen kaum verhüllt und der sich in den inneren Schwankungen seines Protagonisten ergeht, macht der Film, indem er diese Innerlichkeiten in gestische Zeichen übersetzt und in eine reflektierend-reagierende, sinnlich erfahrbare Welt stellt, etwas anderes: Aus der Gefühlsanalyse eines Einzelschicksals wird das *pars pro toto* der Analyse eines kollektiven Zustands. Zu dieser Vergangenheit, die sich als Lähmung, als dieser andere Teufel in den Leib des Protagonisten eingeschrieben hat, müssen sich die Zuschauer ins Verhältnis setzen, sich der brennenden Frage nach dem Status und den Möglichkeiten menschlichen Handelns in der Krise stellen.

Karin Gludovatz **Gesprochene, gesehene, gefühlte Erinnerung**
Beziehungsgeflechte in Alain Resnais' HIROSHIMA MON AMOUR

Hiroshima gehört zu jenen Namen, deren Nennung allererst das Gedenken an ein historisches Ereignis aufruft. Untrennbar ist die japanische Stadt, die am 6. August 1945 von einer US-amerikanischen Atombombe nahezu ausgelöscht wurde, bis heute mit diesem Angriff und seinen Konsequenzen verbunden. Sie stand und steht, trotz eines raschen, vom westlichen Modernismus geprägten Wiederaufbaus, für Vernichtung – zumal Ende der 1950er Jahre, zur Entstehungszeit von Resnais' Film. Insofern ist dessen Titel HIROSHIMA MON AMOUR (F 1959) in der Analogie von Zerstörung (metaphorisiert im Namen der Stadt) und Liebe in sich brüchig und ist es wiederum auch nicht,[1] verbindet diese Gegenüberstellung doch jene beiden biografischen Extremerfahrungen, welche die Hauptfiguren des Films im Krieg unwiderruflich gezeichnet und – so die pessimistische Perspektive – auch darüber hinaus nicht losgelassen haben. Denn die längst verdrängt geglaubten Erfahrungen holen den namenlosen japanischen Mann und die namenlose französische Frau wiederum ein, als sie sich nach dem Zweiten Weltkrieg in Hiroshima begegnen, vor dem Hintergrund einer polarisierten Welt, deren Teilung längst nicht mehr den Frontverläufen des Kriegs folgt und in der sich geschlechtliche und ethnische Differenzerfahrungen im Rahmen zunehmender weltpolitischer Verschiebungs- und Neuordnungsprozesse vollziehen.

Alain Resnais erhielt 1958 ursprünglich den Auftrag, in französisch-japanischer Co-Produktion einen Dokumentarfilm über Hiroshima zu drehen[2], nachdem er sich 1955 mit NUIT ET BROUILLARD (NACHT UND NEBEL, F), seinem Projekt über die nationalsozialistischen Vernichtungs-

---

1 Zum Titel als Oxymoron vgl. Jean-Louis Leutrat: HIROSHIMA MON AMOUR, Paris 1994, S. 79f.
2 HIROSHIMA MON AMOUR: A Composite Interview with Alain Resnais, in: Film: Book 2: Films of Peace and War, hg. v. Robert Hughes, New York 1962, S. 50ff.; Leutrat: HIROSHIMA MON AMOUR, a.a.O., S. 31f.

lager, in diesem Genre profiliert hatte. Nach zweimonatiger Arbeit nahm er von dem Unternehmen Abstand, weil er sich – trotz der inhaltlichen Verschiedenheit der Themen – strukturell zu nah an den Schwierigkeiten sah, mit denen er bei der Arbeit an NUIT ET BROUILLARD konfrontiert gewesen war. Die Probleme lagen vor allem darin, einen dokumentarischen Modus zu entwickeln, der die Referentialität der Bilder mit dem Wissen um die Defizite bildlicher Repräsentation sichtbar verbinden sollte, um solcherart nicht ein historisches Ereignis ›wiederzugeben‹, sondern seine Darstellung als Prozess, als Arbeit an der Historisierung zu verstehen und in diesem Sinn sichtbar zu machen. Das Verständnis der Bilder sollte sich im reziproken Verhältnis zu einem Verständnis von Geschichtlichkeit und ihrem fiktionalen Anteil entwickeln. Als Lösung bot Resnais die Spielfilmvariante an und gewann Marguerite Duras als Autorin für das Script.³

Die Erzählung sei kurz zur Erinnerung zusammengefasst: Eine französische Schauspielerin hält sich in Hiroshima auf, um dort in der Rolle einer Rot-Kreuz-Schwester an einem Film über den Frieden mitzuwirken. In einer Bar hat sie einen Japaner, Architekt von Beruf, kennengelernt, mit ihm die Nacht verbracht und ihn, auf seine Initiative hin, wiedergetroffen. Es entwickelt sich, und das ist das eigentliche Geschehen, ein langes, durch Trennungen und Wiedervereinigungen unterbrochenes Gespräch, in dessen Verlauf er sie dazu bringt, Erinnerung zuzulassen, denn, wie sie sagt, hat sie wohl oft von damals, also dem Zweiten Weltkrieg, geträumt, aber nie mehr daran gedacht. Dem Mann jedoch erzählt sie nun vom Krieg, dessen größtes Unglück für sie im Verlust ihres Geliebten, eines Wehrmachtsangehörigen, bestand. Als Folge dieses geheimen, weil verpönten Verhältnisses mit einem Soldaten der Besatzung wurde sie von den Bewohnern ihres Dorfes geschoren, geächtet und von den Eltern weggesperrt. Die Erinnerung an diese alte Liebe ist der Frau nur unter großer emotionaler und psychischer Anstrengung möglich. Erst die Gegenwärtigkeit der neuen, gleichfalls aussichtslosen Liebe zu dem japanischen Architekten rührt an dem Trauma und macht die Erinnerungen zugänglich, die ihrerseits nun Auswirkungen auf die neue Beziehung haben. Am Ende gehen die Französin und der Japaner auseinander, sie fliegt zu ihrer Familie nach Paris, er erwartet die Rückkehr seiner verreisten Frau – und beide haben damit nicht nur einen aktuellen, sondern durch diesen erneut auch einen schon vergangen geglaubten Verlust zu bewältigen.

HIROSHIMA MON AMOUR ist ein literarisch-filmisches Projekt, das, wie Kaja Silverman meint, ebenso die Schwierigkeit von Erinnerung vorführt, wie es darüber hinaus behauptet, dass es nichts gibt, was nicht doch ver-

---

3 Vgl. Leutrat: HIROSHIMA MON AMOUR, a.a.O., S. 31f. Vgl. auch James Monaco: Alain Resnais, London, New York 1978, S. 34.

gessen werden könne.⁴ Die Vergangenheit muss, um erinnerbar zu sein, in ein kollektives und/oder individuelles Narrativ gebracht werden. Dadurch gelingt es wohl, sie dem Vergessen zu entreißen, dadurch aber gerät sie erst recht in die Gefahr des erneuten Vergessenwerdens. Resnais' Film verhandelt nicht nur Modi des Gedächtnisses, er verknüpft diese dezidiert mit Fragen nach der Relevanz des Sichtbaren und auch des Nicht-Sichtbaren für Prozesse des Erinnerns.

1. *Das Sehen der Bilder*
Exemplarisch für Ungewissheiten des Sehens bzw. Nicht-Sehens sei die erste Viertelstunde des Films genauer in den Blick genommen. Der Zuschauer wird von Resnais auf einen virtuellen Rundgang durch das Friedensmuseum von Hiroshima geschickt, während die Stimmen der beiden aus dem Bild gerückten Hauptdarsteller die prinzipielle Möglichkeit einer Veranschaulichung der traumatischen Ereignisse diskutieren: Die Französin behauptet, in der musealen Materialaufbereitung der atomaren Verwüstung »alles« gesehen zu haben (»J'ai tout vu. Tout.«), der Japaner hingegen bestreitet, dass sie auch nur irgendetwas gesehen haben könnte

4 Kaja Silverman: La passion du significant. La notion d'apparence dans HIROSHIMA MON AMOUR, in: Où en est l'interprétation de l'œuvre d'art?, hg. v. Régis Michel, Paris 2000, S. 125-156.

(»Tu n'as rien vu, à Hiroshima. Rien.«).⁵ Unbeirrt von seiner Negation ihrer (vermeintlichen) Erkenntnis fährt sie mit ihrer visuellen Bestandsaufnahme fort, die der Zuschauer parallel zu ihrer Stimme aus dem Off vorgeführt bekommt.
Die Dokumentation im Museum besteht aus Relikten des alten Hiroshima, die von der Gewalt der Energieentladung zeugen, weiterhin aus filmischen Nachstellungen der Ereignisse, wie sie unmittelbar nach der Detonation vielleicht stattgefunden haben könnten. Deren Künstlichkeit ist in der Mimik und Gestik der Mitwirkenden und in ihrer Fixierung auf die Kamera evident, mithin auch ihre Nachträglichkeit, die umso offensichtlicher wird angesichts eines Anspruchs auf Zeitgenossenschaft, wie ihn die ausgestellten deformierten Objekte und menschlichen Überreste erheben. Daneben sind Dokumentarfilme und -fotos zu sehen, die in den Jahren nach der Explosion entstanden und die Folgen von Hitzeeinwirkung und atomarer Verseuchung zeigen.

Resnais reproduziert eine museale Ordnung dieser Bestände in der Montage und schneidet dazwischen Szenen eines sich umarmenden Paares.⁶ In den ersten 15 Minuten verbinden sich dokumentarische Aufnahmen mit Aufnahmen fiktionalen und doku-fiktionalen Gehalts. Was zunächst als interne Konkurrenz unterschiedlicher Bildmodi um Wahrheitsfindung und -vermittlung erscheint, erweist sich letztlich als differenzierte Refle-

---

5 Vgl. zu dem Dialog Silverman: La passion du significant, a.a.O., die den Film unter dem Aspekt einer (Un-)Möglichkeit von Erinnerung in Hinblick auf psychoanalytische Ansätze diskutiert. Weiterhin: Michael S. Roth: HIROSHIMA MON AMOUR. You Must Remember This, in: Revisioning History: Film and the Construction of a New Past, hg. v. Robert A. Rosenstone, New Jersey 1995, S. 91-101 und S. 227-229; sowie Cathy Caruth: Literature and the Enactment of Memory, in: Trauma and Visuality in Modernity, hg. v. Lisa Saltzman, Eric Rosenberg, Hannover, London 2006, S. 189-221, hier S. 191f.
6 Zu der Umarmungsszene und vor allem der Bedeutung der Hautdarsteller in Hinblick auf ethnische und geschlechtliche Differenz vgl. ausführlich Edith Futscher: Une mémoire d'ombres et de pierre. Kulturelle Differenz und Geschlechterdifferenz in HIROSHIMA MON AMOUR, in: Frauen Kunst Wissenschaft, Heft 43: Körperfarben – Hautdiskurse. Ethnizität & Gender in den medialen Techniken der Gegenwartskunst, Juni 2007, S. 50-58.

xion über das Vermögen visueller Narration. Im Miteinander dieser, in Hinblick auf ihre Behauptung eines Wirklichkeitsbezugs so unterschiedlich sich artikulierenden Bilder reflektiert Resnais die Grenzen und Möglichkeiten erzählerischer und geschichtskonstitutiver Kapazität bildlichen Materials, das sich zugleich am Potential sprachlicher Narration messen muss und vice versa. Letzteres kann in der Zusammenarbeit von Resnais und Duras, Filmemacher und Schriftstellerin, geradezu als produktionsästhetische Prämisse gesehen werden. Der Vergleich unterschiedlicher Mittel und Medien dargestellter Erinnerung, der sich durch den gesamten Film zieht, wird in diesen wenigen Minuten zu Beginn komprimiert und aus der filmischen Narration gewissermaßen als Dokusequenz im Film, als Geschichte in der Erzählung auskoppelbar, wenngleich sie durch das Gespräch der Protagonisten in den Spielfilm integriert ist. Den lokalen Rahmen der historischen und historisierenden Bilder bietet das Museum, den erzählerischen Rahmen das Gespräch.

Die Eingangssequenz differenziert die Perspektive auf wirklichkeitsevozierende Potentiale unterschiedlicher Bildformate, befragt sie im Vergleich auf jenes authentifizierende und zugleich autorisierende Moment hin, das für die Erinnerungsarbeit zentral ist, als Bestätigung im Sinn eines »so ist es gewesen«. Minutiös listet die Französin ihrem Liebhaber auf, was sie alles, vermittelt durch die im musealen Raum als Erinnerungsträger ausgewiesenen Ausstellungsstücke, gesehen und wo sie im Stadtraum, vermittelt durch öffentliche Memorialbauten, der Katastrophe gedacht habe. Der Japaner spricht ihr diese Erfahrung ab, nichts habe sie gesehen und nichts und niemandes könne sie solcherart gedenken, womit die Skepsis Resnais' gegenüber visueller Authentifizierungsverfahren eindeutig formuliert ist. Doch nicht nur die Seherfahrung der Französin wird in Zweifel gezogen: Während der Betrachter ihren Blick als einen defizitären erkennt, widerfährt ihm im performativen Nachvollzug Ähnliches. Der Regisseur untersagt auch ihm, zurückgelehnt im Dunkeln des Kinos, eine Komplizität mit den Bildern, ein Sehen des dokumentarischen Materials unter der Prämisse mitfühlender Betroffenheit. Wie auch in NUIT ET BROUILLARD lässt Resnais Identifikation mit den Betroffenen nicht zu, wie sie etwa die frühesten Filme aus den Lagern initiieren wollten, wenn sie auf Schockwirkung und Empathieevokation setzten. Während Resnais dort eine für die Zuschauer vermeintlich nachvollziehbare, vergangene Realität der Lager durch die Zwischenschnitte ihrer zeitgenössischen Ruinen konterkarierte und damit einerseits die Unmöglichkeit identifikatorischen Nachempfindens und andererseits die Kontinuität der Ereignisse bis in die Gegenwart aufzeigte, durchbricht in HIROSHIMA MON AMOUR das sich umarmende Paar die Empathie und die ›entliehene‹ Erinnerung des Betrachters an die Folgen der Bombe. Die Bilder dieses Paares, um das wir zu diesem Zeitpunkt noch gar nicht wissen, irritieren unser Vertrauen in das, was wir gezeigt bekommen, die Leiber ohne Gesicht und Gesichtssinn verkörpern geradezu das immer wieder ausgesprochene »Tu n'as rien vu à Hiroshima.« – »Du hast nichts gesehen in Hiroshima.« – in doppelter Hinsicht: Ihnen fehlt die Fähigkeit zu sehen, und sie führen unser Sehen ad absurdum. Die Haut der Körper wird durch immer andere Niederschläge bedeckt: Sand, Regen, Tau. Die bildliche Rahmung der Umarmungsszenen und die sprachliche Schilderung der verbrannten Leiber modellieren unseren Blick auf sie. Auf der Oberfläche der Körper geraten diese unterschiedlichen Ablagerungen in der Projektion der Zuschauer zu scheinbaren Brandwunden, Vernarbungen, die im nächsten Moment in eine völlig intakte Epidermis übergehen, geheilt erscheinen. Die Gliedmaßen, zunächst verschmolzen zu einem Leib, enthüllen sich als zwei Körper in Umarmung, bedeckt von Schweißperlen. Spätestens hier wird dem Betrachter aber nicht nur die Unzulänglichkeit der Bilder bewusst, denn auch die Sprache reicht nicht aus, das Geschehene zu vermitteln. Selbst die eindringlichsten Erzählungen der Französin, die in aller Anschaulichkeit die Exponate des Museums und darüber die Ereignisse vom August 1945 zu beschreiben suchen, werden von dem Japaner immer wieder in Frage gestellt. In der sprachlichen Narration formiert sich wie in der visuellen Schilderung zwar ein Bild, aber es bleibt immer auch das Defizit der Repräsentation erkennbar.

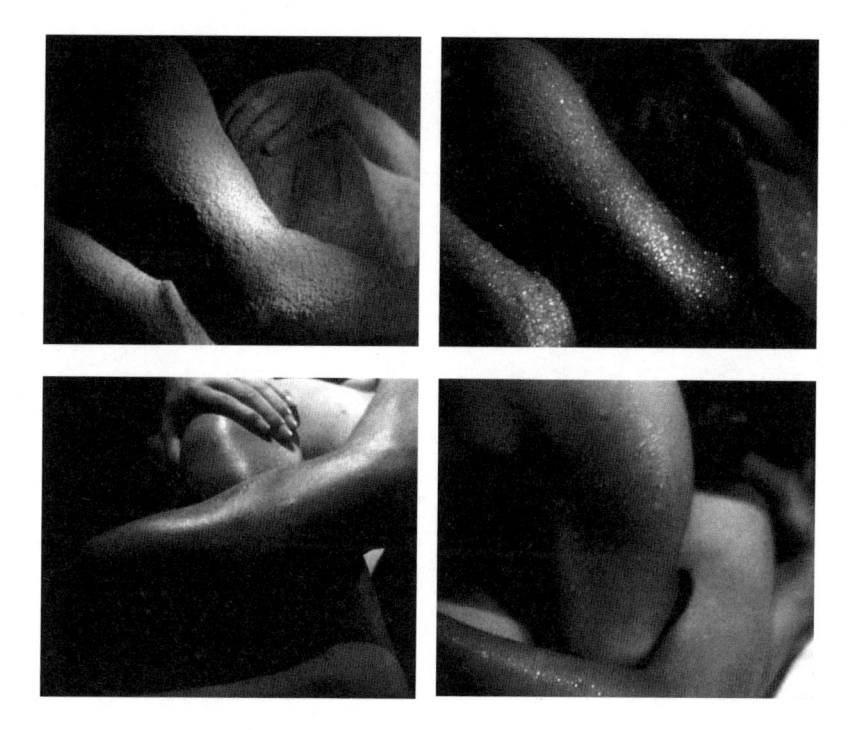

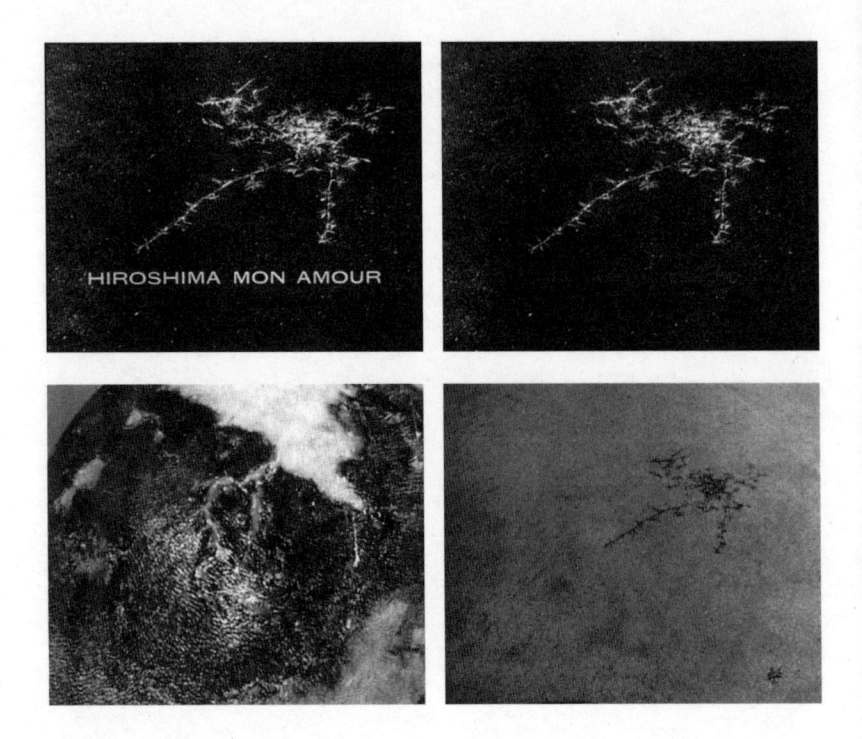

2. Topologie der Erinnerung

Schon den Vorspann stellte Resnais in den Dienst einer Revision des Gesehenen und erhob ihn somit zur produktionsästhetisch aufgeladenen Vignette: Er zeigt das nicht leicht bestimmbare Bild einer distelartigen Pflanze, die sich weiß vor einem dunklen Hintergrund abhebt – gegen Duras' Vorschlag, in erzählerischer Konkretheit das Bild einer atomaren Explosion an den Anfang zu stellen.[7] Was zunächst durch die technische Verkehrung ins Negativ enträumlicht und abstrahiert als enigmatische vegetabile oder kristalline Form erscheint, wird durch die Insertion des Filmtitels vermeintlich vereindeutigt. »Hiroshima mon amour«, genauer: »Hiroshima« vor diesem Hintergrund gelesen, semantisiert das Bild in spezifischer Weise. »Hiroshima« ruft hier unweigerlich die Erinnerung an die Katastrophe auf, an Bilder verbrannter Haut und verbrannten Lebensraums. Die Pflanze gerät in der formalen wie inhaltlichen Überblendung auf der projizierten Oberfläche zur Narbe, als welche sich in produktionstechnischer Äquivalenz die Lichtspur des Objekts dem Filmmaterial eingeprägt hat. Noch bevor die Bilder des eigentlichen Films zum Einsatz kommen, wird also durch die komplementäre Kombination von Titel und Hintergrund der mentale Bilderfundus der Betrachter aktiviert. Dieser

---

7 Marguerite Duras: HIROSHIMA MON AMOUR. Scénario et dialogue, Paris 1960, S. 20.

Fundus gründet auf Fotos und Dokumentarfilmen der atomaren Verwüstung vom August 1945, die 1959 wohl die meisten Europäer, US-Amerikaner oder Japaner im Gedächtnis hatten. Im weiteren Verlauf wird dieses Eingangsbild nochmals aufgerufen, werden die angesichts dessen erinnerten Bilder im Film materialisiert: Der vernarbte Kopf eines Mannes, eine Aufnahme aus einem japanischen Dokumentarfilm, führt die erschreckende Realität der Verwundungen und der daraus resultierenden Narben vor Augen, die im Vorspann alludiert wurde. Wie als Auflösung des verrätselten Eingangsbildes und nicht ohne Didaktik, baut Resnais wenig später das Positiv-Bild der Pflanze in einer anderen Kadrierung ein,[8] deren ›wirkliche‹ Erscheinung nun enthüllt werden kann, nachdem die durch das Negativ motivierten, medial vermittelten Erinnerungsbilder im Filmbild der Narbe Gestalt angenommen haben.

Der Vorspann eröffnet auf formaler Ebene ein synästhetisches Zusammenspiel von Text, Bild und Musik, das sich, wie anhand der Pflanze gezeigt, über programmatisch inszenierte Verweissysteme organisiert. Weiterhin sind darin aber inhaltliche Voraussetzungen artikuliert: Resnais komprimiert in diesem Zusammenspiel jene dialektisch aufgefassten Konstellationen, die ihn während des gesamten Films beschäftigen werden: Historizität und Fiktionalität, Faktizität und Imagination, Distanz und Unmittelbarkeit, jeweils situiert im Spannungsfeld von Narration und Emotion. Erst das Ausloten dieser Wechselbeziehungen ermöglicht differenzierte Blicke auf die Geschichte und die Erinnerung.

Nicht zuletzt aber inszeniert Resnais Sehen als Akt der Interpretation, der beständig der Gefahr der Täuschung ausgesetzt ist. Die intermedialen Beziehungen von Bild, Text und Ton werden in der Ambivalenz von Faktizität und Fiktionalität auf ihr konstitutives Potential in Hinblick auf die Produktion von Realität und Imagination, von Geschichte und Erinnerung befragt. Die Fiktionalisierung erfolgt im Bild des Vorspanns über formale Allusion, indem das dürre Gewächs als weiße Narbe auf verbrannter Haut erscheint, gerade dann, wenn sich das Faktische in Form der schriftlichen Verweise darüber legt, im Titel des Films, im Namen der Stadt.

Den Rahmen der Arbeit an den Bildern, den tatsächlich gezeigten und den vom Betrachter imaginierten, bilden sehr unterschiedliche, aber jeweils klar ausgewiesene Räume, die dezidiert auch als Räume der Erinnerung fungieren. Zunächst betritt der Zuschauer gewissermaßen geleitet von der Hauptdarstellerin, die sich über die Bombe und ihre Folgen informieren will, das Friedensmuseum in Hiroshima, einen Bau aus dem Jahr 1955 und eine Sehenswürdigkeit der wiederaufgebauten Stadt, die mit der Geschichte der Bombe die Ursache dieses Wiederaufbaus dokumentieren und historisieren soll. Das Museum ist ein Teil jenes seit 1949 kontinuier-

8 Leutrat: HIROSHIMA MON AMOUR, a.a.O., S. 90f.

lich errichteten »New Hiroshima«, das zynischerweise just in englischer Sprache synekdochisch im Namen des Hotels auftaucht, in dem die Französin wohnt und das gleichfalls ein exemplarischer Bau globaler Nachkriegs-Moderne ist. Es steht damit sowohl als Exponent des neuen, aus den Ruinen wiedererstandenen Hiroshima als auch als profaner Erinnerungsspeicher, ein Ort kollektiven Gedächtnisses.

Im Part des Liebesdramas, des zweiten Teils des Films, werden weitere Orte erschlossen: Wiederholt trifft das Paar im Hotelzimmer der Frau aufeinander, das, modern eingerichtet, überall auf der Welt sein könnte, gerade in dieser Internationalität aber einen idealen Hintergrund für das Zusammentreffen der Französin und des Japaners bietet, deren Weltbürgertum in Weitgereistheit, Kleidung und – in seinem Fall – der Beherrschung von Fremdsprachen zum Ausdruck kommt.

In den Stadtraum, in dem sich die beiden bewegen, drängt sich die japanische Tradition als Relikt einer Zeit vor dem 6. August 1945 hinein, um Kontinuität zu behaupten, etwa in Form von Ladenschildern oder in Gestalt einer alten Frau im Bahnhof. Sie setzt sich an diesem transitorischen Ort *par excellence* zwischen die beiden Hauptdarsteller und exemplifiziert dieses »Dazwischen«, das eine Form von Ortlosigkeit meint, dem das Vertraute verloren gegangen ist und das Neue fremd bleibt, durch beständiges Hin- und Herblicken zwischen dem Mann und der Frau.

Das Haus des Mannes, das durch traditionelle japanische Bauweise und Inneneinrichtung gekennzeichnet ist, wirkt dennoch eigenartig geschichtslos und bietet auch keinen wirklichen Raum für Geschichten, keine Erinnerungen, keine sichtbaren Spuren der Ehefrau, mit der er den Wohnraum teilt.
Schließlich bleibt noch die Bar zu nennen, in der sich die beiden vielleicht zuerst begegnet sind und in der nun, da sie getrennt an unterschiedlichen Tischen sitzen, ein anderer Mann die Französin anspricht, vor den Augen des Japaners und eventuell mit ähnlichen Worten wie er selbst am Abend zuvor. Dies könnte als Re-enactment der vergangenen Situation gedacht sein. Als gleichsam performte Rückblende stünde die Szene in Analogie zu den Rückblenden, die die Geschichte der Französin und des deutschen Soldaten rekonstruieren, nur dass sie als Nachstellung nicht vom Handlungsraum der Akteure getrennt ist, sondern deren melancholische Erinnerung für sie und uns animiert zu einem Zeitpunkt, als die wiederkehrende Erinnerung der Frau das Gespräch der beiden und ihre Beziehung bereits dominiert. Überstrahlt wird das Lokal von dem auch hier intentional gewählten, anspielungsreichen Neonschriftzug »Casablanca«, womit dieser vorerst neutral wirkende Ort im Zitat des gleichnamigen Filmmelodrams (USA 1942, Michael Curtiz) für den aufmerksamen Kinogänger als ideale Kulisse für unglücklich verlaufende Lieben unter dem Diktat der Erinnerung erkenntlich wird.[9]
Mit dieser Raumdisposition entwickelt Resnais eine Topologie der Erinnerung, indem er sich für die Struktur seiner Erzählung an den Regeln der klassischen Mnemotechnik orientiert. Die Räume sind spezifisch konnotiert, die Bilder werden ihnen gewissermaßen im jeweiligen Zeichen zugeordnet. Aleida Assmann hat unter Berufung auf bis in die Antike zurückreichende Erinnerungsmodelle Räume als mnemotechnische Medien bezeichnet und Gebäude als Symbole des Gedächtnisses ausgewiesen.[10]

9 Vgl. Roth: HIROSHIMA MON AMOUR, a.a.O., S. 100; sowie Caruth: Literature and the Enactment of Memory, a.a.O., S. 206ff.
10 Aleida Assmann: Zur Metaphorik der Erinnerung, in: Mnemosyne. Formen und Funktio-

Resnais' Räume fügen sich, wie gezeigt, partiell solchen Klassifikationen: Das Museum fungiert sowohl als Archiv als auch als Gedenkort. Das Café »Casablanca« erfüllt eine solche Vorgabe auf metareflexiver Ebene: Es verweist auf die erste Begegnung und ist zugleich ein filmimmanenter Gedächtnisraum, der über Rekurs auf den vorgängigen Film das Paar in Hiroshima in spezifischer Weise ausweist, nämlich als unglücklich Liebende.

Doch lässt sich eine solche Zuordnung keineswegs durchgängig behaupten. Eine Funktion als Gedächtnisraum etwa, die der Name evozieren könnte, löst das Hotel »New Hiroshima« nur sehr bedingt ein, und das Zimmer, das die Französin bewohnt, schon gar nicht; es ist vielmehr ein ganz der Gegenwart angehörender Raum, solcherart ausgewiesen durch die Einrichtung, aber auch durch die Präsenz der Handlungen und Gespräche, und es soll in seiner internationalisierten, modernen Erscheinung in die Zukunft, nicht in die Vergangenheit weisen.

Resnais folgt keinem durchgängigen Muster, sondern forciert ein Aufbrechen strikter Zuweisungen, das sich nicht nur auf der symbolischen, sondern auch auf der formalästhetischen Ebene niederschlägt. Durch Störungen des narrativen Raum-Zeitkontinuums, etwa in Rückblenden oder durch montagetechnische Stilmittel, verweigern sich die Räume einer strikten Klassifikation; sie wird zwar partiell behauptet, doch zugleich in Frage gestellt. Gerade der Filmschnitt und mithin die semantischen Brüche hatten beim Publikum der frühen Aufführungen von HIROSHIMA MON AMOUR für Irritationen gesorgt.[11] Der topologische Aspekt der Erinnerung jedenfalls wird dadurch nachhaltig hinterfragt und zuallererst das Brüchige, Prozessuale und mithin auch Wandelbare sowohl der Erinnerung als auch der Geschichtsbildung aufgezeigt.

nen der kulturellen Erinnerung, hg. v. ders., Dietrich Harth, Frankfurt a. M. 1991, S. 13-35, hier S. 14ff.

11 Vgl. Marie-Claire Ropars-Wuilleumier: How history begets meaning: Alain Resnais' HIROSHIMA MON AMOUR (1959), in: French Film: Texts and Contexts, hg. v. Susan Hayward, Ginette Vincendeau, London, New York 1990, S. 173-185, hier S. 173f.

3. Wahrheit der Bilder / Wirklichkeit des Leibes

Resnais bringt sowohl im ersten als auch im zweiten Teil des Filmes, dem mit dokumentarischen Sequenzen durchsetzten und dem fiktionalen Part,[12] unterschiedliche Medien zum Einsatz, um sie auf ihr mnemotechnisches Potential hin zu prüfen. Der Vergleich erfolgt einerseits ganz explizit auf der Ebene der Narration, etwa wenn in dem Bericht der Frau über ihre Jugendzeit in Frankreich während des Kriegs die mündliche Erzählung gegen die Rückblende als materialisiertes Erinnerungsbild steht. Er vollzieht sich andererseits en passant, nämlich wenn die scheinbar kontingenten Schriftinserts – »Casablanca« bzw. »New Hiroshima« – den Betrachter adressieren, um dessen Erinnerungsbilder zu mobilisieren und ihn solcherart zu involvieren, bzw. um ihn in kultureller Differenz an den japanischen Schrifttafeln scheitern zu lassen und in Distanz zu bringen. Die Nachhaltigkeit dieser Erinnerungsbilder zeigt sich besonders in Resnais' Aufbereitung des dezidiert auf die Bombe bezogenen Materials: Vermittels dieser Re-Inszenierung in der Montage werden nicht nur vergessene Bilder beim Betrachter aktiviert, es wird darüber hinaus gerade durch die mediale Vielfalt – Fotos, Dokumentarfilme, doku-fiktionale Filme, dingliche Relikte[13] –, also auch durch die Verschiedenartigkeit des Materials und der ihm jeweils zugeschriebenen Aussagekraft, der individuelle Blick auf die Bilder dieser Katastrophe hinterfragt. Der Anteil der Medien an der Evokation von Erinnerung und an der Konstitution von Geschichtlichkeit wird in seiner Bedeutung und Notwendigkeit dargelegt und dieser Prozess insofern als ein stets zu hinterfragender ausgewiesen, als er gerade in der kritischen Prüfung seinen semantischen Gehalt entwickelt.

Wenn Resnais aber weder Wort noch Bild hinreichend erscheinen, Erinnerung glaubhaft werden zu lassen, wenn er durch Tradition erprobte Gedächtnisorte – etwa das Museum, das Mahnmal etc. – und Mnemotechniken als unzureichend ausweist, was scheint ihm dann noch am ehesten geeignet als zuverlässiger Gedächtnisspeicher?

Das effizienteste Erinnerungsmedium dürfte für Resnais der Körper sein. Vielzitiert ist die Szene, in der nach der gemeinsamen Nacht die Französin den schlafenden Liebhaber beobachtet und seine entspannte Hand bei ihr in metonymischer Überblendung das Bild der Hand des sterbenden deutschen Geliebten Jahre zuvor in Nevers hervorruft.[14] Hier klingt bereits

---

12 Diese Trennung wird am schärfsten von Monaco markiert: »HIROSHIMA MON AMOUR then is two films, often working against each other. There is the fact of the place, and there is the fiction of the people. There is Japan, and there is France. There is the film for which Giovanni Fusco provided the music, and there is the one for which Georges Delerue did. There is the false documentary and the truly egregious love story. The film of images and the film of words.« Monaco: Alain Resnais, a.a.O., S. 49.
13 Vgl. Kari Hanet: Does the Camera Lie? Notes on HIROSHIMA MON AMOUR, in: Screen, 14, 1973, S. 59-66, hier S. 63.
14 Vgl. die Erwähnungen etwa bei Silverman: La passion du significant, a.a.O., S. 141f.

die Identifikation des Japaners mit dem Getöteten an, die er später ausdrücklich für sich beanspruchen wird, wenn er die Frau bei ihrer Erzählung vom Verlust des Soldaten unterbricht, um zu fragen, ob er schon tot gewesen sei, als sie im Keller eingesperrt war.[15] In dieser Aneignung aber gewinnt die Geste der entspannten Hand über das Erinnerungsbild hinaus Bedeutung. Der Körper des gegenwärtigen Liebhabers gerät zum Gedächtnis des Körpers des verlorenen Liebhabers, wie es der Film ja auch insofern bestätigt, als erst diese neue Liebe die alte wiedererstehen lässt – erstmals seit Nevers spricht die Französin über ihre Geschichte,[16] ja erstmals erinnert sie sich überhaupt daran. Auslösendes Moment ist die Geste des Schlafenden.

In der Rückblende wird deutlich, dass die Frau bereits in der Vergangenheit physische Erfahrung als die nachhaltigste Erinnerungsarbeit begriff. Im Keller ihres Elternhauses, als ihr die mentalen Bilder des deutschen Soldaten abhanden zu kommen drohen, reibt sie ihre Hände an den rauen Wänden bis sie bluten und schmeckt das Blut, wie sie das Blut des

---

15 Futscher: Une mémoire d'ombres et de pierre, a.a.O., S. 55.
16 Zur Bedeutung dieses Erzählens in Hinblick auf die Verbindung von Erzählung und Geschichte und der Dimension eines Betrugs an der Vergangenheit im Erzählen, vgl. Caruth: Literature and the Enactment of Memory, a.a.O.

Angeschossenen geschmeckt hat, als sie bei ihm lag, bis er gestorben war. Auch das Motiv des Haarverlusts wird als körperliches Erinnerungsmerkmal kenntlich, zumal in ähnlicher Verschiebung wie in der Überblendung der beiden Liebhaber: Der jungen Frau wurden die Haare gewaltsam entfernt, um sie körperlich für ihr Vergehen der Kollaboration mit einem deutschen Soldaten zu markieren, was jedoch zugleich zum sichtbaren Gedächtnis an die vergangene Beziehung geriet. Dagegen verloren die Frauen von Hiroshima ihr Haar als Folge atomarer Verseuchung, wie die im Museum gezeigten Filme sehen lassen und wie es die Französin in ihrer Schilderung symptomatisch erwähnt, wobei dieser Verlust auch noch im zeitlichen Abstand als sichtbares Zeichen des Bombenabwurfs steht. Wie sehr Erinnern als körperlicher Prozess verstanden wird, zeigt auch die Schlusssequenz, der verzweifelte Ausbruch der Frau, die erkennt, dass sie mit ihrer Rückkehr nach Paris nicht nur den neuen, sondern erneut auch den alten Geliebten verlieren wird und die den Mann unter Tränen anschreit, dass sie ihn bereits vergessen habe, er solle sehen, wie sie ihn vergesse – was eine doppelte leibliche Implikation birgt: Sehen, wie jemand vergisst, und so vergessen, dass es jemand zu sehen vermag.
Erinnerung wird mit dem Leiblichen untrennbar verknüpft, dieses allein scheint – zumindest dem individuellen Gedächtnis – Authentizität zu verleihen und nachhaltiger als die Imagination Bilder zu evozieren, nachbilden zu können. Zentrale Voraussetzung ist die Lebendigkeit der Leiber und deren Gefühl, wie bereits die Anfangssequenz betont: Die Fragmentierung des Paares in Umarmung durch den Fokus der Kamera wird mit den menschlichen Überresten der Atombombenopfer in der Museumspräsentation konfrontiert, die als Relikte Zeugnis von den verheerenden Auswirkungen der Bombe geben sollen. Die Körper des Paares sind äußerlich unversehrt und haben dennoch Erinnerung gespeichert. Indem in deren Fragmentierung eben das Gesicht und mithin der Sehsinn ausgeschaltet ist, legt die Umarmung die Konzentration auf Fühlen und Gefühl, was im Verlauf des Films als wesentliche Motivation von Erinnerung wiederholt aufgegriffen wird.
Versprachlichtes und verbildlichtes Gedächtnis stehen in Relation, wenn nicht sogar in Konkurrenz mit dem körperlichen Gedächtnis, das als Produzent appellativer Bilder ungleich stärker ist, selbst wenn es in Übertragungen ausagiert wird, es die Erinnerungen der anderen sind, die der Körper gespeichert zu haben scheint. Aus der Verkörperlichung des Gedächtnisses folgt aber auch dessen jeweils spezifische Semantisierung etwa in geschlechtlicher, ethnischer oder politischer Hinsicht: Schon die Konzeption und Besetzung der beiden Hauptfiguren – Frau und Mann, Europäerin und Asiate, ›Kollaborateurin‹ und ›Kriegsheld‹ – zielt auf eine Markierung von Differenz ab, die in den Dialogen auch noch forciert

wird:[17] in der Thematisierung der glücklich überwundenen Sprachbarriere, als die beiden sich unterhalten und sie ihm bestätigt, wie gut er Französisch spreche, wohingegen ihm angeblich noch gar nicht aufgefallen ist, dass sie kein Japanisch beherrscht. Oder in ihrer Frage: »Tu es complètement japonais?«, die er bejaht, um seinerseits im Austausch von Exotismen festzustellen, dass sie so grüne Augen habe (»Tu as les yeux verts«).

Die Koppelung von Körper und Gedächtnis bleibt jedoch trotz ihrer Individualisierung nicht auf die beiden Hauptfiguren beschränkt: Die Frau mag zwar zunächst über ihre persönliche Geschichte vorrangig für individuelle Erinnerung stehen – dass diese aber, obwohl sie den Zweiten Weltkrieg betrifft, primär einer Liebesgeschichte gilt, ließe sich öffnen hin auf eine geschlechtlich determinierte Erinnerungskonstruktion, wie sie schon Ruth Klüger kritisierte. Krieg werde primär als männliches Terrain betrachtet und insofern sei auch die Erinnerung an den Krieg und seine Folgen den Männern vorbehalten, egal wie sehr Frauen darin involviert und davon betroffen seien.[18] Vor diesem Hintergrund steht die Geschichte der Französin, so individuell sie auch erzählt wird, für eine verweiblichte Perspektive von Kriegserfahrung, und zwar ganz traditionell als die der Soldatenbraut. Der Japaner hingegen, dessen persönliche Vergangenheit von Beginn an kaum je Thema ist, war als Soldat im Pazifik, als Hiroshima bombardiert wurde und seine Familie umkam. Mehr erfahren wir nicht. Er verkörpert per se das kollektive Trauma, was sich auch daran zeigt, dass er keine Erzählerposition einnehmen kann, denn die Erzählung über Hiroshima läuft nicht über Individuen, sondern über Bilder, die die Individualität auslöschen. So muss er der Frau auch absprechen, an der kollektiven Erinnerung teilzuhaben, es ist nicht ihr Ort und nicht ihre Geschichte. Sein einziger Weg, aus dieser strikten Ordnung auszubrechen und Teil persönlicher Erinnerung zu werden, ist die Identifikation mit dem getöteten Deutschen, Soldat wie er und gleichfalls Liebhaber der Französin. Auf dieses Rollenspiel antwortet die Frau, eigentlich als *femme moderne* eingeführt,[19] indem sie in der Szene, als er vor ihren Augen – in der Überblendung der Handhaltung – zum ehemaligen Geliebten wird, einen Kimono trägt, ihrerseits also sich japanisiert hat.[20] Er hingegen ist nur in Rückansicht zu sehen und dadurch gewissermaßen ethnisch ›neutralisiert‹, was die Vorbedingung des Übertragungsvorganges zu sein scheint. Vollendung findet diese Form verkörperter Erinnerungsarbeit schließlich in der Allegorisierung der Protagonisten. Die beiden, die nie ihre Identität lüften, sind Nevers und Hiroshima, wie der letzte Dialog zum Ausdruck

17 Futscher: Une mémoire d'ombres et de pierre, a.a.O., S. 52.
18 Ruth Klüger: Weiter leben. Eine Jugend, Göttingen 1992, S. 12.
19 Leutrat: HIROSHIMA MON AMOUR, a.a.O., S. 25.
20 Futscher: Une mémoire d'ombres et de pierre, a.a.O., S. 52.

bringt: Sie: »Hi-ro-shi-ma. C'est ton nom«. Er: »C'est mon nom. Oui. Ton nom à toi est Nevers. Ne-vers-en-France.« Sie werden eins mit den Orten ihrer Herkunft. Während Hiroshima in dieser Personifikation vom kollektiven Gedenken abgetrennt und durch die Anbindung an eine Figur, deren Erinnerung im Dunkeln bleibt, von seiner Geschichte in merkwürdiger Inversion abgelöst erscheint, gewinnt Nevers als ein Ort von Tausenden, die in mehr oder weniger großem Ausmaß vom Zweiten Weltkrieg betroffen waren, plötzlich ein Gesicht. Doch sind die Erlebnisse der Frau in ebensolcher Weise zu multiplizieren wie die Kriegsereignisse in Nevers. Hier wird der Fokus auf das Einzelschicksal, für das die Französin den Film über steht, aufgebrochen, indem auch ihr Schicksal verallgemeinerbar ist.

Während nun der Rollenwechsel dem Körper des Mannes unbewusst eingetragen scheint, ist der der Frau äußerlich, nämlich an das Anlegen unterschiedlicher Kleidung gebunden und somit Kostümierung, wie sie als Schauspielerin per se als Figur der Verstellung ausgewiesen ist. Auch beim Dreh des Friedensfilms taucht sie als einzige Europäerin auf, eben als Rot-Kreuz-Schwester, die den Opfern der Bombe zur Hilfe kommt und damit die Außenperspektive verkörpert. Ein Außen, das eine Teilhabe an den Geschehnissen in der Nachstellung nur reproduzieren kann, während der Mann, als Architekt in Wiederaufbauzeiten, nicht nur aufgrund seiner ethnischen Zugehörigkeit, sondern auch vermittels seines Berufs eine Innensicht glaubhaft macht, auch wenn er kaum je über seine Vergangenheit spricht, sondern im Bewusstsein, nicht dabei gewesen, nichts gesehen zu haben, zum Schweigen verurteilt ist. Die Frage der Perspektivität wird explizit thematisiert, als das Paar darüber spricht, wo und wie es jeweils den 6. August 1945 erlebte: Sie feierte in Paris das endgültige Ende des Kriegs, er registrierte im Pazifik den Untergang seiner bisher gekannten Welt. In dieser Szene aber tritt eine Quintessenz des Films deutlich hervor: HIROSHIMA MON AMOUR wurde vielfach und zurecht als Film über Möglichkeiten und Unmöglichkeiten des Erinnerns ausgewiesen. Damit verknüpft Resnais jedoch untrennbar Fragen der Perspektivität. Er verhandelt im gleichen Maß Fragen des Sehens, ihren Anteil an der Erinnerungsbildung, und er verhandelt ebenso Fragen des Nicht-Sehens. In seinem Einsatz der Bilder veranschaulicht er, dass das Sichtbare nicht ohne das Nicht-Sichtbare zu denken und auch nicht zu sehen ist und weist dabei aus, dass gerade das Wissen um die Nicht-Sichtbarkeit die Sichtbarkeit erhöht.

Zu den Autoren

Hans Richard Brittnacher, Prof. Dr., geb. 1951, lehrt am Institut für Deutsche Philologie der FU Berlin; Arbeitsschwerpunkte: Phantastische Literatur; Literatur und Kultur der Goethezeit; Ästhetik des Hässlichen; Imagologie der Zigeuner, Literaturgeschichte des 18., 19. und 20. Jahrhunderts. Zuletzt erschienen: *Unterwegs. Beiträge zur Poetik des Vagabundentums im 20. Jahrhundert,* hg. mit Magnus Klaue. Köln, Weimar 2008.

Annette Brauerhoch, von 1998 bis 2001 DAAD-Gastprofessorin an der Columbia University, New York; seit 2001 Professorin für Film- und Fernsehwissenschaften an der Universität Paderborn. Mitherausgeberin der Zeitschrift »Frauen und Film«. Buchveröffentlichungen: *Die gute und die böse Mutter: Kino zwischen Melodrama und Horror* Marburg 1996, *Fräuleins und G.I.s: Geschichte und Filmgeschichte,* Frankfurt a.M. 2006.

Elisabeth Büttner, Filmwissenschaftlerin. Professorin für Theorie des Films an der Universität Wien. Wissenschaftliche Leiterin der Kooperative *das kino co-op,* Wien. Autorin mehrerer Bücher, u.a. *Das tägliche Brennen. Eine Geschichte des österreichischen Films von den Anfängen bis 1945,* Salzburg/Wien 2002, Herausgeberin von *Paul Fejos. Die Welt macht Film,* Wien 2004, *John Cassavetes. Filmmaker,* Wien 2010. Redaktionsleitung der Heftedition *Filmhimmel Österreich* des Filmarchiv Austria (Wien 2005–2008). Forschungsschwerpunkte: Historizität und Filmgeschichte, Ausdruckstheorie der Körper, Filmavantgarden.

Thomas Elsaesser, Professor Emeritus am Department of Media and Culture der Universität Amsterdam und seit 2005 Visiting Professor an der Yale University. Neuere Publikationen (auf Deutsch): *Filmtheorie: Zur Einführung* Hamburg 2007 (Hg. mit Malte Hagener), *Terror und Trauma,* Berlin 2007 und *Hollywood Heute,* Berlin 2009.

Giulia Fanara, Prof., lehrt Geschichte und Kritik des Kinos und Methodologie der Filmanalyse an der Sapienza Università di Roma. Sie ist Autorin und Herausgeberin zahlreicher Bücher und Aufsätze, u.a. *Pensare il neorealismo. Percorsi attraverso il neorealismo cinematografico italiano,* Roma 2000, und von *Eretiche ed erotiche. Le donne, le idee, il cinema* (Hg. mit Federica Giovannelli), Napoli 2004.

Karin Gludovatz, Studium der Kunstgeschichte und Klassischen Archäologie in Wien und Hamburg. Promotion an der Universität Wien mit der Arbeit *Fährten legen – Spuren lesen. Die Künstlersignatur als poietische Referenz.* Seit 2007 Mitglied des Sonderforschungsbereichs »Ästhetische Erfahrung im Zeichen der Entgrenzung der Künste« an der FU Berlin. 2003-2009 wissenschaftliche Mitarbeiterin, seit 2009 Juniorprofessorin am Kunsthistorischen Institut der FU Berlin.

Bernhard Groß, Dr. phil., Vertretungsprofessur am Seminar für Filmwissenschaft der FU Berlin, wissenschaftlicher Mitarbeiter am Sonderforschungsbereich »Ästhetische Erfahrung im Zeichen der Entgrenzung der Künste« an der FU Berlin mit einem Forschungsprojekt zur Geschichtlichkeit des deutschen Nachkriegskinos. Publikationen, u.a.: *Karsten Witte: Schriften zum Film* (Mhg.), Berlin 2010. *Figurationen des Sprechens. Pier Paolo Pasolini*, Berlin 2008. *Blick Macht Gesicht* (Mhg.), Berlin 2001.

Matthias Grotkopp, M.A., geb. 1982, hat an der Freien Universität Berlin und an der Sorbonne Nouvelle (Paris III) Filmwissenschaft und Theaterwissenschaft studiert. Er ist seit 2009 wissenschaftlicher Mitarbeiter im Projekt »Die Politik des Ästhetischen im westeuropäischen Kino« im Rahmen des SFB 626 »Ästhetische Erfahrung im Zeichen der Entgrenzung der Künste« an der FU Berlin.

Daniel Illger, Dr. phil., ist seit 2007 wissenschaftlicher Mitarbeiter am Sonderforschungsbereich »Ästhetische Erfahrung im Zeichen der Entgrenzung der Künste« an der FU Berlin. Aktuelle Publikationen: *Heim-Suchungen. Stadt und Geschichtlichkeit im italienischen Nachkriegskino* (Berlin 2009), *Film-Konzepte, Heft 9: Almodóvar* (Mhg.) München 2008.

Hermann Kappelhoff, Prof. Dr., lehrt Filmwissenschaft an der Freien Universität Berlin. Er leitet das Teilprojekt »Die Politik des Ästhetischen im westeuropäischen Kino« am SFB »Ästhetische Erfahrung im Zeichen der Entgrenzung der Künste« sowie die beiden Forschungsprojekte »Affektmobilisierung und mediale Kriegsinszenierung« und »Multimodale Metaphorik und Ausdrucksbewegung« am Exzellenzcluster »Languages of Emotion« an der FU Berlin. Aktuelle Publikationen: *Realismus. Das Kino und die Politik des Ästhetischen*, Berlin 2008, *Film-Konzepte, Heft 9: Almodóvar* (Hg. mit D. Illger), München 2008.

Hauke Lehmann, M.A., hat an der FU Berlin Filmwissenschaft und Theaterwissenschaft studiert. Er ist seit Oktober 2008 Stipendiat an der Graduiertenschule des Exzellenzclusters »Languages of Emotion« an der FU Berlin. Thema seiner Doktorarbeit ist der Zusammenhang zwischen filmischer Bewegung und der Emotion des Zuschauers, untersucht am Beispiel des New Hollywood-Kinos.

Sabine Schöbel, Dr. phil., Studium der Kunstgeschichte, Germanistik, Filmwissenschaft und Architektur in Regensburg, Granada, Frankfurt a.M. und Potsdam.Promotion zur ersten Generation von Filmemacherinnen in Ost- und Westeuropa DIE ZWEI. *Weibliche Doppelfiguren im europäischen Aufbruchskino der 6oer Jahre,* Hamburg 2009. Berufliche Tätigkeit in den Bereichen Kulturmanagement, Filmwissenschaft, Architektur und Film. Seit 2010 Geschäftsführerin beim Bundesverband für kommunale Filmarbeit e.V. in Frankfurt a.M.

Anja Streiter, Dr. phil., Filmwissenschaftlerin, wissenschaftliche Mitarbeiterin am Sonderforschungsbereich »Ästhetische Erfahrung im Zeichen der Entgrenzung der Künste« an der FU Berlin mit einem Forschungsprojekt zur Frage der Gemeinschaft im französischen Kino und der französischen Philosophie nach 1962. Publikationen u.a.: *Jacques Doillon. Autorenkino und Filmschauspiel,* Berlin 2006; *Das Unmögliche Leben. Die Filme von John Cassavetes,* Berlin 1995.

Michael Wedel, Professor für Mediengeschichte im Studiengang Medienwissenschaft an der Hochschule für Film und Fernsehen »Konrad Wolf« in Potsdam-Babelsberg. 2005-2009 Assistenzprofessor für Geschichte und Theorie der Medien und Kultur an der Universität von Amsterdam. Veröff. u.a. *Der deutsche Musikfilm. Archäologie eines Genres 1914-1945,* München 2007, *Rudolf Kurtz. Essayist und Kritiker,* (Mhg.) München 2007, *Konrad Wolf – Werk und Wirkung* (Mhg.) Berlin 2009, *Unmögliche Liebe. Asta Nielsen,* Bd. 1, (Mhg.) Wien 2009.

Danksagung

Dank an alle Autoren für ihre Beiträge und an die DFG für den Druckkostenzuschuss zu diesem Band. Ein besonderer Dank geht an Matthias Grotkopp, Hauke Lehmann, Christian Lippe, Michael Lück, Sarah-Mai Dang für die Unterstützung bei der Endredaktion.